KB146075

초등국어교육학 개론(개정판)

− 2015 개정 국어교육과정과 새 교과서 반영 −

저자

신헌재 (한국교원대학교 초등교육과 명예교수)
이재승 (서울교육대학교 국어교육과 교수)
임천택 (부산교육대학교 국어교육과 교수)
이경화 (한국교원대학교 초등교육과 교수)
권혁준 (공주교육대학교 국어교육과 교수)
김도남 (서울교육대학교 국어교육과 교수)
박태호 (공주교육대학교 국어교육과 교수)
선주원 (광주교육대학교 국어교육과 교수)
염창권 (광주교육대학교 국어교육과 교수)
이수진 (대구교육대학교 국어교육과 교수)
이주섭 (제주대학교 교육대학 국어교육과 교수)
이창근 (전주교육대학교 국어교육과 교수)
전제응 (제주대학교 교육대학 국어교육과 교수)
진선희 (대구교육대학교 국어교육과 교수)
천경록 (광주교육대학교 국어교육과 교수)
최경희 (전주교육대학교 국어교육과 교수)
한명숙 (공주교육대학교 국어교육과 교수)

한국초등국어교육연구소 기획총서 8

초등국어교육학 개론(개정판) -2015 개정 국어교육과정과 새 교과서 반영-

개정판 1쇄 발행 2017년 8월 25일
개정판 4쇄 발행 2023년 2월 24일

저   자   신헌재 외 16
펴 낸 이   박찬익

펴 낸 곳   ㈜박이정출판사
주   소   경기도 하남시 조정대로45 미사센텀비즈 8층 F827호
전   화   031 - 792 - 1195
팩   스   02 - 928 - 4683
홈페이지   www.pjbook.com
이 메 일   pijbook@naver.com
등   록   2014년 8월 22일 제305 - 2014 - 000029호

ISBN   979 - 11 - 5848 - 328 - 9 (93370)

* 책값은 뒤표지에 있습니다.

2015 개정 **국어교육과정과 새 교과서** 반영

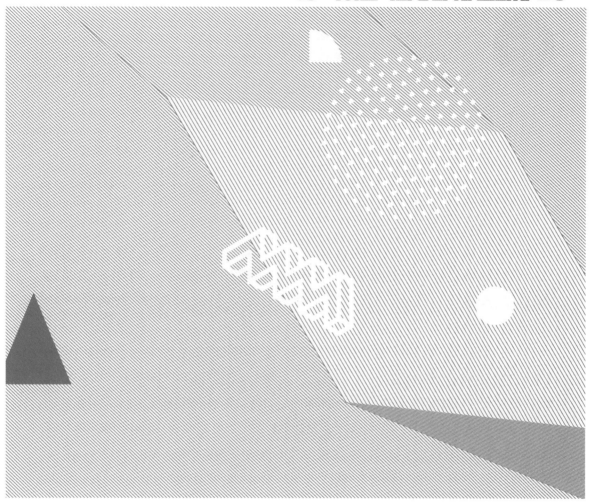

한국초등국어교육연구소 기획총서 8

초등국어교육학 개론

신헌재 · 이재승 · 임천택 · 이경화 · 권혁준 · 김도남
박태호 · 선주원 · 염창권 · 이수진 · 이주섭 · 이창근
전제응 · 진선희 · 천경록 · 최경희 · 한명숙

(주)박이정

한국초등국어교육연구소는 초등 국어 교육의 학문적 기틀을 다지고, 초등학교 국어 교육을 실질적으로 지원하는 데 뜻을 둔 모임입니다. 이렇게 이론과 실질을 함께 추구하는 우리 연구소의 정신은 초등 교사 경력을 가진 대학원생 이상의 연구자들이 주도하는 본 연구소의 특성을 대변해주는 것이라고도 할 수 있습니다.

본래 이 정신은 1996년부터 전국 초등 국어 교육 전공 대학원생들을 주축으로 초등국어교육학회를 창립할 때부터 지녀온 정신이었습니다. 그리고 이 학회가 교수들 중심의 '한국초등국어교육학회'와 합쳐진 후에도, 이 정신은 한국교원대학교 대학원 초등 국어 교육 전공생들에게 그대로 남아서 한국초등국어교육연구소를 창립하는 기반이 되었던 것입니다. 그리고 이 창립 정신을 바탕으로 하여 전국 교육대학교의 국어과 교수님들을 자문위원으로 모시고 공동연구 활동과 학술 발표 모임을 가져왔습니다. 그리고 여기에서 논의된 내용들을 바탕으로 초등 국어 교육에 관련한 연구 성과물을 기획하고 발간해 왔습니다. 그동안 국어 수업 방법 관련 연구물이라 할 수 있는 『국어 수업 방법』(1997)을 필두로 하여 『쓰기 수업 방법』(1998), 『읽기 수업 방법』(1999), 『문학 수업 방법』(2000), 『말하기듣기 수업 방법』(2001) 등이 바로 그 예들이라고 하겠습니다.

그동안 이러한 연구 성과물에 힘입어 초등학교에서도 국어 교과 교육에 관한 학문적 담론이 보다 널리 확산되고, 국어 교육 이론과 방법에 대한 체계적인 논의가 풍성해졌다는 점은 참으로 고무적이라고 하겠습니다.

진정한 국어 교육 이론은 학교 국어 교육을 실질적으로 구동하는 힘을 가져야 할 것입니다. 그리고 학교 국어 교육에 터하여 얻어진 연구 성과들은 다시 국어 교육학 이론을 재창출하는데 기여할 수 있어야 한다고 봅니다.

이에 한국초등국어교육연구소에서는 앞으로도 학교 국어 교육에 기여할 수 있는 주제를 중심으로 지속적으로 기획하고 그에 따른 연구를 집중적으로 진행하고자 합니다. 그리고 이 결과물을 엮어 〈기획 총서〉라는 이름으로 꾸준히 속간하고자 합니다.

우리는 이번의 〈기획 총서〉가 나오는 과정에서 보여준 우리 연구소 연구원들의 국어 교육에 대한 의욕과 열정을 되새기며, 든든한 마음과 고마움을 느낍니다. 또한 그동안 한국초등국어교육연구소로 하여금 이런 보람된 사업을 펼칠 수 있도록 적극적으로 지원해 주신 박이정 출판사의 배려에도 충심으로 감사를 드립니다.

끝으로 한국초등국어교육연구소에서 발간하는 이 〈기획 총서〉가 우리나라 국어 교육의 학문적인 발전을 이룩하고, 국어 교육을 실질적으로 지원하는 데 든든한 초석이 되기를 기원하면서, 이를 위해 독자 제현의 충고와 질정을 바라마지 않는 바입니다.

한국초등국어교육연구소 소장

머리말

　교육이 시작된 이래로 어린이를 위한 교육은 늘 있었습니다. 어린이를 위한 교육 중에서 가장 중요한 부분을 차지했던 것은 바로 국어 교육이었습니다. 아이들이 제대로 말하고 듣고 읽고 쓰게 하는 교육, 우리말을 이해하고 사랑하는 마음, 아동 문학을 통해 상상력을 기르고 인성을 함양하는 교육은 늘 있었습니다.

　그렇지만 학문적으로 초등 국어 교육에 대한 연구가 본격적으로 이루어진 기간은 오랜 초등 국어 교육의 실제에 비하면 짧기 그지없습니다. 초등 국어 교육에 대한 석사나 박사 과정 설치를 학문 연구의 시작으로 볼 때, 기껏해야 30년 정도밖에 되지 않습니다. 초등 국어 교육의 실제가 있다면 거기에 대해 학문적으로 설명하는 연구는 당연히 있어야 했는데, 너무나도 늦었습니다.

　아직까지도 초등국어교육학이 하나의 학문 영역으로 굳건히 서 있지 못한 게 현실입니다. 그러나 과거에 비해서는 괄목할 만한 변화가 일어났습니다. 초등 국어 교육에 대해 연구하는 석, 박사 과정 대학원생들이 많아졌으며 교육대학 교수진을 중심으로 초등 국어 교육을 자신의 학문 영역으로 여기는 학자들이 많아졌습니다.

　이 책은 바로 그 동안의 초등 국어 교육에 대한 연구를 점검해 보고 앞으로의 방향을 모색하기 위해 기획되었습니다. 교육대학에서 초등 국어 교육을 자신의 전공 분야로 인식하고 있는 사람들이 뜻을 같이 했습니다. 다소 이른 감이 있지만, 초등 국어 교육이 하나의 학문 분야로 굳건히 자리 매김하기를 바라는 이들의 마음을 모아 책 제목을 초등국어교육학 개론으로 붙여보았습니다.

아무쪼록 이 책이 우리나라 초등 국어 교육에 대한 연구가 하나의 학문 영역으로 자리매김하는 데 시작점이 되었으면 합니다. 그래서 우리나라 초등학생들이 국어 교육이 가져다주는 크나큰 혜택을 만끽할 수 있게 하는 데 도움이 되었으면 합니다.

끝으로 오랫동안 국어 교육에 대한 양서를 발간하여 우리나라 국어 교육 발전에 큰 기여를 해 오신 박이정의 박찬익 사장님께도 이 자리를 빌려 감사의 말씀을 드립니다.

2015년 2월
저자 일동

차 례

초등국어교육학의
성격

제1장

초등국어교육학의 특성

    초등국어교육학을 하나의 연구 영역으로 정립하기 위해서는 먼저, 그 연구의 주 대상이 될 초등 국어 교육이라고 하는 현상에 주목할 필요가 있다. 그리고 이 초등 국어 교육이라는 현상이 다른 인접 현상들과 구분되는 특성이 있다면 무엇일지를 찾아본 뒤, 그 특성을 준거 삼아 초등국어교육학 나름의 정체성을 규명하는 일이 필요하다고 본다.

    이를 위해 여기서는 먼저 초등 국어 교육이 일반 국어 교육과 얼마만큼의 연계성을 갖고 있고, 또 초등 국어 교육이 어떤 특성을 지니고 있는지를 규명하는 일로부터 시작해보고자 한다.

    우선 일반 국어 교육학과의 연계성부터 짚어본다면, 초등국어교육학은 한마디로 국어 교육학과 깊은 연계성을 지니고 있다고 하겠다. 그것은 국어 교육학에서 초등국어교육학이 분리되어 나온 것으로 대부분 여길 만큼 상호 긴밀한 연계성을 지니고 있는 것이다. 특히 우리나라의 경우, 그동안 국어 교육을 이론화하거나 교육과정이나 교과서를 개발하는 주도자들은 2000년대까지만 해도 대부분 초등교육과는 거리가 먼 이들로, 인문대학의 국어학이나 국문학을 전공한 이들 아니면, 중등사범교육기관을 나오고 중등 교사 경력을 가진 이들이었다. 따라서 이들은 자연히 자신의 중등 교사 경력을 토대로 전공 학문을 바탕 삼거나 서구 언어교육 이론의 영향 아래 이 작업을 해왔던 것이다. 그러다 보니, 국어 교육학은 자연히 초등이라는 특정 대상을 염두에 두지 않거나, 만일 둔다하더라도 중등 학생을 대상으로 삼는 것이 고작이기 마련이었다. 그리고 1980년대 초까지만 해도 일부 전공자들은 국어 교육을 학문으로 인정하기보다, 기껏 국어학과 국문학의 그늘 속에서 마치 그런 전통 학문의 응용 학문 정도로만 치부할 뿐이었던 것이다. 이와 같이 우리나라 학계나 교육계에서 과거 진행되어 온 국어 교육학 연구는 주로 중등 학생을 대상으로 하거나 일반인을 대상으로 한 것이지, 굳이 초등 어린이만을 대상으로 차별화한 것은 없었던 것이 사실이다.

그러나 1986년도에 한국교원대학교 대학원에서 처음으로 초등 어린이를 대상으로 한 초등국어교육학 전공 석사과정이 생기고 1989년도에 박사과정이 생김으로 해서, 초등국어교육학이 비로소 하나의 전공으로 제도적으로 인정을 받은 뒤부터는 초등 어린이를 주 대상으로 한 연구를 새로 일으킬 명분과 당위성을 갖기에 이르렀다. 하지만 정작 그 분야에 대한 선학들의 연구 부재의 벽에 부딪히다 보니, 초등 국어 교육 연구의 초창기는 여전히 선행의 중등 중심 국어 교육학에 기대어 연구할 수밖에 없었다. 그러다 보니 자연히 초등국어교육학은 국어 교육학에서 가지 쳐 나온 방계 학문쯤으로 비쳐도 어쩔 수 없는 노릇이 되었다.

이처럼 1980년대 초까지 소위 지식 중심의 국어 교육관[1] 입장에서 국어과 교육과정을 만들고 운영하던 시기에는 국어 교육학 하면 으레 중등을 대상으로 한 영역일 뿐이고, 초등을 대상으로 한 국어 교육은 거기에 부수된 특정 분야이거나, 워낙 기초적이고 상식적인 것에 한정된 것이니 아예 학문의 대상으로는 제외해야 마땅하다는 대접을 받아왔다.[2] 이런 현상은 그 후에도 기존의 연구자들이 국어 교육학 연구의 중심을 이룬 동안은 어쩔 수 없이 지속되었다. 교육 체제 면에서 초등학교와 중등학교가 구분되듯이, 초·중등학교의 교사를 길러내는 사범교육 체제도 각기 교육대학과 사범대학으로 엄연히 구분되었다고 하지만, 정작 가르치는 교과서나 교수 요원은 여전히 별로 구분이 되지 않는 실정이었다. 예컨대 사범대학에서 예비 중등 국어교사를 위해 쓰는 국어 교육론 교재를 그대로 교육대학의 예비 초등 교사를 기르는 데 쓰더라도 별로 흠이 되지 않는 분위기였다. 그런 경향이 용인될 수 있었던 것은 결국 국어 교육학 분야 전공자들이 초등과 중등의 구분을 굳이 나눌 필요를 느끼지 않을 만큼 상호 공통점이 많다고 여겼기 때문이라고 본다. 그리고 국어교육학계에서 초등의 특성을 소중히 여기고 그 정체성을 인정해주는 분위기가 미약했던 탓이고 그와 더불어 초등의 특성을 살린 본격적인 연구가 매우 소홀했던 결과라고 볼 수 있다.

그러나 비록 당시 상황은 그렇다 하더라도, 제5차 국어과 교육과정기가 비롯된 1987년도를 전후하여, 소위 지식 중심의 국어 교육관이 기능 중심의 국어교육관으로 바뀌면서부터는 국어 교육학계의 분위기가 차츰 바뀌기 시작했다. 국어 교육관이 이처럼 변모해가면서부터 차츰 일부 연구자들은 초등국어교육학이 일반 국어 교육학과 차이가 있음을 인정하고, 초등국어교육학 나름의 특성에 맞춰

---

1 일명, '학문 중심의 국어 교육관'이라고도 하는 이 관점은 학교 정규 교육과정에서 수행될 국어 교육의 지도내용이야말로 기존의 학문에서 나온 이론, 지식을 바탕으로 편성되어야 바람직한 것이라고 보는 관점이다. 이는 주로 우리나라 3차 교육과정기 때 부분적으로 나타나기 시작하다가 4차 교육과정기에 이르러 이론적으로 체계화된 관점이기도 하다.
2 이대규(1990)는 '국어 교육'과 '국어과 교육'을 나누되, 전자는 초등학교에서 기초적인 말하기, 듣기, 읽기, 쓰기 능력을 가르치는 것이고, 후자는 중등학교에서 국어학, 국문학, 수사학 등의 학문으로부터 나온 지식과 지적 능력을 갖추게 하는 것이라면서, 학문의 대상은 전자를 제외하고 후자부터 비롯할 만하다고 했다.

교육과정도 운영하고 연구도 진행해야 마땅하다는 시사점을 얻어내기 시작했다. 예컨대, 제5차 국어과 교육과정 입안을 주도하던 노명완은 국어 교육의 연구영역을 다음과 같이 제시하면서 기존의 인문학에만 주로 의존하던 국어 교육학 연구의 범주와 틀을 일신하는 데 큰 몫을 했다고 본다.

[그림 1]에서 보듯이 국어 교육학은 인문학의 응용 학문이 아니라 교육 현상의 하나로 보면서 이 현상을 구성하는 교육의 주체와 교육 내용과 수행 과정을 주 연구 과제로 삼아야 한다. 이것이 어떤 면에서 국어 교육학을 교육학의 일환으로 종속시키는 감을 준다고 비판할 여지도 있지만, 그렇다 하더라도 국어 교육학의 연구 범주로서 국어 교육의 현상을 부각시킨 관점은 우리 초등 국어 교육 연구를 활성화시키는데 큰 시사점을 주고 있다. 곧, 기존의 중등교육과는 분명히 구별되는 바, 초등교육만이 갖는 현상에 주목함으로써 초등국어교육학의 정체성을 찾는 실마리를 얻어낼 수 있다는 것이다.

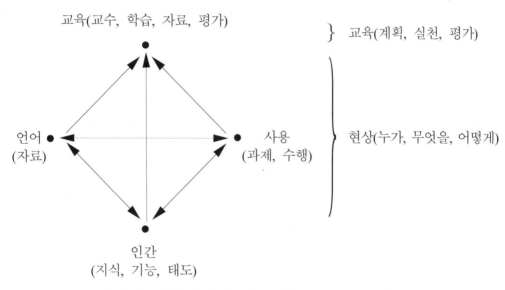

[그림 1] 국어과 교육의 탐구 과제 모형(노명완 외, 1988: 25)

우선 초등 국어 교육 현상을 이루는 교육의 주체는 일반 성인과 달리 계속 심신이 성장 발달하는 아동이란 점이다. 곧, 초등국어교육학은 만 6세부터 12세까지의 학동기[3]를 주 연구 대상의 범주로

---

3 인생을 8단계로 나눈 에릭슨의 용어임. ① 구순기(출생~18개월), ② 항문기(18개월~3세), ③ 아동기(3세~6세) ④ 학동기(6세~12세), ⑤ 청소년기(12세~18세), ⑥ 성년초기(18~40세), ⑦ 성년기(40~65세), ⑧ 성숙기(65세~사망)

삼는다는 점에서 그 특성의 첫 번째를 지적할 수 있다.

두 번째 특성은 초등 국어 교육에서 다룰 언어 자료에서 찾아 볼 수 있다. 마치 문학에서 아동문학이 그 장르상의 형성과정으로부터 창작상의 예상독자와 작품 내용 상의 난이도의 차이에 이르기까지 여러 면에서 일반 문학과 차별화된 점을 인정받아 독립된 분야로 다루어지고 범주화 되었듯이, 학동기를 대상으로 한 초등 국어 교육의 언어 자료도 그것이 문자 자료든, 음성 언어 자료든 초등학교 어린이의 발달적 특성에 알맞은 수준과 내용으로 한정지을 수밖에 없을 것이다.

세 번째 특성은 언어 수행 과정에서 찾아 볼 수 있는데, 이는 실제 초등 국어 교육이 일어나는 학교 교실 현장에서 잘 드러낼 수 있다고 하겠다. 초등과 중등 사이의 현격한 언어 수행상의 차이로 인하여 초등학교 교실에서 이뤄지는 국어 수업의 양태는 중등학교 교실에서 이뤄지는 양태와 구분될 수밖에 없다. 따라서 중등학교 교실에서 사용된 교수용어로부터 교수 학습 조직, 과정과 평가 방법들이 중등에서 아무리 이상적인 것이라 하더라도 이를 그대로 초등학교 교실에다 적용할 수는 없는 노릇이다. 학교 현장에서 아이들을 가르쳐 본 사람만이 알 수 있는 이런 차이점에서 나오는 바, 초등 국어 교육의 특성을 또한 무시할 수 없다고 보는 것이다.

비록 [그림 1]에 제시된 노명완의 제안이 국어 교육학을 교육학 일반에 종속시키는 감을 부분적으로나마 줄 수 있다고 하여 시비를 논할 여지가 다소 있다 하더라도, 앞서와 같은 초등 국어 교육의 특성을 부각시키도록 하는 데 시사점을 준다는 점에서는 분명히 의미가 있다. 그리고 우리는 이상에서 찾은 특성을 바탕으로 하여 초등국어교육학 나름의 정체성을 다음과 같이 규정해볼 만하다고 본다.

초등국어교육학은 초등학교의 학동기 아동에게 우리말과 글을 근간으로 삼아 바르고 효율적인 의사소통에 기여할 만한 이론과 능력과 태도를 길러내고자 하는 데 목적을 둔 연구 분야이다.

그러나 초등국어교육학의 정체성에 대한 이런 규정이 완벽한 것이라고 보지는 않는다. 다만 여기서는 이를 우리 초등국어교육학 연구의 양과 폭이 확장되어서 더욱 발전할 수 있는 출발점으로 삼고자 한다.

이제, 초등 국어과 교육의 정체성을 드러내는 바, 초등 국어교육이 지니는 특성을 다음 다섯 가지로 듦으로써 본 장을 마무리하고자 한다.

첫째, 교육 대상자가 인지적으로 미성숙하다는 점이다. 초등학생 시기는 피아제의 인지발달 단계로 볼 때, 구체적 조작기에 해당한다. 구체적 조작기는 지적 조작을 할 수 있게 되어 논리적 사고가 가능하게 되고, 자기중심성에 벗어나면서 자기 행동을 결정할 수 있는 능력이 발달하는 때이다. 이 시기는 국어과 교육의 면에서 볼 때, 학습 입문기에 해당한다. 학습 입문기에서는 국어과 학습을 위한 기본적인 준비를 하면서 국어 기초 능력을 갖추게 된다. 기본적인 준비는 한글을 해득하여 글자를 읽고 쓸 수 있는 능력을 습득하는 것이고, 기초 능력 갖추기는 말과 글의 이해와 표현에 필요한 핵심 개념을 이해하고 관련 필수 기능을 익히는 것을 가리킨다. 초등 국어과 교육은 학생의 인지적 발달 및 학습 측면에서 국어과 교육의 입문적 특성을 갖는다.

둘째, 교육 목표 면에서 국어 기초 능력 향상을 지향한다는 점이다. 초등 국어과 교육의 목표는 학생의 세련된 국어 능력 신장보다는 국어 기초 능력을 기르는 일이다.[4] '기초'라는 말에는 생활과 학습에 필수이고 밑바탕이 된다는 의미를 담고 있다. 이는 초등 국어과 교육의 지향점이 학생의 국어 생활과 국어 학습에 필요한 기초를 마련하는 것임을 의미한다. 국어 생활의 기초는 일상의 사회 생활을 할 때 필요한 의미 구성과 의사소통에 필요한 문식력을 갖추는 것을 의미하고, 국어 학습의 기초는 학교에서 국어과 학습을 해 나가는 데 필요한 국어의 주요 개념의 이해와 국어의 필수 기능을 익히는 것을 가리킨다. 즉, 국어 기초 능력은 일상생활과 국어 학습을 하는 데 요구되는 필수적인 이해와 표현 능력을 의미한다. 초등 국어 교육의 목표는 학생들이 이를 갖출 수 있는 것을 지향한다.

셋째, 교육 내용에 내재된 바 국어 학습의 토대성을 지닌다는 점이다. '토대'는 기초, 밑바탕, 기반, 초석, 근본 등의 의미를 내포한 말로, 토대성이란 말은 초등 국어과 교육의 교육 내용이 지닌 국어과 학습의 기반 또는 초석을 가리킨다. 국어과 학습의 토대가 되는 대표적인 교육 내용의 예는 한글 해득, 글씨 쓰기, 소리 내어 읽기, 담화 관습 익히기, 언어 예절 익히기, 글 내용 파악하기, 말과 글로 생각 표현하기 등으로, 이들 내용이야말로 앞으로 심화된 국어 능력을 갖추기 위한 토대라고 하겠다. 이 토대성은 학습을 시작하는 데 있어 반드시 익혀야 하는 입문적 특성이요, 다른 학습이나 높은 수준의 국어 학습을 하는 데 필요한 도구적 특성이요, 학생들이 국어과 학습을 잘 할 수 있다는 심리를 갖게 하는 정서적 특성이며, 이 모든 것을 포함한 것이다.

넷째, 교육 방법이 내포해야 할 총체성, 통합성, 개별성의 특성을 지닌다는 점이다. 총체성은 초등 국어과 교육의 방법적 특성 면에서 분절성과 대립된 개념으로, 국어 활동의 미분절성 또는 전체성을 의미한다. 초등 국어과에서의 학습과 지도는 개념과 기능을 분절적, 개별적으로 지도하기보다 종합적 국어 상황 속에서 지도하는 것이 마땅하다는 뜻을 품고 있다. 이 총체성은 생활과 학습이

---

4 2015 개정 국어과 교육과정의 학년군별 교육 목표는 1~2학년군은 "취학 전의 국어 경험을 발전시켜 일상생활과 학습에 필요한 '기초 문식성'을 갖추고, 말과 글(또는 책)에 흥미를 가진다."이다. 3~4학년군은 "생활 중심의 친숙한 국어 활동을 바탕으로 하여 일상생활과 학습에 필요한 '기본적인 국어 능력'을 갖추고, 적극적이고 능동적인 의사소통 태도를 생활화한다."이다. 5~6학년군은 "공동체·문화 중심의 확장된 국어 활동을 바탕으로 하여 일상생활과 학습에 필요한 국어 교과의 '기초적인 지식과 역량'을 갖추고, 국어의 가치와 국어 능력의 중요성을 인식한다."이다.

총체적이어야 하며, 개인과 사회도 총체적 상황으로 영위될 때 교육의 효과도 극대화될 수 있다는 뜻을 지니고 있다. 통합성은 단절성 또는 독자성과 대립되는 개념으로 여러 가지의 국어 요소를 결합하여 가르치는 것을 의미한다. 국어과의 몇 영역을 함께 묶어 지도한다든가 여러 개의 성취기준의 내용을 한데 묶어 지도하는 것을 말한다. 총체성과 통합성은 저학년 지도일수록 중점을 두게 되고, 고학년에 가서는 서서히 필요에 따라 선택적으로 활용할 수 있다. 개별성은 초등학생의 특성을 국어 학습에 반영하는 것을 뜻한다. 초등학생일수록 국어과의 이해와 표현은 학생의 개인적 특성에 따른 개인차가 크다. 따라서 국어과 지도에서는 개별 학생의 인지적, 정서적 특성을 반영한 지도가 필수적 이므로 개인적 경험과 인지적 참여를 강조하는 활동 중심의 지도가 될 수밖에 없다고 본다.

다섯째, 학습 결과의 실천 지향성을 중시한다는 점이다. 초등 국어과 교육은 국어 학습의 결과가 학생들의 일상생활 속에서 이뤄질 것을 소중히 여긴다. 이는 학생들이 국어 개념이나 기능을 인지적으로 이해하는 데 그치지 않고 배운 내용을 직접 생활에 활용하기를 바라는 것에 다름 아니다. 곧, 초등에서의 듣기·말하기, 읽기, 쓰기, 문법, 문학 등, 국어과 전 영역의 학습 지도는 학생들의 생활과 관련지어 이뤄져야 하며, 배운 것을 실제 생활 속에서 실천 활용할 기회를 줌으로써 학생이 자기 향상을 체득할 수 있다. 그리고 이를 통해 지도 효과를 극대화할 수 있고 국어 생활 향상에도 기여할 수 있다. 이 실천의 강조는 교육의 내용 요인과 방법 요인을 학생들의 국어 생활과 밀접하게 관련지음 으로써 학생들의 관심을 이끌어 내어 국어과 학습의 효과를 높이기 위한 효과적인 방책이요, 초등에서 특히 필수적인 것이 될 수밖에 없다는 관점이기도 하다.

제 2 장

초등국어교육학의 현황

초등학생을 대상으로 하는 국어교육의 독자적 목표, 내용, 방법, 평가 등을 정립하려는 모든 시도를 초등국어교육학으로 볼 수 있다. 학습자의 한 평생에서 초등학교 시기의 국어교육이 차지하는 중요성을 고려할 때나, 초등교육에서 국어 교과가 차지하는 비중을 고려할 때 초등국어교육학의 정립은 매우 중요하다.

초등국어교육학을 학문적으로 정립하려는 시도는 이제 시작에 불과하다. 국어교육학에 대한 연구 자체가 학문적 역사로 보면 몇 십 년에 불과하여, 역사가 수백 년 된 타 학문에 비하면 신생 학문이라 할 수 있다. 하물며 초등국어교육에 대한 연구는 중등국어교육과 동일하게 보거나 하위 영역으로만 인식되어 왔다.

그러나 최근에는 초등국어교육학의 정체성을 확립하고 독자적인 교육 내용, 방법을 확보하려는 연구가 활발히 이루어지고 있다. 이는 국어교육이 학문적으로 정립되어 가며 중등국어교육과는 다른 초등국어교육의 특성 연구에 대한 요구가 커졌기도 하거니와, 초등국어교육을 연구할 수 있는 연구자 양성이 어느 정도 체계를 잡아가고 있기 때문이기도 하다. 2장에서는 초등국어교육학 연구의 현황을 제도적 발전 현황, 학문적 발전 현황으로 나누어서 살펴보기로 한다.

1. 제도적 발전 현황

우리나라에서 국어과 교육의 학문적 자리 매김은 공식적으로 1986년 서울대에, 1988년 한국교원대에 국어교육과 박사 과정이 설치되면서부터라고 보는 것이 옳을 것이다. 기타 학문의 역사가 수백년의 역사적 뿌리를 갖고 있다는 점에 비해 볼 때, 국어과 교육의 학문적 위상은 미약하기 그지없다.

그 이유 중의 하나로 초등국어교육 연구자를 양성하는 제도가 미비하다는 점을 꼽을 수 있다(황정현, 1999: 1).

어떤 학문이 발전하기 위해서는 연구자를 체계적으로 양성해내는 제도가 뒷받침되어야 한다. 가장 현실적인 잣대는 그 학문 영역의 석사 과정, 박사 과정을 설치한 대학이 어느 정도 되느냐이다. 초등국어교육학의 관점에서 보면 특히 1988년 한국교원대에 초등국어교육 석사, 박사과정이 설치된 것이 중요한 의미를 지닌다. 중등국어교육과는 별개로 초등국어교육 학위과정이 설치되었음은 초등국어교육 전문가 양성의 필요성이 인정되고 가능해졌음을 의미한다. 1994년에 초등국어교육 전공의 첫 공식적 박사학위논문이 산출되었고, 이후 초등국어를 다룬 다양한 주제의 학위논문들이 꾸준히 산출되고 있다.

초등교사 양성 기관인 교육대학 내에 교육대학원이 설립된 1996년 역시 중요한 기점이 된다. 초등교사들이 교육대학 내의 교육대학원에 진학하며 현장의 초등국어교육과 관련된 논문들이 비약적으로 많아졌기 때문이다. 2013년에는 교육대학 일부에 최초로 전문박사 학위과정이 설치되면서 또 다른 도약의 기회를 맞았다.[5]

초등국어교육의 전문성을 강화하고 학문적으로 발전시키기 위해서는 앞으로도 대학원 학위과정의 양적, 질적 발전이 필요하다. 우선 초등국어교육 연구 전문가를 양성하는 학위과정이 확보되어야 한다. 국어교육과 박사 과정을 설치한 대학이 비약적으로 늘어나고 있으나, '초등국어교육 전공'이 독립되어 있는 곳은 한국교원대 하나뿐이다가 2013년 이후 경인교대와 서울교대에 전문박사 학위과정이 설치되었다. 앞으로 초등국어교육 전문가를 양성하는 학위과정이 더 많아져야 할 것이다. 또한 초등국어교육 전문가를 양성하는데 적합하도록 교육과정의 체계화와 전문화가 필요하다. 중등국어교육과 차별되는 초등국어교육의 특성, 학습 대상자로서 초등학생의 특성이 반영된 강좌가 풍부해져야 할 것이다.

초등국어교육 전문가 양성에 최적화된 교육과정 운영을 위해서는 적합한 강의 교재도 필요하다. 그간 '국어교육'에 대한 학술서적은 많이 출판되었지만 '초등국어교육'을 별도로 다루는 서적은 거의 없었다. 중등의 국어과 담당 교사가 경험하는 교육과정과 초등에서 국어를 가르칠 교사가 경험하는 교육과정은 매우 다르다. 그럼에도 불구하고 중등국어교육을 중심으로 한 서적이 초등교원 양성 대학의 강의 교재로 쓰이는 실정이었다. 그러나 최근 '초등국어교육'에 대한 개론서 출판이 점차

---

5 박사과정은 학술박사와 전문박사로 구분되는데, 한국교원대의 박사과정은 '학술박사'이며 교육대학의 박사과정은 '전문박사'이다.

많아지고 있다.[6] 이는 초등국어교육을 담당할 교사에게 맞는 독자적 교육 내용의 필요성이 인식되었을 뿐 아니라, 초등국어교육학이 학문으로서 발전하고 있음을 보여준다.

한편으로 초등국어교육이 전문 연구자들을 확보하며 학술적으로 발전할 수 있는 계기가 된 제도로는 초등국어교육 전문 학회인 '한국초등국어교육학회'의 설립을 들 수 있다. 한국초등국어교육학회는 1983년에 만들어진 '전국교육대학 교무과장연구 협의회'에 뿌리를 두고 있다. '전국교육대학 국어과 교수연구회(1984년)', '전국교육대학 국어과교수연구협의회(1986년)'로 이름을 바꾸었다가 1992년 7월 8일에 '한국초등국어교육학회'로 이름을 바꾸어 오늘에 이르고 있다.

한국초등국어교육학회는 정기적으로 학술대회를 치르고 학술지를 발간하고 있다. 학술지는 초기에는 다른 이름으로 발행되다가, 1992년부터 '한국초등국어교육'이라는 이름으로 발행되어 오늘에 이르고 있다.[7] '한국초등국어교육'은 국어교육과 관련된 다양한 학회지들 중에서도 초등국어교육에 특화되어 있어서, 여기에 실린 논문의 주제나 내용들이 전반적인 초등국어교육의 연구 경향을 드러낸다고 해도 과언이 아니다.

2. 학문적 발전 현황

초등국어교육의 학문적 발전 현황은 두 갈래로 나누어 살펴보겠다. 하나는 중등국어교육과 차별화되는 초등국어교육만의 독자성을 밝히려는 연구 방향이다. 또 하나는 국어교육학의 한 분야로서 학습 대상자를 '초등학생'으로 하였을 때 이에 맞는 교육 내용과 방법을 개발하려는 연구 방향이다.

가. 초등국어교육학의 정체성 확립 연구

초등국어교육의 독자성을 밝히는 연구는 대체로 중등국어교육에 비하여 초등국어교육에서 두드러지는 특성을 찾는 방식으로 이루어졌다. 초등 국어과 교육의 특성에 대한 선행 연구 몇 가지를 살펴보

---

6 인터넷 교보서점에서 '초등국어교육'으로 검색하였을 때 찾을 수 있는 최근 초등국어교육 개론서의 예는 다음과 같다.
　신헌재 외(2009), 『초등 국어과 교수 학습 방법』, 박이정.
　류덕제 외(2012), 『초등 국어과 교육론』, 보고사.
　이재승 외(2013), 『2009 개정 교육과정을 담은 초등 국어과 교육의 원리』, 박이정.
　천경록 외(2013), 『2009 교육과정에 따른 초등 국어과 교육』, 교육과학사.
　신헌재 외(2015), 『초등 국어 수업의 이해와 실제』, 박이정.
7 '한국초등국어교육학회'와 '한국초등국어교육'의 역사에 대한 설명은 한국초등국어교육 54집에 실린 학회 역사를 인용하였다.

겠다.

황정현(1999)은 초등 국어과 교육의 특수성을 학습 대상자의 특수성, 지식 영역의 특수성, 기초 능력의 도구성, 기초 기능의 통합성, 활동 중심 교수 방법의 다양성, 초인지적 학습의 수월성으로 정리하였다. 그는 이런 특성이 초등국어교육학의 학문적 방향성을 결정하며, 초등국어교육 전문가들이 교육과정 체계 고안이나 교재 구성을 하는 데 중요한 단서를 제공한다고 하였다.

신헌재(2004)는 초등국어교육의 역사 50년을 교육과정기별 특징, 교과서의 특성을 통해 회고하면서 초등국어교육의 특성이자 지향점을 제안하였다. 기초 도구교과적 특성을 더욱 심화·확대시켜야 겠다는 점, 학습자의 개성을 중시하여 학습자 중심의 국어교육을 지향해야겠다는 점, 실제의 다양한 상황과 경험을 가지고 의사소통 학습을 할 수 있도록 해야겠다는 점, 분절적인 운영보다 통합적인 운영을 지향해야겠다는 점, 이해와 표현 활동의 과정을 중심으로 운영하며 문제를 해결하기 위한 사고의 전략 학습을 지향해야겠다는 점, 학습자 간의 대화와 상호작용을 강조하는 소그룹학습 및 협동학습과 같은 사회적 상호작용 중심의 교수 학습 방법으로 지향해야겠다는 점이 그것이다.

한편 현상학적 접근 방식으로 초등국어교육의 본질을 살펴보려는 연구들(김병수, 2008; 최규홍·김병수, 2008)도 이루어지고 있다. 현상학은 최근 교육 연구의 한 패러다임으로 자리잡아가는 해석적 접근과 질적 연구 방법의 인식론이다. 교육 현상은 몇 가지 변인들로 설명되기에는 불가능할 정도로 복잡하고 변화무쌍한 세계이다. 경험을 바탕으로 한 교육활동과 행위자로서 인간의 연구에 초점을 두는(최규홍·김병수, 2008: 121) 점에서 현상학적 접근 방식은 초등국어교육 연구에 적합한 방법이라는 것이다.

이와 같은 연구의 특징은 초등국어교육의 본질 탐구를 위해 '초등교육'에 주목하는 것이다. '초등국어교육'이 '초등교육', '국어교육'의 유기적 결합으로 이루어지므로, 초등국어교육의 정체성 확립을 위해서는 '국어교육' 연구라는 축 이외에도 '초등교육'의 본질 탐구라는 또 하나의 축을 소홀히 여겨서는 안 된다.

또 하나의 특징은 '수업'이 중요한 연구의 자료가 된다는 것이다. 초등학교 국어수업은 초등국어교육 현상을 구성하는 교육활동과 인간을 관찰할 수 있는 장이다. 최규홍·김병수(2008: 126)는 국어 수업 현상을 어떤 고정 관념적 틀에 넣어 판단하거나 통제하지 않고, 국어 수업 자체가 지니는 본질적인 의미에 대하여 탐색하는 것이 중요함을 강조하였다.

이들은 이런 연구를 통하여 초등국어교육의 본질을 '상대를 고려한 상호교섭적 의사소통을 할 수 있는 기초 능력 길러주기', '자신에게 적합한 수준의 문제를 선택하고 스스로 문제를 해결하려는 문제 해결 능력 길러주기', '문학적 정서 함양과 국어에 대한 소중함 갖게 하기', '정확한 표기와 발음, 어휘력 향상을 통한 바른 언어 사용하게 하기'로 정리하였다.

황정현(2009:570~578)은 21세기 사회의 변화를 반영하여 초등국어교육의 방향을 실제 중심의 국어교육, 통합 중심의 국어교육, 활동 중심의 국어교육, 창의적 사고 중심의 국어교육으로 설정하였다.

'실제 중심의 국어교육'은 국어를 교육하려면 국어가 살아 움직일 수 있는 구체적 환경이 제공되어야 한다는 것이다. 학습자들에게 국어 사용의 구체적 현장을 경험하게 하여 학습자들의 언어적 잠재력을 마음껏 발휘하게 하는 장을 제공하면서 교육하는 것을 의미한다. 그러므로 개연성이 있는 가상의 현장 공간을 설치하여 학습자로 하여금 그것을 통해 경험의 폭을 넓히고 깊게 하는 지성적 활동으로써 통찰력을 키울 수 있는 학습의 장을 학습자에게 제공해야 할 것이다.

'통합 중심의 국어교육'은 언어는 세계를 통합적으로 인식하는 도구라는 것이다. 언어가 다루는 내용은 신화, 전설, 역사, 정치, 사회, 문학, 과학, 윤리, 풍속, 종교 등 다양하다. 이와 같이 국어교육은 국어로 기록된 텍스트를 국어교육의 대상으로 볼 수 있다. 특히 지식의 전문화가 되기 이전의 초등학교 학습자들에게는 언어를 매개로 하는 타 교과와의 통합 방법 모색과 아울러 수업 설계를 해야 할 것이다.

'활동 중심의 국어교육'은 활동적 특성은 아동 고유의 것이며 이 시기에 신체적, 정신적, 영적 발달에 큰 영향을 미친다는 것이다. 움직임 활동은 언어 능력을 촉진하고 창의성을 키우며 억눌린 에너지를 풀어 주고 신경 계통에 영양분을 준다. 그래서 아이들로 하여금 언어 없이도 감정을 계발하고 표현할 수 있게 해준다. 아이들의 움직임은 단순한 신체적인 활동이 아니라 정신적 활동과 연관된다. 따라서 다양한 움직임 활동은 언어 표현이 부족하거나 잘 하지 못하는 초등학습자들에게 있어 표현 능력을 향상시키는데 도움을 준다.

'창의적 사고 중심의 국어교육'은 언어는 상상력을 통해 세계를 해석하고 그 의미를 재창조하는 도구라는 것이다. 언어는 언어 사용자에 따라 창의적일 수 있다. 창의적 사고 중심의 국어교육은 국어를 사용하는 사람의 국어에 대한 인식과 사용 방법에 따라 다를 수 있으므로 그 의미를 열어 두며, 창의적인 언어 사용 가능성의 폭을 넓힐 수 있도록 하는 데 있다. 결국 창의적인 언어 활동은 창의적인 사고 활동에서 비롯한다고 볼 수 있다.

이경화(2012: 31~32)는 국어교육의 대상이 되는 아동과 시기적 특수성에 초점을 두어 초등국어교육이 입문기, 국어 교과를 낭만적으로 만나는 시기, 국어 교과에 대한 모관념 및 태도를 형성하는 시기임을 밝혔다.

'국어와 학습에 대한 입문기'로서 초등국어교육은 기초문식성을 다지는 '국어' 학습의 입문기이자,

체계적인 형태의 국어학습 활동을 시작하는 국어 '학습'의 입문기이다. '국어 교과 학습에 대한 낭만기'로서 초등국어교육은 아동이 국어 교과에 관심을 가지고 열망하게 만드는 것, 자신의 미래 삶의 영역으로 꿈꾸도록 하는 것 등을 지향한다. '국어 교과에 대한 모관념 및 태도 형성기'에서 모관념 형성이란 아동이 원하는 것을 그들이 원하는 방식으로 구성하여 국어 활동, 국어 경험을 통해서 국어 교과에 대한 기초지식을 학습하는 것을 말한다. 또한 바른말 고운말을 사용하는 태도, 우리말의 소중함을 알고 아끼는 태도를 갖는 결정적인 시기이기도 하다.

나. 학습 대상자에 맞는 교육 내용과 방법 연구

초등국어교육의 독자성을 밝히는 연구처럼 그 특징이나 본질을 직접 제시하지는 않지만, 국어교육의 하위 연구 분야들에서 초등학생에 맞는 교육 내용과 방법을 연구한 업적들도 결국은 초등국어교육을 발전시키는 원동력이 되고 있다.

이들은 주로 학습 대상자로서 초등학생의 특징에 초점을 맞추고, 화법 교육, 독서 교육, 작문 교육, 문학 교육, 문법 교육을 연구한 것이다. 각 영역의 교육 내용 중 초등학생 수준에 맞는 내용 체계를 제시한다거나, 초등학생의 특성을 고려한 교육 방법을 개발하여 적용하는 식이다. 또는 초등학교에서 이루어지는 각 영역 수업의 문제점을 파악하고 개선 방안을 제안하는 연구도 이루어지고 있다.[8]

예를 들어 작문 교육의 연구 주제 중 하나로 논술 교육 방법을 연구하되, 초등학생에게 적합한 논술 지도 방법을 구안하여 제시하는 연구가 있다. 또는 쓰기 능력의 발달 양상을 밝히는 연구의 일환으로 초등학생의 글을 대상으로 하기도 한다. 초등학교에서 이루어지는 글쓰기 수업의 특성과 문제점을 관찰하는 연구가 이루어지기도 한다. 이런 연구가 누적되면 작문 교육 안에서도 초등쓰기교육의 독자적인 범주가 형성될 수 있다.

---

8 최근 나온 초등국어교육 박사학위 논문 중 몇 가지 예를 들어보면 다음과 같다.
  김혜선(2010), "필자의 소통 합리성 신장 방안 연구", 한국교원대 박사학위논문.
  김병수(2010), "초등학교 국어과 통합적 수업 방안 연구", 한국교원대 박사학위논문.
  김상한(2011), "신화적 조화성에 기반한 동화 감상 교육 연구", 한국교원대 박사학위논문.
  안부영(2012), "사회적 읽기 주체 형성 교육 연구", 한국교원대 박사학위논문.
  하근희(2013), "문학교육에서의 태도 교육 내용 연구: 초등에서의 서사 텍스트를 중심으로", 한국교원대 박사학위논문.
  김지영(2014), "텍스트 기반 어휘 교육 연구", 한국교원대 박사학위논문.
  김태호(2015), "경험의 플롯 구성을 통한 서사 창작 교육 연구", 한국교원대 박사학위논문.
  최종윤(2016), "쓰기 전이 교육의 내용과 방법 연구", 한국교원대 박사학위논문.
  강동훈(2016), "쓰기 멈춤의 요인과 발생 양상 분석", 한국교원대 박사학위논문.

초등국어교육의 한 분야로 연구되지만 비단 초등국어교육에만 머무르지 않고 확산적인 영향력을 지닌 특수 연구 영역들도 있다. 영재교육, 부진아 교육, 한국어교육, 문화교육, 인성교육 등 다양하지만 특히 초등국어교육과 밀접한 영역을 꼽으라면 아동문학연구, 입문기 문식성 연구를 들 수 있겠다.

초등교육에서 아동 문학의 활용 가능성은 무궁무진하여 그 중요성은 굳이 언급할 필요가 없을 정도이다. 초등학생의 특성에 맞는 문학 교육 내용이나 방법론을 마련하려는 연구가 이루어지는 한편, 개별 아동 문학 작품을 교육적으로 분석하거나 교재화하려는 연구도 이루어진다.[9]

최근에는 국어교육 전공과 별도로 아동문학교육 전공이 신설되는 교육대학이 늘어나고 있으며, 초등국어교육에서 아동문학교육의 중요성이 더 널리 인식되고 있다. 대상이 광범위한 문학교육에 비하여, 유아와 초등학생을 대상으로 한 아동문학교육이 독자적인 연구 영역을 발전시킬 필요성 또한 일반화되고 있다.

초등국어교육에서는 특히 국어 교과의 도구성이 중요하다. 기본적인 국어 능력이 갖추어지지 않을 경우 다른 교과의 학습이 어려움은 물론 의사소통에서도 어려움을 겪기 때문이다. 따라서 입문기 문식성과 관련된 연구는 초등국어교육의 중요한 과제이다. 초등국어교육의 어려움 중 하나는 학습자가 취학 전에 이미 상당 부분의 언어 능력이 완성된 상태로 온다는 것이다. 그런데 그 수준이 천차만별이어서 어떤 학생은 능숙하게 글을 읽고 쓰는가 하면, 어떤 학생은 한글 해득도 안 되어 있다. 입문기 문식성 교육은 유아교육에서도 이루어지지만 초등학교에서는 학습자의 특성과 학교급별 상황에 맞게 다른 관점에서 접근될 필요가 있다. 최근에는 초등학교의 입문기 문식성 교육을 다룬 연구들도 활발하게 이루어지고 있다.[10]

이와 같은 개별 연구들이 축적되면서 초등국어교육 고유의 내용과 방법 체계가 차츰 구성되고 있다고 볼 수 있다. 초등국어교육을 학문적으로 발전시키기 위해서는 개별 연구에서 밝혀지는 초등 학습자의 언어적 특성, 그에 따라 필요한 교육 내용, 적합한 교육 방법들을 아우르고 검토하는 연구가

---

[9] 몇 가지 연구의 예를 들면 다음과 같다.
권혁준(2009), "아동문학 시시 징그 융이의 동시적 고찰", 〈한국초등국어교육〉 39, 한국초등국어교육학회.
이향근(2012), "시적 감성의 교육 내용 설계 연구", 한국교원대 박사학위논문.
선주원(2012), "초등학교 문학교육에서 '태도' 범주의 교육 내용과 방법에 관한 연구", 〈한국초등국어교육〉 50, 한국초등국어교육학회.
김순규(2013), "동화의 아동 성장 내용 범주와 그 교육적 효용성에 관한 연구", 한국교원대 박사학위논문.

[10] 몇 가지 연구의 예를 들면 다음과 같다.
김도남(2010), "초등학교 저학년 문식성 평가 방법 연구", 〈한국초등국어교육〉 42, 한국초등국어교육학회.
이경화(2010), "초등 교사의 국어 교과서 이해 양상: 1,2학년을 중심으로", 〈한국초등국어교육〉 43, 한국초등국어교육학회.
이수진(2014), "초등 국어과 교과서의 입문기 문자지도관 변화 연구", 〈국어교육연구〉 54, 국어교육학회.

필요할 것이다. 이는 자연스럽게 초등국어교육의 정체성 연구에도 기여할 수 있다. 현재 여러 가지 관점에서 다양한 연구가 이루어지는 경향은 초등국어교육의 정체성 확립이 활발하게 이루어지고 있음을 보여준다.

제 3 장

초등국어교육학의 탐구와 발전 과제

초등국어교육학은 초등국어교육이라는 실제 현상을 중심으로 체계화된 학문이다. 학문적 체계는 초등국어교육의 제반 현상을 아우르는 용어와 개념 및 이론의 체계로 이루어진다.

초등국어교육학의 기반은 초등국어교육 현상과 그것을 대상으로 연구하는 학문 현상으로 이루어진다. 그러므로 초등국어교육학의 탐구 과제는 초등국어교육 및 관련 학문 현상에 대한 탐구가 핵심이 되고, 초등국어교육의 정체성 확립과 교육 모형 정립이 중요하게 포함된다. 아울러 다문화시대를 맞이한 초등국어교육의 과제 또한 여기에 포함되어야 할 것이다.

1. 초등국어교육의 정체성 확립

초등국어교육의 독자성과 성격을 드러내기 위해서 그 정체성에 대한 연구는 반드시 필요하다. 『국어교육학 개론』(최현섭 외, 1996)의 출간 이래 축적된 국어교육학에 대한 학문적 탐구가 크고, 작은 결실을 거두었고, 이를 기반으로 초등학생을 대상으로 하는 국어교육으로서 초등국어교육이 학문적 위상이 세워졌다. 이에 국어교육학에 이은 초등국어교육학의 학문적 탐구와 발전이 기대된다. '국어교육'과 '국어과 교육', '초등국어교육'과 '초등 국어과 교육' 등 용어 사용의 혼선을 비롯한 학문적 개념과 그 정체성은 지속적으로 탐구되어야 할 과제다.

가. 초등국어교육의 성격 탐구와 확립

1) 기초적 도구교과로서 초등국어교육의 정체성 탐구

국어과 교육의 성격이나 정체성은 초등과 중등의 교육에서 다소 차이를 보인다. '국어교육의 성격'을 "방법 중심 교과적 성격", "관습성과 창조성의 강조"로 보는 견해(이삼형 외, 2007; 27~35)에서 드러나듯이 그 기본적인 지향이 다르다. 그렇더라도 국어과 교육에서 다루는 것은 초등과 중등을 포괄하여 모두 '언어'라는 데 초점을 둔다. 그리고 그 언어의 어떤 점에 초점을 두고 집중하는가에 따라 초등국어교육의 정체성이 확립된다.

초등국어교육에서 가장 강조되는 것은 언어의 도구성이다. 국어과 교육이 다루는 교육내용도 언어요, 국어과 교육의 목적 또한 학습자의 언어 능력을 기르는 데 있으며, 학습자의 언어 능력을 기르는 방법 또한 언어의 활용에 있다는 말은 국어과 교육이 언어를 도구적으로 다루는 교과라는 뜻이다. 이 점이 국어 교과가 지닌 가장 기본적인 성격이 된다. 그리고 다른 교과와 국어 교과를 구별하는 두드러진 성격이기도 하다.

그런데 음성 언어이든 문자언어이든 인간의 언어는 도구성을 지닌다. 이런 점에서 언어를 다루는 국어과 교과는 도구교과이기도 하다. 언어가 지니는 도구성은 세 가지 면에서 거론된다. 첫째, 의사소통의 도구이며 둘째, 사고의 도구이며 셋째, 학습의 도구라는 점이다. 이와 같은 언어의 도구성은 초등 국어과 교육이 기초적 도구교과로서의 위상을 지니게 한다. 이런 점에서 도구 교과로서 초등국어교육이 지니는 정체성에 대한 탐구는 지속적으로 심화, 확장되어야 할 것이다. 특히 한글습득을 중심으로 하는 기초 도구 교과로서의 특성은 언어의 도구적 특성과 함께 초등국어교육이 깊이 있게 탐구해 내야 할 과제다.

2) 사고 교과로서 초등국어교육의 정체성 탐구

언어는 사고의 도구이다. 인간이 언어를 사용하여 사고한다는 뜻이다. 지각의 대상이나 추상 개념을 내적으로 처리하는 과정도 기실 언어를 활용하여 이루어지는 사고의 과정이다. 그 사고의 과정에 실질적으로 언어가 사용된다는 점에서 언어는 사고의 도구가 된다. 이런 점에서 국어교육학은 언어와 사고의 관계를 탐구하게 된다.

국어교육의 주요 관점은 언어와 사고가 어떻게 관련되고 어떻게 서로 작용하는가에 관심을 갖는다. 이것은 사고 교육이 교육의 가장 중요한 관심사고 또 언어가 사고를 가장 잘 드러내 주는 도구나 수단으로 작용하기 때문이라고 보는 데서 비롯된다(노명완, 1990; 312). 언어와 사고의 상관관계 및 사고에 영향을 미치는 언어의 도구성은 일상에서 사용하는 언어 현상에서도 흔히 나타난다. 마찬가지로 언어 자극으로 사고 작용이 일어나고, 사고가 촉발되는 현상도 국어교육은 중요하게 다룬다.

언어와 사고의 관계에 대한 탐구 중에서도 초등국어교육학은 초등학생의 언어와 사고에 관심을 갖는다. 초등학생 시기의 발달 단계에서 언어와 사고가 어떤 관계 양상을 맺는지를 명확하게 알아낸다면 초등국어교육의 방향 설정과 내용선정에 유용한 시사점을 얻을 수 있을 것이다.

언어와 사고는 서로 밀접한 관계를 형성하고 있어서 오래 전부터 인간은 언어와 사고의 관계를 밝히고자 노력해 왔는데, 그 과정에서 언어가 사고에 영향을 미친다는 주장과 사고가 언어에 영향을 미친다는 주장이 맞서기도 하였다. 현재의 관점은 언어와 사고의 상관성을 중시하고 있는데, 가령 듣기와 읽기의 과정에서는 외부의 언어 자극이 내적인 사고에 영향을 미치고, 말하기와 쓰기 과정에서는 내적인 사고 작용이 언어적 표현에 영향을 미친다고 보는 관점이 그것이다. 즉, 언어 이해의 과정에서는 언어가 사고에 영향을 미치고, 언어 표현의 과정에서는 사고가 언어에 영향을 미친다는 것이다.

그렇기에 초등국어교육학 분야에서 이와 같은 상관관계를 명료하게 실증하는 연구가 필요하다. 초등학생의 듣기와 읽기 과정에서 일어나는 사고 작용과 그 상관관계 및 그들의 사고능력이 말하기와 쓰기에 미치는 영향 등을 탐구해야 할 것이다. 미시적으로는 음성 언어와 문자언어의 사용과 사고와의 상관관계를 밝히는 연구도 필요하다. 가령 동일한 사고 능력을 가진 초등학생의 말하기능력과 쓰기능력 사이에 상관관계가 있는지, 듣기능력과 읽기능력 사이에는 어떤 상관관계가 형성되는지 등을 밝히는 것이다. 이와 같은 과제가 해결되면 초등국어교육이 갖는 사고 교과로서의 특성과 정체성이 명료해질 수 있다.

3) 문예 교과로서 초등국어교육의 정체성 탐구

국어교육이 듣기, 말하기, 읽기, 쓰기의 능력을 기르는 언어교육을 수행하기도 하지만 문학작품의 수용과 생산 능력을 기르는 문학교육도 함께 수행한다는 점에서 초등국어교육은 문예교과로서의 성격을 지닌다. 이와 같은 성격은 '문학' 교과가 설정되어 있지 않은 초등학교와 중학교의 국어교육이 공통으로 갖는 성격이다. 주지하다시피 초중등 학교를 대상으로 하는 '국어' 교과의 교육과정은 교육 내용의 한 영역으로서 '문학' 영역을 설정하고 있다. 그리고 문학 영역의 구체적인 교육내용은 학습자의 언어능력과는 차별화되는 독자적인 내용을 이룬다. 그것은 학습자의 문학능력을 기르고자 지향하는 교육내용이다. 이에 따라 초등교육이 관심을 가져야 할 것으로 초등학생의 문학교육 및 문학능력에 관한 탐구가 대두된다.

　문학능력이란 범박하게 보아 문학작품을 이해하고 감상하는 능력을 총칭하는 용어로 사용된다. 초등학생의 문학능력은 초등학교에서 이루어지는 문학적 경험으로 길러진다. 초등학생들에게 제공되는 문학경험은 크게 두 가지 방향으로 제공되는데(한명숙, 2005), 하나는 문학을 언어 자료로서 다루는 교육이요, 다른 하나는 학생들에게 독자적인 문학적 경험을 제공하는 교육이다. 문학이 언어 자료로 다루어지는 경우는 언어능력을 기르기 위하여 문학작품이 도구적으로 사용되는 교육을 뜻하며, 독자적인 문학교육이라 함은 교육과정 문학 영역의 성취 기준에 도달하기 위하여 문학작품을 이해하고 감상하게 하는 목적의 문학교육이다.

　이와 같은 두 가지 방향의 문학 경험이 가능한 까닭은 먼저, '문학'이라는 독립적인 교과가 설정되지 않은 초등학교 교육의 특성 때문이다. 초등학교에서 문학교육은 국어 교과 안에서 이루어진다.

　초·중학교와 고등학교가 갖는 문학교육의 교과 구조는 다음 그림과 같다.

[그림 1] 초·중학교 국어 교과와 　　　　[그림 2] 고등학교 국어 교과와
　　　　문학교육의 관계 　　　　　　　　　　　文학 교과의 관계

　초등국어교육의 구조는 국어교육이 문학교육을 포함하고 있는 양상이다. 따라서 초등국어교육은 자연히 문학교육을 수행하게 되는데, 이 문학이 바로 언어 예술이란 점에서 문학교육을 수행하는 국어 교과는 문예 교과로서의 성격을 지니게 된다.

　다음으로, 초등국어교육에서 문학교육이 두 가지 방향성을 띠게 되는 또 하나의 까닭은 초등학생의 인지발달 특성과 관련이 있다. 초등학생은 인지 발달의 과정에 있기 때문에 국어과 교육으로 학습하게 되는 다양한 성취기준 관련 학습 내용을 인지하고 배우는 데 어려움을 겪는다. 예를 들어, '글을 읽고 의견과 까닭 파악하기'를 학습할 경우, '의견과 까닭'이 명시적으로 나타난 논설문이나 주장하는 글만을 언어자료로 다루기 어렵다는 것이다. 따라서 옛이야기나 동화 등의 문학작품 제재를 활용하게 되는데, 이처럼 문학작품이 언어 자료로 다루어지며 학생들의 언어능력을 기르는 도구로 활용되면 학습의 효율성을 높일 수 있고, 동기와 흥미를 제공하는 효과도 거둘 수 있어 유용하다. 그 과정에서 학습자에게 문학경험을 제공하면서 문학교육이 이루어진다는 점에서 초등국어교육에서의 문학교육은 또 하나의 방향성을 띠게 된다.

초등국어교육은 이와 같은 초등학교 문학교육 및 그로부터 형성되는 문예교과로서의 성격을 탐구해야 하는 과제를 갖는다. 초등문학교육이 제공할 수 있는 문학경험의 총체 및 미시적 특성들을 비롯하여, 그것을 가능하게 하는 교육적 경험의 본질과 특성 등을 밝히는 과제가 그것이다. 초등문학교육의 성격으로는 '문학에 대하여 알고 이해하기', '문학 작품을 즐기고 문학을 향유하게 하기', '문학에 대한 긍정적인 태도로 문학을 지향하게 하기' 등이 주요 내용으로 제시된 바 있다(한명숙, 2005). 초등학생의 문학능력을 '문학이해 능력', '문학향유 능력', '문학지향 능력'으로 구체화한 것이다. 그러나 이에 관한 구체적인 양태 및 속성 및 그것이 초등학생의 문학능력으로 어떻게 구현될 수 있는지 등 앞으로 더 탐구해야 할 것이 많다.

나. 초등국어교육의 지향점 탐구

1) 초등학생의 언어적 사고력 탐구

초등국어교육학이 탐구해야 할 과제 중 하나로 초등학생의 언어에 대한 탐구가 있다. 초등학교 시기는 본격적인 언어 발달을 시작하는 때이므로, 초등학교 1학년의 언어로부터 시작해서 초등학교 6학년 학생의 언어에 대한 탐구와 그 발달 도정에 대해서도 면밀한 연구가 필요하다. 이는 초등국어교육의 실제를 설계하고 이끄는 동력이 되어 줄 것이며, 초등국어교육학의 기반을 구축하는 토대가 될 것이다.

초등학생의 언어에 대한 탐구는 기실 사고 양상이나 수준에 대한 탐구로 이어진다. 언어와 사고의 긴밀한 관계에 따라 초등국어교육은 '제5차 국민학교 국어과 교육과정' 때부터 그 궁극적인 목적을 언어사용 기능을 넘어서는 '고차원적인 사고력'을 기르는 것으로 설정하였다. 이후 '고차원적인 능력으로서의 사고력'은 '창의적 사고력'으로, 2007과 2009, 2015 국어과 교육과정에서는 '창의적 국어능력'으로 발전되었다. 그러나 '창의적 국어능력' 및 '창의적 사고력'의 실체가 무엇인지는 충분히 밝혀지지 않았다. 특히 초등학생을 대상으로 하는 언어적 사고력이 무엇인지는 아직도 밝혀야 할 것들이 많은 미지의 세계다.

초등학생의 언어적 사고력의 정체성 및 그 실체와 관련하여 언어와 감정 및 정서와 관련된 탐구는 더더욱 미진하다. 언어로 감정이 표출·환기되는 면과 감정이 조정되는 면이 있음을 보면, 언어는 사고뿐만 아니라 감정과도 결부되어 있음을 간과할 수 없다. 사고는 언어에 의하여 자신을 형성하면서 또한 언어의 모양을 만들어낸다는 프랑스의 언어심리학자 들라크루아(Delacroix)의 표현대로, 언어는 인간의 사상, 감정, 의도를 반영할 뿐만 아니라 인간의 삶에 막대한 작용과 영향을 미친다. 특히 초등학생은 감정과 정서가 활발하게 발달하는 과정에 있으므로, 이와 관련한 언어의 작용과 영향성 및 언어와의 상관관계 등을 밝힘으로써 초등학생 대상의 국어교육을 전문화하고, 더 나아가 초등국어 교육학의 탐구 영역을 확장 및 심화하면서 그 발달에 기여할 수 있다.

2) 초등학생의 창의적 사고 탐구

초등학교 국어교육은 창의적 사고력을 기르는 교육을 담당할 책무를 지닌다. 이에 따라 제7차와 2007, 2009, 2015 개정 국어과 교육과정은 '창의적인 언어능력'을 지향했고, 이 점은 차후의 교육과 정이나 교과서에서도 계승될 가치를 지닌다. 국어 교과가 사고 교과로서의 성격을 지니며 사고력 중에서도 창의적 사고력이 21세기의 지향적 사고 능력으로 다루어지기 때문이다.

국어과 교육은 제7차 교육과정 시기부터 국어과 교육의 궁극적인 목적으로 '창의적 사고'를 중시해 왔다. 이는 제7차 교육과정의 기본 방향을 '21세기 세계화 · 정보화 시대를 주도할 자율적이고 창의적 인 한국인 육성'을 이념적 틀로 내세운 데서 비롯된다. 국어과 교육과정 또한 이에 따라 국어과 교육의 지향을 '창의적인 국어 사용 능력'으로 제시하였다. 그리고 제7차 교육과정이 지향하고 있는 창의적인 국어 사용 능력을 언어 활동의 반복에 의한 숙달보다 언어 활동과 언어와 문학에 대한 기초적인 지식의 체계적인 학습으로 설정하였다(교육부, 1998, 8~13). 이와 같은 지향은 '창의 · 인성'을 지향 점으로 내세운 2009 교육과정 및 '창의 · 융합'을 지향하는 2015 국어과 교육과정에서도 여전히 중요 하게 다루어진다.

국어과 교육에서 창의적 사고는 "어떤 필요를 충족시키기 위해 아이디어들의 새로운 결합을 형성하기 위한 사고 능력"(서울대학교 국어교육연구소, 1999; 719)으로 규정된다. '사고 능력'으로 규정되는 국어과 창의적 사고는 언어와 밀접하게 관련된다. 언어가 사고 작용과 긴밀하게 관련되므로, 창의적 사고란 언어적 사고이기 때문이다. 학문적으로 이견이 있다 해도 언어와 사고는 불가분의 관계를 형성한다. 심리학과 언어학 분야에서 그리고, 교육학 분야에서도 심도 있게 다루어진 언어와 사고의 관계에 대한 연구 결과는 언어와 사고가 서로 긴밀한 관계를 맺고 있음을 보여 준다.

국어과 창의적 사고의 특성은 그 요인을 중심으로도 규정이 가능하다. 초등국어교육의 관점에서 창의적 사고를 규정한 연구는 신헌재의 논문(1991; 36)에서 최초로 나타나는데, 이 연구에서는 길포 드(J. P. Guilford)의 견해와 토란스 · 마이어(Torrance & Myers)의 소론을 토대로 창의적 사고의 개념을, "기존의 관념이나 사고의 틀을 벗어나 지식의 범위를 확대하는 인류가 지닌 무한한 가능성의 보고요, 어떤 문제에 대해서도 만족스럽고도 독창적인 방법으로 해결할 수 있는 소중한 능력"으로 정의하였다. 아울러 이러한 창의적 사고가 대부분 언어를 매개로 이루어진다는 점을 바탕으로 국어 교육과의 관계를 밝히고, 랜즐리(Renzulli)의 소론에 따라 '유창성, 신축성, 독창성, 정교성'의 네 가지 하위 개념으로 항목을 나누어서 국어 교육에서의 창의적 사고를 설명하였다. 신헌재가 제시한 창의성의 네 가지 하위 요소 중 '신축성'으로 옮겨진 'flexibility'를 '유연성'으로 바꾸고, 각각의 의미를 정리하여 나타내 보면 다음과 같다(신헌재, 1991, 38~41).

- 독창성(Originality) : 기존의 것에서 탈피하여 흔하지 않은 독특한 반응을 보이고, 색다르고 참신한 아이디어를 산출해내는 능력이다.
- 유창성(Fluency) : 주어진 문제나 특정 상황 아래에서 그에 대해 즉석에서 되도록 많은 아이디어, 해결책, 사물 이름 등을 유창하게 산출해내는 능력이다.
- 유연성(Flexibility) : 일상의 타성이나 관습에서 얼마나 자유로울 수 있는가, 다시 말하면 개인의 기존 관념이나 고정적인 사고 방식을 바꿔 얼마나 융통성 있게 다양한 아이디어나 해결책을 찾아낼 수 있는가 하는 것과 관련된 능력이다.
- 정교성(Elaboration) : 기존의 다듬어지지 않은 아이디어나 간결한 스토리를 보다 정교하게 윤색하거나 상술하는 능력을 가리킨다.

21세기 들어와서는 창의적 사고 및 창의성 교육을 보는 관점이 새로운 국면을 보인다. 길포드(J. P. Guildford)의 지능 이론에 기대어 왔던 고전적인 창의성에서 더 나아가 새롭게 인간의 지능을 조명한 이론이 나오면서 창의적 사고를 보는 관점도 변화를 보이는 추세다. 그 기반의 한가운데 가드너(Howard Gardner)의 다중지능(Multiple Intelligences) 이론이 있다. 가드너(H. Gardner) 의 다중지능 이론의 기여는 인간의 지능을 보는 새로운 관점을 제공함으로써 학습자를 보는 교육의 인식을 바꾼 것이다.

다중지능 이론의 영향은 창의적 사고를 정의하는 데에도 반영될 만한 것으로 이해된다. 특히 전인적 사고의 성장을 중시하는 초등국어교육에서는 특정한 유형의 사고력에 국한하기보다 다양한 능력의 성장을 가능케 하는 사고력의 발달을 촉진해야 하므로 다중지능에서 제시하는 여덟 가지 유형의 지능을 사고 능력과 관련지어 함양할 필요가 있다.[11] 따라서 다중지능의 관점에서 초등학생의

---

11 가드너(H. Gardner)가 제시한 여덟 가지 지능은 언어 지능(Verbal/Linguistic Intelligence)을 비롯하여 논리- 수학 지능(Logical-Mathematical Intelligence), 공간 지능(Spatial Intelligence), 음악 지능(Musial Intelligence), 신체 운동 지능(Bodily-Kinesthetic Intelligence), 대인 지능(Interpersonal Intelligence), 자성

창의적 사고를 인식하고 발달과 촉진을 꾀하는 노력과 연구가 요구된다.

2. 초등 국어과 교육의 모형 정립

가. 언어사용과 문법과 문학의 관계 모형 탐구

초등 국어과 교육이 학문적 위상을 정립하기 위한 탐구 과제 가운데 가장 중요한 것은 초등국어교육의 지형도를 마련하는 것이다. 그것은 학문의 한 영역으로서 초등국어교육의 위상을 정립하기 위해 기반을 마련하는 탐구이며, 거기에는 초등국어교육의 개념과 성격을 드러내고 실제의 제반 문제를 포괄하는 과제가 포함된다. 교육과정과 교과서 및 교수 학습 방법과 학습자 중심의 국어교육을 이끄는 문제 등에 관한 논의(신헌재, 2005)로 시도되었던 탐구가 그 구체적인 과제가 될 것이다.

초등국어교육학의 탐구는 『국어교육학개론』(1996)의 출간과 더불어 국어교육학의 학문적 위상을 다지려는 노력에 이어 진행되어 왔다. 《초등 국어과 교육론》(천경록 외, 2001), 《초등국어교육의 이해》(강경호 외, 2009) 등 초등국어교육을 대상으로 하는 탐구가 이어졌고 결실을 거두었다. 1990년대 들어 초등국어교육 관련 석·박사 논문이 나오면서 연구 성과도 두드러지게 많아졌다.

이들 연구 성과를 기반으로 초등국어교육학의 성격을 분명히 밝히고 그 학문적 위상을 드러내기 위해서는 독자성을 지닌 연구 주제를 중심으로 하는 탐구가 지속적으로 이루어져야 한다. 그 탐구 과제의 기반에는 교육내용을 범주화하는 문제가 핵심으로 관련된다. 교육내용은 국어과 교육과정에서 영역의 설정으로 구체화되면서 중요한 문제로 다루어져 왔다. 기실 국어과 교육에서 교육내용의 문제는 왜 그렇게 교육내용을 범주화하는가에 대한 철학적 물음부터, 그것을 어떻게 가르칠 것인가 하는 방법론적 문제까지 두루 관련되는 것이다. 학습자의 발달적 특성까지 고려된다. 그 결과가 국어과 교육과정의 영역 설정으로 구체화된다.

초등 국어과 교육과정은 1981년의 제4차 교육과정 때 듣기, 말하기, 읽기, 쓰기의 언어 사용 영역과 문법 및 문학으로 교육내용의 영역을 범주화한 이래 이를 기반으로 한 영역 체계를 유지해 왔다. 이에 따라 듣기와 말하기 능력을 기르는 음성 언어 교육 영역과 문자언어인 읽기, 쓰기 능력을 기르는 교육 및 언어에 대한 지식을 다루는 문법교육, 언어능력과는 차별화되는 문학능력을 기르는

지능(Intra-personal Intelligence), 자연 지능(Naturalist Intelligence)이다(가드너(1999), 문용린 역(2001), 『다중지능:인간 지능의 새로운 이해』, 김영사).

교육이 이루어졌다.

이들에 대하여 국어교육학계에서는 이들 교육내용의 범주에 대한 관계에 대하여 논의가 진행되면서 꾸준한 논란이 제기되었고, 이들 세 분야의 교육이 국어 교과안에서 어떤 관계망을 형성해야 하는가에 대한 논의(한철우, 2004)도 있었다. 초등 국어과 교육에서는 이들 세 영역이 통합적으로 교육된다는 점에서 이 세 영역 사이의 관계망을 정립하는 것이 중요한 과제다. 이와 관련하여 교육과정에서의 통합에 대한 논의나 언어능력을 기르는 교육과 문법능력 및 문학능력을 기르는 교육의 통합적 관계 모형에 대한 논의(엄해영·이주섭, 2003)가 진행된 바 있고, 읽기와 문학의 통합적 지도에 대한 모형을 중심으로 국어능력을 언어능력과 문학능력으로 보는 관점이 제시되었다. 향후 지속적인 탐구가 필요하다.

교육내용으로서 언어사용 영역과 문법 영역 및 문학 영역의 관계는 교육과정에서 실질적인 교육내용으로 구현된다는 점에서 더욱 중요하다. 2007 국어과 교육과정에서 독자적인 교육내용으로 존재했던 듣기, 말하기, 읽기, 쓰기 및 문법과 문학의 6개 영역이 2009 개정 국어교육과정과 2015 개정 국어과 교육과정에서는 '듣기' 영역과 '말하기' 영역의 교육내용이 '듣기·말하기' 영역으로 통합되었다. 이에 따라 내용체계와 교육내용이 통합되어 선정되고 제시되었다. 차후로 교육과정이 다시 개정된다 해도 초등국어교육의 지형도에는 듣기, 말하기, 읽기, 쓰기의 언어사용에 관한 교육과 문법교육 및 문학교육이 포함될 것이다. 따라서 초등국어교육에서 교육내용으로서 언어사용과 문법 및 문학의 교육에 관한 관계망의 체계화는 중요한 탐구 과제다.

나. 언어능력과 문법능력, 문학능력의 관계 탐구

초등 국어과 교육의 교육내용으로서 언어사용과 문법 및 문학은 궁극적으로 언어교육, 문법교육, 문학교육의 관계망으로 설정된다. 그런데 이들 세 영역의 관계망을 확립하기 전에 각 영역의 교육이 지향하는 궁극적인 능력이 무엇인가를 명료하게 할 필요가 있다. 최근의 논의는 이들 각 영역의 교육이 추구하는 궁극적 지향점을 '능력' 개념으로 환치해 내고 있다. '듣기능력', '말하기능력', '읽기능력' 등을 중심으로 하는 연구물을 쉽게 볼 수 있거니와 '작문능력', '문학능력', '문법능력' 등의 용어를 중심으로 논의를 전개하는 등 많은 연구물에서 '능력' 개념을 중심으로 국어교육을 논의한 성과를 볼 수 있다. 2015 개정 국어과 교육과정에서 강조된 '핵심 역량'도 '능력'개념을 기반으로 하고 있다.

듣기, 말하기, 읽기, 쓰기의 언어사용을 잘하는 능력을 '언어사용능력'이라 일컫고, 문법교육과 문학교육으로 기르게 되는 능력을 '문법능력'(구본관, 2010), '문학능력'이라 일컫는데, 초등국어교육에서 중요한 것은 이들 '언어사용능력'의 신장을 꾀하는 교육과 '문법능력' 및 '문학능력'을 꾀하는 교육 사이의 통합적 관계를 어떻게 설정하느냐 하는 점이다. 고등학교 국어과 교육과 달리 초등학교 국어과 교육은 '화법', '독서', '작문', '문법', '문학' 등의 교과나 교과서가 따로 구분되지 않는다. 이 모든 영역의 교육이 '국어 교과' 안에 일체형으로 통합되어 있기 때문이다. 따라서 이 능력들 사이의 관계는 초등국어교육 및 초등국어교육학의 모형을 정립하는 데 중요하다.

현재 초등 국어과 교육에서는 '언어사용능력'과 '문법능력' 및 '문학능력'을 기르는 교육이 통합되어 있다. 교육과정은 이들 세 가지 능력을 포괄하되 병렬적으로 구조화하여 교육내용을 설정하면서 '영역'으로 구조화하는 체제를 보인다. 2009 교육과정에 따른 국어 교과서는 『국어』와 『국어 활동』이라는 새로운 교과서 모델을 개발함으로써 모든 영역의 교육내용을 이 두 권의 교과서 안에 통합하기도 했다. 제5차 교육과정부터 교육내용 영역을 중심으로 분책되어 온 교과서 체제와 달라진 이 모습에서 초등국어교육의 새로운 관계 모형이 정립될 수도 있다. 실제 국어과 교육에서는 각 영역의 교육이 통합적 혹은 포괄적인 관점에서 다루어지고 있다. 그러므로 이 세 가지 능력을 기르기 위한 교육내용 사이의 관계를 논리적으로 정립해 내는 과제는 중요하다. 아울러 이들 세 가지 능력의 상위능력을 무엇으로 설정할지 그 또한 과제가 아닐 수 없다.

과거에 국어교육에서 기르고자 하는 능력을 '국어능력'으로 본 논의가 전개된 바 있다(정준섭, 1995; 261). 그 개념에 대해서는 체계적이고 구체적인 논의가 전개된 바 없으나 그 안에는 결국 '언어사용능력'과 '문법능력' 및 '문학능력'이 포함될 것이다. 따라서 '국어능력'의 개념을 구체화하면서 그것을 이루는 세 능력 사이의 관계망을 정립하면 그 교육적 모델을 마련하는 과제가 해결될 수 있다.

다. 초등학생의 국어능력 탐구

초등국어교육에서 길러야 할 초등학생의 국어능력은 '언어사용능력'과 '문법능력' 및 '문학능력'의 요소를 포함한다. 이들 능력을 일컬을 수 있는 학문적 용어의 마련 및 그에 대한 개념을 정립해야 하는 것도 당면한 과제다. 여기에는 과거 제5차 국어과 교육과정 때부터 구체적으로 전개되어 온 '언어사용능력'에 대한 탐구가 뒷받침되어야 한다. '언어사용능력'이란 듣고, 말하고, 읽고, 쓰는 능력을 일컫는 말로, 국어교육학사전(1999)의 표제어로도 등재되었다. 이 용어의 개념을 초등학생을 중심으로 구체화함으로써 초등국어교육의 학문적 위상이 확고해질 수 있다.

'국어능력'은 언어학에서 쓰이는 '언어능력'[12]과는 다른 의미의 자장을 형성하는 것이다. 최근에는 국어교육 분야에서도 '사용'이라는 말을 뺀 '언어능력'이라는 용어가 사용되는 추세이기는 하지만,

국어교육에서 '언어능력'이 어떤 개념인지에 대해서 구체적으로 논의한 연구는 부족하다. 이에 대한 개념 또한 구체적으로 정립되지는 못했고, 그에 대한 탐구 역시 부족하다. 더욱이 국가 공인 자격시험에서 다루어지는 국어능력이 아닌 국어교육의 관점에서 국어교육의 궁극적인 목적으로서 다루어진 '국어능력'은 아직 그 합의된 개념을 갖지 못하고 있다.[13] 그러나 국어 교과의 궁극적인 목적을 국어능력으로 본 견해가 일찍이 제기되었으며, '국어사용능력'을 "국어능력"으로 바꾸어 내려는 논의(정준섭, 1995; 34, 261)가 진행된 바 있다.[14] 이를 기반으로 초등학생의 '국어능력'이 무엇일지, 무엇이어야 하는지, 그 실체를 규명해 내는 탐구가 요구된다.

'국어능력'에 대한 논의의 구체화가 비단 초등국어교육만의 과제일 수는 없다. 지금까지 국어교육학의 발전 양상에 비추어 볼 때, '국어능력'이란 '언어사용능력'과 '문법능력' 및 '문학능력'의 통합체로 이해되는데, 이들 세 능력을 포괄하고 통합하는 궁극적 지향으로서의 국어능력에 대한 개념의 탐구가 필요하다. 아울러 '국어능력'의 개념과 의미 등을 기반으로 그 하위 능력 및 능력 요소들을 규정해 내는 깊이 있는 연구도 필요하다. 여기에 초등학생 시기에 반드시 발달시켜야 할 초등학생의 국어능력을 탐구해 내는 연구가 이어져야 할 것이다.

3. 초등 국어과 교육과정 탐구

가. 초등 국어과 교육과정의 목표 설정 방안

초등국어교육학의 학문적 위상 정립에 중요한 초석이 되는 또 하나의 요인은 초등 국어과 교육과정이다. 교육과정에 대한 탐구는 초등 국어과 교육의 학문적 기반 위에서 이루어지기도 지만, 그 자체가 초등국어교육학의 중요한 탐구 과제가 된다. 그러므로 초등 국어과 교육과정에 대한 탐구는 초등국어교육학의 발전을 다지는 초석이다.

---

[12] '언어능력'의 사전적 의미는 "언어 사용자가 무한히 많은 수의 문법적인 문장을 만들어 낼 수 있는 잠재적인 능력. 변형 생성 문법의 기본 개념 가운데 하나"(표준국어대사전)로 정의된다. 이에 대하여 남기심·고영근(1985), 권재일(2012), 임지룡 외(2012) 등에서 그 개념이 거론되지 않았으나, 이익섭·임병채(1988)에서는 '언어 능력(linguistic competence)'에 대하여 "모어 화자가 이미 듣거나 배운 문장뿐만이 아니라, 전에 듣거나 배운 바 없는 문장이라고 하더라도 듣고 이해하고 또 말할 수 있는 능력을 말한다."라고 정의하고 있다.

[13] 국가 공인 자격시험에서 다루어지는 '국어능력'의 개념 탐구는 김희선(2011)에서 볼 수 있다. 이 논문에서는 KBS 한국어능력시험과 국어능력인증시험에서 요구하는 '국어능력'의 개념을 분석했다.

[14] 여기에서는 듣기, 말하기, 읽기, 쓰기의 언어 사용 기능과 언어와 문학의 3대 영역의 상관성을 중심으로 국어 교과의 궁극적인 목적을 국어 능력이라고 보았다. 최근에도 '국어능력'에 대한 논의가 진행된 바 있다(김상욱, 2011; 41~69).

실재하는 독자적인 문서로서 초등 국어과 교육과정은 제6차 국어과 교육과정까지 존재했다. 제7차 국어과 교육과정이 국민공통기본교육과정으로 개발되면서 초등 국어과 교육과정은 국민공통기본교육과정 안에 흡수되었다. 그 결과 '목표', '내용체계' 및 '방법'과 '평가' 등의 교육계획에 초등 국어과 교육의 특성이 드러나지 않는 통합적 교육과정으로 존재하게 되었다. 이런 양상이 2007과 2009 국어과 교육과정에도 이어지면서 이에 대한 비판이 제기되기도 했는데(한명숙, 2011), 2015 개정 국어과 교육과정까지 이와 같은 체제가 유지되고 있다. 따라서 초등 국어과 교육과정의 독자성을 어떻게 마련해야 할지에 대한 탐구가 요구된다.

2009 국어과 교육과정에 시도된 초등과 중등의 '학교급별 교육 목표'를 제시하는 방식은 좋은 예시로 받아들여진다. 교육과정 문서에 '초등학교 교육 목표'와 '중학교 교육 목표'를 각각 제시한 체제다. 이처럼 '학교급별 교육목표'가 다르듯이, 초등학교 국어과 교육과 중학교 국어과 교육도 목표가 다르다. 서로 다른 독자적인 교과 목표를 명시함으로써 초등 국어과 교육의 독자성을 부각시켜야 한다. 이 외 교육내용의 체계 및 '국어자료의 예', 방법과 평가 등의 설계에서 초등국어교육의 독자성을 구현하는 교육과정 모델을 탐구할 필요가 있다. 2015 국어과 교육과정은 초·중·고 공통과목으로서의 '국어' 교과가 갖는 성격을 명시하는 데 그쳤지만, 여기에서 더 나아가 초·중·고 각급 학제의 국어교육이 갖는 독자성도 밝혀지고 교육과정에 반영되어야 할 것이다.

'국민공통기본교육과정'으로서 국어과 교육과정에 초등 국어과 교육과정의 기본 목표가 명료하게 설정되어야 한다. 초등 국어과 교육은 무엇을 목표로 설정하여야 하는가에 대한 깊이 있는 천착과 탐구가 요청된다. 이에 대한 연구가 뒷받침되면 그것을 교육과정 문서에 제시하고, 초등 국어과 교육의 명료한 지향점으로 삼을 수 있을 것이다.

나. 초등 국어과 교육과정의 내용 선정 방안

교육과정에서 교육내용은 실제 교육에 지대한 영향을 미친다는 점에서 아주 중요하다. 교육내용이 교육목표에 도달하기 위해 무엇을 가르칠 것인가 하는 물음에 대한 답을 제시하고 있기 때문이다. 가르칠 내용으로서 교육내용은 교육과정에 반영되고 교과서에 구현된다는 점에서 그 중요도가 높다.

교육내용에 대한 탐구는 크게 두 가지 면에서 이루어질 필요가 있다. 하나는 어떤 교육내용을 선정할 것인가 하는 것이고, 다른 하나는 교육내용을 어떻게 체계화할 것인가 하는 것이다. 교육내용의 선정은 초등학생의 발달 단계를 총체적으로 고려해야 하고, 현 시대의 언어를 포착할 수 있어야 하며, 미래 지향의 교육적 추구를 반영해야 한다. 그에 따른 상위 교육내용을 범주화하고 그에 따른 하위 범주의 내용을 선정하며, 그것을 각 학년별 성취 기준으로 변환하여 세부 지도내용을 마련하는 방법에 대한 탐구도 이루어져야 한다.

교육내용 선정과 관련한 실제적인 탐구는 세 가지 면을 고려해야 한다. 첫째, 국어과 교육으로 길러야 할 학습자의 능력을 어떻게 범주화할 것인가 하는 것이다. 2009 국어과 교육과정은 이를 실제, 지식, 기능, 태도의 네 범주로 설정하였고, 2015 국어과 교육과정은 듣기 · 말하기, 읽기, 쓰기, 문법, 문학의 각 영역마다의 하위 범주별 '핵심 개념'과 '일반화된 지식'을 바탕으로 '학년(군)별 내용 요소' 및 '기능'으로 체계화하였다. 내용 체계가 복잡할 뿐만 아니라 초등국어교육과 부합도가 낮아 초등 국어과 교육과정의 독자성을 구현하는 내용 체계 개발의 필요성을 부각시키는 양상이다.

둘째, 각 범주별 교육내용을 뒷받침하는 세부 교육내용에 대한 정교한 탐구가 이루어져야 한다. 2007 국어과 교육과정에서 교육내용의 한 범주를 형성했던 '맥락'이 2009 개정 국어과 교육과정에서는 '지식' 범주의 하위 내용으로 선정되는 변화를 보였는데, 이런 변화는 교육내용을 선정하는 데 혼란을 겪고 있음을 나타낸다. 2015 국어과 교육과정에서 선정된 교육내용의 부적합성 및 미흡함(이도영, 2016; 이병규, 2016; 한명숙, 2016)을 논의한 성과를 중심으로 차후의 보완이 필요하다. 여기에는 초등학생의 국어능력을 기를 수 있는 교육내용을 선정할 수 있도록 뒷받침하는 치밀한 연구를 필요로 한다.

셋째, 학년별, 혹은 학년군별로 어떤 내용을 가르칠 것인가 하는 물음에 대한 탐구가 이루어져야 한다. 이들 교육내용이 2007 국어과 교육과정부터 '성취기준'으로 제시된다. 성취 기준의 선정 과정에는 교육과정 내용 체계에 선정된 각 범주별 하위 교육내용을 어떻게 세부 교육내용으로 환치할지에 대한 고민이 뒤따른다. 지금까지 제1차 국어과 교육과정부터 2015 국어과 교육과정까지 열 개의 교육과정이 보여 준 초등학교 학년별 혹은 학년군별 교육내용에 대한 검토가 이루어질 때가 되었다. 각 영역별 적합성과 타당성 및 연계성 등에 대한 분석과 탐구가 요구된다.

교육과정 문서 및 교육내용의 체계화에 대한 탐구도 중요하다. 교육과정 문서 체계는 제1차 교육과정 이후 지속적으로 변화해 왔다. 크게 국어과 교육의 '목표'부터 제시하는 방식과 '성격' 및 '추구하는 인간상'부터 제시하는 방식으로 나눌 수 있다. 2015 국어과 교육과정은 2009 국어과 교육과정에서 소기되있던 '싱격' 항목을 다시 제시하여 제6차 ~ 2007 국어과 교육과정의 체계를 계승하였다. 교육과정 문서에 기본적으로 제시되어야 할 목표, 내용, 방법, 평가 등의 요소를 새롭게 체계화해 본 2015 국어과 교육과정의 문서 체계에 대한 비판적 고찰도 필요하다.

교육내용 체계의 경우, 제6차 국어과 교육과정 이후로 국어과 교육을 위한 교육내용이 교육과정에서는 '내용체계표'로 제시되고 있다. 이 '내용체계표'는 선정된 교육내용을 범주화하고 체계화하여 제시하는 기능을 한다는 점에서 중요하다. 2009 국어과 교육과정에서는 교육내용을 5개 영역으로 구분하고, '실제', '지식', '기능', '태도'를 중심으로 교육내용을 범주화하고 있다. 그러나 이 체계는 '실제'와 '기능' 사이의 관계가 모호하다는 문제를 보여 개선의 여지를 드러낸다. 2015 국어과 교육과정에서는 새로운 내용 체계가 제시되었으나, 언어 기능 영역 및 문법 영역과 문학 영역의 교육내용까지 동일한 체계로 제시함으로써 교육내용의 체계화를 보이지 못한 점은 과거의 교육과정과 같다.

한편 국어과 교육을 위한 교육내용에서는 교육내용의 '내용체계'와 '성취기준' 외에 '텍스트' 또한 중요한 교육내용으로서 기능을 한다. 다른 교과와 달리 국어과 교육에서는, 활용되는 '국어 자료의 예'로서 텍스트가 교육내용을 실현하고 학습자를 '성취기준'에 도달하도록 하는 기능을 하기 때문에 중요하게 다루어진다. 국어과 교육과정 문서에 텍스트가 구체화된 것은 제3차 국어과 교육과정인데, 이것이 2007 국어과 교육과정과 2009 개정 국어과 교육과정에 계승되었다. 이들 교육과정을 기반으로 과연 어떤 수준과 내용과 형태의 텍스트가 선정되어야 하는지에 대한 탐구가 뒷받침되어야 국어과 교육이 발전하는 기반이 구축될 수 있다.

텍스트의 제시 방식에 대한 탐구도 이루어져야 한다. 제3차 국어과 교육과정에서는 '주요 형식'이라 하여 문종과 갈래 중심으로 제시되었다. 2007 국어과 교육과정은 '텍스트의 수준과 범위'로 제시되면서 해당 성취 기준과 호응을 이루도록 하였다는 특징을 보인다. 2009 개정 국어과 교육과정에서는 각 영역별 성취 기준을 제시한 후에 그를 뒷받침하는 '국어 자료의 예'로 제시되었으며, 문종과 갈래를 포함하면서 텍스트에 함유된 텍스트성까지 구체적으로 명시하였다. '글쓴이와 인물의 마음이 잘 드러난 생활문, 편지'와 같은 방식이다.

다. 초등 국어과 교육과정의 '교수 학습 방법' 제시 방안

국어과 교수 학습 방법과 관련한 계획은 제1차 국어과 교육과정부터 제시되어 왔다. 최근의 국어과 교육과정을 보면 교수 학습 계획과 운용 및 자료와 관련된 내용을 계획하고 제시했음을 알 수 있다. 앞으로 바람직한 교수 학습 방법 제시 방식에 대한 탐구가 필요하다.

2007 국어과 교육과정	2009 국어과 교육과정	2015 국어과 교육과정
4. 교수 학습 방법 　가. 교수 학습 계획 　나. 교수 학습 운용	4. 교수 학습 방법 　가. 교수 학습 계획 　나. 교수 학습 운용	4. 교수 학습 및 평가의 방향 　가. 교수 학습 방향 　나. 평가 방향

아울러 또 탐구해야 할 과제는 교육과정 문서에 담을 '교수 학습 방법'에 대한 연구이다. 구체적으로 '교수 학습 자료'에 대한 계획이 어떻게 수립되어야 하는가가 문제의 초점이다. 제7차 국어과 교육과정에서는 '교수 학습 자료'까지 '교수 학습 방법'에 포함시켰지만, 2007 국어과 교육과정과 2009 국어과 교육과정에서는 '자료'와 관련된 독립 항목을 삭제하고, 공통적으로 '가. 교수 학습 계획' 항에서 3회에 걸쳐 '교수 학습 자료' 및 '자료'에 대하여 기술하고 있다. 2015 국어과 교육과정에서는 '교수 학습 및 평가의 방향'으로 제시하되, 교수 학습, 평가를 각각 기술하였다.

그리고 '자료', '교수 학습 자료', '교재', '교과서' 등 교수 학습 방법과 관련한 다양한 용어의 개념도 확립해야 한다. 현재 교육과정 문서는 '자료'와 '교수 학습 자료'를 구분하지 않는다. 그러나 실제 국어과 교수 학습을 살펴보면, 거기에는 교과서 및 보조 교과서와 같은 교재가 주요한 '교수 학습 자료'로 활용되고 있고, 교재를 뒷받침하고 교수 학습 과정을 보조하는 자료가 사용되고 있다. 이들 자료를 '자료'라 칭할지, '보조 자료'라 칭할지 용어가 확정되어 있지 않은 실정이다.

또한 국어과 교수 학습 운용을 위한 구체적인 교수 학습 방법 및 전략, 활동 등에 대한 탐구가 지속적으로 이루어져야 한다. 시대의 변화와 학습자의 발달 정도를 고려한 구체적이고 실제적인 지도 방법에 대한 탐구가 그것이다. 2015 국어교육과정에는 '국어'의 교육 목표와 성취기준의 성격을 고려하여 직접 교수법, 토의·토론 학습, 탐구 학습, 문제 해결 학습, 프로젝트 학습, 역할놀이 학습, 거꾸로 학습 등 적절한 교수 학습 방법을 선택하여 운용하되, 학습자 참여형 교수 학습이 되도록 할 것을 강조하고 있다. 국어과 교수 학습 과정에서 활용될 수 있는 다양한 전략과 활동 등에 대한 탐구가 계속되어야 한다.

라. 초등 국어과 교육과정의 평가

초등 국어과 교육에 적합한 평가 방법의 제시를 위한 연구가 필요하다. 평가에 대한 연구는 가장 미흡하여 향후 진전된 연구를 필요로 한다. 선진적인 연구로 학습자 중심의 국어과 평가 방법에 대한 연구가 이루어진 바 있다(임천택, 2002). 그러나 이 연구 성과는 이후 개발된 국어과 교육과정에 명료하게 반영되지 못하였다. 초등 국어과 교육을 뒷받침하는 평가 관련 연구가 두드러지게 이어지지 못한 데 기인한다.

연계된 연구 성과도 미약하다. 학습자 중심의 국어과 평가 및 초등 국어과 교육의 특성에 적합한 평가의 모형을 개발하고, 그 구체적인 방법을 제시하는 연구가 연계성과 관련성을 갖고 지속되어야 한다. 초등학생을 대상으로 한 평가와 관련하여 정해진 답을 찾아내게 하여 평가하는 '정답관'과 다양한 답을 찾아내는 능력을 평가하는 '해답관'을 상호 대비하여 보여준 연구(한명숙, 2003; 213)가 있으나, 초등학생의 국어능력을 평가할 수 있는 기반적인 토대를 제공할 뿐, 실제적으로는 문학교육에 초점을 둔 것이어서 포괄성이 낮다.

그러나 이후 생태학적 평가를 중심으로 초등국어교육에서의 평가에 관한 연구가 진행되어 상당 부분의 성과를 보여 준다. 생태학적 평가의 관점에 대한 접근이 시작되었고, 생태학적 평가가 평가 내용의 타당성을 제고하고, 평가 방법의 효율성을 높이고, 평가 결과의 실용성을 제고한다는 논의가 제기되었다(임천택, 2003). 또한 문식성 영역부터 말하기, 쓰기 영역 등에서 생태학적 평가를 도입하고 활용하는 방안이 소개되었고(원진숙, 1999; 곽춘옥, 2004; 신헌재, 2010; 서현석, 2005), 문학교육에서의 평가관에 대한 문제도 제기되었다(염은열, 2009; 김창원, 2013).

이와 같은 연구 성과를 기반으로 초등학생의 언어능력과 사고력을 측정할 수 있는 평가관을 정립하고, 그에 바탕을 둔 실제적인 평가 방법 및 평가 도구 등에 대한 탐구가 이어져야 한다. 초등 국어과 교육 평가 방안으로는 생태학적 평가에 대한 연구가 초등국어교육의 각 영역별로 두루 이루어지고 각 영역별 평가뿐만 아니라 영역 통합 평가에 대한 연구도 이루어져야 할 것이다.

4. 초등 국어과 교재 탐구

가. 초등 국어과 교재의 기본 모형

초등 국어과 교재는 어떤 형태여야 바람직한가에 대한 논의가 많이 진행되어 왔다(이경화, 2002; 황정현, 2006; 한명숙, 2006; 신헌재, 2007; 이주섭, 2007; 이재승. 2011; 진선희, 2011). 그동안 국어 교과서가 변모해 온 과정은 이런 논의 기반과 무관치 않다. 1955년에 제1차 교육과정이 적용되면서 개발된 『국어』 교과서가 제4차 국어과 교육과정까지 사용되었고, 1987년에 고시된 제5차 국어과 교육과정에 따라 처음으로 시도했던 언어사용에 따른 분책형 교과서가 2007 국어 교과서까지 이어졌다. 『듣기 · 말하기』, 『읽기』, 『쓰기』 및 『듣기 · 말하기 · 쓰기』 형태의 교과서가 그것이다. 이들 국어 교과서는 학년에 따라 3권 혹은 2권으로 제시되었고, 이 2~3 권의 국어 교과서 안에 듣기, 말하기, 읽기, 쓰기 및 문법교육과 문학교육을 위한 교육내용을 담아 왔다. 2009 개정 교과서, 2015 개정 국어 교과서 『국어』와 『국어 활동』은 새롭게 제시된 교과서 모델이다.

국어과 교재가 어떤 형태로 개발되든 다른 교과와 달리 국어과 교재가 함의해야 할 기본적인 구성 요소는 제재와 활동이다. 물론 이 제재와 활동은 차시 수업 목표에 도달하기 위한 것이다.

차시 수업 목표가 교육과정 성취기준에서 도출되어 제시된다면, 국어과 교재로 제공되어야 할 제재와 활동은 이 목표 도달을 뒷받침할 수 있는 것이어야 한다.

국어과 교재에서 제재란 국어과 단원 목표 및 차시 목표 도달을 위한 목적으로 선정된 구체적인 언어 텍스트다. 텍스트 중심 교육과정을 표방했던 2007 국어과 교육과정에서는 이 텍스트의 수준과 범위를 '담화, 글, 언어 자료, 문학'의 범주별로 제시해 주었고, 그것이 학년별 성취 기준과 조응하도록 했다. 2009 국어과 교육과정의 경우에도 학년군별 내용 성취 기준의 제시와 함께 '국어 자료의 예'로 제재가 될 텍스트를 규정해 주고 있다. 이를 기반으로 국어과 교재의 제재가 결정된다.

국어과 교재에서 활동은 학습 목표에 도달할 수 있도록 하는 학습 내용을 함의한다. 국어과 교재가 제공해야 할 활동의 범주는 일반적으로 제재에 대한 내용 파악 활동, 학습 목표 관련 활동 등으로 구성된다. 아울러 국어과 교육의 궁극적 지향점이 되는 창의적 사고력을 기를 수 있도록 하는 언어적 활동이 추가된다.

초등국어 교과서가 담아내야 할 핵심적인 요소들은 초등학생의 발달성에도 부합해야 한다. 국어 교과서가 어떤 형태일 때 가장 바람직하며, 그 안의 구성 요소들로 무엇이 채워질 때 학습 효과가 높은지에 대한 탐구가 계속되어야 한다. 2007 개정 국어 교과서 말미에 제시된 붙임 자료를 비롯한 다양한 교수학습 자료의 효용성에 대해서도 연구가 필요하다.

나. 초등 국어과 교재와 열린 교과서관

제7차 국어과 교육과정에서 '1교과 다교과서 체제'를 지향하며 열린 교과서관의 개념을 제시하였다. 교재(교과서)와 관련하여 "모든 교과목에 있어서 다 교과서 발행(1교과, 다 교과서 체제)이 원칙적으로 가능하도록 한다."(한국교육개발원 교육과정개정연구위원회, 1997; 9)라는 지침이 제시되었고, 이는 교육 수요자에게 교재 선택의 폭을 넓혀 주기 위하여 교재(교과서) 발행 제도를 개방하는데 그 의의를 두었다. 이와 같은 의의에 따른 '열린 교과서관'은 다음과 같은 지향점을 갖는다(최현섭 외, 2004, 102).

'열린 교과서관'에서는 교육의 자율성과 창의성, 전이성을 중시한다. 교재는 주어진 것이라기보다 교사와 학습자가 상호 의사소통 과정을 통해 생성하는 것으로 이해되고, 국어 수업은 학습 과제 수행보다 목표 달성 자체에 초점을 두어 이루어진다.

이와 같은 '열린 교과서관'은 초등국어교육에서 다루어지는 절대적 교재인 '교과서'에 대해서도 열린 관점을 형성해 준다. 검인정 교과서 발행 체제가 아닌 초등국어 교과서의 관점에서도 제7차 교과서가 취한 '열린 교과서관'은 '열린 교과서관'을 지향하게 한다. 국어 수업의 교재로 교과서 외의 교재가 사용될 수 있을 뿐만 아니라, 교과서 또한 열린 관점에서 교사의 자율적 선택과 판단에 따라 사용될 수 있다는 관점이다.

'열린 교과서관'은 국어과 교수 학습에서 학생들에게 제공되는 '특정한 언어 텍스트'를 확장해 준다는 데 초점화된다. 절대적인 교과서관으로는 교과서에 수록된 제재나 활동만을 학생들에게 제공할 뿐이다. 그러나 획일화된 제재나 활동은 결코 학생들의 언어적 특성과 수준을 반영할 수 없고, '열린 교과서관'에 따라 제공하는 다양한 교재로 교과서 외의 다양한 언어 텍스트를 경험하게 하며, 학생들의 수준에 적합한 언어를 제공함으로써, 결국 언어 경험을 확장해 줄 수 있다. 이런 점에서 '열린 교과서관'에 대한 탐구는 계속되어야 한다.

국어 수업에서 사용될 수 있는 다양한 담화, 글, 작품 등에 대한 탐구는 학습자의 동기나 흥미, 학습능력이나 학습 속도 등을 고려하여 이루어질 것이다. 교과서 외의 제재를 활용하는 방법이나 지면의 한계로 인해 교과서에 부분적으로 수록된 글이나 작품에 대한 원작품의 활용 계획 등에 대해서도 탐구되어야 한다. 교과서에 수록된 제한적인 글을 읽는 데서 끝나지 않고, 가정 학습과 연계하여 다루면서 학생들의 언어 경험을 확장할 수 있는 과학적인 논의가 필요하다.

이와 같은 논의는 '열린 교과서관'에서 더 나아가 '열린 교과서관'에 대한 탐구로 이어질 것이다. '열린 교과서관'은 교과서에 특정한 목표와 내용 및 방법이 제시되었다 하더라도 실제 교수 학습 상황에서는 그것을 학습자의 수준에 알맞게 재구조화할 수 있는 관점을 부각시켜 준다. 학생들의 요구와 흥미에 적합한 활동과 방법 및 보조 자료를 활용하는 방법에까지 관심을 갖게 함으로써 학습자 중심의 수준별 국어과 교수 학습을 가능하게 하는 기반이 된다. 따라서 '열린교과서관'은 교사의 자율성과 창의성에 기반을 둔 다양한 제재의 활용 및 그에 적합한 다양한 활동의 설계 및 교과서 재구성 수업에 대해서도 진지하게 고민하는 하는 토대를 제공할 것이다.

다. 초등 국어과 교재의 재구성

'열린 교과서관'의 지향처럼 학습자 중심으로 이루어져야 하는 초등 국어과 교육의 특성은 국어 교과서를 절대 유일의 교재로 사용하기 어렵게 한다. 이런 관점이 교과서를 절대적인 교육 지침으로 여기는 절대적인 교과서관을 지나치게 배척하거나 교과서를 지나치게 평가 절하하는 상대적인 교과서관을 의미하지는 않는다(천경록 외, 2001; 64~65). 그것은 학습자의 언어적 특성과 수준 등에 따라 학습자에게 적합한 언어 교재가 사용되어야 한다는 효율성의 관점을 지향한다.

초등국어교육은 학습자의 다양성을 존중하며 이루어져야 한다. 수준별 교육이 학교 단위로 이양된 교육과정을 운영하면서 국정 1종의 교과서에만 의존하는 국어과 교수 학습은 학생들의 실제적인 언어와 구체적인 언어생활을 보살필 수 없다. 앞으로는 교과서를 교수 학습 자료의 일종으로 보는 관점이 요구된다.

이에 따라 초등국어 교과서를 어떻게 재구성하여 사용할 것인가에 대한 물음과 그에 대한 전문적인 답이 필요하다. 초등국어 교과서를 재구성하는 구체적인 방법에 대해서는 일찍이 논의된 바가 있는데, 구체적인 연구로는 교과서 재구성의 대상을 '제재 재구성'과 '활동 재구성'으로 나누고, 재구성의 범위를 '전체 재구성'과 '부분 재구성'으로 구분하여 추가, 대체, 삭제, 재배열 등의 재구성 방법을 제안한 것이 그것이다(한명숙, 2000; 409~437). 여기에서는 단원 및 차시 학습에 대한 재배열도 이루어질 수 있는 재구성 방법도 제안되었으며, 다음과 같은 교과서 재구성의 원리가 제시되었다.

① 재구성 관점을 명료하게 드러낸다.
② 재구성하는 범위를 분명히 설정한다.
③ 교육과정 목표와 내용에 적합하도록 한다.
④ 재구성의 결과가 교수 학습의 효율성을 높일 수 있어야 한다.
⑤ 재구성 결과는 학습자의 흥미를 충족시킬 수 있어야 한다.

국어과 교육과정에서는 학습자의 학습 준비나, 성취 기준 도달 정도에 따른 개인차를 해소하는 교수 학습 방안을 계획하도록 했으며, 아울러 학습자의 "관심, 흥미, 선수 학습 경험, 학습 준비도, 학업 성취 수준 등을 고려하여 자료를 개발"하고, "학습자의 특성에 따라 자료를 개별화"(교육과학기술부, 2011; 70)할 것을 명시했다. 수준별 교육에서 더 나아가 '개별화 교육'의 지향을 드러내고 있다.

이와 같은 방향 설정은 바람직하다. 이에 부합하는 교과서 중심의 '자료 개발'은 국정 교과서의 책무이지만, 각 교실 수업에서는 교수 학습 주체로서의 학습자 수준에 적합한 교수 학습 자료가 사용되어야 한다. 이에 따른 교과서 재구성이 불가피하다. 이를 위해 더 구체적이고 실질적인 탐구가 이루어져야 한다.

5. 초등 국어과 교수법 탐구

가. 초등 국어과 교수 학습의 기반 탐구

초등국어교육학의 학문적 위상 정립을 위한 탐구 과제로 초등 국어과 교수법에 대한 탐구를 간과할 수 없다. 초등 국어과 교수 학습이 초등학생의 국어능력을 기르고자 한다는 점에서 전문적이고 독자적인 교수 학습 방법에 대한 모색이 중요하다. 여기에는 초등학생의 발달적 특성이 고려되어야 한다. 그에 따라 학습자 중심의 국어교육, 수준별 국어과 교수 학습 등이 중요하게 논의된다. 그런데 실제적으로 수준별 교수 학습은 학습자 중심의 국어교육을 위한 것이기도 하다.

학습자 중심 국어과 수업을 추구할 수 있는 방법에 대한 모색은 그 탐구의 중심에 있어야 할 지향점이다. 학습자 중심 국어교육은 학습자 중심 언어교육(Student-centered Language Education)을 구현하려는 시도에서 시작된 접근법이다. 언어가 근본적으로 사용자 중심으로 사용된다는 점에서 언어교육 또한 사용자 중심으로 전개되어야 한다. 이런 관점에서 초등국어교육은 학습자를 중심에 놓고 이루어질 때 가장 높은 효과를 얻을 수 있다. 이와 같은 지향을 담은 학습자 중심의 언어교과(Student-centered Language Art)가 국어과 교육에서 실현될 때 그것이 바로 학습자 중심의 국어교육이 된다.

학습자 중심 국어교육은 학습자가 언어 사용의 주체가 되는 교육이다. 언어로 언어를 가르치는 국어과 수업에서 교사는 자신의 언어로 학생의 언어능력을 기르는 수업을 하게 된다. 이 때 교사는 학생이 언어 사용의 주체가 되어 충분한 언어 사용의 경험을 갖도록 유도해야 한다. 만일 교사가 자신의 언어를 지나치게 많이 사용함으로써 학생의 언어 사용 기회가 줄게 된다면, 이는 진정한 학습자 중심의 국어 수업이라고 볼 수 없다. 학습자 중심 국어교육은 학생이 자신의 언어를 활용하여 언어능력을 기르는 것이다.

학습자 중심 국어교육은 '학습자의 언어능력이 신장되도록 돕는 교육'이기도 하다. 학습자가 중심이 된다는 말에는 언어능력 발달과 신장의 주체가 학습자여야 한다는 의미가 포함된다. 수업의 궁극적 목적이 학습자의 언어능력 신장에 있으므로, 학습자 중심 국어교육에서는 수업의 결실로서 학습자의 언어능력 신장이 실제적인 성과로 나타나도록 시도한다.

학습자 중심의 국어교육을 지향하는 국어과 교육에서는 다음과 같은 세 가지 원리가 소개된 바 있다(신헌재 · 이재승 역, 1994, 67~125).

- 개별성의 원리: 각 학습자들이 스스로 자기 자신의 학습 활동과 자료를 선택하여 이를 가지고 학습할 순서를 결정한다.
- 상호작용성의 원리: 모든 학습 활동에는 학습자가 중심이 되어 학생들끼리 서로 가르칠 수 있는 상황이 마련되어 있다.
- 통합성의 원리: 학습자가 자신의 방식대로 지식 구조를 효과적으로 종합할 수 있도록 하기 위해, 학습 내용 간에 유기적 관련을 맺으며 통합적으로 운영한다.

이 세 가지 원리는 초등 국어과 교수 학습에서 활용될 만한 것이며, 학습의 효율성을 높이는 데에도 기여할 것이다. 그러나 이들 원리가 실제 국어과 교수 학습에서 어떻게 구현될 수 있을지에 대해서는 더 깊은 탐구가 필요하다.

초등국어교육은 그 특성상 학습자 중심으로 이루어져야 효율적이다. 이를 인식한 교수 학습 방법에 대한 지속적인 탐구가 요구된다. 현실의 국어교육은 학습자 중심의 지향을 구체화하지 못하고 있고, 실제적인 방법도 현실화하지 못하고 있는 실정이지만, 교실의 국어과 수업에서 학습자 중심의 교수 학습은 초등국어교육이 실현해야 할 이상이기도 하다. 여기에 학습자 중심 국어교육의 세 가지 원리에 대한 충실한 이해와 탐구 및 실현 방안에 대한 모색이 뒷받침되어야 한다.

초등국어교육은 학습자의 발달 단계를 고려하여 이루어질 수밖에 없는 속성을 지닌다. 이에 따라 학습자 중심의 국어교육 및 학습자 중심의 국어과 수업을 뒷받침할 수 있는 다양한 학문적 모색이 요청된다. 이미 나와 있는 연구 성과에서 제시된, '개별성, 상호작용성, 통합성'의 세 가지 원리는 학습자 중심의 초등국어교육을 이끄는 기본적인 방향이 될 수 있다. 이와 함께 학습자의 언어 활동이 활발해질 수 있는 협동학습 방법에 대한 구체적이고 전문적인 탐구가 이루어진다면 초등국어교육학의 발전에 기여할 수 있을 것이다.

학습자의 창의적 사고를 기르는 국어과 교육의 방법을 제시할 수 있는 모색과 탐구도 필요하다. 창의적 사고는 제7차 국어과 교육과정에서 국어과 교육의 궁극적인 목표로 제시된 이래 현행 교육과정까지 이어지고 있다. 뿐만 아니라 2009 개정 교육과정이 지향하는 교육의 궁극적 지향점으로서 '창의와 인성'의 기반을 이루는 국어 교과적이 핵심이기도 하다. 2015 국어과 교육과정에서는 '창의·융합'을 강조하고 있다. 따라서 이를 뒷받침할 수 있는 교육 방법 및 수업 전략 등에 대한 탐구도 요청된다.

초등 국어과 교육의 특성에 따라 언어사용과 문법과 문학의 통합적 교수 학습에 대한 탐구도 중요하다. 2009 및 2015 국어 교과서가 각 영역의 교육내용을 통합한 통합형 교과서로 개발되면서 영역 통합적 교수 학습 방법의 제시가 필요해졌다. 이에 대한 효율적인 교육 방법 및 교수 학습 방안에 대한 탐구는 지속되어야 할 초등국어교육의 과제다.

나. 초등 국어과 교수 학습의 설계 및 모형 탐구

초등국어교육학의 발전을 위해서는 초등 국어과 교수 학습을 과학화하는 노력이 필요하다. 국어과 수업은 '언어로 언어를 가르치는 수업'이라는 점에서 과학적이고 체계적인 성격을 띤다. 가르칠 목적이 되는 '대상 언어'와 가르치기 위해 도구로 사용하는 '수단 언어'가 모두 언어라는 점에서 학습자의 언어 활동에 대한 과학적 접근이 필요하기 때문이다.

이를 위해서 국어과 교수 학습은 체계적인 전개를 지향해야 한다. 체계적이고 과학적인 수업 설계가 중요하다는 뜻이다. 수업 설계 및 수업 분석에 대한 연구 결과들이 이를 뒷받침해 주기는 하지만, 이를 위한 더 깊이 있고 실제적인 탐구가 요청된다.

체계적 과학적 수업 설계를 위하여 국어과 교수 학습 모형의 활용이 필요하다. 수업의 체계화, 과학화를 위한 첫걸음은 수업모형의 활용이다. 수업 모형은 교수 학습의 절차, 전략, 활동, 기법 등을 단순화하여 나타낸 일종의 틀로 소개된다. 건물의 설계도를 보면 건물의 얼개를 알 수 있듯이 교수 학습 모형을 보면 교수 학습의 얼개를 알 수 있다. 교사는 교수 학습 모형을 활용하여 수업을 짜임새 있고 효율적으로 운영함으로써 교수 학습의 효율성을 높일 수 있다. 따라서 교사는 교수 학습 내용, 학습자의 수준, 자신의 교수 능력, 교수 학습 환경 등의 변인을 고려하여 최적의 모형을 선택하고 적용할 수 있어야 한다.[15]

국어과 교육에서 최초로 독자적인 수업 모형이 소개된 때는 제6차 국어과 교육과정 때다. 이때 '직접교수법'을 국어과 교수 학습을 위한 유용한 모형으로 제시하였다. 이후 제7차 국어과 교육과정 때 7개의 "교수 학습 유형"이 교사용 지도서 부록으로 제시되었고, 2007 국어과 교육과정 시기에 들어와 9개의 "교수 학습 모형"이 제시되었다. 이어 2012년에 새로 개정된 교과서에 따른 교사용 지도서에도 동일한 9개의 "교수 학습 모형"이 제시되었다.

제6차 교육과정 시기부터 지금까지 수업 모형이 발전되어 온 모습을 각 교육과정 기별로 정리하면 다음과 같다.

---

15 2007 국어과 교육과정에 따른 각 학년의 국어과 교사용 지도서 『국어』의 '부록' 중 제1장 참고.

(1) 제6차 국어과 교육과정: 직접교수법
(2) 제7차 국어과 교육과정: 직접 교수, 문제 해결 학습, 전문가 협력 학습, 창의성 계발 학습, 역할놀이 학습, 가치 탐구 학습, 반응 중심 학습
(3) 2007, 2009, 2015 국어과 교육과정: 직접 교수 모형, 문제 해결 학습 모형, 창의성 계발 학습 모형, 지식 탐구 학습 모형, 반응 중심 학습 모형, 역할 수행 학습 모형, 가치 탐구 학습 모형, 전문가 협동 학습 모형, 토의·토론 학습 모형

앞으로 탐구되어야 할 중요한 과제는 이들 모형의 실질적 활용 방안에 대한 것이다. 모형의 제시와 함께 그 모형들을 어떻게 적용하고 활용하여 수업 목표 도달에 기여하게 할지, 체계적이고 실질적이며 구체적인 연구가 뒤따라야 한다. 각각의 모형을 각 차시 수업의 설계에 어떻게 활용할지, 최적 학습 모형을 어떻게 선택할지, 각 단계 및 단계에 따른 주요 활동에 학습 내용을 어떻게 녹여 넣을지 등을 구체적으로 탐구하여 제시하는 연구가 필요하다.

이와 관련하여 초등 국어과 수업에서는 교사의 역할에 대한 탐구도 이루어져야 한다. 교사는 국어교육 현상의 주요한 변인이기도 하다. 교사를 한 변인으로 볼 때 실제 중요한 것은 교사의 역할과 언어 등이다. 교사의 역할과 언어가 그대로 학생들의 학습에 영향을 끼친다는 점에서 교사야말로 국어과 수업의 창조자요 생산자라 할 것이다. 이를 중시하여 초등학교 교사의 교수 언어 및 교수 태도 및 구체적인 역할에 대한 탐구가 이루어지기도 했다(한명숙, 2003; 이수진, 2005; 박태호, 2008). 교수 학습 모형의 적용에 따른 교사의 역할 및 언어에 대한 지속적인 탐구가 이루어져야 할 것이다.

6. 다문화·세계화 시대의 초등국어교육 수립

가. 세계화시대의 우리말·글 탐구

다문화시대로 접어들면서 해마다 다문화가정이 증가하고, 그에 따라 다문화어린이의 초등학교 입학이 늘어나는 추세다. 그런데 다문화학생 중에는 한국어와 한글 사용이 능숙하지 못한 경우가 많아 국어교육의 과제가 예전보다 더 무거워지고 있는 실정이다. 다문화학생들 중에는 중도입국자녀 도 많아 이들에 대한 한국어교육의 필요성은 절실하다. 해마다 증가하는 중도입국 학생의 수는 2016 년 4월 1일 자, 초·중·고 대안학교 기준으로 제시된 통계에 따르면 그 수가 7,418명에 달함을 보여 주는데, 이는 2012년의 4,288명에서 부쩍 증가한 결과다(중앙일보, 2016년 10월 13일 자,

A4면). 이들의 한국어교육을 지원할 수 있는 연구가 필요하다.

초등국어교육학은 이들 다문화 초등학생들을 위한 국어교육에 관한 탐구도 수행해야 한다. 다문화 학생들이 한국어와 한글을 능숙하게 사용할 수 있도록 돕는 국어교육, 일명 '다문화 국어교육'에 대한 탐구가 이루어져야 한다. '다문화 국어교육'이란 용어는 '다문화학생들에게 한국어와 한글을 가르치는 국어교육을 범박하게 통칭하는 용어'로 사용되었다(한명숙, 2009). 최근의 관점은 '다문화 국어교육'까지 모두 '한국어교육'의 범위 안에서 다룬다. 다문화학생 대상의 국어교육도 '한국어교육'으로 인식한다는 뜻이다. 이에 따라 '한국어교육'의 개념과 영역 및 유형 등을 체계화해야 하는 과제가 요구된다.

세계화 시대의 한국어 통일에 관해서도 관심을 갖고 탐구해야 한다. '한국어 통일'에 관해서는 '한국어 사회'와 '한국어 공동체'라는 용어를 중심으로 한국어를 사용하거나 학습하는 사람들의 집단을 통합해야 한다는 주장으로 제기된 바 있다(한명숙, 2016a). 한국어를 사용하는 이들을 '한국어 서클'로 모형화하고, 더 나아가 한국어를 사용하거나 배우는 모든 이들을 '한국어 다양체'로 보며, 이들 집단을 '한국어 공동체'로 규정한 결과다. 북한동포 및 연변의 조선족과 러시아 까레이스키 등으로 대표되는 '한국어족' 및 세계 각지에서 한국어를 사용하거나 배우고 있는 학습자까지 '한국어 공동체'에 포함한다.

이 연구에서 거론된 바와 같이, 한류의 문화적 전파에 따라 높아진 한국의 위상과 이에 따라 한국어를 배우는 사람들이 늘어나는 추세에서 '한국어 다양체'를 서로 연결하고 접속하는 '리좀 (rhyzom)'적 인식으로 통일시대를 대비하는 '한국어 통일'의 기반을 이루고, 세계화 시대의 초등국어 교육을 모색하는 연구도 이루어져야 한다. '한국어'를 중심으로 하는 '한국어 다양체'들의 '리좀 (rhyzom)'적 연결과 접속으로 이루어지는 '한국어 통일'이 미래의 '한국어사회'를 확장 및 발전시키는 동력이 될 것이기 때문이다. 이와 같은 인식과 지향을 기반으로 다문화시대와 세계화시대의 초등국어 교육을 정립해 나가야 하는 과제도 중요하다.

다문화 국어교육의 가장 기본적인 과제는 한국어교육을 전개하는 데 뒷받침이 될 우리말과 우리글의 특성과 독자성을 재정립하는 것이다. 그동안 국어학 분야에서 이에 대한 연구가 상당한 수준으로 진척되었으나, 이는 세계화 시대의 한국어, 다문화 국어교육을 고려한 한국어와 한글에 대한 연구는 아니었다. 다문화 국어교육을 뒷받침하기 위해서는 언어학적 관점에서 보는 한국어보다 제2 언어로서 배워야 하는 한국어, 부모의 말과 함께 배워야 하는 한국어, 소통의 도구, 학습의 도구, 사고의 도구로서 사용해야 하는 한국어에 대한 탐구가 요청된다.

여기에는 다음과 같은 내용이 해당된다.

1) 한국어의 특성에 대한 탐구
   ① 한국어의 언어적 특성
   ② 한국어의 문법적 특성
2) 문자언어로서 한글의 특성에 대한 탐구
   ① 한글의 독자성과 기호 체계
   ② 한글의 기호적 특성

다문화 국어교육의 관점에서 살펴보는 한국어의 특징으로 가장 두드러진 것은 존대법의 세분화, 친족어의 발달, 의성어와 의태어 및 색채어 등으로 나타나는 감각어의 발달 등이다. 또 한국어가 조사와 어미가 발달된 언어라는 점, 문법적으로 자유롭다는 점 등도 부각되는 특징이다. 한글을 다문화 국어교육이나 한국어교육의 관점에서 탐구하자면 자음자와 모음자에 대한 이해부터 자모의 결합 규칙 및 그로 인해 형성되는 소리와 철자법 등으로 나타나는 기호적 특성이 탐구되어야 한다.

세계화 시대의 한국어와 한글에 대한 탐구 결과는 다문화 국어교육을 수행하기 위해서 전문적으로 지니고 있어야 할 교수내용지식(Pedagogical Contents Knowledge)이 된다. 이들 지식을 중심으로 다문화 국어교육을 준비해야 다문화학생의 한국어 교육을 효율적으로 전개할 수 있다. 다문화 국어교육으로 가르쳐야 할 한국어에 대한 모든 지식은 성공적인 다문화 국어교육 및 한국어교육을 열 수 있는 지식이 된다.

나. 다문화 초등학생의 언어 현실 탐구

초등국어교육이 다문화 국어교육의 과제를 효율적으로 수행하기 위해서는 다문화 초등학생의 언어 현실에 대한 탐구가 이루어져야 한다. 현재로서는 연구의 부족으로 다문화 초등학생의 언어 현상에 대하여 필요한 정도의 이해도 갖고 있지 못한 실정이다. 이들의 한국어와 한글을 학습하는 데에 대한 총체적인 이해가 가능하도록 하는 탐구는 막연하게 이들이 한국어에 능통하지 못하다는 인식을 넘어서야 한다. 구체적으로는 이들이 한국어를 얼마나 발달시키고 있는지, 음성 언어와 문자언어 면에서 각각 이해하고 있어야 한다.

이들의 이중언어에 대한 연구도 요청된다. 얼마나 많은 초등학생이 어떤 양상과 어떤 수준으로 각자의 이중언어를 발달시키고 있는지에 대한 탐구가 이루어져야 그 기반 위에서 효율적이고 실질적인 다문화 국어교육이 진행될 수 있고, 더 나아가 언어를 도구로 자신의 삶을 이끌어 나갈 수 있는 능력을 길러 줄 수 있다. 다문화 학생들이 한국어뿐만 아니라 그들 부모의 모국어에도 능통하도록 하는 이중언어자로 성장할 수 있도록 도울 수 있어야 진정한 다문화 국어교육이라 할 것이다.

다문화 초등학생의 한국어 발달과 이중언어 발달을 중심으로 하는 언어 현실에 대한 탐구는 다음과 같은 범주에서 이루어질 수 있다.

    (1) 다문화 초등학생의 한국어 발달
        ① 한국어와 한글 습득 과정
        ② 음성 언어 발달 양상
        ③ 문자언어 발달 양상
    (2) 다문화 초등학생의 이중언어 양상
        ① 이중언어의 배경 양상
        ② 이중언어 발달 유형
        ③ 이중언어 발달 정도 및 성장 가능성

위의 연구 과제들은 모두 다문화 초등학생의 개별적·집단적 특성에 따라 이루어져야 한다. 개별적 특성은 다문화 초등학생의 발달 단계에 따라 탐구되어야 하고, 집단적 특성에 따른 탐구는 언어별, 국가별 특성 및 태생과 성장 및 중도 입국 여부 등 다양한 문화적 변인을 고려하여 이루어져야 한다.

다. 다문화 국어교육의 위상 정립

부쩍 늘어난 다문화가정의 어린이를 교육하기 위한 국어교육의 과제는 아주 첨예하다. 다문화학생들에게 삶의 도구이자 사고의 도구가 되는 언어능력을 길러 주어야 하는 책무가 절실하다는 점에서 그 중요성은 더욱 두드러진다. 다문화가정의 어머니들이 한국어에 능통하지 못한 경우가 많아 다문화학생이 한국어로 유창하게 의사소통을 하고, 한글을 능숙하게 읽고 쓸 수 있도록 가르쳐야 할 책무를 학교가 지녀야 하기 때문이다. 그 책무는 다문화학생들이 한국어로 원활하게 의사소통을 하고, 효율적으로 학습을 수행하고, 체계적으로 사고할 수 있도록 돕는 것이기도 하다.

이러한 교육적 책임을 인식한 국어교육학계는 지금까지 역동적으로 다문화사회에 대비한 논의를 진행해 왔다. '다문화사회와 국어교육'을 주제로 학술대회가 진행되었고(국어교육학회, 2009), 다문화시대를 맞이하여 국어교육이 담당해야 할 과제를 하나씩 풀어나가는 단초가 마련되었다. 다문화학생들을 위한 문학교육도 활발한 연구가 이루어지고 있다(최혜진; 2008; 김미혜; 2009). 초등학교에서 다문화학생의 한국어와 한글을 효율적으로 교육할 수 있도록 지원할 수 있는 구체적인 논의도 진행되고 있으며, 교사들이 다문화 국어교육을 전문적으로 수행할 능력을 갖추도록 하는 지원도 이루어지고 있다. 2012년에는 한국어교육과정도 개발 고시되었다.

초등국어교육의 과제 가운데 하나로 다문화학생들을 위한 한국어교육의 청사진을 마련하는 것은 아주 중요한 과업이다. 이들을 위한 교육목표를 명료하게 설정하고, 그에 적합한 체계적인 교육내용을 마련하여야 한다. 아울러 효율적인 교육 방법 및 평가 체제까지 두루 갖추어야 한다. 다문화 국어교육의 철학적 지향점에서 시작하여 목표, 내용, 방법, 평가에 이르기까지 총체적인 교육적 청사진이 체계적으로 수립되어야 한다. 그것은 한국어교육의 일반론적인 성격에서가 아닌 다문화 초등학생의 발달적 특성과 문화적 특성에 초점을 두고 이루어져야 마땅할 것이다.

이를 위한 탐구 범주에는 다음과 같은 것들이 해당될 것이다.

(1) 다문화 국어교육의 철학적 지향
    ① 다문화 국어교육의 성격
    ② 추구하는 인간상
    ③ 교육 목표

(2) 다문화 국어교육의 교육내용
    ① 교육내용 범주와 그 체계
    ② 수준별 성취 기준
    ③ 효율적인 텍스트의 유형

(3) 한국어 지도 방법
    ① 음성 언어 습득 전략
    ② 음성 언어 능력 향상 전략

(4) 한글 지도 방법
    ① 문자언어 습득 전략
    ② 한글 문해력 향상 전략

(5) 교수 학습 자료의 개발과 활용
    ① 한국어와 한글 습득을 위한 교수 학습 자료
    ② 이중언어 능력 향상을 위한 교수 학습

(6) 평가 방안
    ① 한국어와 한글 능력의 평가 방안
    ② 이중언어 능력의 평가 방안

현재 일선 학교에는 다문화교육을 위한 시범학교, 거점학교, 예비학교 등이 운영되고 있다. 초등국어교육학은 이들의 다문화 국어교육을 지원하는 전문적인 교육내용이나 프로그램을 마련하는 데에도 뒷받침을 해 주어야 한다. 일선 학교에서 다문화 국어교육을 전문적으로 수행할 수 있도록 하는 다양한 탐구가 이루어져야 그것이 다문화교실에서 효율적인 다문화 국어교육을 지원할 수 있을 것이다.

구체적이고 실질적인 탐구도 필요하다. 다문화학생들이 한국어를 배우는 과정에서 음성 언어와 문자언어에 대하여 각각 무엇을 어려워하는지, 또 무엇을 어떻게 배워 나가는지를 명료하게 파악할 수 있어야 한다. 그리고 그것은 초등학생으로서의 발달 단계에 초점을 두고 이루어져야 한다. 그러한 실제적 현상으로부터 다문화 국어교육의 성격과 목표, 내용, 방법, 평가와 관련된 청사진이 구체화될 수 있다.

탐구 과제

1. 초등국어교육학이 제도적으로 발전한 과정을 설명하시오.

2. 초등국어교육의 정체성 연구의 일반적 경향을 설명하시오.

3. 중등국어교육학과 차별화되어 초등국어교육학에서 특히 초점을 두어야 할 연구 과제를 제시하시오.

참고문헌

가드너(1999), 문용린 역(2001), 『다중지능: 인간 지능의 새로운 이해』, 김영사.

곽춘옥(2004), 문식성 학습과 평가에 대한 생태학적 접근, 〈국어교육학연구〉 18, 국어교육학회, 5-34.

구본관(2010), 문법 능력과 문법 평가 문항 개발의 방향, 〈국어교육학연구〉 제37집, 185-218.

김미혜(2009), 다문화 교육의 관점에서 본 북한 서정시와 문학교육, 〈국어교육학연구〉 34, 국어교육학회.

김상욱(2011), 문해력, 국어능력, 문학능력, 〈한국초등국어교육〉 제46집, 한국초등국어교육학회, 41-69.

김영채(1995), 『사고와 문제해결심리학』, 박영사.

김창원(2013), 문학교육 평가론의 자기 성찰, 〈국어교육학연구〉 47, 국어교육학회, 99-124.

노명완·박인기·손영애·이차숙(1993), 『언어와 교육』, 한국방송통신대학교출판부.

박태호(2005), 수업대화 분석과 과정중심 쓰기 수업 장학, 〈국어교육학연구〉 24, 국어교육학회.

서울대학교 국어교육연구소(1999), 『국어교육학사전』, 대교출판.

서혁(2000), 제7차 초등학교 국어과 교과서에 대한 비판적 고찰, 〈한국초등국어교육〉 16, 한국초등국어교육학회, 161-186.

서현석(2005), 생태학적 말하기 평가를 위한 시론, 〈한국초등국어교육〉 29, 한국초등국어교육학회, 119-144.

신헌재(2005), 초등국어 교육 50년의 반성과 그 전망, 〈청람어문교육〉 30, 청람어문교육학회, 25-52.

신헌재(2010), 생태학적 관점의 쓰기 평가 도구 개발 방안, 〈학습자중심교과교육연구〉 10, 학습자중심교과교육학회, 219-237.

신헌재·이재승 편역, 《학습자 중심의 국어교육》, 박이정, 1996.

엄해영·이주섭(2003), 문학과 읽기의 통합적 지도를 위한 수업 모형 개발 연구, 〈한국초등교육〉 14-2, 서울교육대학교 초등교육연구원, 33-70.

염은열(2009), 학습자의 자기 이해를 위한 문학교육 평가 방안 탐색, 〈국어교육학연구〉 34, 국어교육학회, 2009, 345-370.

원진숙(1999), 쓰기 영역 평가의 생태학적 접근: 대안적 평가 방법으로서의 포트폴리오를 중심으로, 〈한국어학〉 10-1, 한국어학회, 191-232.

윤희원(2009), 다문화 사회와 국어교육, 〈국어교육학연구〉제34집, 국어교육학회

이경회(2002), 초등 국어과 교육과정 적용의 문세섬과 개선 방안, 국어교육학연구 15, 국어교육학회, 345-374.

이대규(1990), 국어교육의 목표와 내용, 국어교육 개선 방안 연구, 〈한국국어교육학회 국어교육 논문집〉 40집.

이도영(2016), 2015 국어과 교육과정 언어기능 영역의 비판적 고찰, 한국초등국어교육학회 학술대회자료집.

이병규(2016), 2015 국어과 교육과정 문법 영역의 비판적 고찰, 한국초등국어교육학회 학술대회자료집.

이수진(2005), 교과 장르로서의 쓰기 교수언어 고찰, 〈한국초등국어교육〉 28. 한국초등국어교육학회.

이재승(2011), 초등학교 국어 교과서 개발 방향, 〈청람어문교육〉 44, 청람어문교육학회, 23-47.

이주섭(2007), 초등 국어 교과서의 분책 방식과 단원 구성 방식 탐색, 〈한국초등국어교육〉 33, 한국초등국어교육학회, 169-191.

임천택(2002), 『학습자 중심의 국어과 평가』, 박이정.

정준섭(1995), 국어과 교육과정의 변천, 대한교과서주식회사.

진선희(2011), 초등 국어 교과서 문학 중심 통합 단원의 개발 방향, 〈청람어문교육〉 44, 청람어문교육학회, 397-428.

천경록 · 염창권 · 임성규 · 김재봉(2001), 『초등 국어과 교육론』, 교육과학사.

최현섭 외(1996; 2004), 국어교육학개론, 삼지원.

최혜진(2008), 다문화시대의 설화교육 시론, 〈문학교육학〉 26, 한국문학교육학회.

한명숙(2005), 교육과정과 교과서를 극복하는 초등문학교육 방법, 〈문학교육학〉 제18호, 133-170.

한명숙(2006), 읽기 교육과정과 문학 교육과정의 공통점과 차이점, 〈문학교육학〉 19, 한국문학교육학회, 89-127.

한명숙(2006), 초등 국어과 교과서 개발과 단원 구성 체재: 초등학생을 위한 다중 개발 체제를 중심으로, 〈청람어문교육〉 34, 청람어문교육학회, 161-191.

한명숙(2009), 다문화 국어교육을 지원하는 교수내용지식, 〈공주교대논총〉 제46집 2호, 2009, 187-217.

한명숙(2016), 다문화시대의 한국어 통일과 국어교육의 과제: '한국어사회'와 '한국어 공동체'의 개념 수립을 기반으로, 〈청람어문교육〉 60.

한철우(2004), 국어교육 50년, 한 지붕 세 가족의 삶과 갈등, 〈국어교육학연구〉 21, 국어교육학회, 499-527.

황정현(2006), 초등 국어과 교과서 구성의 방향과 원리: 창의적 국어사용 능력을 중심으로, 〈청람어문교육〉 34, 청람어문교육학회, 193-215.

2부

초등 국어과 교육의
이해

제1장

초등 국어과 교육의 성격 및 중요성

1. 초등국어교육의 성격

'국어'는 우리나라 학교교육에서 가장 많은 수업 시수를 차지하는 교과이다. 초등학교에서 국어교육이 담당해야 하는 역할이 중대하기 때문이다. 학교교육에서 초등 국어 교과는 언어(국어)를 가르치는 교과이다. 언어관 즉, 언어의 본질을 무엇으로 보느냐에 따라 도구적 언어관과 형성적 언어관으로 나눌 수 있다(김명순, 2013). 도구적 언어관은 언어가 어떤 것을 이루는 데 쓰이는 도구로 보는 관점이고, 형성적 언어관은 언어가 무엇을 형성해내는 힘이 있다고 보는 관점이다. 학교교과로서 초등국어 교과는 두 가지 언어관을 모두 갖고 있다.

가. 도구적 언어관

인간의 언어는 음성 언어이든 문자언어이든 도구성을 지닌다. 인간의 언어는 어떤 것을 이루는 데 쓰이는 도구적 존재이다. 이에 따르면 국어 교과는 도구교과로서, 한글해득, 의사소통의 도구, 사고의 도구, 학습의 도구의 성격을 띤다.

(1) 한글 해득

한글 해득이란 한 마디로 어린이들이 이미 익힌 국어의 음성 언어 기능을 바탕으로 음성기호와 문자기호를 대응시켜 문자에 담긴 뜻을 해독하는 일이다. 이는 국어교육을 도구교과(道具敎科)로 삼는 첫 번째 특징이요, 초등 국어교육이 맡아야할 가장 기초적인 목표이다.

(2) 의사소통의 도구

언어는 기본적으로 의사소통을 위해 존재한다. 언어의 본질을 의사소통의 도구로 본다면 국어교육의 본질은 의사소통 능력 신장에 있다. 의사소통이란 이해와 표현 능력을 말하며 의사소통 능력[1]이 곧 국어 사용 능력을 말한다. 의사소통 능력이란 자신의 생각과 느낌을 단순히 전달하는 차원을 넘어 상황맥락을 고려하여 말하고 쓰는 표현 능력과, 타인의 의도와 목적을 고려하여 수용적으로 혹은 비판적으로 듣고 읽는 이해 능력을 말한다. 최근에는 문자, 음성, 이미지, 그래픽, 동영상 등을 포함한 복합양식 텍스트 및 디지털 텍스트의 의미의 이해와 창조로 확장되었다. 따라서 국어 교과는 구어와 문어를 중심으로 한 전통적 의사소통과 미디어를 비판적으로 읽고 적극적으로 활용, 생산하며, 책임감 있게 사용하는 미디어 리터러시 능력을 기르는 교과이다.

(3) 사고의 도구

언어는 인간의 사고 작용과 밀접하게 관련되어 있다. 언어 능력은 논리력, 분석력, 문제해결력, 상상력, 비판적 사고력, 창의적 사고력 등을 포함한 고등 수준의 사고력과 밀접한 관계에 있다. 언어의 본질을 사고의 도구로 본다면 국어교육의 본질은 사고력 신장에 있다. 언어와 사고의 작용은 끊임없이 계속되며 상호 영향을 주고받는다. 사고 없이 언어 사용이 어렵고 언어 사용에 사고가 반영될 수밖에 없다. 인간은 자신의 생각을 언어로 표현하고 또 언어를 통해 사고력이 향상된다. 따라서 국어 교과는 논리력, 문제해결력, 비판적 사고력, 창의적 사고 등의 고등수준의 사고력을 기르는 교과이다.

(4) 학습의 도구

국어 교과는 범교과 학습능력을 신장하는 교과이다. 국어과가 초등학교 타 교과와의 관계에서 드러나는 위상으로 들 만한 것이 바로 학습의 도구라는 점이다. 학교에서 교과 학습은 대부분 말과 글을 통해 이루어진다. 초등학교에서 10개 교과를 운영하는 데 필수도구인 언어를 주로 다루는 교과가 바로 국어과이다. 학습자가 학교 학습을 잘 하기 위해서는 다른 사람의 생각을 이해하고, 자신의

---

1 하나의 언어 기능은 기준에 따라 두 가지 특성을 띤다. 가령, 듣기 기능은 음성 언어이면서 이해언어이다.

언어 기능	이해 언어	표현 언어
음성 언어	듣기	말하기
문자 언어	읽기	쓰기

생각을 글로 표현할 수 있는 국어 능력이 높아야한다. 국어 능력이 부족하면 국어 교과를 비롯한 다른 교과에서도 학습부진을 겪게 되는 것이 바로 이러한 이유이다. 따라서 국어 교과는 국어 교과를 비롯한 다른 교과의 학습의 기초가 되는 교과이다.

나. 형성적 언어관

인간의 언어는 무엇을 형성하는 힘을 갖고 있다. 언어가 발휘하는 효과성 면에서 보면, 언어는 바로 개인과 공동체의 세계관을 형성한다. 이에 따르면 국어 교과는 형성교과로서, 인격 형성, 심미적 정서 함양, 문화 계승 및 창조 교과의 성격을 띤다.

(1) 인격 형성

언어의 본질을 개인의 가치관 형성으로 본다면, 국어 교과는 인성을 함양하는 교과이다. 언어는 개인의 정신 수양과 인격 도야, 가치관 형성에 영향을 미친다. 개인이 사용하는 언어를 보면 그 사람의 정신세계를 판단할 수 있다. 개인이 어떤 언어를 사용하는지, 언어를 어떤 방식으로 사용하는지를 보면 그 사람의 됨됨이를 알 수 있다. 따라서 국어 교과는 학교교육의 궁극적인 목표 중 하나인 인성을 갖춘 사람을 기르는 교과이다.

(2) 심미적 정서 함양

언어의 본질을 개인의 정서 함양으로 본다면, 국어 교과는 개인의 심미적 정서를 풍부하게 하는 교과이다. 국어교육에서 다루는 문학 작품은 인간의 삶, 즉 인간의 사상과 감정을 언어로 표현한 예술이고, 국어교육에 포함된다. 이 문학작품을 통해 인간의 심미적 정서가 더 세련되고 풍부해진다. 학습자는 문학 작품 속에 감추어진 의미를 발견하고 내면화하고, 또 아름다운 문장과 문학 장치를 통해 심리적 경험을 하게 된다. 따라서 국어 교과는 심미적 정서를 갖춘 사람을 기르는 교과이다.

(3) 문화 계승 및 창조

언어의 본질을 언어를 사용하는 사회 또는 국가의 언어문화를 형성하는 것으로 본다면, 국어 교과는 문화 계승 및 창조 교과이다. 언어는 정신적 힘을 발휘하기 때문에 같은 언어를 사용하는 민족, 나라끼리는 비슷한 세계관이 형성된다. 언어를 학습한다는 것은 언어뿐 아니라 그 언어를 사용하는 사회 또는 국가의 문화, 가치관, 관습 등을 함께 배우기 때문이다. 또한 국어 교과를 통해 언어(국어)로 형성, 계승되는 다양한 문화를 이해하고 그 아름다움과 가치를 내면화해 수준 높은 문화를 향유, 생산할 수 있다. 최근에는 다양한 미디어 즉, 드라마, 광고, 영화, 뉴스, 문자 메시지, 온라인 대화, 블로그, 유튜브 등 다양한 미디어에 담긴 문화 현상을 분석하고 창조하는 미디어 리터러시가 강조된다. 따라서 국어 교과는 우리말과 글에 담긴 민족의 정신과 얼을 계승하고 수준 높은 언어문화와 미디어문화를 창조하는 사람을 기르는 교과이다.

2. 초등국어교육의 특성

가. 언어 교육 측면

(1) 삶과 언어

인간은 언어를 도구로 하여 의미를 구성하고 전달하고 소통하며 삶을 영위한다. 인간의 언어는 사고의 도구이며, 소통의 도구이고, 문화 창조 및 전승의 도구이다. 인간 삶과 문명 전반이 언어를 바탕으로 한 사고와 소통의 결과이다. 이러한 점에서 인간의 모국어 능력은 삶을 영위하며 살아가는 모든 이에게 인간답게 살아갈 수 있게 해주는 가장 중요한 기반 중의 하나이다.

먼저 인간의 사고와 언어의 관계를 살펴보기 위하여 사고의 개념을 확인해보자. 사고의 개념은 흔히 논리적 사고를 중심으로 하는 인지적 정신 활동으로 단순하게 규정되기도 하지만, 실제로 인간의 의식 과정에는 정서적이거나 심미적인 정신 활동이 주도할 때가 많다. 그러므로 '사고'를 개념화할 때 인지적 사고와 정서적 사고를 모두 포괄하는 것으로 규정하는 이삼형 외(2007: 52-53.)의 논의는 매우 바람직하다. 인간의 사고는 논리적, 개념적 성격뿐만 아니라, 감정이입이나 투사, 미적 사고 등 정의 중심적 특성을 지닌 경우가 훨씬 더 많기 때문이다.

언어와 사고의 관계에 대해서는 일반적으로 '언어 우위설', '사고 우위설', '언어와 사고의 상호작용설'로 나누곤 한다. '언어 우위'의 입장에 있는 학자로는 사피어(Sapir), 워프(Whorf)가 대표적이다. 이들은 사고의 차이를 낳는 원인으로 언어의 차이를 든다. 두 언어 간의 어휘 차이가 그 언어를 사용하는 사람 간의 사고 차이를 일으킨다고 본다. 즉 인간이 사용하는 언어가 그들의 사고방식을 결정한다는 입장이다.

'사고 우위'의 입장에 있는 학자로는 언어 습득 장치(language aquisition device)를 주창한 촘스키(Chomsky)와 스키마(schema) 이론을 주장한 바틀릿을 대표적으로 들 수 있다. 이들은 인간의 사고가 언어에 앞서 존재하며 언어 학습이나 언어 능력을 좌우한다고 보았다. 이들에 따르면 동일한 언어 사용자라도 사고의 상이성을 드러낼 수 있다.

언어와 사고의 상호작용설은 '언어적 사고' 요소를 강조하는 주장이다. 언어적 사고는 언어 요소와 사고 요소가 분리되기 어려우며 그 둘의 관계뿐만 아니라 맥락 속에서 다양한 요인과 상호교섭적으로 의미를 구성해내고 창조해 나가는 특성을 강조하는 말이다. 인간은 사고 능력이 확장되면서 언어를 확대하고, 언어 능력이 확장되면서 사고를 확장하는 관계에 있다고 본다.

이상의 언어와 사고의 관계에 대한 논의에서 확인할 수 있는 점은 언어와 사고가 쉽게 분리할 수 없는 밀접한 관계라는 점이다. 이는 곧 모국어 능력이 사고 능력의 다른 말임을 의미하는 것이기도 하다. 특히 국어과 교육에서 지향하는 '국어 능력'은 학습자의 '사고 능력'을 포괄하는 의미임을 분명히 알 수 있다.

모든 인간은 자신의 모국어로 사고하며 그것으로써 세상을 이해하고 표현하며 소통한다. 그런데 인간의 소통 또한 가장 큰 기반을 언어로 삼고 있다. 왜냐하면 언어는 인간이 세상 만물과 살아가면서 보고 겪는 사물이나 사건들을 구분하고 변별하며 구획하여 표현하고 이해하는 것을 가능하게 해 주기 때문이다. 언어를 활용한 의미의 고정이나 구획, 그리고 그것으로 인한 세상 만물의 변별이 불가능하다면, 인간에게 이 세상은 혼돈 속에 뒤범벅되어 있을 것이다. 뿐만 아니라 혼돈 속에서 효율적으로 사고할 수도, 소통할 수도 없을 것이다.

이러한 점에서 인간의 사고는 바로 언어가 있기에 가능하며, 인간은 언어를 활용함으로써 더 효율적으로 사고할 수 있고 소통할 수 있다. 이는 곧 사고 능력 및 소통 능력은 모국어 능력을 기반으로 하고 있음을 의미한다. 결국 언어와 사고의 긴밀한 관계는 인간으로 하여금 세상의 모든 일과 사물과 생각과 마음을 언어로 인식하고 저장하며 이해하고 표현하지 않을 수 없도록 만든다. 인간은 자신이 바라보는 세상을 다른 사람에게 언어로 전달하거나 전달 받는 사고 및 소통 활동을 함으로써 세계에 대한 이해의 폭과 삶의 깊이를 확장해 나간다. 언어적 소통의 결과는 인간으로 하여금 새로운 지식을 창조해 내고 새로운 언어와 문화를 창조하는 삶을 살아가도록 한다.

한편, 인간은 소통을 통하여 개개인의 세계 인식의 한계를 극복하며 살아간다. 인간은 각자 자신의 지각에 의해 지각한 그 만큼의 세계를 인식하며 살아간다. 모든 인간은 자신을 중심으로 사고하기 때문에 자신만의 세계를 구성하며 살아간다고 볼 수 있다. 물론 인간 종으로서 같은 문화를 누리는 사람들 간의 공통점을 전제로 하더라도 개개인이 바라보는 세계는 저마다 다르다. 그 누구도 있는 그대로의 객관적 현실을 온전하게 인식할 수는 없다. 이러한 한계를 극복할 수 있게 하는 것이 바로 여러 인간의 소통과 대화 현상이다. 세계를 바라보는 다양한 관점이 상호 소통을 통해서 개개인의 세계 인식의 지평을 확장해 나간다. 이러한 소통을 통한 세계 인식의 확장은 타인과의 소통뿐만 아니라 자신에 대한 내면적 소통에서도 얻을 수 있다.

이러한 소통의 핵심 도구가 바로 언어라는 점이 국어과 교육의 중요성을 더한다. 한 개인은 자신의 삶의 경험을 감각뿐만 아니라 언어로 인식하고 기억하며 그것으로 다른 경험과 관련짓는 언어적 소통을 한다. 이를 통하여 경험을 확장하고 의미를 구성하고 보완하며 살아간다. 이를테면 삶의 과정에서 겪는 경험을 기억하고 그것을 오늘에 알맞게 재구성하며 반성적으로 고찰할 때에도 언어가 활용된다. 오늘의 경험을 기억하고 미래의 경험을 꿈꿀 때도 언어가 활용된다. 인간이 삶을 살아가며 타인과 상호작용 하거나 자신 내적으로 구성해내는 과정 등 거의 모든 의미 구성 과정에는 언어가 작용한다. 또한 음악, 미술 등 다른 감각 기관을 활용하는 기호로 의미화된 것을 소통할 때에도 그에 대한 감동을 언어화하여 표현할 때에만 소통이 가능해진다.

이러한 인간의 언어적 소통은 같은 언어권의 문화 창조 및 전승의 역할을 담당한다. 한 문화권에서 언어는 시공간적 한계를 초월한 소통을 가능케 할 뿐만 아니라, 그 문화의 확장 및 전승의 기반이 된다. 세계사에 빛나는 발달된 문화권의 유적이 갖는 대표적 특징은 그 문화권의 언어(특히 문자 언어) 발달을 기반으로 하고 있음은 널리 알려진 일이다. 결국, 문화의 창조 및 전승, 발전의 가장 크고 중요한 수단은 바로 언어임을 입증하고 있다.

하지만, 언어는 기호이기에 갖는 특성 및 한계가 있다. 언어는 기호이기에 사물이나 사건을 있는 그대로 일대일로 표현할 수 없어 가지는 추상성을 가진다. 이를테면 '돌멩이'라는 어휘는 여러 가지 다양한 성분과 모양으로 이루어진 돌멩이 각각의 전체를 대표하는 추상적 기호이지, 이 세상에 존재하는 모든 돌멩이 각각에 대해 따로따로 언어화하지는 못한다. 이 세상의 모든 은행잎은 결코 똑같은 형태와 모양과 색깔을 가진 것이 없지만, '은행잎'이라는 하나의 어휘로 표현 된다. 하나의 어휘가 이러할진대 한 문장으로 표현되는 행위는 무수히 다양할 수 있다. 이러한 예는 모두 언어의 추상성을 말해준다. 또한 언어는 같은 것을 여러 가지로 분절하여 표현하거나, 역사와 사회의 변화에 따라 언어의 의미와 말소리 및 표기의 관계가 변화하는 특성도 가진다. 그리고 인간은 언어를 통해 새로운 생각을 무한하게 새롭게 만들어낼 수 있다.

이러한 언어의 기호적 특성은 인간의 언어 사용을 매우 고등 수준의 사고 과정을 통한 문화 창조로 이어주는 기능을 수행한다. 인간은 언어를 사용하면서 실재(實在)를 상상하거나, 실재를 보면서 언어를 생각해야 하기 때문이다. 인간은 언어로 진리를 이해하고 표현하지만, 진리란 언어 자체가 아니라 그 언어가 전하는 의미에 담겨있다. 그리하여 진리를 이해하고 표현하고 소통하기 위한 언어 사용은 언어의 기계적 사용이 아니라 맥락 속에서 언어 수행자와 상황과 환경에 의해 복합적으로 구성해 내는 의미를 소중히 여긴다. 이를 위해서는 인간의 언어 사용에서 기본적 사고 능력뿐만 아니라 고등수준의 창조적 사고력이 요구된다.

인간은 언어로 사고하고 표현·이해하며 소통하는 과정에서 그 의미를 다양한 맥락과 더불어 해석하거나 암시하지 않을 수 없다. 언어의 의미는 고정된 말소리나 글자 자체에만 있는 것이 아니라 그것이 존재하고 활용되는 맥락 속의 다양한 요소들과 더불어 구성되는 것이기 때문이다. 인간은 언어로 의미를 소통하는 과정에서 맥락에 기대고 맥락을 활용하며 지속적으로 새로운 의미를 창조해 나간다. 언어는 거대한 문화의 창조와 전승을 가능케 한 핵심 요인이다.

(2) 초등학생의 삶과 사고와 언어

앞에서 살펴본 바, 언어는 사고와 소통과 문화의 창조와 전승을 위한 핵심 요인이다. 초등학생 시기는 한 개인의 삶에서 언어 학습의 가장 왕성하게 일어나는 시기로 볼 수 있다. 학령기 이전에 구두 언어를 학습하지만, 본격적으로 체계적인 교육을 받는 시기는 오히려 초등학생기이다. 또 초등학교 저학년을 '입문기'라고 부를 정도로 언어 능력의 기반을 다지는 시기이다.

초등학생 시기는 구두 언어와 문자 언어의 활용 방법에 대한 체계적 교육을 받는 시기이면서도 비교적 능숙하게 언어로 이해하고 표현하는 능력을 갖추는 시기이기도 하다. 완전히 자동화된 언어 수행 능력을 갖추지 못했으나 비교적 언어를 활용하여 사고하고 소통하고 그들만의 문화를 형성한다. 또한 언어로 여러 가지 사고 방법을 학습하고 사회문화를 배우고 익히는 시기이다.

이들 초등학생에게도 '언어'는 그들의 사고와 소통과 문화를 형성하는 도구이다. 하지만 초등학생에게는 여전히 충분히 자동화된 국어 능력을 갖추지 못하였다는 점에서 언어와 언어 사용 그 자체를 학습하고 익혀야할 과제가 더 크다는 점이 특징이다.

이때 초등학생의 언어 능력 발달은 사고 능력과 상호작용하며 발달한다는 점이 중요하다. 언어와 사고의 상호교섭적 발달에 대한 대표적인 연구는 비고츠키(Vygotsky)에 의하여 이루어졌다. 그는 아동의 언어 발달 과정에서 비언어적 사고나 비개념적 언어로 분리되어 있던 언어와 사고가 점차로 언어적 사고로 겹쳐지며 발달하는 것을 발견하였다. 그는 또한 언어적 사고의 발달은 사회적 공동체를 통하여 습득하고 내면화를 거쳐 관습화에 이르게 된다고 보았다. 이러한 주장은 언어 능력의 발달에서 삶, 즉 사회문화적 맥락 속에서의 언어활동이 중요함을 시사한다.

초등학생 시기는 여러 가지 사고방식이나 가치관 등 사회문화적 특성을 학습하면서 삶을 향유하고 소통하며 문화를 형성하여야 하는 시기이다. 이를테면 청장년기에 비하면 훨씬 더 많은 시간과 노력을 기존 사회문화의 습득에 할애하지 않을 수 없는 시기이다. 물론 이는 전혀 창조적이지 않다는 말이 아니다. 그들은 그들의 수준에서 삶을 향유하며 그들의 언어로 소통하며 문화를 창조하기 때문이다. 초등학생의 삶은 그들의 언어로 이루어지는 사고와 소통과 문화의 전승과 창조를 이룬다. 그럼에도 인생에서 가장 많은 시간과 노력을 언어 그 자체의 학습과 그 언어로 이루어진 사회문화의 학습에 할애하는 시기가 초등학생기라는 점에서 국어 능력 형성의 기초 단계라 할 수 있다. 이 시기의 국어교육은 다른 어느 시기의 국어교육보다도 삶의 기반으로서 그 중요성이 부각되지 않을 수 없다.

나. 기초 · 도구교과 측면

국어과 교육의 특성 및 중요성은 무엇보다도 다른 교과교육의 기초 · 도구적 성격을 띤다는 점에서 찾을 수 있다. 인간의 사고 및 소통뿐만 아니라 교육에서도 가장 중요한 도구는 바로 언어이고 개개인의 국어 능력을 기반으로 하기 때문이다. 국어과 교육을 통하여 기르고자 하는 '국어 능력'은 바로 여러 교과의 교육 내용을 학습할 수 있는 능력 그 자체이다. 국어과에서 기르고자 하는 의사소통능력, 문제해결능력, 정보처리 능력, 대인관계 능력, 비판적 · 창의적 사고력 등은 모두 다른 교과의 학습 과정에서 반드시 필요로 하는 능력이다.

국어능력은 의미 구성 능력으로 불리기도 한다. 이는 단순히 음성 언어나 문자 언어의 이해와 표현에 머무르는 차원을 의미하지 않는다. 다양한 상황과 사회문화적, 역사적 맥락 속에서 그때그때의 목적과 상대와 상황을 고려하며 이루어진다는 점에 주목을 요한다. 맥락 속에서 언어와 의미를 이해하고 추론하고 평가하고 종합하며 감상하는 등, 고등 수준의 사고력이 요구되는 능력이다. 이는 기계적, 단선적으로 이루어지는 의미 구성이 아니다. 이를테면 같은 말이라도 누가 말하는지, 어떻게 말하는지 등에 따라서 그 말의 의미가 달리 결정된다. 이처럼 국어 능력은 인간이 처한 다양한 맥락 속에서 그 맥락에 알맞게 언어를 의미로 구성하거나 의미를 언어화하면서 새롭게 의미를 구성하는 능력을 말한다.

이는 다른 교과가 갖는 내용 중심 교과의 성격이 아니라 학습 방법의 학습, 사고 방법의 학습에 초점을 두게 한다는 점에서 국어 교과를 방법 중심 교과로 인식하게 한다. 또한 고등 수준의 사고 능력이자 의미 구성 능력이라는 점에서 '기초 · 도구교과'로 불린다. 즉 국어능력, 곧 의미 구성 능력은 우리가 살아가면서 지식을 생산하는 힘이 되며, 우리가 무엇을 인식하고 알아가기 위한 앎의 양식이 된다. 그리고 문화를 이루는 힘이 된다.

맥락 속에서 작용하는 언어의 의미를 구성하는 능력 곧, 사고력은 다른 모든 교과의 학습에서도 그 분야의 '앎'에 이르는 데에 반드시 필요한 능력이며 새로운 지식을 창출하는 기반이 되는 능력이다. 그래서 국어 교과를 '사고 교과'라고 부른다. 또 그러한 사고 능력은 모든 과목의 학습이 가능하도록 하는 수단이 되기 때문에 국어 교과는 '도구교과'적 성격을 지닌다.

초등 국어과 교육도 기초·도구교과적 특성과 중요성을 그대로 갖고 있다. 하지만 다른 연령대에 비하여 초등학생 시기라는 점에서 더욱더 그 중요성이 강조된다. 초등학생기의 언어 학습은 한 개인의 언어 능력 발달 과정에서 가장 중요하기 때문이다. 특히 초등학생 시기의 의사소통능력과 문제해결 능력, 비판적 창의적 사고력 등 의미구성 능력 발달의 중요성은 매우 크다.

한편 입문기를 포함하고 있는 초등 국어과 교육에서 문자 언어의 습득 및 활용 능력을 길러야만 한다는 점에서 기초교육으로서의 그 중요성이 크다. 초등학생 시기에 문자 언어 활용 능력이 부족하여 사고력과 문제해결력이나 의사소통 능력에 장애를 갖게 되면, 그것을 극복하기 어려울 뿐 아니라 국어과의 다른 능력을 획득하거나 다른 교과의 능력을 획득하는 데에 큰 걸림돌이 된다.

국어 능력 가운데 문학 능력, 즉 문학 작품을 수용하고 생산하는 능력은 초등학생 시기의 감수성과 상상력의 발달과 밀접한 관련이 있다. 특히 초등학생 시기에 문학작품의 즐거움을 맛보며 즐겨 읽는 능력과 태도를 기르는 것은 반드시 필요하다. 초등학생 시기에 수용하며 즐겨야 할 아동문학 작품이 특별히 장르화 되어 따로 분류되어 있는 것도 이 시기의 문학 경험이 성인의 그것과 달리 이 시기에 경험하고 길러지지 않으면 안 될 중요성을 띠고 있어서 이기도 하다. 특히 언어 발달과 상상력 발달은 밀접하게 비례 관계를 보이기(허승희 외, 1999) 때문에 초등 시기에 길러져야 할 문학 능력이 곧 한 사람의 평생 동안의 문학 소통 능력을 좌우하는 근간이 된다.

다. 학습자 발달 측면

초등 국어과 교육은 초등학생 즉, 만 5세에서 만 11세 시기의 학습자의 발달 특성과 밀접한 관련을 가진 교육 활동의 설계와 실행이 강조된다. 국어과 교육 중에서도 학습자의 발달 및 경험 특성에 따라 국어과 교육과정의 설계와 실행의 내용 및 방법이 달라지기 때문이다. 초등학생의 국어 능력을 변화시키고자 한다는 점에 초등 국어과 교육의 변별점이 놓여있다. 그렇기 때문에 학습자 요인과 그에 따른 교육 내용 및 방법의 설계와 실행을 위해서 교사는 학습자의 언어 및 언어 관련 발달 특성에 대해 충분히 이해해야만 한다. 여기서는 초등학생의 발달 특성에 대한 연구 성과를 간략히 살펴본다.

초등 학습자의 언어 능력 발달을 개괄적으로 살펴볼 때 가장 큰 특성은 매우 창의적인 언어 능력, 곧 언어적 창조성을 획득하는 시기라는 점이다. 특히 구어 발달의 경우 초등학생 시기 이전의 언어의 '형식' 발달에서 그 '내용과 사용'의 발달로 확대되어 옮아간다. 그래서 초등학교 아동의 언어는 레퍼토리의 대화나 설화 맥락에서의 사용 방식이 그 크기도 점점 확대되고 복잡해진다.(Robert E. Owen, Jr, 이승복 · 이희란 역, 2005: 469) 이전에 비하여 언어 발달의 속도가 느리기는 하지만 초등학교 시기부터 언어 능력의 개인차가 확연하게 커진다고 한다. 언어적 창의성을 획득하며 개인차가 커진다는 이런 언어 발달적 특성은 초등 국어교육이 내용과 방법 면에서 유치원이나 중등에 비하여 차별성을 요구하는 매우 중요한 시기임을 보여준다.

문어 발달 면에서도 초등 학습자들은 처음으로 본격적으로 문자를 학습하고 활용하기 시작하는 단계라는 점에서 초등 국어교육에 차별성을 부여한다. 문자 언어 발달의 입문기가 바로 초등 국어교육의 저학년 단계에서 이루어지는데, 초등 국어교육은 이후 언어 능력의 기초가 되는 입문기 문자 언어 교육의 시기를 포함하고 있다는 점이 초등 국어과 교육의 한 특성이다. 입문기 문자 언어 능력 발달의 단계를 〈표 1〉과 〈표 2〉에서 간략히 살펴보자.

〈표 1〉 입문기 읽기 발달의 단계(Sulzby, 1994)

단계	특징
1단계	• 이야기가 형성되지 않은 그림 읽기 단계(그림 중심 읽기 시기) ① 그림의 명칭을 말하거나 간단하게 해설하는 단계 ② 그림이 표현하고 있는 행동을 말하는 단계
2단계	• 이야기를 형성할 수 있는 그림 읽기 단계 ① 대화체로 이야기를 말하는 단계 ② 독백 형식으로 이야기를 말하는 단계
3단계	• 문자 읽기를 시도하기 단계 ① 문자 읽기와 이야기 말하기가 혼합된 단계 ② 책의 내용과 비슷하게 말하는 단계 ③ 단어나 내용을 암기하여 읽는 단계
4단계	• 글자 중심으로 읽기 단계 ① 글자를 인식하지만 읽을 줄 몰라서 '난 못 읽어요.'와 같은 의사를 표현하는 단계 ② 아는 글자를 찾아서 몇 개의 글자나 단어에 집중하여 읽기를 시도하는 단계 ③ 모르는 글자는 생략하거나 알고 있는 단어로 대체하여 문장과 거의 비슷하게 읽는 단계 ④ 거의 정확하게 읽는 단계

<표 2> 입문기 쓰기 능력 발달

단계	특징
1단계	• 긁적거리기 단계 ① 글자의 형태가 나타나지 않으나 세로선이 나타나는 단계 ② 글자의 형태는 나타나지 않으나 가로선이 나타나는 단계
2단계	• 한두 개의 자형이 우연히 나타나는 단계
3단계	• 자형이 의도적으로 한두 개 나타나는 단계
4단계	• 글자의 형태가 나타나지만 가끔 자모의 방향이 틀린 단계
5단계	• 단어 쓰기 단계 ① 완전한 단어 형태가 나타나지만 가끔 자모음의 방향이 틀린 단계 ② 완전한 단어 형태가 나타나고 자모음의 방향이 정확한 단계
6단계	• 문장 쓰기 단계 ① 문장 형태가 나타나지만 부분적으로 잘못도 나타나는 단계 ② 틀린 글자 없이 완전한 문장 형태가 나타나는 단계

〈표 1〉에서 보듯이 입문기 문자 언어 습득은 그림읽기나 구두 언어와 밀접하게 연결되어 이루어진다. 〈표 2〉에서 입문기 쓰기 능력의 발달 단계도 이전 유치원 시기의 1~2단계인 그리기를 거쳐 글자, 단어, 문장 쓰기의 능력으로 확대되어 감을 알 수 있다. 그리고 입문기를 지나 문자 언어 수행 능력이 본격적으로 확대되는 시기의 학습자가 바로 초등 국어교육의 대상으로서 학습자이다. 특히 이 시기 언어 발달 특성인 그 '내용과 사용', 즉 의미 구성 능력의 확대로 이어진다.

이제 초등 학습자의 읽기와 쓰기 능력 발달을 살펴보도록 하자.

<표 3> 천경록(1999)의 읽기 능력 발달 단계

단계	시기	특징
1. 읽기 맹아기	유치원 시기까지	• 읽기 학습에 선행해야 할 필수적인 준비도를 갖추는 단계
2. 읽기 입문기	초등 저학년 (1, 2학년)	• 문자를 지각하고 글자와 소리 관계를 인식하며 소리내어 읽는 단계 음독 활동이 중심이 됨
3. 기초기능기	초등 중학년 (3, 4학년)	• 음독에서 묵독으로 넘어가는 과도기요, 읽기를 통한 학습이 시작되는 단계 긴 문장을 의미 중심으로 끊어읽기, 유창하게 읽기 등 독해의 기초 기능을 배움

단계	시기	특징
4. 기초 독해기	초등 고학년 (5, 6학년)	• 글을 통한 정보 획득 능력이 급속히 발전하는 시기로, 기초 기능 숙달 단계 글의 주제 파악, 행간 읽기를 통해 글쓴이의 숨겨진 뜻을 파악함
5. 고급 독해기	중학 1-2학년 (7, 8학년)	• 추론, 작가의 관점을 파악하고, 비판하는 단계
6. 읽기 전략기	중3-고등1년 (9, 10학년)	• 독자와 필자와의 사회적 상호작용을 이해하는 단계 초인지 능력 향상
7. 독립 읽기기	고등학교 2학년 이후	• 교양, 학문, 직업 세계의 읽기 단계

한편, 베레이터(Bereiter)는 숙련된 필자가 갖추고 있어야 할 능력으로 아이디어 생성의 유창성, 작문 규칙 및 관습에 대한 통달, 예상되는 독자를 적절히 고려할 수 있는 능력과 관련되는 사회적 인지 능력, 우수한 글에 관한 감상력 및 비판력, 재생적 사고력 및 통찰력의 여섯 가지로 보았다. 그는 어린 학생의 쓰기 능력 발달 특성을 제시하였는데 그 내용을 정리하면 다음 〈표 7〉과 같다(박영목 외, 1988: 352-359).

〈표 4〉 베레이터(1980)의 쓰기 능력 발달 단계

단계와 시기	특징
1. 단순 연상적 쓰기 (초등 1학년까지)	• 떠오르는 생각을 옮기는 수준의 글쓰기 단계 생각이 더 이상 떠오르지 않으면 글쓰기를 끝냄
2. 언어 수행적 쓰기 (초등 2학년~5학년)	• 표기법, 문법, 문단 형식, 장르적 관습 등 글쓰기 관습이나 규범을 지키며 글을 쓰는 단계 맞춤법에 맞게 쓰고자 하는 마음, 글씨를 바르게 쓰고자 하는 마음이 있음
3. 의사소통적 쓰기 (초등 6학년~중학교 2학년)	• 독자를 고려하며 글을 쓰는 단계 예상독자에게 잘 전달될 수 있도록 의미전달 효과를 고려하면서 일정한 장치를 마련하여 글을 씀
4. 통합적 쓰기 (중학교 3학년 이상)	• 독자는 물론, 필자의 관점을 고려하여 글을 쓰는 단계 필자 스스로 글을 평가하며 피드백하여 글을 다듬을 수 있음.
5. 인식적 쓰기 (고등학교 1학년 이상)	• 창조적, 반성적 글쓰기 단계 쓰기를 통하여 새로운 인식을 창조하려 함.

위의 〈표 3〉과 〈표 4〉에서 보는 바, 초등 학습자의 읽기 능력 발달 특성은 대체로 읽기 입문기

및 기초 기능과 기초 독해기에 해당한다. 또 쓰기 능력 발달은 단순연상적, 언어 수행적 작문 단계와 의사소통적 단계의 초기에 해당한다.

초등 학습자가 언어 형식에 어느 정도 숙달된 이후에 상위 언어적(metalinguistic) 능력이 발한다. 주로 초등 저학년에서 시작하여 점차 탈중심성이 발달하면서 메시지의 의미와 언어적 정확성에 주의를 기울이며 처리하거나, 문법적 수용 가능성을 판단하거나, 받아들일 수 없는 문장을 수정하는 능력이 점차 증가하게 된다(이승복·이희란 역, 2005: 532-533).

초등 학습자의 문학 능력과 관련하여서 정서 지능과 상상력의 발달을 살펴보자. 정서 지능의 발달 면에서 유아기에는 사람들이 느끼는 정서와 그들이 허위로 표현하는 정서를 잘 구별하지 못하다가, 아동기에는 얼굴 표정이 그들이 느끼는 정서를 표현하는 것이 아님을 알게 되는 정도로 초등 학습자는 정서에 대한 이해력이 발달한다. 또한 사춘기 이전부터 정서 이해 능력은 성인기까지 계속 발달하는데 언어 능력이 뛰어나고 자아 발달 수준이 높은 사람들이 보다 성숙한 방식으로 자신의 정서적 경험을 서술한다(정옥분 외, 2007: 120-122).

한편, 언어 발달과 상상력의 발달은 일정한 관계가 있는데, 아동의 상상 세계가 풍부하게 표현되기 위해서는 일정한 수준의 언어 발달을 필요로 한다(허승희 외, 1999: 189). 상상력의 발달 단계를 허승희 외(1999)의 연구를 참고하여 정리하면 다음과 같다.

〈표 5〉 상상력의 발달 단계

단계	특징
재생적 상상력	• 단순한 재생, 기억과 반사 운동의 연합에 의한 상상력 예) 복숭아나 과일을 생각하는 것만으로 군침이 도는 것
자발적 재생의 상상력	• 개념에 대한 연상 등 좀 더 자유로운 사고 활동이 포함된다. 예) 복숭아를 먹으며 그것을 재배한 농부나 과수원을 생각하는 것
정신적 심상의 연합 능력	• 여러 가지 심상들을 연합하여 하나의 사실로 정리할 수 있는 상상력 현실과 관련된 상상력이 아니라 혼자만의 공상으로 끝나버릴 수 있음
구성주의적 상상력	• 상상력의 가장 높은 형태로 사람이 심상을 새롭게 조합하기 위해 의도적 혹은 계획적으로 마음의 심상을 성립시키는 상상력 예술에서의 창조, 과학에서의 발명 등으로 나타남

학생들의 발달 단계에 따라서 즐겨 읽는 읽을거리들이 달라진다. 독서 능력 발달 단계와 관련지어 독서 흥미도 발달 단계를 살펴보면 다음과 같다.

〈표 6〉 독서 흥미 발달 단계(이경화, 2008)

단계와 시기	특징
옛 이야기 시기 (4세에서 유치원까지)	• 자기 신변의 인간과 물상의 명칭, 성질, 관계 등을 이야기 및 서사에 의해 재확인하는 것을 배우는 단계 4세부터 6세까지의 어린이들은 신변의 생활을 재구성한 옛이야기에 흥미를 가짐
환상 동화 시기 (초등 1,2학년)	• 실제 생활이 사회적으로 확대하기 때문에, 새로운 생활 장면에서의 행동의 규범에 관심을 가지게 되는 단계 글을 읽기 시작하나 그림의 보조가 요구됨, 우화와 환상 동화의 등장인물의 행동을 평가함, 쉬운 단편 동화를 많이 읽음
역사 이야기 시기 (초등 3,4학년)	• 자기중심적 심성에서 탈피하여 설화에 의한 현실의 재구성을 즐기게 되는 단계 – 신화와 전설을 즐긴다.(환상과 현실이 결합된 신과 전설을 좋아함) – 영웅을 흠모한다.(허무맹랑한 이야기보다는 현실성있는 이야기를 좋아하게 되어 역사 속에 실재했던 인물 이야기에서 기쁨을 느낌) – 우정 이야기를 읽는다.(우정 이야기는 친구에 대한 정보를 주게 되어 친구 사귀는 데 도움을 줌) – 모험의 세계를 동경한다.(어른에 예속된 생활을 떠나 독립하고 싶어하는 어린이들은 신기한 것을 찾아 떠나는 모험 이야기를 좋아함)
지식과 논리의 시기 (초등 5,6학년)	• 논리적인 사고력이 발달하며, 새로운 영역을 적극적으로 개발하는 단계 – 정보 지식적인 책이나 인간의 역사에 관한 책에 흥미를 느낀다. – 서정 문학을 즐긴다. – 탐정, 추리 소설이나 공상과학 소설을 즐겨 읽는다.

이러한 초등학생의 음성 및 문자 언어의 발달 특성이나 정서 및 상상력의 발달 특성, 독서 흥미 발달의 특성은 그들을 대상으로 하는 국어과 교육의 중요한 성격을 결정한다. 초등 국어과 교육은 초등 학습자의 인지, 정서적 특성과 그들의 삶을 바탕으로 하지 않을 수 없기 때문이다. 특히 초등학생의 언어 발달 수준이나 상상력 발달 수준, 독서 능력 발달 수준 등 학습자 요인을 면밀하게 고려하면서 교육 내용을 설계하고 실행하여야 한다는 점에서 다른 학교급의 국어과 교육과 비교되는 초등 국어과 교육의 가장 특징적인 성격이라고 볼 수 있다.

지금까지 초등 학습자의 발달 특성에 의하면, 초등 국어과 교육은 중등 국어과 교육과는 다른 말하기 · 듣기, 읽기, 쓰기, 문학, 문법의 지도 내용이나 방법 면에서 독특한 고유성을 확보하게 된다. 내용 면에서 중등국어과 교육에서 결코 다루지 않는 입문기 문자 지도 내용을 비롯하여 모든 영역의 학습 내용이 학습자의 발달에 맞도록 설정되어야 하고 그에 알맞은 교재를 선정하여야 한다. 또 방법 면에서도 학습자의 발달에 맞도록 순서화, 위계화가 이루어지고 구체화 정도가 결정되어야 한다.

라. 현대인의 삶과 역량 측면

현대인으로서 삶을 살아가는 데 필요한 여러 가지 능력과 국어 능력의 관련성을 바탕으로 국어과 교육의 중요성을 살펴보기로 한다. 흔히들 '역량'은 '삶의 다양한 측면에서 요구되는 인지적·비인지적 능력들이 포괄된 총체'라는 의미로 사용한다. 즉 국어과 교육에서 길러주고자 하는 국어 능력을 삶에 요구되는 인지적 능력뿐만 아니라 태도나 동기와 같은 비인지적 능력까지 포함하여 지칭하는 것을 국어 역량으로 볼 수 있겠다.

국어과 교육과 관련된 핵심 역량으로 들 수 있는 것으로는 ①의사소통 능력, ②문제해결 능력, ③대인관계 능력, ④기초학습 능력, ⑤비판적·창의적 사고력, ⑥정보처리 능력, ⑦문화예술향유 능력이다. 이들 역량에 대한 설명을 미래 사회 대비 국가수준 교육과정 탐색 보고서(서영진 외, 2015)의 내용을 중심으로 살펴보기로 한다.

첫째, 의사소통 능력은 생각, 의견, 느낌 등을 음성 언어, 문자 언어, 다양한 기호 등을 통해 이해하고 표현함으로써 자신과 타인, 세계의 의미와 관계를 끊임없이 점검하고 조정하는 능력을 의미한다. 이는 단순한 이해와 표현의 소극적 의미를 넘어서 인간과 인간, 인간과 자연, 인간과 우주의 소통 능력 등 인간이 타인이나 세계와 관계를 맺는 무한히 반복되는 성격의 소통 능력을 의미한다.

둘째, 문제해결 능력은 언어를 통해 문제를 인식하고 해석하며 그 의미 및 가치에 변화를 일으켜 이를 타인들과 공유하고 평가하는 능력을 의미한다. 이는 개인과 가정과 사회 생활에서 만나는 수많은 문제를 해결하는 다양한 이해 및 비판적 사고력과 해결 능력을 포괄하는 의미이다.

셋째, 대인관계 능력은 다양한 사람들과 세계를 공유하고 있음을 확인하고 그 안에서의 다양성을 존중하며 갈등을 조정해 나가기 위해 언어를 활용하는 능력을 의미한다. 원만한 관계를 형성하고 협동할 수 있는 능력을 의미한다.

넷째, 기초학습 능력은 다양한 자료 및 대상들과의 관계 속에서 자신의 지적·정의적 성장을 지속적으로 촉진하기 위해 필요한 언어 능력을 말한다.

다섯째, 비판적·창의적 사고력은 주체적인 해석을 바탕으로 자신의 가치를 반영하여 세계에 대한 새로운 의미를 규정할 수 있는 능력을 말한다.

여섯째, 정보처리 능력은 다양한 자료를 수집하고 분석하며 이를 활용하여 자신의 사고를 점검하고 이를 언어적으로 표현하는 능력이다.

일곱째, 문화예술향유능력은 자신이 접하는 언어기호적인 텍스트들의 의미를 탐색하고 자신과의 관계를 지속적으로 점검하여 조정하며 가치를 재발견하는 능력을 의미한다.

　이상에서 살펴본 능력들은 현대인의 삶의 역량으로서 국어과 교육을 통하여 길러지는 능력이다. 이는 국어과 교육을 통하여 학습자 개개인의 삶의 역량을 키워나간다는 점에 초점을 두고 기술하고 있다. 이러한 관점은 초등 국어과 교육에서부터 학습자에게 길러주고자 하는 '국어 능력'의 하위 능력이 능력별로 구체화되어 진술되었다는 점에서 의의가 있다. 특히 국어 능력 곧 국어과 교육이 삶의 어떤 국면에서 어떠한 영향을 줄 수 있으며 개개인과 문화권의 삶에서 어떤 중요한 역할을 수행하는지를 분명하게 보여준다.

제 2 장

초등 국어과 교육의 목표와 내용

1. 초등 국어과 교육의 목표

국어교육은 교과교육의 하나로서, 그 역사는 해방 이후로만 잡는다고 해도 이미 반세기를 넘어왔다. 그간 국어교육은 여러 측면에서 크나큰 발전을 이루었다. 해방 직후 80% 이상이나 되었던 한글 문맹이 지금은 거의 영 수준에 이르고 있으며, 국력의 신장에 힘입어 오늘날 한국어와 한글문자는 동남아는 물론 세계 여러 나라, 여러 지역에서 많은 관심의 대상이 되고 있다. 초·중·고등학교에서는 국어교육에 가장 많은 수업시수가 할애되어 있고, 상급학교 입학시험이나 일반 취직시험에서도 국어시험은 매우 큰 비중을 차지하고 있다. 실로 국어교육은 학교나 사회 모두에서 가장 중요한 분야로 인식되고 있는 것이다(최현섭 외, 2005: 24).

국어과 교육이 외적으로 눈부신 발전을 해 온 데 비하여, 일반 대중들이 받아들이는 국어교육의 중요성은 의외로 낮아진 경향도 있다. 미디어 환경의 발달로 한글 해득 연령이 낮아지면서 굳이 교육을 따로 하지 않아도, 일상 생활에서 말하고, 듣고, 읽고, 쓰는 능력의 습득이 쉬워진 탓이기도 하다. 외국어교육의 열풍에 밀려, 교과교육에서 가장 큰 비중을 차지하고 있으며, 학교에서뿐 아니라 사회에서도 중요한 국어교육의 의미를 진지하게 고민하는 사회 분위기가 형성되지 않은 탓이기도 하다.

그러나 이는 '언어'라는 것을 매우 제한적으로 보고 국어과 교육의 목적을 단지 기본적인 언어 기능에만 맞춘 까닭이다. 언어는 단순히 듣고, 말하고, 읽고, 쓰는 기능으로만 발현되지 않는다. 언어는 언어를 사용하는 사람이 어떤 사람인가를 결정하기도 하고, 일정한 언어를 사용하는 집단의 문화를 결정하기도 한다. 모국어로서의 국어를 다루는 국어과 교육의 목표는 매우 다층적이다. 언어가 인간의 삶과 너무 밀접한 관계에 있어서 어디까지가 국어교육이고 어디부터는 국어교육이 아닌지를 구분하기 쉽지 않기 때문이다. 이는 국어과 교육을 어렵게 하는 요인이지만, 한편으로는 국어과 교육의 매력이기도 하다. 국어를 가르침으로서 인성교육, 문화교육 등 여러 가지 부수적 효과를 누릴 수 있기 때문이다.

보편적으로 국어과 교육의 궁극적인 목표는 언어 사용 기능을 신장시켜주는 것(노명완, 1988)임을 강조하는 방향이 있는가 하면, 언어를 통한 사고력의 신장, 인성의 함양, 문화적 고취 등을 강조하는 방향(이삼형 외, 2007)도 있다.

언어는 단지 음성과 문자 언어라는 단편적인 것이 아니라 일종의 사회 관습적인 체계(국립국어연구원, 1999)이다. 사회 관습적이라는 것은 언어가 의사소통과 함께 한 사회의 문화와 깊이 연관되어 있다는 것을 암시한다. 그래서 국어 생활을 바르게 하고 소중히 여기는데 목적이 있다(김수업, 2006)고 하고, 국어교육은 모국어 교육의 주체성 확립에 커다란 영향을 끼친다(최창렬, 1993)고도 이야기한다. 이처럼 국어교육의 목표를 언어 기능적인 측면이 아닌 가치적인 면에서도 탐구(김병수, 2008: 79)하는 것이 일반적이다.

예를 들어 국어과 교육과정에 명시된 국어과 교육의 목표를 보면 "국어 활동과 국어와 문학을 총체적으로 이해하고, 국어 활동의 맥락을 고려하여 국어를 정확하고 효과적으로 사용하며, 국어를 사랑하고 국어 문화를 누리면서~(교육부, 2015)"라고 다층적으로 기술되어 있다. 국어와 관련된 기초적 지식을 총체적으로 이해하고 기능적 능력을 기르는 것 뿐 아니라, 국어를 통한 문화적 소양 증진도 중요하게 여긴다. 여기서는 다층적인 국어과 교육의 목표를 언어, 사고, 인성, 문화적 측면으로 구분하여 살펴보겠다.

첫째, 국어과 교육은 언어 기능의 신장을 목표로 한다. 언어사용 행위 그 자체를 다루어서 언어 사용기능을 신장하는 것(손영애, 2004)이 일차적인 목표이다. 이는 도구 교과로서의 국어과 교육 특성이 가장 잘 반영된 목표이다. 국어 능력은 학습의 기초 기능이며, 일상생활에서 필요한 의사소통의 기본 수단이다. 따라서 가장 기본적인 목표라고 할 수 있다. 학습자가 언어 기능을 제대로 갖추지 못하였을 때는 다른 교과를 공부할 수 없음은 물론 일상 생활에도 어려움을 겪을 수 있다.

둘째, 국어과 교육은 사고력 신장을 목표로 한다. 언어는 교육이 보편적으로 지향해야 하는 궁극적 목표인 사고력 신장과 매우 밀접한 관계가 있다. 국어과 교육의 목표에서는 일찍부터 '사고력 증진(노명완, 2003; 이삼형 외, 2007)'을 강조해왔다. 말하기, 듣기, 읽기, 쓰기 등의 언어활동을 통하여, 그리고 국어에 대한 탐구 활동을 통하여, 나아가 문학 작품을 읽고 감상하고 비평하고 재구성하는 활동을 통하여 사고력을 길러줄 수 있기 때문이다. 특히 국어과는 인지적 사고력뿐 아니라 정의적 사고력도 균형 있게 길러 줄 수 있다는 점에서 의미가 있다.

셋째, 국어과 교육은 인성 함양을 목표로 한다. 학교 교육의 궁극적인 목표 중 하나는 사람다운 사람 기르기, 즉 인성 교육이라고 할 수 있다. 개인이 어떤 언어를 사용하는지, 언어를 어떤 방식으로 사용하는지는 그 사람의 됨됨이를 보여준다. 국어과 교육은 사고력 측면뿐 아니라 인성 교육 측면에서도 다른 어떤 교과 못지않은 영향력을 가진다. 서현석(2013: 147)은 우리의 삶을 나타내는 양식으로서, 또한 문화로서 국어 교육의 내용으로 다루는 초등국어교육 목표와 내용은 '더불어 사는 삶'을 위한 능력을 형성하는데 크게 관여한다는 것을 논의하며, 인성교육으로서 초등국어교육의 중요성을 주장하였다.

넷째, 국어과 교육은 문화의 계승과 창조를 목표로 한다. 그 사회의 문화 수준은 사회 구성원의 문화 수준을 나타낸다. 따라서 개개인의 됨됨이를 보여주는 언어는 그 사회의 문화 수준을 결정하는 중요한 척도이다. 어떤 언어를 학습한다는 것은 언어뿐 아니라 그 언어를 사용하는 사회 또는 국가의 문화, 가치관, 관습 등을 함께 배운다는 의미이다. 모국어 교육의 중요성이 여기서 나온다. 모국어 교육이 어떻게 이루어지느냐에 따라 국가관, 사회관이 바뀌기 때문이다.

초등국어교육은 초등교육이라는 보편성과 국어교육이라는 특수성 사이의 변증법적 탐구 양식을 통해 실현되어 드러난다고 볼 수 있다(김병수, 2008: 78). 즉 초등 국어과 교육은 두 가지 특성을 동시에 가지고 있다. 첫째, 국어과 교육의 한 하위분야라는 점이다. 그런 점에서 초등 국어과 교육의 목표는 당연히 국어과 교육의 보편적 목표를 공유한다. 둘째, 초등 국어과 교육은 초등 학습자를 대상으로 한다는 점에서 나름의 고유한 지식이나 기능 체계를 필요로 한다. 따라서 '초등교육'의 특성이 초등 국어과 교육의 목표에 어떻게 반영되어야 할지 탐구할 필요가 있다.

제도교육의 각 단계들을 초등교육과 중등교육, 그리고 고등교육으로 구분하고 있는 것을 보면, 각 단계의 교육은 서로 차별화된 역할과 기능을 분담하면서 상호 연계를 맺고 있는 것으로 생각할 수 있다. 초등교육이 고유한 역할과 본질적 특성을 지니고 있다면, 초등교육은 그것만이 지닐 수 있는 차별화된 목적을 추구하면서 그 목적을 실현하기 위한 내용과 방법을 마련하고, 그 성과를 평가하는 원리에 맞도록 운영되어야 한다(엄태동, 2003: 34). 이경화(2012)는 초등국어교육을 자칫 중등국어교육을 위한 준비 단계로만 인식하는 역방향 관점을 경계하고, 초등국어교육이 성공적이어야만 이후의 국어교육이 성공할 수 있다는 순방향 관점에서 초등국어교육의 목표와 본질을 논의하고 있다.

박종국(2003)은 해석학적 관점에서 초등교육의 목적을 논하고 있다. 그는 초등교육의 목적을 '전인 발달', '삶의 준비', '지식 구성의 자유와 한계의 조화'라 하면서 초등교육의 정체성을 밝히는 노력을 강조하고 있다.

엄태동(2003)은 초등교육은 교육의 세계에 입문하고자 하는 초보자로서의 초등학생을 대상으로 하므로 '학습하는 방법의 학습', 즉 메타학습이 되어야 함을 강조하였다. 초등교육의 목적은 메타학습을 통하여 학습자가 주체적인 학습의 역량을 갖추도록 하는 데에 있다는 것이다. 또한 이와 관련하여 학습자의 소질을 탐색하는 것 또한 초등교육의 목적이다.

권동택(2003)과 김정효 외(2005)는 초등교육의 목적을 '기초성'에서 찾고 있다. 권동택(2003)은 초보적 수준· 삶의 기본 요소· 문화적 전통으로서의 기초성의 개념을 논의하고 여기서 다시 기초학습기능, 사회화 기능, 자아실현의 기능으로 그 기초기능을 구분하고 있다. 그리고 김정효 외(2005)는 초등교육의 목표를 '학습의 기초', '공동체의 기초', '삶의 기초'로 나누고 있다.

초등교육의 독자적 목표를 밝히려는 연구가 시작된 지는 얼마 안 되었으나, 대체로 '기초 교육', '학습하는 방법에 대한 학습', '삶을 위한 학습'이라는 특성에 초점이 맞추어져 있다. 이는 초등 국어과 교육에서도 마찬가지이다. 초등 국어과 교육의 성격 또는 목표를 밝힌 선행연구들을 살펴보면 대체로 유사한 특성을 내세우고 있다.

황정현 외(1997)에서는 초등 국어과 교육의 성격을 기초 교과, 도구(기능) 교과, 형식 교과, 문화와 생활 교과, 민족얼 교과로 규정하였다. 교육만의 기초가 아니라 한 사람으로서의 기초를 닦는 교과, 고등 정신 기능을 신장시키기 위한 도구로서의 교과, 다른 교과의 내용을 담는 그릇으로서의 형식 교과, 언어를 기반으로 문화를 창조하고 전승 발전시킬 수 있는 교과, 민족적 동일성을 이룩할 수 있는 민족얼 교과라는 것이다.

이상의 성격은 국어과 교육의 보편적 목표를 살려 기능적, 사고적, 문화적 면을 모두 담고 있다. 다만 기초 교과, 도구(기능) 교과, 형식 교과라는 기초적 성격을 세 가지나 제시하여 초등학교급의 특성에 맞게 도구 교과로서의 목표를 강조하고 있다고 볼 수 있다.

김병수(2008:81~89)는 초등학교 국어수업을 현상학적으로 분석하여 초등국어교육의 목적을 '일상성-삶과 경험', '기초성-언어적 개념 습득', '개인성-학습자 중심'으로 제시하였다.

일상성은 초등국어교육이 일상생활에서 국어적인 것, 국어적인 삶의 의미를 아이들에게 가르치고 있다는 것이다. 이는 교사가 국어 교과와 아이들 사이의 의사소통이 된다는 것을 의미하며 교과관련내용을 지향하는 중등국어와의 차이점을 엿볼 수 있다. 수업의 결과로 아이들은 일상생활에서 필요한 국어적 능력을 갖게 된다. 국어적 능력이 일상생활에서 활용될 수 있을 때 진짜 자기 지식이 되고 능력이 된다. 그러면서 이 배움이 자신 개개인의 삶에 어떤 의미가 있는지에 대해 진정한 이해를 갖는다.

기초성은 아이들은 초등국어교육을 통해 기본적이고 핵심적인 개념을 습득한다는 것이다. 그러한 개념의 습득은 과정과 절차가 고정되어 있지 않다. 그리고 습득된 개념은 아이들 자신의 개인적, 실천적 지식이 되어 언어적 의사소통을 하는 데 바탕이 된다.

개인성은 아이들의 개별적인 특성을 강조하는 것으로 학습자 중심교육이 그 바탕을 이룬다. 특히 저학년에서는 말하기·듣기, 읽기, 쓰기 전 영역에 걸쳐 개별적인 지도가 이루어지고 있다.

신헌재 외(2009: 7~8)에서는 초등 국어과 교육의 주요 과업, 즉 목표를 네 가지로 제안하고 있다. 음성 언어 기능을 바탕으로 음성기호와 문자기호를 대응시켜 문자에 담긴 뜻을 해독하는 '문자 해득', 문자해득을 바탕으로 독해력, 작문력 및 보다 세련된 음성 언어 기능을 기르는 '국어사용능력 신장', 논리적·창의적 사고력을 키우는 '고등 수준의 사고력 신장', 우리말과 글에 담긴 한국민의 심성에 공감하며 정서를 함양하도록 돕는 '민족의 얼과 정서 공감'이다. 역시 국어과 교육의 보편적 목표를 살려 기능적, 사고적, 문화적 면을 모두 담고 있으면서, 초등 학교급의 특성에 맞게 문자 해득을 별도의 목표로 제시하였다.

지금까지의 선행 연구를 바탕으로 초등 국어과 교육의 목표를 다음과 같이 네 가지로 제시할 수 있다.

첫째, 초등 국어과 교육은 학생의 삶에 필요한 기초적 국어 능력을 신장시켜야 한다. 초등국어교육은 모든 국어과 교육(중등, 대학)의 기초라는 뜻과 다른 교과교육의 기초라는 뜻을 함유한다(황정현 외, 1998: 11). 기본적 의사소통 능력을 키워주는 초등 국어과 교육은 삶의 질과 직결된 목표를 지닌다. 초등학생 시절의 언어적 경험, 성공과 실패는 국어에 대한 평생의 태도를 결정한다고 해도 과언이 아니다.

학생은 앞으로 평생을 살아가며 필요한 국어 능력을 이 시기에 갖추어야 한다. 처음 겪게 되는 공동체 생활 속에서의 의사소통을 배움으로써 먼 미래, 사회인이 되고, 인간다운 삶을 살기 위한 기초를 밟게 된다(김병수, 2008: 80). 국어교육은 제도교육의 범위를 넘어서 평생교육으로 작용하며, 초등 국어과 교육은 언어에 대한 평생교육의 기틀을 마련해준다.

둘째, 초등 국어과 교육은 '학습 방법에 대한 학습'을 목표로 한다. 문자를 읽고 쓸 수 있는 기초 기능을 넘어서서 학생들에게 사고를 언어로 표현하고, 또 언어를 통해서 사고를 이해하는 고등 정신 기능을 신장시켜주는 것을 뜻하고, 국어 교과에서 기르고자 하는 언어 기능이 지식 자체가 아닌 지식의 활용 기능을 의미하며, 지식을 활용하는 기능은 범교과적으로 모든 학습 활동에서 요구되는 도구적인 지적 기능(노명완 외, 1988: 18-19)을 가리킨다.

흔히 메타적인 학습 능력으로 의사소통 능력, 문제해결력, 비판적 사고력, 정보 수집과 처리 능력 등을 꼽는다. 초등 국어과 교육은 학습자가 주체적인 학습의 역량을 갖출 수 있도록 이와 같은 능력 신장을 목표로 해야 한다. 이는 단편적인 지식이나 기능에 초점을 맞춘 교육으로는 도달할 수 없음을 명심해야 한다.

셋째, 초등 국어과 교육은 문화적 소양을 길러준다. 언어는 공동체의 문화와 밀접한 관련을 맺고 있는 문화의 핵심이다. 하지만 문화는 삶의 가능성인 동시에 개인을 억압하는 기제로도 작용한다. 그러므로 문화는 새롭게 창조되어야 한다. 이런 관점에서 국어교육은 문화를 계승 발전시킬 수 있는 능력 향상을 강조한다(류덕제 외, 2012: 24). 인간이 언어를 사용한다는 말은 문화를 소유한다는 의미이다. 언어가 중심인 국어과 교육은 문화 교과의 성격을 띠게 마련이다. 이런 특성을 잘 살리는 것이 언어 문화가 집약된 문학교육이다. 문학교육은 모든 학교급의 국어교육에서 중요하지만 초등 국어과 교육에서 가장 폭넓게 작용한다.

문학 작품은 초등 학습자의 인지적 발달 수준과 흥미에 가장 적합한 언어 자료이다. 학생들은 문학 작품을 읽으며 수많은 지식, 어휘력, 문법적 감각을 얻으며 암묵적으로 언어 기능을 향상시킨다. 또한 몰입이 쉬운 초등 학교 시절의 문학은 학생들의 행동 발달이나 그 인격 형성에 지대한 영향을 미치기 때문이다.

넷째, 초등 국어과 교육은 민족적 자긍심을 길러준다. 우리 민족에 대한 바른 이해나 민족적 자긍심은 어린 시절의 초등 교육에서 시행되는 것이 바람직하다(황정현 외, 1997: 16). 이를 가장 잘 담을 수 있는 것은 국어교육이다. 초등국어교육은 '국어'라는 대상 자체에 담긴 민족의 정신과 얼을 가르침으로써 '언어'가 아닌 '국어'를 배우는 것으로 인한 민족적 자긍심을 어린 시절부터 길러주게 된다(김병수, 2008: 80).

이는 초등 국어과 교육이 모국어교육으로서 외국어교육과 차별화되는 목표이기도 하다. 문학 작품뿐 아니라 초등 시기에 접하는 담화들은 특히 오랫동안 기억에 남으며 강한 영향력을 지닌다. 학습자가 자연스럽게 국어와 민족에 대한 긍정적 태도를 갖추도록 하는 것도 초등 국어과 교육의 목적이다.

2. 초등 국어과 교육의 내용

국어교육이 갖고 있는 고유의 내용적 특성은 언어활동이라고 할 수 있다. 교과로서의 수학이 수에 관한 지식의 세계를 담당하고, 과학이 자연의 세계를 담당하듯, 교과로서의 국어는 언어활동의 세계를 담당하고 있다(최현섭 외, 2005: 27). 전통적으로 국어교육의 내용 영역은 크게 언어기능(이해·표현) 영역, 언어 지식(문법) 영역, 그리고 문학 영역의 셋으로 인식되어 왔다(최현섭 외, 1995; 이성영, 1995; 박영목 외, 1996; 황정현 외, 1997).

최현섭 외(1995: 16~19)에서는 국어 현상은 국어 사용 현상, 국어 지식 현상, 국어 예술 현상으로 나뉜다고 설명한다. 국어 사용 현상은 한국인이 한국어로 말하고 듣고 읽고 쓰는 방식으로 존재하며, 화법론, 독서론, 작문론 등으로 발전하는데 이를 '국어 사용학'이라 할 수 있다. 국어 지식 현상은 국어연구 활동과 그 결과의 축적으로 존재하며, 음운론, 형태론, 통사론, 의미론, 화용론 등으로 발전하고, 이를 '국어학'이라 한다. 국어 예술 현상은 국문학 창작 활동과 그에 대한 연구의 축적으로 존재하며, 문학 작품의 창작과 작품론, 작가론, 비평론 등으로 발전하며 이를 '문학'으로 부른다. 국어 교육학은 국어 사용학, 국어학, 문학에서 내용을 가져와서 국어 교육을 수행한다.

박영목 외(2009: 54)에서는 국어교육 연구의 내용 체계를 다음 그림과 같이 나타내었다.

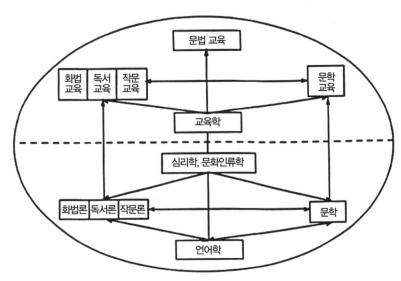

[그림 1] 국어교육 연구의 내용 체계

그림의 상단 부분은 국어교육의 주요 영역을 언어사용 교육(화법교육, 독서교육, 작문교육), 문법 교육, 문학 교육으로 상정하면서, 언어 교육의 방법이나 평가를 위해서는 교육학 이론이 많은 시사점을 제공함을 나타내고 있다. 이들 세 영역의 교육이 이루어짐으로써 학습자는 언어사용 능력, 언어에 대한 이해와 탐구력, 문학 감상의 심미적 능력 등이 길러진다고 볼 수 있다.

또한 하단 부분은 국어교육의 이론적 기저가 되는 학문들을 나타내고 있다. 화법론·독서론·작문론의 언어사용학, 언어학, 문학의 이론들은 그 자체로서 국어교육의 이론을 구성하지 못한다. 현상을 설명함으로써 그것의 교육 이론의 많은 이론적 기초를 제공하지만 그 자체로서 교육 방법이나 평가 방법까지 제시하지는 못한다. 언어 교육의 방법이나 평가를 위해서는 교육학의 이론이 많은 시사점을 제공한다(박영목 외, 2009: 55). 언어사용학, 언어학, 문학의 이론들을 이해하는 데는 심리학, 문화인류학 등의 다양한 주변 학문이 도움이 된다.

이와 같이 언어활동의 세계를 구현하는 내용은 크게 세 가지로 나누어진다. 첫째는 '언어 기능'과 관련된 것으로, 듣기, 말하기, 읽기, 쓰기 활동과 관련된 원리, 전략, 방법 등에 대한 내용이다. 둘째, '문학'과 관련된 것으로, 문학 현상과 관련된 지식이나 작품 수용 능력, 창작 능력 등에 대한 내용이다. 셋째, '문법'과 관련된 것으로, 국어의 여러 가지 규칙이나 현상, 그리고 국어가 지니는 가치에 대한 내용이다.

초등 국어과 교육의 내용을 구성하는 요인도 보편적으로 듣기 능력, 말하기 능력, 읽기 능력, 쓰기 능력, 문학적 능력, 문법적 능력을 기르기 위한 것으로 나누어진다.[2] 그러나 초등국어교육의 본질과 목표가 타 학교급 학교와는 다른 독자적인 특성을 지니고 있듯이 내용 역시 초등국어교육의 특성이 반영되어야 한다.

국어교육이 실제적으로 이루어지고 있는 학교 현장을 살펴보면, 초등학교, 중학교, 고등학교, 대학에서의 국어교육의 내용과 방법은 상당 부분 다르다(이재승, 1998: 13). 즉 '언어기능', '문학', '문법'이 보편적인 국어과 교육의 내용이라 할지라도 학교급에 따라 그 비중과 구체적으로 다루는 내용은 달라야 할 것이다. '문법' 영역의 경우 초등학생에게 명제적 지식으로 학습되기보다는 언어 활동과 통합되어 자연스럽게 습득되는 것이 타당하다. '문학' 영역 역시 초등학생들이 문학을 향유하면서 자연스럽게 문학적 소양을 기르도록 해야 한다. 즉 일상의 언어 생활과 유사하게 문법, 문학, 언어기능 영역이 통합되어 지도될 때 가장 효과적일 것이다.

이재승(1998)은 초등학교 단계에서 가장 중요하고 비중을 많이 차지하는 것은 언어기능 영역, 즉 듣기, 말하기, 읽기, 쓰기 영역임을 분명히 하였다. 문법 영역은 언어기능 영역과 같이 하나의 독립된 영역으로 설정하기보다는 구체적인 지도 내용을 설정할 때 고려되어야 할 문제로 생각된다. 그는 초등 국어과 교육의 특성을 고려할 때 그 지도 영역을 크게 두 가지로 나누어 다음과 같이 제시하였다.

---

2 최근에 매체 환경이 급변하면서 현대 사회에 필수적인 능력으로 매체 문식성이 강조되므로, 여기에 매체언어적 능력을 추가할 수도 있다. 국어교육에서 '매체언어능력'을 길러줄 필요가 있다는 인식이 보편화되면서 직접적인 지도 내용으로 등장하는 비중이 점점 늘고 있다. 특히 여러 가지 매체에 무방비로 노출되는 초등 학습자들은 매체언어의 특징, 영향력, 비판적 이해력, 기초적인 표현력 등을 학습할 필요가 있다.

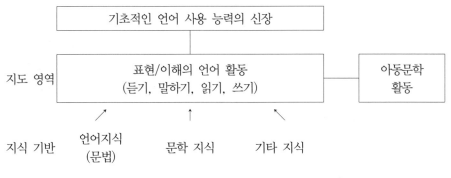

[그림 2] 초등국어교육의 지도 영역과 지식 기반[3]

초등 국어과 교육의 지도 영역으로 표현·이해의 언어 활동과 아동문학 활동을 들었다. 구체적인 지도 영역은 말하기, 듣기, 읽기, 쓰기 활동이라고 볼 수 있다. 우선 표현·이해의 언어 '활동'이라 하여 실제적인 언어 활동을 강조했는데, 효율적인 언어 생활을 영위하게 하는 데에는 실제적이고 의미 있는 언어 '활동'이 필요하다. 아동문학 '활동' 역시 마찬가지이다. 그런데 언어지식(문법)은 대등한 영역으로 나열하지 않았다. 언어지식은 언어 사용 능력 신장을 위한 하위 요소, 즉 지식 기반에 포함하는 것이 타당하다고 보았기 때문이다(이재승, 1998: 27). 또한 지식 기반으로 언어지식 (문법) 이외에도 문학 활동을 하는 데 필요한 문학지식, 일반적으로 삶에서 얻는 기타지식이 필요하다고 보았다.

즉, 같은 '언어기능' 관련 내용이라도 학습자를 중심으로 실제성, 유의미성을 강조한 내용을 선정할 필요가 있다. 초등 국어과 교육에서는 명제적 지식보다는 수행적 지식을 주요 내용으로 해야 하며, 교사의 전달에 의해서가 아니라 직접적인 언어 활동을 통해 자연스럽게 습득되도록 해야 한다.

'문학' 관련 내용 역시 문학적 지식을 많이 가지게 하기보다는 풍부한 문학적 체험의 제공을 주요 내용으로 해야 한다. 또한 같은 문학 관련 내용이라도 초등 학습자의 발달 수준과 흥미에 맞는 아동문학을 통해 얻을 수 있는 것을 중점적으로 다룰 필요가 있다.

'언어지식(문법)'은 지식 체계 자체로 다루는 것보다 활동의 기반으로 작용하도록 꼭 필요한 내용만 선정할 필요가 있다.[4] 모국어 화자는 특정 언어지식(문법)을 몰라도 문제 없이 언어 수행을 하는

---

3 이재승(1998: 26)에 제시된 표의 일부를 수정하였다.

4 이에 대해서는 이성영(1996: 6)에서도 체계로서의 언어, 즉 문법이 모어교육에서 갖는 역할의 비중에 대하여 언급한 바 있다. 체계로서의 언어에 대한 연구 성과물은 대부분 모어 화자들이 의식·무의식적으로 이미 알고 있거나, 그 규칙에 맞게 자연스럽게 사용하고 있는 것들이다. 그리고 순수한 학적 체계를 위해서 필요한 개념들, 예컨대 음소, 형태소, 품사 등의 개념이나 그 분류 등은 모어교육에서 크게 의미가 없는 것들로 보인다.

경우가 많지만, 언어 사용 능력을 심화시키고 세련되게 하는 데 필요한 언어지식(문법)이 있다. 초등 국어과 교육의 내용은 언어 활동과 문법의 자연스러운 통합에 기반을 두어야 한다.

지금까지의 논의를 바탕으로 하면 초등 국어과 교육의 내용은 크게 세 가지 층위로 나눌수 있다. 우선은 '언어 기능'과 관련된 층위의 내용이 있다. 듣기, 말하기, 읽기, 쓰기 능력은 초등 국어과 교육에서 가장 큰 비중을 차지한다. 듣기, 말하기, 읽기, 쓰기 능력은 학습자의 일상생활뿐 아니라 타 교과의 학습을 위해 꼭 필요하기 때문이다. 또한 '문학'과 관련된 층위의 내용, '문법'과 관련된 층위의 내용이 있다.

층위는 세 가지로 나누어지지만 초등교육의 기초적, 일상적, 메타적 특성을 고려한다면 듣기, 말하기, 읽기, 쓰기를 핵심적 영역 내용으로 두고, 이를 뒷받침하는 문학과 문법 영역 내용을 선정하는 것이 타당할 것이다. 또한 각 영역 내용 선정 시에는 '활동'에 방점을 두되 지식 차원으로 학습해야 할 것, 태도 교육을 강조해야 할 것 등 다양한 관점을 고려해야 할 것이다.

영역별로 내용을 선정하는 관점은 오랫동안 교육과정에도 반영되어왔다. 다음은 2015년 개정 국어과 교육과정에 제시된 국어과 교육의 목표이다(교육부, 2015: 4).

> 국어로 이루어지는 이해 · 표현 활동 및 문법과 문학의 본질을 이해하고, 의사소통이 이루어지는 맥락의 다양한 요소를 고려하여 품위 있고 개성 있는 국어를 사용하며, 국어문화를 향유하면서 국어의 발전과 국어문화 창조에 이바지하는 능력과 태도를 기른다.
>
> 가. 다양한 유형의 담화, 글, 작품을 정확하고 비판적으로 이해하고 효과적이고 창의적으로 표현하며 소통하는 데 필요한 기능을 익힌다.
> 나. 듣기 · 말하기, 읽기, 쓰기 활동 및 문법 탐구와 문학 향유에 도움이 되는 기본 지식을 갖춘다.
> 다. 국어의 가치와 국어 능력의 중요성을 인식하고 주체적으로 국어생활을 하는 태도를 기른다.

교육과정에 명시된 '이해 · 표현 활동'은 듣기, 말하기, 읽기, 쓰기 영역을, '문법'은 문법 영역을, '문학'은 문학 영역을 나타낸다. '가' 항목은 다양하고 능동적인 언어 활동을 해야 함을 나타내고, '나' 항목은 각 영역에서 익혀야 할 기본 지식이 있음을 나타내고, '다' 항목은 국어에 대한 태도를 신장시켜야 함을 나타낸다. 초등 국어과 교육의 내용들은 이와 같이 영역과 내용 범주를 고려하면서 초등교육의 특성을 반영하여 선별해야 한다. 초등 국어과 교육에서 다루어야 할 각 영역의 주요 내용 조건을 다음과 같이 설정할 수 있다.

첫째, '듣기'는 음성 언어로서 이해의 영역이다. 듣기 능력은 이해의 정도를 기준으로 내용 확인적 이해, 추론적 이해, 비판적 이해로 나눌 수 있다. 초등 국어과 교육의 내용은 세 가지 수준을 다 다루되 학년과 학습자 수준에 따라 그 비중을 달리하여 선정할 수 있다. 듣기 행위, 듣기의 다양한 상황에 대한 기본 지식, 올바른 듣기의 자세, 적극적으로 듣는 태도 등에 대한 교육도 필요하다.

둘째, '말하기'는 음성 언어로서 표현의 영역이다. 말하기 능력은 표현의 과정에 따라 계획하기, 내용 생성하기, 내용 조직하기, 표현과 전달하기로 나누어 접근할 수 있다. 또한 초등국어교육의 기초적 특성에 맞게 정확한 발성과 발음 교육도 중요하다. 역시 말하기 행위, 말하기의 다양한 상황에 대한 기본 지식, 올바른 말하기의 자세, 타인을 배려하는 말하기의 태도 등에 대한 교육도 필요하다.

셋째, '읽기'는 문자언어로서 이해의 영역이다. 읽기 능력은 이해의 정도를 기준으로 내용 확인적 이해, 추론적 이해, 비판적 이해로 나눌 수 있다. 문자언어이므로 한글 해득, 어휘력의 신장도 중요한 과업이다. 읽기 행위, 읽기의 다양한 맥락과 장르에 대한 기본 지식, 읽기 동기나 습관의 발달 등에 대한 교육도 필요하다.

넷째, '쓰기'는 문자언어로서 표현의 영역이다. 쓰기 능력은 표현의 과정에 따라 계획하기, 내용 생성하기, 내용 조직하기, 표현하기, 수정하기로 나누어 접근할 수 있다. 또한 초등국어교육의 기초적 특성에 맞게 한글 해득과 맞춤법, 띄어쓰기 등의 쓰기 관습을 지켜서 쓰는 능력도 중요하다. 역시 쓰기 행위, 쓰기의 다양한 맥락과 장르에 대한 기본 지식, 쓰기 동기나 습관의 발달, 쓰기 윤리 등에 대한 교육도 필요하다.

다섯째, '문학'과 관련된 층위의 내용이 있다. 초등 학습자에게 문학의 중요성과 영향력이 얼마나 큰지는 굳이 논의할 필요가 없다. 그런데 초등 학습자의 발달 특성을 고려하면 문학의 학문적 지식 체계를 가르치기보다는 다양한 문학 작품을 접하면서 자연스럽게 문학 세계에 익숙해지도록 해야한다. 즉 문학적 언어가 일상 언어와 다른 특성을 인식하도록 하는 기본적인 지도 내용이 필요하되, 문화적 소양을 길러주는 문학적 경험 자체, 문학 작품으로 하는 다양한 활동들도 모두 내용으로서의 가치를 지니고 있다.

여섯째, '문법'과 관련된 층위의 내용이 있다. 앞에서 언급하였듯이 국어지식은 지식 체계를 독자적으로 다루는 것보다 듣기, 말하기, 읽기, 쓰기 활동과 연결하여 학습하는 것이 바람직하다. 예를 들어 띄어 읽기를 하기 위하여 문장 부호에 대하여 학습한다거나, 웃어른에게 편지를 쓰기 위하여 높임법을 학습하거나, 독자가 이해하기 쉬운 글을 쓰기 위하여 맞춤법에 맞는 낱말을 학습하는 식이다. 또한 민족적 자긍심을 가질 수 있도록 한글의 우수성과 기본 체계를 아는 것 역시 중요한 내용이다.

탐구 과제

1. 초등 국어과 교육의 목표를 설명하시오.

2. 국어과 교육의 내용 층위가 어떻게 나누어지는지 설명하고 그 것이 적절한지 의견을 제시하시오.

3. 초등 국어과 교육에서 특히 중점적으로 가르쳐야 할 내용과 그 이유를 제시하시오.

참고 문헌

권동택(2003), 초등교육의 관점에서 본 기초교육의 의미, 〈초등교육연구〉 16(2), 41-48.

김명순(2013), 국어과 교육과정의 언어관, 〈학습자중심교과교육연구〉 13집 6호. 학습자중심교과교육학회.

김병수(2008), 초등학교 국어수업에 대한 현상학적 분석, 〈한국초등국어교육〉 37집, 한국초등국어교육학회.

김정효 외(2005), 『초등교육이란 무엇인가?』교육과학사.

노명완 · 박영목 · 권경안(1991), 『국어과 교육론』, 갑을출판사.

박영목 · 한철우 · 윤희원(2009), 『국어교육학원론』, 박이정.

박종국(2003), 초등교육 목적 정당화에 관한 논의, 한국교원대박사학위논문.

서영진(2015), 역량기반 교육과정에서 국어 능력과 핵심 역량의 관계, 〈국어교육학 연구〉 50(1).

서울대학교 국어교육연구소(1999), 『국어교육학사전』, 대교출판.

손영애(2004), 『국어과 교육의 이론과 실제』, 박이정.

송길연 외 옮김2(005), 『발달심리학』, 시그마프레스.

신명희(2013), 『발달심리학』, 학지사.

신헌재 외(2009), 『초등 국어과 교수 · 학습 방법론』, 박이정.

윤초희 역(L. S. 비고츠키 , 2011), 『사고와 언어』, 교육과학사.

이경화(2008), 『읽기교육의 원리와 방법』, 박이정.

이경화(2012), 초등국어교육의 특성과 초등교원 양성대학 국어 교과과정의 정합성, 〈국어교육〉 139,
    한국어교육학회.

이삼형 외(2007), 『국어교육학과 사고』, 역락.

이성영(1995), 『국어교육의 내용 연구』, 서울대학교출판부.

이승복 · 이희란 역(2005), 『언어발달』, 시그마프레스.

이재승(1998), 『국어교육의 원리와 방법』, 박이정.

이재승(2004), 『아이들과 함께 하는 독서와 글쓰기 교육』, 박이정.

장휘숙(2013), 『발달심리학』, 박영사.

정옥분 외(2007), 『정서발달과 정서지능』, 학지사.

천경록(1999), 「읽기의 개념과 읽기 능력의 발달 단계」, 〈청람어문교육〉 제21권, 청람어문교육학회.

최창렬(1993), 『국어교수법』, 개문사.

최현섭 외(1995), 『국어과 교육학의 이론화 탐색』, 일지사.

최현섭 외(2005), 『국어교육학개론』, 삼지원.

허승희 외(1999), 『아동의 상상력 발달』, 학지사.

황정현 외(1997), 『초등 국어과 교육론』, 박이정.

3부

초등 국어과 교육과정의 이해

제1장

초등 국어과 교육과정의 개념과 중요성

초등 국어과 교육과정은 초등학생을 대상으로 국어과 교육을 하기 위한 계획이다. 초등 국어과 교육과정도 국어과 교육과정의 일환이지만 초등으로 한정하여 보면 그 내용과 역할이 부각되는 점이 있다. 초등학교 국어과 교육은 국어과 교육의 출발점에서부터 시작하기 때문에 중·고등학교의 국어과 교육과는 구별되는 점이 있다. 이러한 국어과 교육을 위한 초등 국어과 교육과정의 개념과 그 중요성을 살펴본다.

1. 초등 국어과 교육과정의 개념

교육과정은 교육의 실행을 위한 설계이다. 교육을 '인간 행동의 계획적 변화'(정범모, 1967)[1]라고 할 때, 인간 행동을 변화시킬 계획에 해당하는 것이다. 인간의 행동을 어떻게 변화시킬 것인지에 대한 구체적인 생각을 담아 정리한 것이 교육과정인 것이다. 인간 행동의 변화는 일정 기간 동안 지속적인 교육 활동을 통하여 이룰 수 있다. 인간 행동을 변화시키려면 목표로 하는 변화된 행동과 변화를 이루어 갈 방향이 있어야 하고, 행동을 변화하게 하는 데 필요한 교육 내용과 교육 방법이 구체화되어 있어야 한다. 그리고 인간 행동이 변화했는지를 확인할 수 있는 평가 방법도 있어야 한다. 이런 인간 행동의 변화를 위한 교육 계획을 체계적으로 정리한 것이 교육과정이다. 교육과정은 한마디로 교육을 위한 일체의 계획이다.[2]

---

1 정범모(1967)의 교육의 개념에 대한 논의는 성태제 외(2007: 26~31)를 참조할 수 있다.
2 이해명(2005: 42)은 교육과정의 개념을 '자라나는 학생들이 다양한 사람이나 다양한 사물(정보, 과정, 기술, 가치)을

교육과정이라는 말은 'curriculum'을 번역하여 사용하는 말이다. 교육과정의 의미를 파악하기 위해서는 curriculum의 어원적 의미를 분석해 볼 필요가 있다. curriculum은 '달리다'에 해당하는 라틴어 쿠레레(currere)에서 파생된 말로 '달리는 코스'를 뜻하고, 교육의 맥락에서는 가르치고 배워 나가야 할 내용을 항목, 즉 교수요목(course of study)을 열거해 놓은 것을 뜻한다(이홍우 외, 2009: 5). 어원적으로 볼 때, 교육과정은 교사와 학생이 협력하여 해야 할 과업을 경로에 맞게 정돈해 놓은 것이다. 교육과정은 교육의 장에서 무엇을, 어떻게, 왜 해야 하는지를 규정해 놓은 것이다.

교육과정은 교육을 보는 관점에 따라 달라진다.[3] 그동안 교육과정에 대한 관점은 여러 가지가 있었으며 각기 교육의 다른 특성을 강조하였다. 교육과정에 대한 관점으로는 먼저 전통 교육과 현대 교육의 매개 역할을 하는 교과중심 교육관이 있다. 교과중심 교육관은 전통적으로 가르치고 배워 온 고전을 중시하고, 이들 고전을 활용한 교수—학습으로 학생이 지식과 기능을 습득하게 되어 지적 능력이 발달을 한다는 형식도야이론을 강조하였다. 교과중심 교육관 다음에 주목을 받는 것이 생활(경험)중심 교육관이다. 생활중심 교육관은 진보주의 교육관을 바탕으로 하는 데, 학생의 삶과 학생의 생활 세계를 존중하면서 학습은 학생의 발달 단계에 맞는 만족스럽게 활동의 과정으로 이루어져야 함을 강조하였다. 그 다음에 대두된 것이 학문중심 교육관이다. 학문중심 교육관은 학생은 각 학문의 핵심 아이디어인 지식의 구조를 탐구 학습을 통하여 익히고, 학습자가 과학자나 전문가와 같은 활동을 함으로써 지식을 얻어 세계에 대한 안목을 갖추어야 함을 강조하였다. 그리고 현재 교육의 토대를 이루고 있는 교육관은 인간중심 교육관이다. 이 인간중심 교육관은 학생이 이미 가지고 있는 배경지식 이나 사고 능력을 활용하여 교과에서 목표로 하는 문제 해결 능력을 길러 주어야 한다는 점을 강조하고 있다. 이들 교육관은 우리나라 교육과정에 영향을 주었을 뿐만 아니라 국어과 교육과정에도 적극적으로 반영되었다.

학생이 교육과정에 따라 학습을 하면 각 학습 활동마다 행동 변화가 일어난다. 학교급별 교육과정을 이수한 학생은 학교급에서 목표로 하는 행동 변화가 일어나게 되는 것이다. 교육과정에서 목표로 하는 학생의 행동 변화는 외현적인 행동일 수도 있지만 내재적인 지식, 사고력, 관점, 안목, 능력, 태도 등이다. 교육과정에서 목표로 하는 학생의 행동 변화는 모든 교육과정에서 같지는 않다. 각 교육과정은 현재 사회의 요구나 학생이 살아갈 미래 사회의 필요를 고려하여 변화시킬 행동을 결정하여 교육과정에 반영하게 된다. 바꾸어 말하면, 교육과정은 변화시킬 학생의 행동이 달라지면 개정을 하게 된다. 각 교육과정은 목표로 하는 학생의 행동 변화 특성에 따라 교육 내용, 교육 방법, 교육 절차를 달리

정해진 시간이나 장소에서 접할 수 있도록 계획을 세우는 것'으로 정의하고 있다.

3 교육관에 따른 교육과정에 대한 내용은 김종서 외(2007: 5~16)를 참조할 수 있다.

마련하게 된다. 교육 목표에 효율적으로 도달할 수 있도록 하는 교육 내용, 방법, 절차를 새롭게 구성하게 되는 것이다. 이 말은 교육과정은 목표로 하는 학생의 행동 변화 내용에 따라 달라짐을 뜻한다.

초등 국어과 교육과정은 '인간 행동의 계획적 변화'를 위한 초등학교 국어 측면의 계획이다. 여기서 '초등'이라는 말은 초등학생이나 초등학교를 뜻할 수도 있지만 그 의미를 조금 확대하여 생각해 볼 필요가 있다. '초등'은 학교 교육의 측면에서 볼 때는 '처음', '시작', '시초'의 의미를 가지지만[4], 교육의 개념인 인간 행동의 변화라는 측면에서 보면 '기초', '근원', '토대', '본질', '핵심'이라는 의미도 포함한다. '초등'이라는 말은 인간 행동 변화의 '기초적인', '본질적인', '토대적인' 등의 의미를 담고 있다. 초등 교육은 교육의 시작을 의미하면서, 인간 행동 변화에 기초가 되고 본질적이며 토대가 되는 교육을 의미한다고 할 수 있다.

초등 국어과 교육과정은 국어과 교육의 기초적이고 본질적인 교육 내용을 체계화하여 정련해 놓은 것이다. 여기서 '기초적'이라는 말은 국어과 교육을 시작할 때 또는 학생이 국어과 학습을 처음 할 때 먼저 배우고 익혀야 할 교육 내용을 담고 있음을 뜻한다. 그리고 '본질적'이라는 말은 국어과 교수-학습에서 기본이 되고, 근본이 되는 교육 내용을 담고 있음을 의미한다. 기초적이고 본질적인 교육 내용은 겹칠 수도 있지만 초등 국어과 교육과정은 이들을 포함해야 한다. 기초적인 교육 내용은 국어과 학습의 관습을 익히고, 글을 읽고 쓸 줄 알게 하는 것이다. 그리고 본질적인 교육 내용은 국어과 교육의 학습을 위한 기본 개념, 의미 구성과 의사소통을 위한 기초 국어 기능, 국어과 학습에 대한 긍정적인 태도의 형성 등을 들 수 있다. 아울러 국어과 학습 담화의 관습과 국어과 교육의 문화를 인식하고, 이해하고, 참여할 수 있게 하는 교육 내용이다. 초등학교 국어과 교육 내용은 저학년, 중학년, 고학년에 따라 강조점이 조금씩 다를 수는 있지만 학생들에게 필수적으로 요구하는 것은 국어과의 기초적이고 본질적인 내용을 학습하는 것이다. 초등 국어과 교육과정은 이를 실천할 수 있도록 교육 내용을 체계를 잡아서 정리해 놓은 것이다.

2. 초등 국어과 교육과정의 중요성

교육과정은 교육을 위한 계획이라는 점에서 근본적인 중요성을 갖는다. 교육은 계획 없이 이루어질 수 없기 때문이다. 한 개인의 일에도 계획이 있어야 하지만 교육은 국가가 국민을 일깨우기 위한 일이기 때문에 무엇보다 계획이 중요하다. 한 사회에서 이루어지는 모든 교육은 계획에 의하여 이루어

---

4 국립국어원의 표준국어대사전에서는 '초등'을 '차례가 있는 데서 맨 처음 등급. 또는 맨 아래 등급.'이라고 정의한다.

지고, 계획한 결과를 얻을 수 있도록 진행된다. 교육과정은 교육을 위해 전제된 조건이다. 그런 점에서 교육과정은 교육의 실행을 위해서 본질적인 중요성을 지니고 있다.

교육과정은 교육의 설계이면서 토대이다. 교육 활동에서 무엇을 어떻게 왜 해야 하는지를 미리 예견하고, 연구하고, 정리해 놓은 한 사회의 합의적 결정 사항이다. 그렇기 때문에 교육은 교육과정을 근거로 이루어지고, 교육과정에 의존하여 이루어지게 된다. 교육과정은 교사와 학생이 교육의 활동 속에서 무슨 내용을 가르치고 배워야 할지를 체계적으로 정해 놓고 있다. 학교 교육은 교육과정이 정해 놓은 것을 내용과 방법을 사용하여 교육의 목표를 지향해 나갈 때 가장 효율성이 높고, 효과적인 교육을 할 수 있다. 그래서 교육과정은 교육을 충실하게 실행할 수 있게 하는 초석이 되는 것이다.

국어과 교육과정은 국민들의 국어 행동 변화를 위한 계획이다. 국어 행동이란 말과 글을 이용하여 사고하고, 의미를 구성하며, 다른 사람과 의사소통을 하는 것이다. 국어과 교육과정은 학생의 위와 같은 국어 행동을 향상시키기 위한 계획인 것이다. 국어과 교육과정을 이수한 학생들은 창의적이고 비판적이며 합리적인 사고를 할 수 있고, 다른 사람의 말을 듣거나 글을 읽고 그 의미를 깊이 있게 이해할 수 있으며, 자신의 생각을 조리 있는 말과 글로 표현하여 전달할 수 있게 된다. 이처럼 국어과 교육과정은 학생의 국어 행동을 변화시킬 체계적인 계획의 내용을 담고 있고, 국어과 교육은 국어과 교육과정을 토대로 이루어진다. 국어과 교육과정은 모든 국민의 교육과 관련되어 있다. 국어과 교육과정은 한 지역이나 일부 사람만을 위한 것이 아니라 우리나라 전체 국민의 국어과 교육에 대한 설계이다. 국어 행동을 위한 국어 능력은 사람들의 삶을 영위하는 데 기본 조건이기 때문에 모든 국민이 갖추어야 한다. 높은 국어 능력은 개인의 삶의 질을 높이고, 사회문화의 수준을 높이게 된다. 국어 능력이 향상되면 각 개인은 자신의 생각을 표현하고, 다른 사람의 생각을 이해하는 능력이 높아짐으로써 자아를 실현할 수 있는 기회를 확대할 수 있게 된다. 그리고 사회 전반적으로는 효율성이 높으면서 교양 있고, 품위 있는 의사소통을 할 수 있게 됨으로써 업무의 효과를 높일 수 있고, 세련된 사회 생활을 위한 문화의 토대를 만들 수 있게 된다. 국어과 교육과정은 우리나라 전체 국민의 국어 능력 향상을 위한 계획인 것이다.

초등 국어과 교육과정은 초등학생의 국어 행동을 변화시키기 위한 설계이다. 학생의 국어 행동의 기초가 되고 근본이 되는 변화를 위한 계획인 것이다. 이해와 표현을 통하여 창의적인 의미 구성과 세련된 의사소통을 할 수 있는 국어 행동 변화의 기틀을 마련하기 위한 구상인 것이다. 이 초등 국어과 교육과정은 네 가지 측면에서 중요성을 들 수 있다. 즉 ① 국민의 기본적인 국어 능력 형성 ② 국어에 대한 기초적인 이해 능력 향상 ③ 학교 학습을 위한 학습 기저 능력 신장 ④ 초등 국어과 교육의 실행 근거 등이다.

초등 국어과 교육과정은 모든 국민이 갖추어야 할 기본적인 국어 능력에 대한 구상이다. 일상생활에서 말과 글로 의미를 구성하고 의사소통을 할 수 있는 능력은 누구에게나 필요하다. 초등 국어과 교육과정은 우리나라 사람이면 누구나 일상생활에 필요한 글을 읽고 쓸 수 있는 능력을 기를 수 있는 내용을 담고 있다. 그래서 초등 국어과 교육과정을 이수하면 누구나 일상생활 속에서 국어로 자신의 생각을 다른 사람에게 정확하게 전달하고, 다른 사람의 말을 잘 이해할 수 있는 능력을 갖게 된다. 초등 국어과 교육과정은 모든 국민이 자신의 생각을 표현하고, 다른 사람의 생각을 이해할 수 있게 하는 기본적인 국어 능력을 갖출 수 있게 하는 교육 내용을 담고 있다. 이는 모든 국민들이 반드시 초등 국어 교육을 받아야 함을 의미하고, 초등 국어과 교육과정은 이것을 위한 계획임을 의미한다.

초등 국어과 교육과정은 국어에 대한 기초 이해 능력을 기르기 위한 설계이다. 우리는 듣고, 말하고, 읽고, 쓰는 국어 활동을 통하여 살아간다. 사람들은 자신의 국어 활동을 인식하고, 국어 활동에 대한 이해가 필요하다. 국어 활동의 인식과 이해는 국어에 대한 탐구로 국어의 규칙을 발견하는 데서 시작하여 사람들 사이에 존재하는 국어 현상을 알 수 있게 되는 것이다. 국어의 이해는 자기의 말에 대한 관심으로서 이해와 표현을 하는 자신을 알게 되는 것이고, 다른 사람과의 의사소통에 대한 관심으로 국어의 세계에 대하여 알게 되는 것이다. 국어 이해는 언어적 이해와 표현 활동에 대한 앎을 넘어, 자신의 언어적 존재 인식과 언어적 세계를 알게 되는 바탕이다. 초등 국어과 교육에서는 이런 국어 이해를 위한 기초적인 능력을 학생들에게 길러주기 위한 설계인 것이다.

국어과 교육의 특성을 도구 교과라고 한다. 여기서 도구의 의미는 다른 교과를 학습하는 데 필수적으로 갖추어야 하는 능력을 의미한다. 이는 초등 국어 교육에서 더 강조되는 점이다. 인간의 모든 정신적 산물은 말보다는 글로 전달된다. 따라서 학교에서 교과를 통하여 만나게 되는 인간의 정신적 산물들은 글로 되어 있다. 학생이 학교 학습을 하기 위해서는 반드시 글을 읽고, 글로 생각을 표현할 줄 알아야 한다. 글을 읽고 쓰는 것은 단순히 한글을 아는 문제가 아니다. 담화 구조와 관습을 알고, 글로 다른 사람의 생각을 이해하고, 자신의 생각을 글로 표현할 수 있는 국어 기능을 갖추는 일이다. 초등 국어과 교육과정은 이들 학습을 위한 교육 내용을 담고 있기에 중요하다.

초등 국어과 교육은 당연히 초등 국어과 교육과정에 의하여 이루어진다. 초등 국어과 교육과정은 초등학교 국어과에서 무엇을 어떻게 왜 가르치고 배워야 하는지를 규정해 놓고 있다. 처음 국어 학습을 시작하는 학생들이 무엇을 배우고, 어떤 내용 단계를 거쳐서 국어과 학습을 해야 하는지 체계적으로 정리하여 놓고 있다. 교육 내용뿐만 아니라 교수 학습 방법이나 평가 방법에 대한 기본적인 계획을 담고 있다. 교육과정이 없이는 교육을 할 수 없는 것이다. 이는 초등 국어과 교육과정이 규정에 의하여 중요성을 갖는 것이 아니라 그 자체가 국어과 교육의 조건이기에 중요하다는 것이다. 이것은 좋은 국어과 교육은 훌륭한 국어과 교육과정에서 나올 수 있다는 말로 확장할 수 있다.

제 2 장

초등 국어과 교육과정의 변천

현대 교육과정을 1945년 해방 이후로 본다면 그동안 11개의 교육과정이 있었다.[5] 각 교육과정은 그 이전 교육과정의 계승하면서 새로운 교육과점으로 내용을 재구성하는 개정을 거치면서 변화를 이루었다. 교육과정의 개정은 교육 내적인 요인에 의하여 이루어지기도 하지만 사회·정치적인 변화에 따라 이루어지기도 한다. 그동안 교육과정을 개정하게 된 내적 요인으로는 교육관의 변화를 들 수 있다. 우리나라 교육과정에 영향을 준 교육관은 교과 중심 교육관, 경험 중심 교육관, 학문 중심 교육관, 인간 중심 교육관 등을 들 수 있다. 사회·정치적 변화는 해방, 정부수립, 군사정권, 문민정부로의 변화를 들 수 있다. 교육과정은 개정 시기마다 작용하는 관련 요인이 다르기 때문에 교육과정의 형식과 내용에 변화가 큰 경우도 있고 그렇지 못한 경우도 있었다. 우리나라 초등 국어과 교육과정의 변화를 각 교육과정의 특징과 관련지어 살펴본다. 변화가 큰 교육과정은 변화된 내용을 포함하여 설명하고, 그렇지 않은 교육과정은 간략히 설명하도록 한다.[6]

1. 긴급 조치기(1945년)

초등 국어과 교육과정은 우리나라 교육과정의 역사와 궤를 같이한다. 국어과는 교육의 필수 교과이기 때문에 교육과정이 바뀌면 국어과 교육과정이 당연히 함께 바뀌었다. 우리나라는 1945년 해방을

---

[5] 긴급조치기를 포함하면 교육과정이 11개여야 되지만 긴급조치기에는 교육과정 자체를 마련하여 공포하지는 못하였다.

[6] 이 글에서 참고한 교육과정의 내용은 국가교육과정정보센터(NCIC, 홈페이지: www.ncic.re.kr)의 내용을 참조하였다. 본문과 각주에 인용된 자료는 모두 국가교육과정정보센터의 각 교육과정에 나타나 있는 내용이다. 이하 국가교육과정정보센터에서 인용한 자료는 인용 표시를 생략한다.

맞이하면서 미군정의 긴급조치기를 맞게 된다. 이때 구체적인 교육과정을 마련하여 공포하지는 않았지만 교육을 위한 조치가 있었다. 이 교육에 대한 조치는 미군정청에서 한국교육위원회를 조직하고, 이 위원회의 건의를 학무국에서 받아들여 교육에 대한 일반 명령을 내렸다. 이 명령은 '조선인의 조선인을 위한 교육'이라는 신교육 방침으로 교수 용어를 한국어로 할 것과 조선인의 이익에 반하는 내용의 교수를 금하는 내용이었다. 신교육 방침은 1945년 9월 18일에 매일신보에 '신교육방침 각도에 지시'로 발표되었다. 그리고 9월 22일에는 '당면한 교육 방침 결정'을 발표하여 국가의 임시 교육 체제를 확립한다. 긴급조치기는 1945년부터 1946년까지의 기간에 이루어진 교육으로 '국어'의 시수가 6~8시간으로 정해져 발표되었다. 이 발표에서는 공립초등학교를 '국민학교'라 하고[7], 9월 1945년 9월 24일에 개교를 하고, 우리나라의 학령기 아동들을 모집하여 가르쳤다(국가교육과정 정보센터 (NCIC) www.ncic.re.kr 참조).

2. 교수요목기(1946년)

해방 1년 후에 미군정청 학무국에서는 학교 교육의 교육과정에 해당하는 교수요목을 마련하여 공포한다. 각 학교별 교수요목을 1946년 9월에 발표하면서 우리나라 교육의 '교수요목기'가 시작된다. 교수요목기는 1차 교육과정이 발표되기 전인 1954년까지 유지된다. 교수요목기에는 초등학교 각 교과의 교수요목이 제시되고, 교수요목에 의하여 교과 교육이 이루어졌다. 교수요목의 구성 체계는 '(1) 교수 요지 (2) 교수 방침 (3) 교수 사항 (4) 교수의 주의'로 되어 있다. 초등학교 국어과 교수요목의 내용은 우리나라 초등학교 국어과 교육의 기초이기 때문에 전문을 살펴보면 다음과 같다.

〈표 1〉 1946년에 발표된 국어과 교수요목

(1) 교수 요지
국어는 일상생활에 필요한 말과 글을 익혀, 바른 말과 맞는 글을 잘 깨쳐 알게 하고, 또 저의 뜻하는 바를 바르고, 똑똑하게 나타낼 수 있도록 힘을 길러 주고, 아울러, 지혜와 도덕을 북돋우어, 국민된 도리와 책임을 깨닫게 하며, 우리 국민성의 유다른 바탕과 국문학의 오래 쌓아온 길을 밝히어, 국민정신을 담뿍 길러내기에 뜻을 둔다.

---

[7] 이때의 '국민학교'라는 명칭은 1996년 2월 28일까지 사용되었고, 3월 1일부터 '초등학교'라고 하였다. 이 논의에서는 설명의 편의를 위해 본문에서는 '초등학교'를 사용하고, 인용한 자료에서는 자료에 쓰인 대로 '국민학교'를 사용한다.

(2) 교수 방침

(ㄱ)국어와 국문의 짜임과 그 특질을 알게 하여 바른 곬을 찾게 하며, 저의 일어나는 생각과 몸소 겪은 바른 밝고 똑똑하게 자유롭게 나타낼 수 있도록 지도할 것이다.

(ㄴ)국어와 국민성의 관계를 잘 아울리게 들어내어, 국어를 잘 배움으로 우리 국민의 품격을 높일 수 있다는 깨달음을 일으키게 할 것이며, 따라서, 우리 국어를 아끼고 높이며 우리 국어실력을 잘 닦아, 더욱 아름답고 더욱 바르게 만들겠다는 마음을 굳게 가지도록 하여 줄 것이다.

(ㄷ)역사적으로 우리 국문화의 이어 옴과 닦아 옴과 쌓아 놓음을 잘 알리어, 여기에서 기쁨과 고마움을 깨닫게 하고, 앞으로 우리가 이것을 더 닦으며 또 새로 뚫어내어, 우리 국문화를 한층 더 빛나게 하고, 또 나아가 이를 펼쳐서 세계문화에 큰 바침이 되게 하겠다는 굳은 마음을 가지도록 가르칠 것이다.

(3) 교수 사항

국어는 읽기와 말하기와 듣기와 짓기와 쓰기로 나누어 가르친다.

1 읽기

바른 말을 맞는 글로 적어, 이를 읽히며 이를 풀게 하되, 글은 반드시 깨끗하고 시원스럽고 힘차고 올바른 것을 가릴 것이며, 글이 가진 뜻은 국가 관념과 국민 도덕과 지혜를 넓힐 것과 인격을 다듬을 것과 정서를 아름답게 기를 것을 골라서 가르쳐, 민주국가 국민에 맞는 바탕을 길러 내기에 힘쓸 것이다.

2 말하기

아이들에게 말을 시켜 소리를 바르게 내게 하고, 뜻을 똑똑히 하게 하되, 본 없는 말과 버릇없는 말을 고쳐, 표준이 되는 말로 버릇 있게 하게 하되, 소견 좁고 모질고 경망하게 함을 고쳐서, 너그럽고 부드럽고 점잖고 무게 있게 하도록 가르칠 것이다.

3 듣기

남이 말을 들을 때에 차근차근히 정성 있게 듣되, 바로 들으며 그 뜻을 잘 헤아려 깨닫기에 힘쓰도록 할 것이다.

4 짓기

제 속에서 일어나는 생각과 밖에서 겪은 일을 글로 적어 나타내게 하되, 헛됨과 거짓이 없이 참되고 미쁘게 짓도록 힘 쓸 것이다. 글은 아무쪼록 깨끗하고 시원하며 조리가 밝아서 아무나 다 환하게 읽을 수 있고, 그 뜻을 선뜻 알아 낼 수 있도록 쓰게 할 것이다. 때로 남의 글을 가지고 잘된 곳과 그릇된 곳을 잡아내고, 그 뜻 둔 바를 찾아내며, 좋고 언짢음을 비평하게 하여, 글을 볼 줄 앎으로 말미암아, 제가 바로 쓸 길을 얻게 하여 줄 것이다.

5 쓰기

연필이나 철필을 가지고 국문 글씨를 쓰게 하되, 자획의 먼저와 나중을 알게 하며, 글자 모양을 바르고 아름답게 쓰도록 가르칠 것이다.

(4) 교수의 주의

다른 모든 학과목을 가르칠 때에도 늘 말과 글을 바로 가르치기에 뜻을 두며, 글씨 쓰기도 바르고 빠르게 잘 쓰도록 주의 할 것이다.

이 위와 같이, 말과 글을 가르치되, 어느 때에나 우리의 국민성에 비추어, 우리 문화로 나타난 우리의 특징을 알리고, 따라서 우리가 힘쓸 것을 찾게 하여, 우리의 품격을 떨어뜨리지 말고, 나라를 잘 다스려 나아갈 미쁜 마음과 굳센 힘을 기르도록 힘쓸 것이다.

각 학년 교수 시간 배당 표준

사항	학년	1학년	2학년	3학년	4학년	5학년	6학년
1년간 교수 주수		40	40	40	40	40	36
1년간 교수 일수		240	240	240	240	240	216
1년간 교수 시수		360	360	360	360	320	288
1주간 교수 시수		9	9	9	9	8	8
항 목	읽기	240	240	240	240	200	180
	말하기 · 듣기	40	40	40	40	40	36
	짓기	40	40	40	40	40	36
	쓰기	40	40	40	40	40	36

【잡이】 항목의 숫자는 일 년 간의 교수 시수를 보임.

국어과 교수요목은 현재 국어과 교육과정의 기초가 되는 형식적 틀과 내용을 담고 있는 문서이다. 현재의 교육과정에 비하여 범박한 형식과 내용으로 되어 있지만 교육과정으로서의 기초 조건을 갖추고 있다고 할 수 있다. 교육과정의 기초 요소인 교육 목표, 교육 내용, 교육 방법, 유의점을 포함하고 있기 때문이다. 그리고 현재의 국어과 영역에 해당하는 읽기, 말하기, 듣기, 쓰기, 짓기를 구분하여 제시하였고, 각 영역별로 지도해야 할 내용 항목을 제시하고 있다. 또한 '교수 주의'에서는 학년별로 수업 시수를 정하여 놓고 있다. 이 교수요목을 이루고 있는 교육관은 교과중심 교육관과 경험중심 교육관이 함께 작용하고 있다. 이 교수요목을 만들 때가 해방 직후여서 충분한 시간을 들여 교육과정의 체계를 세우지는 못하였지만 초등학교 국어 교과에서 가르칠 내용을 마련하고 문서화하여 제시하였다는 데에 의의가 있다.

3. 제1차 교육과정(1955년)

　제1차 교육과정은 1948년 대한민국의 정부수립과 함께 교육법에 바탕을 두고 개발하려고 하였다. 그러나 계속되는 사회 혼란으로 인하여 마련되지 못하였다(최현섭 외, 2002). 그러다가 6·25 전쟁이 끝난 다음 해인 1954년 4월에 제1차 교육과정의 총론이 발표되었다. 총론에서는 초등학교 각 교과의 시간 배당에 대한 안내와 연간 수업 시수 및 단위 수업 시간을 제시하였다. 그리고 1955년 8월 1일에야 비로소 각 교과 교육과정이 공포될 수 있었다. 제1차 교육과정은 우리 정부가 주도하여 만든 첫 교육과정이다. 제1차 국어과 교육과정은 교수요목에 기반을 둔 교육과정이면서 국어과 교육과정의 기본적인 체계를 보완한 형태를 하고 있다. 초등학교 국어과 교육과정의 구성 체계는 '국어과 목표, 국어 교육의 영역, 학년 지도 목표, 국어과 학습 지도 방법'으로 이루어졌다. 제1차 국어과 교육과정의 목차를 보면 다음과 같다.

〈표 2〉 제1차 초등학교 국어과 교육과정의 구성 체계

　　I. 국민학교 국어과 목표
　　　1. 국민학교 교육의 목표와 국어 교육
　　　2. 국민학교 국어과 목표
　　II. 국민학교 국어 교육의 영역
　　III. 국민학교 각 학년의 지도 목표
　　IV. 국민학교 국어과 학습 지도 방법

　제1차 국어과 교육과정의 목차를 보면 교육과정의 기본적인 구성 체계를 갖추고 있다. 교육과정이 추구하는 국어과 교육 목표가 제시되어 있고, 국어과 교육에서 가르쳐야 할 내용 영역의 범주가 마련되어 있다. 그리고 각 학년별로 학생들에게 가르쳐야 할 내용을 토대로 지도 목표를 제시하였고, 아울러 국어과 교육의 내용을 지도하는 방법을 언급하고 있다. 교육과정의 목차 내용 구성을 보면, 교육과정 구성 필수 요건인 '목표, 내용, 방법'을 포함하고 있어 이후 개정되는 교육과정의 기틀이 됨을 알 수 있다. 교육과정의 세부 내용은 교육과정 개발 당시의 교육관과 교육과정의 이론, 교과 내용 특성, 지도 방법 등을 반영하여 기술하고 있다. 제1차 교육과정의 핵심 인 'III. 국민학교 각 학년의 지도 목표'에 제시되어 있는 내용은 현재 교육과정의 '내용'인 성취기준에 해당하는 내용이다. 각 학년별 읽기의 내용만 살펴보면 다음과 같다.

1학년	2학년
1. 그림을 보고 즐기게 한다. 2. 그림과 물건을 분간할 수 있게 한다. 3. 사람과 사물의 이름을 알게 한다. 4. 책을 보는 방법을 알게 한다. 5. 자기의 경험과 글자를 결부시키게 한다. 6. 간단한 낱말과 문장을 읽을 수 있게 한다. 7. 글자 이외의 여러 가지 부호가 있는 것을 알게 한다.	1. 한글의 음절(音節)을 읽을 수 있게 한다. 2. 간단한 문장을 읽을 수 있게 한다. 3. 혼자서 책을 읽고 즐길 수 있게 한다. 4. 남에게 알아듣도록 소리 내어 읽을 수 있게 한다. 5. 소리 내지 않고 읽을 수 있게 한다. 6. 읽은 내용을 남에게 전달할 수 있게 한다. 7. 읽고 나서 모르는 말을 질문할 수 있게 한다. 8. 글자 이외의 여러 가지 부호를 알게 한다.
3학년	**4학년**
1. 긴 문장을 즐겨 읽을 수 있게 한다. 2. 취미를 위하여 글을 읽고 즐길 수 있다. 3. 지식 및 정보를 얻기 위하여 책을 읽을 수 있게 한다. 4. 소리 내지 않고 빨리 책을 읽을 수 있게 한다. 5. 문장의 경체와 상체를 구별할 수 있게 한다. 6. 문장의 표현을 감상할 수 있게 한다. 7. 읽는 목적을 위하여 책을 선택할 수 있게 한다. 8. 문장의 전후를 살펴서 새로운 말의 뜻을 짐작하게 한다.	1. 여러 가지 문장을 즐겨서 읽는 흥미를 갖게 한다. 2. 문제를 해결하기 위하여 글을 읽고 이용할 수 있게 한다. 3. 효과 있는 표현을 감상할 수 있게 한다. 4. 문장을 분석하여 그 요점을 잡을 수 있게 한다. 5. 한글의 순서에 따라 삭인(索引)과 사전의 낱말을 찾아볼 수 있게 한다. 6. 어린이를 위한 신문과 잡지를 즐겨 읽고 학습 문고를 활용할 수 있게 한다. 7. 좋은 글을 낭독하여 표현을 효과 있게 할 수 있게 한다.
5학년	**6학년**
1. 긴 문장을 정독(精讀)하고 주제(主題)와 표현에 대하여 감상 비평을 하는 습관을 갖게 한다. 2. 정도에 맞는 책과 좋은 책을 가려서 읽는 습관을 갖게 한다. 3. 문장을 정독(精讀)하고 주제(主題)와 표현에 대하여 감상 비평을 하는 습관을 갖게 한다. 4. 문제를 해결하기 위하여 참고서, 지도, 사전 등을 이용할 수 있게 한다. 5. 묵독(默讀)을 빨리 하여 정확히 내용을 이해하는 기능을 갖게 한다. 6. 문장의 내용에 대하여 옳고 그름과 정확한가를 판난하는 습관을 갖게 한다. 7. 과학적인 문장의 논리성(論理性)에 대한 관심을 갖게 한다. 8. 원고를 정리하여 문집과 신문을 편집할 수 있게 한다.	1. 문장의 구조와 문의(文意)를 정확히 이해할 수 있게 한다. 2. 문장의 여러 가지 종류와 그 서술(敍述)의 특징을 알게 한다. 3. 서문과 소개하는 글을 읽고 좋은 책을 선택하는 방법을 알게 한다. 4. 필요에 의하여 독서하는 방법과 그 범위를 한층 더 확대시킨다. 5. 문학에 대하여 흥미를 느끼게 하며 기초적인 감상 능력을 갖게 한다. 6. 일상생활에 필요한 서식을 대략 이해할 수 있다.

위 표의 내용을 보면 교육 목표(내용)가 학년별로 구분되어 제시되어 있고, 영역별로 세분화되어 있다는 것을 알 수 있다. 제1차 국어과 교육과정의 'III. 국민학교 각 학년의 지도 목표'에 제시된 내용 영역은 '말하기', '듣기', '읽기', '쓰기'로 구분되어 있다. 그리고 교육과정의 'II. 국민학교 국어 교육의 영역'의 내용을 보면, 이해와 기능의 형식면에서 '문법(음운, 문자, 어휘, 어법)'과 '문학 감상'을 강조하고 있다. 'II. 국민학교 국어 교육의 영역'의 세부 항목은 ① 언어 경험 요소(음성 언어, 문자언어) ② 언어 경험의 기회 ③ 기술면에서 본 학습 지도 ④ 생활지도로서의 학습 지도 ⑤ 국어과 읽기의 주요한 주제 등이다. 'IV. 국민학교 국어과 학습지도 방법'에서는 국어과 지도에 필요한 전반적인 내용을 범박하게 제시하고 있다. 그러면서 학습 단원의 예시를 제시하여 교수 활동에 도움을 주고자 하였다.

제1차 초등학교 국어과 교육과정은 우리나라 초등학교 국어과 교육과정의 기초를 마련하였다는 데 의의가 있다. 국어 교육학적 논의도 빈약하고, 전문가도 부족한 상황에서 국어과 교육과정의 체계를 확립하고, 교육 목표와 내용을 마련하였다는 점에서 큰 의미를 부여할 만하다. 제1차 국어과 초등학교 교육과정은 교수요목에 비해 학습자의 경험과 생활을 더욱 중시한 측면이 있다.[8] 교육과정에 대한 이론적 배경의 영향도 있고, 우리 국민에게 생활 국어 교육이 절실한 시대적 상황도 있었다. 그래서 국어과 교육의 주요 내용은 '기본언어습관'과 '언어수행기능' 육성에 역점을 두고 이루어졌다 (최현섭 외, 2002: 76). 이 때 확립한 국어과의 영역인 말하기, 듣기, 읽기, 쓰기 영역이 다소 변화는 있었지만 오늘날에도 큰 틀은 유지하고 있다고 할 수 있다.

4. 제2차 교육과정(1963년)

제2차 교육과정은 1963년 2월에 공포되었다. 제2차 교육과정의 개정 중점은 기초학력 충실과 생활 경험 강조 및 방공 · 도덕 생활의 강조에 있었다.[9] 각과의 교육과정의 관점이나 교육 내용은 제1차와 크게 다르지 않다. 초등학교 국어과 교육과정의 구성 체계는 크게 달라지지 않았지만 교육과

---

8 제1차 교육과정에서는 반공교육, 도덕교육, 실업교육, 민주시민교육이 특히 강조되었다(허경철 외, 2009: 28).

9 교육과정의 총론에 나타나 있는 제2차 교육과정 개정의 요점은 다음과 같다. 1. 기초 학력의 충실을 기한다. 2. 교육 과정의 계열을 합리화하여 각 학교 사이에 일관성을 지니도록 한다. 3. 생활 경험을 중심으로 하는 교과 경영을 지향하여 관련성 있는 교과의 종합 지도를 강조한다. 4. 국민 학교와 중학교의 교육 과정의 전체 구조를 교과 활동, 반공 · 도덕생활 및 특별 활동으로 한다. 5. 중학교의 교과는 공통 필수 교과만을 둔다. 6. 고등학교에서는 단위제를 채택함을 원칙으로 한다. 7. 각 급 학교의 관리 교육을 강화한다. 8. 시간 배당 계획의 융통성을 주도록 한다. 9. 교육 과정 내용을 서술하는 형식을 통일한다.

정의 내적 체계가 다듬어졌다. 국어과 교육과정의 구성 체계를 'I. 목표, II. 학년 목표, III. 지도 내용, IV. 지도상의 유의점'으로 하였다. 'I. 목표'의 내용은 교과의 특성을 반영하여 정리하였고, 'II. 학년 목표'에서는 제1차 교육과정의 'III장'의 내용을 중심으로 몇 가지 내용을 가감하여 제시하였다. 'III. 지도 내용' 내용은 제1차 교육과정의 'II장'의 내용을 중심으로 몇 가지 내용을 가감하여 제시하였다. 'IV. 지도상의 유의점'에서는 제1차 교육과정의 'IV장' 내용을 간략화하여 제시하였다. 제2차 초등학교 국어과 교육과정은 제1차 교육과정을 바탕으로 정제되고 정리된 형태를 띠고 있다.

5. 제3차 교육과정(1973년)

제3차 교육과정은 1973년에 공포되었다. 이 시기의 교육과정은 학교급별로 교육과정의 공포 시기가 달랐는데 초등학교 국어과 교육과정은 2월 14일에 공포되었다.[10] 제3차 교육과정의 개정은 학문중심의 교육관이 대두되면서 국가 발전을 위한 교육 방침과 국민의 가치관 확립을 위하여 이루어졌다. 제3차 교육과정 총론에 제시된 교육과정 구성의 '일반 목표'의 내용을 살펴보면 이를 확인할 수 있다. 일반 목표 속의 각 항목의 구성을 보면 '1. 기본 방침'에는 '국민적 자질 함양, 인간 교육의 강화, 지식·기술의 쇄신' 등이 있고, '2. 일반목표'에는 '자아실현, 국가 발전, 민주적 가치의 강조' 등의 항목이 들어 있다. 이들 항목의 내용을 통하여 이 교육과정에서 강조하는 하는 것이 국가발전을 위한 국민의 가치관 확립임을 짐작할 수 있다.

〈표 4〉 제3차 교육과정 총론의 교육과정 구성의 일반 목표

제1. 교육과정 구성의 일반목표
　　1. 기본 방침[11]
　　　　가. 국민적 자질 함양
　　　　　　(1) 민족 주체 의식의 고양
　　　　　　(2) 전통을 바탕으로 한 민족 문화의 창조
　　　　　　(3) 개인의 발전과 국가의 융성과의 조화
　　　　나. 인간 교육의 강화
　　　　　　(1) 가치관 교육의 강화　　　　　　(2) 비인간화 경향의 극복
　　　　　　(3) 근면성과 협동서의 앙양
　　　　다. 지식·기술 교육의 쇄신

---

[10] 중학교 교육과정은 8월 30일, 고등학교 교육과정은 12월 31일에 공포되었다.

초등학교 국어과 교육과정의 구성 체계는 조직과 내용면에서 제2차 교육과정에 비해 간략하고 정제되어 있다. 제3차 교육과정의 구성 체계는 앞의 교육과정과 달라지는 면이 있다. 교육과정의 구성 체계가 '목표—내용—지도상의 유의점'으로 정리되면서 체계를 갖추게 된다. 제3차 이후의 교육과정과 비교하기 위하여 구성 체계를 보면 다음과 같다.

〈표 5〉 제3차 초등학교 국어과 교육과정 구성 체계

I. 목표
    1. 일반 목표   2. 학년 목표
II. 내용
    1. 학년별 내용   2. 제재 선정기준
III. 지도상의 유의점

제3차 국어과 교육과정은 'I. 목표'를 '일반 목표'와 '학년 목표'로 구분하고 있다. 일반 목표는 국어과 전체와 관련된 내용을 제시하였다.[12] 학년 목표는 학년별로 국어과 영역에 해당하는 말하기, 듣기, 읽기, 글짓기, 글씨쓰기의 학습 목표를 제시하고 있다.[13] 'II. 내용'의 특징을 살펴보면 각 학년별

---

11 기본 방침의 도입문을 보면 다음과 같다.
우리는 조국 근대화를 조속히 성취하고 국토를 평화적으로 통일함으로써 민족중흥의 사명을 완수하기 위하여 거족적으로 유신 사업을 추진하여야 할 역사적 시점에 서 있다. 이러한 민족적 대업을 완수하기 위하여 우리는 긍정적으로 사고하고, 능률적으로 행동하며, 국민의 지혜와 역량을 한데 뭉치고, 우리에게 알맞은 민주주의를 확립함으로써 주체적이며 강력한 국력을 배양하는 데 총력을 기울여야 한다. 따라서 이를 선도하고 뒷받침하기 위하여 국가의 교육 이념을 바탕으로 우리나라 교육의 목표와 내용은 부단히 재검토, 개선되어야 한다. 이러한 점에 비추어 교육과정을 구성함에 있어서는 국민 교육 헌장 이념의 구현을 기본 방향으로 삼고 국민적 자질의 함양, 인간 교육의 강화, 지식·기술 교육의 쇄신을 기본 방침으로 하였다.
12 일반목표의 전문을 제시하여 다음과 같다.
㈎ 일상생활에 필요한 국어의 경험을 넓히고 정확하게 이해하며 적절하게 표현하는 기능을 길러서, 언어생활을 원활히 할 수 있게 한다. ㈏ 국어를 통하여 지식을 넓히고 문제를 해결하는 힘을 길러서, 발전하는 사회에 적응하게 하고, 앞길을 개척해 나가는 바탕을 마련하게 한다. ㈐ 국어를 통하여 바르게 사고하고 자주적으로 판단하는 힘과 아름다운 마음씨를 길러서, 건실한 국민으로서 자라게 한다. ㈑ 국어에 대한 관심을 높이어 국어와 국어로 표현된 우리 문화를 사랑하고 나아가 민족 문화 발전에 이바지하려는 마음을 가지게 한다.
13 예를 들어 1학년의 국어의 학년 목표를 보면 다음과 같다. ㈎ 말하기의 기초적 태도를 길러서, 생활 경험을 넓히는

로 영역을 '말하기', '듣기', '읽기', '쓰기'로 구분하고 있다. 이 영역 구분에서 '쓰기'를 '글짓기'와 '글씨쓰기'로 하고 있다. 영역별로 제시된 교육 내용은 '지도 사항'과 '주요 형식'으로 구분되어 있고, 지도 사항은 영역별 기능 요소를 나열하고 있으며, 주요 형식은 담화/글의 형식을 제시하고 있다.[14] 'III. 지도상의 유의점'은 국어의 교육 활동에 초점이 맞추어진 내용으로 정선되어 제시되었다.

제3차 국어과 교육과정은 학문중심 교육관을 수용한 교육과정으로 가치관 교육을 강조하였다. 교육과정의 구성 체계는 '목표, 내용, 지도상의 유의점'으로 체계화되었고, 교육 목표와 내용을 학년별로 구분하여 제시하고 있다. 국어과의 영역을 말하기, 듣기, 읽기, 쓰기로 하였고, 쓰기를 글짓기와 글씨쓰기로 구분함으로써 글씨쓰기를 강조하였다. 그리고 지도상의 유의점을 재정리함으로써 국어과의 교과 특성을 반영한 교수-학습 활동을 강화할 수 있도록 하였다. 제3차 국어과 교육과정의 틀은 4차와 5차 교육과정의 토대가 된다.

6. 제4차 교육과정(1981년)

제4차 국어과 교육과정은 1981년 12월에 공포되었다. 제4차 교육과정은 학문중심 교육 사조가 반영된 교육과정이다.[15] 국어과 교육과정의 구성 체계는 제3차 교육과정을 변형하여 '가. 교과 목표, 나. 학년 목표 및 내용, 다. 지도 및 평가상의 유의점'으로 이루어졌다. '가. 교과 목표'는 국어과

바탕을 마련하게 한다. (내) 듣기의 기초적 태도를 길러서, 생활 경험을 넓히는 바탕을 마련하게 한다. (대) 글을 읽는 방법의 초보를 알아서, 씌어 있는 사실의 대강을 이해하면서 읽을 수 있게 하고, 또 쉬운 읽을거리에 흥미를 가지게 한다. (래) 글짓기에 흥미를 가지게 하고, 간단한 글을 쓸 수 있는 기능을 길러서, 표현하고자 하는 것을 글로 나타낼 수 있게 한다. (매) 글씨쓰기의 기초적 태도를 길러서, 바른 자세로 글씨를 차근차근 쓸 수 있게 한다.

14 예를 들어 1학년의 말하기의 내용을 보면 다음과 같다.
　가. 지도 사항 (1) 여러 사람과 함께 수줍어하지 않고 말하기 (2) 용건을 빠뜨리지 않고 말하기에 힘쓰기 (3) 생활 경험을 간단히 말하기 (4) 차례를 의식하면서 말하기 (5) 유아음 없이 똑똑한 발음으로 말하기 (6) 높임말이 있는 것을 알기 (7) 상대편을 보며 말하기
　나. 주요 형식 (1) 인사, 문답 (2) 전언, 그림 설명 (3) 생활 경험담, 우화, 극

15 총론에 제시된 '교육 목표'의 내용을 보면 다음과 같다.
국민학교 교육은 학습과 일상생활에 필요한 기본 능력을 기르고 바른 생활 태도를 형성하여, 전인적인 성장을 위한 밑바탕을 기르는 데 목적이 있다. 1) 보건과 안전에 대한 기초 지식과 기능을 습득시키고, 건강한 신체를 가지게 한다. 2) 아름다움을 느끼고 가꿀 줄 알며, 이를 창의적으로 표현할 수 있는 기본 능력을 가지게 한다. 3) 일상생활에 필요한 기본적인 언어 능력과 수리적 사고력을 기른다. 4) 자연과 사회의 이해를 위한 초보적인 지식을 가지게 하고, 지적으로 탐구할 수 있는 기본 능력을 가지게 한다. 5) 기초적인 생활 기능과 근검절약하는 태도를 길러, 자립에 필요한 기본적인 자질을 가지게 한다. 6) 일상생활에 필요한 기본적인 예절과 질서를 가지고, 이웃과 나라를 사랑하는 마음씨를 가지게 한다.

언어 사용 기능과 문법, 문학에 관련된 내용을 간략히 제시하였다.[16] '나. 학년 목표 및 내용'은 학년별로 '목표'와 '내용' 항목으로 나누어져 있다. '목표'는 학년별로 말하기, 듣기, 읽기, 쓰기, 문법, 문학 영역으로 구분하여 제시하였다.[17] '내용'은 '가) 표현·이해, 나) 언어, 다) 문학'으로 구분하여 학습할 내용을 제시하였다. 제3차까지의 말하기, 듣기, 읽기, 쓰기의 영역이 '가) 표현·이해'의 하위 항목으로 들어가면서 국어과의 영역이 크게 세 영역, 작게 여섯 영역이 되도록 하였다. '내용'은 학년별로 여섯 개 영역의 내용을 각각 제시하였다. '다. 지도 및 평가상의 유의점'은 '지도'와 '평가'로 구분되어 있다. '지도'에서는 6개 영역을 중심으로 지도에서 강조할 점들을 제시하고 있다. '평가'는 '표현·이해', '언어', '문학' 세 영역 평가에서 중점을 둘 사항을 간략히 제시하였다.[18]

제4차 국어과 교육과정은 언어 기능 신장을 강조한 교육과정으로 학년별 목표와 내용의 연계 체제를 확립하였다. 국어과 영역을 '표현·이해', '언어', '문학'으로 나누면서 이후 교육과정에서의 듣기, 말하기, 읽기, 쓰기, 문법, 문학의 6개 영역 체계의 토대를 마련하였다. 교육과정에 '평가' 항목을 도입하여 이후 교육과정에 국어과 평가에 대한 내용이 체계화될 수 있도록 하였다.

7. 제5차 교육과정(1987년)

제5차 교육과정은 1987년 6월에 공포되었다. 제5차 교육과정은 인간중심 교육관을 바탕으로 학생 중심 교육관을 강화하였다. 초등학교 국어과 교육과정의 외형적 구성 체계는 제4차 교육과정과 동일하다. 교육과정의 내적 내용 구성은 인지 연구에 토대를 둔 과정 중심의 언어 사용 기능을 강조하는 국어 교육관이 도입되면서 정련화되었다. 학년별 내용 체계가 '말하기, 듣기, 읽기, 쓰기, 언어, 문학'의 6개 영역으로 구분되고, 영역별로 교육 내용이 제시되었다. 이에 따라 초등학교 국어 교과서가

---

16 '교과 목표'의 내용을 보면 다음과 같다.
일상의 국어 생활을 바르게 하고, 국어를 소중히 여기게 한다. 1) 말과 글을 통하여 생각과 느낌을 바르게 표현하고 이해하며, 논리적인 사고력을 기르게 한다. 2) 국어에 관한 초보적인 이해를 가지게 한다. 3) 상상의 세계를 표현한 글을 즐겨 읽고, 아름다운 정서를 기르게 한다.

17 1학년의 '목표'를 예시로 보면 다음과 같다.
가) 똑똑한 목소리로 활발하게 말하게 한다. 나) 말의 내용에 유의하며, 조용히 듣게 한다. 다) 내용의 대강을 이해하고, 글 읽기에 흥미를 가지게 한다. 라) 한글을 바르게 쓰며, 짧은 글을 짓게 한다. 마) 한글의 짜임을 알게 한다. 바) 단순한 이야기와 짧은 노래 말을 즐기게 한다.

18 '평가'에 제시된 내용은 다음과 같다. 가) '표현·이해'의 평가는 말하기, 듣기, 읽기, 쓰기를 고루 평가하되, 작문은 평가 기준을 미리 제시하도록 한다. 나) '언어'의 평가는 언어 지식을 적용할 수 있는 능력을 중심으로 하여 평가한다. 다) '문학'은 작품의 이해와 감상을 중심으로 평가한다.

기존의 '국어'에서 '말하기 · 듣기', '읽기', '쓰기'로 분책되는 변화를 이루었다.

제5차 초등학교 국어과 교육과정은 문서로 된 자료에 따르면 교육적 변화가 크지 않다. 교육과정의 외형적 체계가 제4차와 큰 차이가 없기 때문이다. 그렇지만 개정 배경이나 교육의 지향점은 큰 변화가 있었으며 이후 교육과정에도 많은 영향을 주었다. 제5차 교육과정의 배경은 학문중심 교육관에서 인간중심 교육관으로 변화를 하면서 인지심리학에 바탕을 둔 학생 중심, 과정 중심, 기능 중심의 국어과 교육이 자리를 잡도록 하였다. 그러면서 스키마, 배경지식, 문식성, 과정 중심학습, 학습 주체와 같은 새로운 교육적 용어와 개념 등이 도입되고, 교과서의 구성이 달라졌다. 이러한 변화는 국어과 교수—학습 활동을 교사 설명 중심에서 학생 활동 중심으로 바뀌는 계기를 마련하였다.

8. 제6차 교육과정(1992년)

제6차 초등학교 국어과 교육과정은 1992년 9월에 공포되었다. 제6차 교육과정은 제5차 교육과정의 인간중심 교육관을 계승하고 이를 정련화하여 실현하였다고 할 수 있다. 초등학교 국어과 교육과정의 구성 체계는 새롭게 짜여 지고 내용 구성에서도 기능 중심 교육관을 구체적으로 담아내려고 하였다. 교육과정의 변화된 구성 체계를 보면 다음과 같다.

〈표 6〉 제6차 국어과 교육과정의 구성 체계

1. 성격
2. 목표
3. 내용 　가. 내용 체계　나. 학년별 내용
4. 방법
5. 평가

제6차 교육과정의 외적 구성 체계는 5개 항목으로 나누어지고, '성격' 항목이 새롭게 도입되었다. 성격은 교육과정의 특징과 지향이 무엇인지를 밝히는 내용으로 '목표'를 제시하는 근거가 될 수 있는 내용을 담고 있다. '3. 내용' 항목에서 '가. 내용 체계'도 새롭게 도입되었다. 내용 체계는 학년별로 제시되는 세부 교육 내용을 범주화하여 정리한 표이다. 내용 범주는 아래 〈표 7〉과 같이 언어 사용 영역은 '본질', '원리', '실제'로 구분하였고, 문법은 '본질', '원리', '사용'으로, 문학은 '본질', '원리', '감상의 실제'로 구분하였다. '본질' 영역은 언어 사용에 필요한 개념적 지식의 내용 범주이며, '원리'

영역은 언어 사용에 필요한 기능의 내용 범주이다. '실제'는 언어 사용의 목적을 네 가지로 구분한 범주이다. '나. 학년별 내용'은 '본질'과 '원리와 실제'로 구하여 성취해야 할 학습 요소를 제시하였다.[19] '4. 방법' 항에서는 국어과 교수 학습 계획, 교수 학습 활동, 영역별 활동, 교과서 편제 등에 대한 내용을 제시하였다. '5. 평가'에서는 평가에서 중점을 두어야 할 점과 평가 방안에 대한 내용을 제시하였다.

〈표 7〉 제6차 초등학교 국어과 교육과정의 내용 체계

영역	내 용		
말하기	1. 말하기의 본질 　1) 말하기의 중요성 　2) 말하기의 기본 과정 　3) 말하기의 기본적 상황	2. 말하기의 원리 　1) 내용 선정의 기본 원리 　2) 내용 조직의 기본 원리 　3) 표현 및 전달의 기본 원리	3. 말하기의 실제 　1) 정보 전달을 위한 말하기 　2) 설득을 위한 말하기 　3) 친교 및 정서 표현을 위한 말하기 　4) 일상적인 말하기의 태도 및 습관
듣 기	1. 듣기의 본질 　1) 듣기의 중요성 　2) 듣기의 기본 과정 　3) 듣기의 기본적 상황	2. 듣기의 원리 　1) 청각적 식별의 기본 원리 　2) 정보 확인의 기본 원리 　3) 내용 이해의 기본 원리 　4) 평가 및 감상의 기본 원리	3. 듣기의 실제 　1) 정보를 전달하는 말 듣기 　2) 설득하는 말 듣기 　3) 친교 및 정서 표현의 말 듣기 　4) 일상적인 듣기의 태도 및 습관
읽 기	1. 읽기의 본질 　1) 읽기의 중요성 　2) 읽기의 기본 과정 　3) 읽기의 기본적 상황	2. 읽기의 원리 　1) 표기 해독의 기본 원리 　2) 단어 이해의 기본 원리 　3) 내용 이해의 기본 원리 　4) 평가 및 감상의 기본 원리	3. 읽기의 실제 　1) 정보를 전달하는 글 읽기 　2) 설득하는 글 읽기 　3) 친교 및 정서 표현의 글 읽기 　4) 기초적 읽기의 태도 및 습관
쓰 기	1. 쓰기의 본질 　1) 쓰기의 중요성 　2) 쓰기의 기본 과정 　3) 쓰기의 기본적 상황	2. 쓰기의 원리 　1) 글씨쓰기의 기본 원리 　2) 내용 선정의 기본 원리 　3) 내용 조직의 기본 원리 　4) 표현 및 전달의 기본 원리	3. 쓰기의 실제 　1) 정보 전달을 위한 글 쓰기 　2) 설득을 위한 글쓰기 　3) 친교 및 정서 표현을 위한 글 쓰기 　4) 기초적인 글 쓰기의 태도 및 습관

---

19 1학년의 말하기 영역의 학년별 내용을 예시로 제시하면 다음과 같다.
　〈말하기의 본질〉
　⑴ 생각이나 느낌을 말, 표정, 몸짓으로 나타내어 보고, 말이 가장 중요한 의사 전달의 수단임을 안다.
　〈말하기의 원리와 실제〉
　⑵ 겪은 일을 일의 차례에 맞게 이야기한다. ⑶ 한 일의 내용을 바른 문장으로 말한다. ⑷ 대상과 상황에 맞게 인사말을 한다. ⑸ 동화나 동시를 듣고, 느낌을 알맞은 낱말을 사용하여 말한다. ⑹ 똑똑한 목소리로 말을 주고받는다. ⑺ 여러 사람 앞에서 자연스러운 자세로 말하는 태도를 가진다.

영역	내 용		
언 어	1. 언어의 본질 1) 언어의 중요성 2) 언어와 국어	2. 국어의 이해 1) 자음과 모음 2) 낱말의 짜임 3) 문장의 짜임	3. 국어의 사용 1) 표준어와 표준 발음 2) 맞춤법 3) 낱말과 문장을 바르게 사용하는 태도 및 습관
문 학	1. 문학의 본질 1) 문학의 중요성 2) 문학의 기능	2. 문학 작품의 이해 1) 작품과의 친화 2) 작품의 구성 요소 3) 작품의 미적 구조 4) 작품 세계의 이해	3. 문학 작품 감상의 실제 1) 동화 및 이야기(소설) 감상 2) 동시(시) 감상 3) 극본(희곡) 감상 4) 문학 작품을 바르게 이해하고 감상하는 태도

제6차 초등학교 국어과 교육과정은 인간중심 교육관에 기초하였고, 인지심리학의 연구 성과에 기댄 언어 사용 능력의 향상을 강조하였다. 언어 사용 능력은 국어 활동이 인지적 사고력을 기반으로 이루어진다는 전제에서 인지적 문제해결의 도구가 되는 '기능'의 습득과 활용 능력이다. 언어 사용 능력은 인지적 국어 문제를 해결하기 위한 기능을 익힘으로써 향상된다고 보았다. 그래서 국어과 교육과정에서는 학생의 국어 문제 해결 능력을 높이기 위한 기능을 핵심 내용으로 제시하였다. 국어과 교육 주요 내용인 기능은 제6차와 제7차 교육과정에서 '원리'라고 명명하였고, 2007년과 2009 개정 교육과정에서는 '기능'이라는 용어를 사용하였다. 제6차 교육과정의 구성 체계는 이전 교육과정을 토대로 발전된 형태를 갖추었고, 이후 개정 교육과정의 구성 체계는 6차 교육과정을 바탕으로 이루어졌다.

9. 제7차 교육과정(1997년)

제7차 초등학교 국어과 교육과정은 1997년 12월에 공포되었다. 제7차 교육과정은 제6차 교육과정을 토대로 지역, 학교, 개인의 수준을 강조한 학생 중심, 과정 중심을 강조하였다.[20] 제7차 교육과정의 가장 큰 특징은 국민공통기본교육과정 체계와 수준별 교육과정이라 할 수 있다. 국민공통기본교육과

---

20 총론에서 제시한 '교육과정의 성격' 내용을 제시하면 다음과 같다.
　가. 국가 수준의 공통성과 지역, 학교, 개인 수준의 다양성을 동시에 추구하는 교육 과정이다.
　나. 학습자의 자율성과 창의성을 신장하기 위한 학생 중심의 교육 과정이다.
　다. 교육청과 학교, 교원·학생·학부모가 함께 실현해 가는 교육 과정이다.
　라. 학교 교육 체제를 교육 과정 중심으로 개선하기 위한 교육 과정이다.
　마. 교육의 과정과 결과의 질적 수준을 유지, 관리하기 위한 교육 과정이다.

정은 초등학교 1학년부터 고등학교 1학년까지 10학년의 국어과 교육과정의 구성 체계를 하나로 단일화한 것이다. 그리고 수준별 교육과정의 내용을 학생의 수준을 고려하여 구성하였다. 교육과정의 구성 체계는 제6차 교육과정과 동일하다. 교육과정의 '1. 성격'에서는 창의적 국어 사용 능력과 태도 및 실제를 강조하였다. '2. 목표'의 내용은 언어활동, 언어, 문학의 능력과 태도를 기르는 것을 중심으로 기술하였다. '3, 내용'은 '가. 내용 체계'와 '나. 내용' 항목으로 구성되어 있다. '가. 내용 체계'는 성격에서 강조한 '태도'를 넣고, 실제를 아래로 내려 배치함으로써 '실제'를 바탕으로 '본질', '원리', '태도'의 교육 내용을 체계화하였음을 강조하였다.

〈표 8〉 제7차 국어과 교육과정의 내용 체계

본질	원리	태도
실제		

'나. 내용'은 학년별로 내용과 수준별 학습 활동의 예를 제시하고 있다. 이는 하나의 내용에 대하여 '기초', '기본', '심화'의 구조를 갖도록 한 것이다. 기초는 이전 학년에서 학습한 것이고, 기본은 해당 학년에서 익혀야 하는 것이고, 심화는 기본 내용을 심도 있게 학습할 내용이다. 이는 학생의 국어 능력 수준에 따라 교육을 한다는 생각을 반영한 것이다. 그리고 국어의 내용 영역을 듣기, 말하기, 읽기, 쓰기, 국어지식, 문학으로 재배열하였다. 듣기 영역의 순서를 말하기 영역 앞으로 옮긴 것은 개인의 국어 경험과 학습을 고려한 것이며, '언어'를 '국어지식'으로 바꾼 것은 영역의 성격을 구체화하기 위한 것이다. 즉, 7차 국어교육과정 영역은 듣기, 말하기, 읽기, 쓰기, 국어지식, 문학의 6대 영역으로 구성되었다.

〈표 9〉 제7차 초등학교 국어과 교육과정의 1학년 듣기 영역 '내용'

내 용	수준별 학습 활동의 예
(1) 듣기가 인간의 삶에서 필요함을 안다.	【기본】 · 귀를 막고 상대의 표정이나 몸짓만으로 의미를 추측한다. · 상대가 지시한 대로 따라 해 본다. 【심화】 · 주의를 기울여 들었던 경험을 이야기하여 보고, 듣기의 필요성에 대하여 이야기한다.

내 용	수준별 학습 활동의 예
(2) 서로 다른 말소리를 식별한다.	【기본】 · 자음이나 모음이 바뀜으로써 뜻이 달라지는 말을 찾아본다. · 낱말을 듣고, 그 낱말에 해당하는 그림이나 사물을 찾아본다. 【심화】 · 식별이 쉽지 않은 발음에 주의를 기울여 듣는다.
(3) 말의 재미를 느끼며 듣는다.	【기본】 · 동시를 듣고, 재미있는 말을 찾아 발표한다. 그리고 그 이유도 함께 말한다. 【심화】 · 재미있는 말이 들어 있는 동시를 찾아 친구들에게 들려준다.
(4) 즐겨 듣는 습관을 지닌다.	【기본】 · 말놀이, 유머, 수수께끼 등을 즐겨 듣는다. 【심화】 · 동시나 동화 구연을 즐겨 듣는다.

교육과정의 '4. 방법'은 '가. 교수 학습 계획', '나. 교수 학습 방법', '다. 교수 학습 자료'를 체계화하여 내용을 제시하였다. '5. 평가'는 '가. 평가 계획', '나. 평가 목표와 내용', '다. 평가 방법', '라. 평가 결과의 활용'으로 구조화된 체계로 제시하였다.

제7차 초등학교 국어과 교육과정은 '수준별 교육'을 강조한 교육과정이다. 성격, 목표, 내용, 방법, 평가가 수준별 교육을 가능하도록 제시되었다. 특히 학년별 내용에서 수준별 학습 내용을 구체적으로 제시하였다.

10. 2007 개정 교육과정(2007년)

2007년 개정 교육과정은 2007년 12월에 고시되었다. 이 교육과정은 7차의 교육관과 국민공통기본 교육과정의 체계를 그대로 유지하였다. 초등학교 국어과 교육과정에서는 '창의성'과 '실제'를 강조하였다. 교육과정의 구성 체계는 제7차와 같다. 다만 '4. 방법'의 명칭이 '4. 교수 학습 방법'으로 바뀌었다. 교육과정의 내용 구성은 부분석으로 변화를 주었다. 부분적인 변화를 살펴보면 먼저, 교육과정의 '3, 내용'의 '가. 내용 체계'에서 '맥락'을 도입하고, '실제'의 위치를 위로 올렸다. 그리고 '매체'를 강조하였다. 2007년 국어과 교육과정의 내용 체계를 보면 아래 〈표 10〉과 같다. 이러한 구성 체계는 국어과의 교육이 맥락을 토대로 지식과 기능의 내용을 선정하였고, 맥락을 고려하여 지식과 기능의 학습이 국어의 실제를 지향한다는 의미를 가진다.

〈표 10〉 2007년 국어과 교육과정의 듣기 영역 내용 체계

실제	
- 정보를 전달하는 말 듣기 - 사회적 상호 작용의 말 듣기	- 설득하는 말 듣기 - 정서 표현의 말 듣기

지식	기능
· 소통의 본질 · 담화 특성 · 매체 특성	· 내용 확인 · 추론 · 평가와 감상

맥락	
· 상황 맥락 · 사회 · 문화적 맥락	

'3. 내용'의 '나. 학년별 내용'의 영역별 내용은 '담화/글/자료/작품의 수준과 범위'를 제시하고, '성취기준'과 '내용 요소의 예'를 제시하였다. '담화/글/자료/작품의 수준과 범위'는 학년별로 교수 학습 활동에 활용할 수 있는 텍스트의 수준과 범위를 제시한 것이며, '성취기준'은 예전 교육과정의 '내용'을 대치한 것으로 학생들이 학습을 통하여 꼭 성취해야 할 기준을 정하여 제시한 것이다. 그리고 '내용 요소의 예'는 성취기준을 성취하기 위하여 학생들이 학습해야 할 내용의 구체적인 예를 제시한 것이다. 아울러 국어 영역의 명칭 중 '국어지식'은 '문법'으로 바뀌었다. 즉 2007 개정 국어교육과정 영역은 듣기, 말하기, 읽기, 쓰기, 문법, 문학의 6대 영역으로 구성되었다. 그리고 1학년의 듣기 영역의 내용을 보면 다음과 같다.

〈표 11〉 2007년 국어과 교육과정 듣기 영역의 내용

〈담화의 수준과 범위〉	
- 일상생활에서 들을 수 있고 어린이가 흉내 낼 수 있는 여러 가지 소리 - 어린이의 일상생활을 소재로 한 짧은 이야기 - 운율이 두드러지게 나타나는 시나 노래 - 인물의 행동이나 모습이 뚜렷하게 나타나는 의인화된 동물 이야기, 위인전, 옛날이야기	
성취 기준	**내용 요소의 예**
(1) 여러 가지 소리를 구별하여 듣고 흉내 낸다.	· 소리 표현 인식하기 · 소리 흉내 내기 · 즐겁게 참여하기

⑵ 다른 사람의 말을 자연스러운 자세로 듣는다.	· 듣기·자세의 중요성 이해하기 · 몸가짐을 바로하면서 집중하기 · 적절한 반응 보이기
⑶ 말의 재미를 느끼면서 시, 노래를 듣는다.	· 재미있는 말 찾기 · 소리의 운율 느끼기 · 운율을 살려 시, 노래 따라 하기
⑷ 인물의 모습을 상상하면서 이야기를 듣는다.	· 이야기에 나오는 인물 파악하기 · 이야기에 나오는 인물의 모습 상상하기 · 상상한 모습을 그림으로 표현하기

'4.교수 학습 방법'은 '가. 교수 학습 계획'과 '나. 교수 학습 운용'으로 내용을 구분하여 제시하였고, '5.평가'는 제7차와 교육과정과 같은 구성으로 내용이 제시되었다.

2007년 개정 초등학교 국어과 교육과정은 제7차 국민공통기본교육과정의 틀을 유지하면서, 창의적인 국어능력 향상을 교육 목표로 실제와 맥락을 강조하였다. 학년별 내용에서는 '텍스트의 수준과 범위'를 새롭게 제시하였고, 내용으로 '성취기준'이라는 용어와 '내용 요소의 예'를 제시하여 학생이 학습해야 할 내용을 구체화하였다. 성취기준은 실제에 제시된 언어 사용 목적을 고려하여 마련하였고, 성취기준이 포함하고 있는 지식, 기능, 맥락의 내용 요소를 제시하였다.

11. 2009 개정 교육과정(2011년)

2009 초등학교 국어과 교육과정은 2011년 8월에 공포되었다. 2009 개정 교육과정은 국민공통교육과정을 중학교 3학년까지로 축소하고, 학년군별로 교육 내용을 체계화하였다. 초등학교의 학년군은 1~2학년, 3~4학년, 5~6학년의 3개 군으로 나뉘었다. 초등학교 국어과 교육과정의 구성은 학년별로 제시되었던 성취기준이 학년군별로 제시되는 변화를 이루었다.

또한 영역별 내용 체계를 바탕으로 학년군별 세부 내용을 제시하였다. 세부 내용은 학년군 성취 기순, 영역별 성취 기순, 내용 성취 기순의 순으로 제시하였다. 학년군별로 학년군 성취 기준을 제시하였고, 이를 바탕으로 각 영역별 성취 기준을 제시하였으며, 영역별 성취 기준을 다시 구체화하여 내용 성취 기준을 제시하였다.

〈표 12〉 2009 초등학교 '국어' 교육과정의 구성 체계

1. 추구하는 인간상
2. 학교급별 교육 목표
   가. 초등학교 교육 목표
   나. 중학교 교육 목표
3. 목표
4. 내용의 영역과 기준
   가. 내용 체계
   나. 학년군별 세부 내용
5. 교수 학습 방법
   가. 교수 학습 계획
   나. 교수 학습 운용
6. 평가
   가. 평가 계획
   나. 평가 운용
   다. 평가 결과 활용

2009 개정 국어교육과정 교육 내용은 듣기 영역과 말하기 영역을 통합하여 듣기·말하기 영역으로 설정하였다. 듣기 영역과 말하기 영역 모두 음성 언어라는 점, 언어 사용 시 상호작용성과 동시성을 갖고 있다는 점을 고려하여 통합하였다. 즉, 듣기·말하기 영역, 읽기 영역, 쓰기 영역, 문법 영역, 문학 영역의 5대 영역으로 구성되었다. 그리고 2007 개정 교육과정과 마찬가지로 담화와 글의 수용과 생산을 강조하여 '실제'를 상위 범주(1차 조직자)로 설정하고 '지식', '기능', '태도'를 실제 범주에 종속되는 하위 범주(2차 조직자)로 설정하였다. 2007 국어교육과정에서는 실제의 언어사용 목적으로 '정보전달', '설득', '사회적 상호 작용', '정서 표현' 4개를 설정하였는데, 2009 국어교육과정에서는 '정보전달', '설득', '친교 및 정서표현'으로 설정하였다.

〈표 13〉 듣기·말하기 내용 체계

실제

·다양한 목적의 듣기·말하기
  - 정보를 전달하는 말
  - 설득하는 말
  - 친교 및 정서 표현의 말
·듣기·말하기와 매체

지식	기능	태도
·듣기·말하기의 본질과 특성 ·듣기·말하기의 유형 ·듣기·말하기와 맥락	·상황 이해와 내용 구성 ·표현과 전달 ·추론과 평가 ·상호 작용과 관계 형성 ·듣기·말하기 과정의 점검과 조정	·가치와 중요성 ·동기와 흥미 ·공감과 배려 ·듣기·말하기의 윤리

내용 성취 기준에는 성취 기준 설정 의도, 핵심 개념 설명, 학습 초점 안내, 지도상 유의점 등을 포함하는 해설이 제시되어 있어 교사들이 성취 기준을 명확히 이해하고 실행할 수 있도록 하였다. 한편 내용 성취 기준 도달에 활용할 수 있는 '국어 자료의 예'를 '담화', '글', '문학 작품'으로 나누어 제시함으로써 교사들이 자료의 수준과 범위를 이해하고 성취 기준 도달과 학습자 수준에 적절한 자료를 선택하고 구안할 수 있도록 하였다. 이 교육과정 기에서는 '국어 자료의 예'를 영역별로 제시하지 않고 학년군 내용성취기준을 제시하고나서 영역별 국어 자료의 예를 하나로 묶어 제시한 점이 특징이다. 1~2학년군 듣기·말하기 영역의 내용을 보면 다음과 같다.

[1~2학년군]

[학년군 성취 기준]

일상생활과 학습에 필요한 초보적 국어 능력을 갖춘다. 자신의 경험을 바탕으로 국어 생활에 즐겁게 참여하며 국어 생활에 대한 관심을 자기 주변에서 찾는다. 대화와 발표 상황에 바른 자세로 즐겁게 참여하고, 글을 정확하게 소리 내어 읽으며, 자기의 주변에서 보고 느낀 것을 글로 쓴다. 기초 어휘를 익히면서 국어에 대해 관심을 가지고, 문학이 주는 즐거움을 경험한다.

－ 듣기·말하기 －

[영역 성취 기준]

일상생활이나 학습 상황에서 바르고 적극적인 자세로 귀 기울여 듣고 말하며, 고운 말, 바른말을 사용하려는 태도를 지닌다.

[내용 성취 기준]

⑴ 다른 사람의 말이나 이야기를 귀 기울여 들으며 내용을 확인한다.
⑵ 듣는이를 고려하며 자신의 기분이나 느낌을 말로 표현한다.
⑶ 듣는이를 바라보며 자신 있게 말한다.
⑷ 일이 일어난 차례를 생각하며 듣고 말한다.

(5) 상황과 상대에 알맞은 인사말을 알고, 공손하고 바른 태도로 인사를 나눈다.

(6) 여러 가지 말놀이에 즐겨 참여한다.

(7) 상대에 적절하게 반응하며 대화를 나눈다.

(8) 고운 말, 바른말을 사용하는 태도를 지닌다.

– 국어 자료의 예(1~2학년군) –

1~2학년군

(담화)
- 일상생활을 소재로 한 간단하면서도 재미있는 이야기
- 일상에서 자신의 감정을 표현하는 간단한 대화
- 자신이나 가족, 친구 등을 소개하는 말
- 사건의 순서가 분명하게 드러나는 이야기
- 가정이나 학교에서 주고받는 인사말
- 말의 재미를 느낄 수 있는 말놀이 자료

(글)
- 우리말 자음과 모음의 짜임을 다양하게 보여 주는 낱말
- 친숙하고 쉬운 낱말과 문장, 짧은 글
- 흔히 접하는 일이나 사물에 관한 정보를 담은 글
- 대상의 특징이 드러나는 짧은 글
- 주변에서 일어난 일에 대한 자신의 생각을 중심으로 쓴 글
- 일상생활의 경험을 담은 짧은 글이나 그림책
- 인상 깊었던 일이나 겪은 일 등이 나타난 그림일기, 일기

(문학 작품)
- 창의적 발상이나 재미있는 표현이 담긴 동시나 노래
- 환상적인 세계를 배경으로 하는 (옛)이야기나 동화
- 의인화된 사물 혹은 동·식물이나 영웅이 나오는 이야기
- 학생의 일상을 배경으로 하는 동시나 동화
- 상상력이 돋보이는 만화나 애니메이션

교수 학습 방법은 '가. 교수 학습 계획', '나. 교수 학습 운용'으로 나누어 기술하였다. 교수학습 계획과 운용에서 교사는 의미 있는 국어 학습 경험을 통해 창의적인 국어 능력이 향상되도록 하고, 개인차를 해소하도록 하고, 영역 간 통합, 영역 내 통합을 고려하여 계획하고 운용할 것을 강조하였다. 그리고 평가에서는 평가 계획, 평가 운용, 평가결과 활용 항을 마련하여 평가 목적에 부합하는 다양한 평가와 다양한 주체에의 결과 보고 등을 강조하였다.

2015 개정 국어과 교육과정의 특징

국어과 교육과정은 국어과 교육을 계획하고 실행하고 평가하는 데 길잡이 역할을 한다. 국어과 교육과정은 국어과 교육의 목표, 내용, 교수 학습 방법, 평가에 관한 내용을 포함하고 있다. 이러한 내용들은 시대 변화에 따른 국어 교육 안팎의 다양한 요구를 반영하면서 개정이 이루어진다. 2015 개정 국어과 교육과정도 대내외적 환경 변화에 따른 요구를 반영하여 고시되었다.

1. 2015 개정 국어과 교육과정의 개정 특징

2015 개정 국어과 교육과정의 개정 특징을 6가지로 제시할 수 있다. ① 국어과 교육과정 구성 체제 변화 ② 내용 체계표의 상세화 ③ 국어 교과 역량 강조 ④ 유치원 누리과정과의 연계와 한글교육 강화 ⑤ '한 학기 한 권 읽기' 강조 ⑥ '체험중심의 연극교육' 강화

가. 국어과 교육과정 구성 체제 변화

2015 개정 교육과정은 이전 교육과정보다 명료하게 구성되었다. 이전 교육과정에 제시되었던 '추구하는 인간상', '학교급별 교육 목표'는 제외되고 '성격'항이 신설되었다. '성격'항에서는 국어 교과 교육의 특성과 국어과 교육의 필요성 및 역할을 기술하였다. 즉 국어과는 국어를 정확하고 효과적으로 사용하는 데 필요한 능력과 태도를 기르고 국어 발전과 국어 문화 창달에 이바지하려는 뜻을 세우며 바람직한 인성과 공동체 의식을 함양하는 과목으로서의 그 역할을 설명하였다.

<표 1> 2015 개정 국어교육과정 구성 체제

1. 성격 2. 목표 3. 내용 체계 및 성취기준 4. 교수 학습 및 평가의 방향

나. 내용 체계표의 상세화

2015 개정 교육과정에서는 교과 공통적으로 내용 체계표를 통일하였다. 국어과 교육과정에서는 국어과 교육의 하위 영역별(듣기 · 말하기, 읽기, 쓰기, 문법, 문학)로 내용 체계표를 구성하였다.

<표 2> 내용 체계 및 성취기준

핵심 개념	일반화된 지식	학년(군)별 내용 요소					기능
		초등학교			중학교 1~3학년	고등학교 1학년	
		1~2학년	3~4학년	5~6학년			

먼저 '핵심 개념'은 국어 교과의 기초 개념이나 원리를 말한다. 국어과는 문자언어와 음성 언어, 매체언어를 다루는 교과이므로 다양한 유형의 담화 구성 요소, 담화의 본질을 파악하고 담화를 사용하는 태도를 핵심 개념으로 보았다.

다음으로 '일반화된 지식'은 학생들이 해당 영역에서 알아야 할 보편적인 지식을 말한다. 따라서 일반화된 지식에는 언어 기능 및 문법, 문학에 관한 지식, 언어 사용 목적, 담화 구성 요소, 태도 등을 포함시켰다.

2015 개정 국어과 교육과정 내용 체계표는 학년(군)에서 필수적으로 배워야 하는 학습 내용을 학습 요소로 제시하여 학년별 학습 내용의 위계를 쉽게 파악할 수 있도록 하였다. 특히 '핵심 개념'을 중심으로 가르쳐야 할 핵심 내용을 파악하기 쉽도록 '학년(군)별 내용 요소'로 제시하였다. 이러한 학년군별 내용 요소는 이전 학년에서 배운 내용과 다음 학년에서 배울 내용을 체계적으로 보여주므로 해당 항목을 중심으로 통합 수업을 계획하는데 참고할 수 있다.

'기능'은 수업 후 학생들이 할 수 있기를 기대하는 능력으로 국어과 고유의 탐구과정 및 사고 기능을 말한다.

다. 국어 교과 역량 강조

국어 교과 역량은 2015 개정 국어교육과정에서 '성격'항에 제시되어 있다. 미래 사회의 창의융합 인재 양성에 기여하는 국어 교과역량으로 6개 국어 교과 역량을 제시하였다. 이것은 총론에서 제시한 핵심 역량을 기반으로 하여 국어 교과에 적합하게 수정한 것이다. 국어 교과 역량과 주요 의미는 〈표 3〉과 같다.

〈표 3〉 2015 개정 국어과 교육과정의 교과 역량과 의미

국어 교과 역량	의미
비판적 · 창의적 사고 역량	다양한 상황이나 자료, 담화, 글을 주체적인 관점에서 해석하고 평가하여 새롭고 독창적인 의미를 부여하거나 만드는 능력
자료 · 정보 활용 역량	필요한 자료나 정보를 수집, 분석, 평가하고 이를 효과적으로 활용하여 의사를 결정하거나 문제를 해결하는 능력
의사소통 역량	음성 언어, 문자 언어, 기호와 매체 등을 활용하여 생각과 느낌, 경험을 표현하거나 이해하면서 의미를 구성하고 자아와 타인, 세계의 관계를 점검 · 조정하는 능력
공동체 · 대인 관계 역량	공동체의 가치와 공동체 구성원의 다양성을 존중하고 상호 협력하여 관계를 맺고 갈등을 조정하는 능력
문화 향유 역량	국어로 형성 · 계승되는 다양한 문화를 이해하고 그 아름다움과 가치를 내면화하여 수준 높은 문화를 향유 · 생산하는 능력
자기 성찰 · 계발 역량	삶의 가치와 의미를 끊임없이 반성하고 탐색하며 변화하는 사회에서 필요한 재능과 자질을 계발하고 관리하는 능력

라. 유치원 누리과정과의 연계와 한글교육 강화

2015 개정 국어과 교육과정은 유치원에서 이루어지는 누리교육과정과의 연계를 강화하였다. 누리과정에서 배운 내용과 초등학교 1~2학년군에서 배우는 내용의 간극을 줄이고, 입문기 문자 교육 내용을 강화한 것이나. 새 교육과정에서는 '한글 자모를 정확하게 알거나 글자의 짜임이나 구성 관계를 이해하는' 기초문식성 교육 내용을 정선하였다.

또한 교수 학습 및 평가 유의사항에서도 받침이 없는 낱말이나 글자 수가 적은 낱말로부터 시작하여 점차 그 범위를 확대하며, 지나치게 어려운 낱말이나 문장을 노출하는 활동은 자제하도록 권장하고 있다. 그리고 한글학습 평가에서도 결과 중심으로 평가하기보다는 발달적 관점에서 과정 중심의

평가를 강조한다. 국어 평가를 할 때에는 맞춤법이나 글씨에 지나치게 얽매이지 말고 표현하고자 하는 내용을 얼마나 충실하게 표현했느냐에 주안점을 두어 평가하도록 한다.

마. '한 학기 한 권 읽기' 강조

2015 개정 국어과 교육과정에서는 초등학교 3학년에서 고등학교까지 '매 학기 한 권, 교과서 밖의 책을 수업시간에 끝까지 읽고, 타인과 생각을 나눈 후 자기 생각을 표현하도록 '한 학기 한 권 읽기'를 강조하였다. 한 학기 한 권 읽기는 학습자 개인의 특성에 맞는 책 고르기, 긴 호흡으로 읽을 수 있도록 독서 시간을 확보하고, 읽고, 생각을 나누고, 쓰는 독서 활동을 학습자에게 제공해야 함을 제시하였다.

한 권 읽기를 반영한 교과서 단원의 가장 큰 목적은 학습자에게 책을 읽는 방법을 체계적으로 지도하고 독서 생활의 기초를 마련하여 평생 독자를 기르는 데 있으며, 한 권 완독하기를 통해 한 권의 책 중 단편적 내용만을 읽지 않고 책 한 권을 통째로 읽어보는 습관을 형성하여 능숙하고 체계적인 독서 능력을 향상시키는 것에 목적이 있다.

바. '체험중심의 연극교육' 강화

2015 개정 국어 교육과정에서는 창의융합형 인재 양성과 인문학적 소양을 갖춘 인재 양성을 위하여 '연극'을 도입하였다.

학생들이 인지적 학습뿐만 아니라, 몸으로 직접 경험하고 느끼는 체험 중심의 연극을 강화하였다. 학생들이 실제 극본을 구성해 보고, 극화 활동을 할 때에는 비교적 긴 시간에 걸쳐 계획적으로 준비하여 2인 이상이 참여하고 신체의 움직임과 표정, 말투를 두루 고려한다.

2. 2015 개정 국어과 교육의 성격과 목표[21]

가. 국어과 교육의 성격

　초·중·고 공통 과목인 '국어'는 국어를 정확하고 효과적으로 사용하는 데 필요한 능력과 태도를 기르고, 비판적이고 창의적인 국어 사용을 바탕으로 하여 국어 발전과 국어문화 창달에 이바지하려는 뜻을 세우며, 가치 있는 국어 활동을 통해 바람직한 인성과 공동체 의식을 함양하는 과목이다. 학습자는 '국어'의 학습을 통해 '국어'가 추구하는 역량인 비판적·창의적 사고 역량, 자료·정보 활용 역량, 의사소통 역량, 공동체·대인 관계 역량, 문화 향유 역량, 자기 성찰·계발 역량을 기를 수 있다.

　'국어'의 하위 영역은 듣기·말하기, 읽기, 쓰기, 문법, 문학이다. 학습자는 이들 영역에 관한 지식을 갖추고 각 영역의 수행에 필요한 기능과 태도를 기름으로써 '국어'의 목표를 달성할 수 있다. 이를 위하여 '국어'는 담화나 글, 작품을 정확하고 비판적으로 이해하고 생각과 느낌, 경험을 효과적이고 창의적으로 표현하는 활동과, 국어가 쓰이는 실제 현상을 탐구하여 국어를 깊이 있게 이해하고 반성적으로 인식하는 활동, 그리고 문학 작품을 수용하거나 생산하면서 인간의 다양한 삶을 이해하고 정서를 함양하는 활동으로 내용을 구성하였다. 학습자는 이러한 활동에 능동적이고 적극적으로 참여하여 '국어'의 목표를 달성해야 한다.

　'국어'가 지니는 또 하나의 특성은 국어 교과가 다른 교과의 학습 및 비교과 활동과 범교과적으로 연계된다는 점이다. '국어'는 범교과적 내용이나 주제를 담은 담화나 글, 작품을 듣기·말하기, 읽기, 쓰기의 활동 자료로 활용함으로써 미래 사회가 요구하는 융합형 인재를 기르는 데 이바지한다. 그러므로 '국어'의 교수 학습과 평가는 학습자가 다양한 차원의 통합적 활동을 통하여 교과 역량을 기반으로 한 실질적인 국어 능력을 기르도록 하는 데 중점을 두어야 한다.

---

[21] 이 장의 성격과 목표, 내용, 교수학습 및 평가의 방향은 2015 개정 국어교육과정(교육부 고시 2015-7호 [별책 5])의 내용을 요약정리함.

나. 국어과 교육의 목표

2015 개정 국어교육과정에서는 교육과정의 실현을 통하여 교육이 궁극적으로 추구하는 국어 교과 목표를 제시하고 있다(교육부, 2015)

국어로 이루어지는 이해·표현 활동 및 문법과 문학의 본질을 이해하고, 의사소통이 이루어지는 맥락의 다양한 요소를 고려하여 품위 있고 개성 있는 국어를 사용하며, 국어문화를 향유하면서 국어의 발전과 국어문화 창조에 이바지하는 능력과 태도를 기른다.

가. 다양한 유형의 담화, 글, 작품을 정확하고 비판적으로 이해하고 효과적이고 창의적으로 표현하며 소통하는 데 필요한 기능을 익힌다.
나. 듣기·말하기, 읽기, 쓰기 활동 및 문법 탐구와 문학 향유에 도움이 되는 기본 지식을 갖춘다.
다. 국어의 가치와 국어 능력의 중요성을 인식하고 주체적으로 국어생활을 하는 태도를 기른다.

3. 국어과 교육의 내용

가. 내용 체계

국어과 교육의 내용은 '내용 체계'로부터 도출된다. 내용 체계는 국어과 교육 목표를 기반으로 교육 내용을 산출하기 위한 설계도인 셈이다. 2015 개정 교육과정에서는 국민 공통 교육기간에 해당하는 5개 학년군(초등 1~2학년군, 초등 3~4학년군, 초등 5~6학년군, 중학교 7~9학년군, 고등학교 1학년)을 연속된 과정으로 보고 '내용 체계'를 제시하였다.

'국어'의 교수 학습 내용은 듣기·말하기, 읽기, 쓰기, 문법, 문학 영역으로 구성하였다. 각 영역의 내용은 하위 범주별 '핵심 개념'과 '일반화된 지식'을 바탕으로 하여 '학년군 별 내용 요소'로 전개하였으며, 이를 통해서 각 영역이 추구하는 통합적 '기능'을 신장하도록 하였다. 학년군별로 제시한 내용 요소는 해당 학년군에서 집중적으로 다루되, 학년군 간 연계성을 바탕으로 하여 다른 학년군에서도 융통성 있게 다룰 수 있다. 또한, 국어 활동의 총체성을 바탕으로 하여 특정 영역의 성취기준을 같은 학년군의 다른 영역에서 적절하게 활용하여 내용을 구성할 수도 있다.

[듣기 · 말하기]

핵심 개념	일반화된 지식	학년(군)별 내용 요소					기능
		초등학교			중학교 1~3학년	고등학교 1학년	
		1~2학년	3~4학년	5~6학년			
▶ 듣기 · 말하기의 본질	듣기 · 말하기는 화자와 청자가 구어로 상호 교섭하며 의미를 공유하는 과정이다.			• 구어 의사소통	• 의미 공유 과정	• 사회 · 문화성	• 맥락 이해 · 활용하기 • 청자 분석하기 • 내용 생성하기 • 내용 조직하기 • 자료 · 매체 활용하기 • 표현 · 전달하기 • 내용 확인하기 • 추론하기 • 평가 · 감상하기 • 경청 · 공감하기 • 상호교섭하기 • 점검 · 조정하기
▶ 목적에 따른 담화의 유형 • 정보 전달 • 설득 • 친교 · 정서 표현 ▶ 듣기 · 말하기와 매체	의사소통의 목적, 상황, 매체 등에 따라 다양한 담화 유형이 있으며, 유형에 따라 듣기와 말하기의 방법이 다르다.	• 인사말 • 대화 [감정표현]	• 대화 [즐거움] • 회의	• 토의 [의견 조정] • 토론 [절차와 규칙, 근거] • 발표 [매체 활용]	• 대화[공감과 반응] • 면담 • 토의 [문제 해결] • 토론[논리적 반박] • 발표 [내용 구성] • 매체 자료의 효과	• 대화 [언어 예절] • 토론 [논증 구성] • 협상	
▶ 듣기 · 말하기의 구성 요소 • 화자 · 청자 · 맥락 ▶ 듣기 · 말하기의 과정 ▶ 듣기 · 말하기의 전략 • 표현 전략 • 상위 인지 전략	화자와 청자는 의사소통의 목적과 상황, 매체에 따라 적절한 전략과 방법을 사용하여 듣기 · 말하기 과정에서의 문제를 해결하며 소통한다.	• 일의 순서 • 자신 있게 말하기 • 집중하며 듣기	• 인과 관계 • 표정, 몸짓, 말투 • 요약하며 듣기	• 체계적 내용 구성 • 추론하며 듣기	• 청중 고려 • 말하기 불안에의 대처 • 설득 전략 분석 • 비판하며 듣기	• 의사소통 과정의 점검과 조정	
▶ 듣기 · 말하기의 태도 • 듣기 · 말하기의 윤리 • 공감적 소통의 생활화	듣기 · 말하기의 가치를 인식하고 공감 · 협력하며 소통할 때 듣기 · 말하기를 효과적으로 수행할 수 있다.	• 바르고 고운 말 사용	• 예의를 지켜 듣고 말하기	• 공감하며 듣기	• 배려하며 말하기	• 담화 관습의 성찰	

[읽기]

핵심 개념	일반화된 지식	학년(군)별 내용 요소					기능
		초등학교			중학교 1~3학년	고등학교 1학년	
		1~2학년	3~4학년	5~6학년			
▶ 읽기의 본질	읽기는 읽기 과정에서의 문제를 해결하며 의미를 구성하고 사회적으로 소통하는 행위이다.			• 의미 구성 과정	• 문제 해결 과정	• 사회적 상호 작용	• 맥락 이해하기 • 몰입하기 • 내용 확인하기 • 추론하기 • 비판하기 • 성찰 · 공감하기 • 통합 · 적용하기 • 독서 경험 공유하기 • 점검 · 조정하기
▶ 목적에 따른 글의 유형 • 정보 전달 • 설득 • 친교 · 정서 표현 ▶ 읽기와 매체	의사소통의 목적, 매체 등에 따라 다양한 글 유형이 있으며, 유형에 따라 읽기의 방법이 다르다.	• 글자, 낱말, 문장, 짧은 글	• 정보 전달, 설득, 친교 및 정서 표현 • 친숙한 화제	• 정보 전달, 설득, 친교 및 정서 표현 • 사회 · 문화적 화제 • 글과 매체	• 정보 전달, 설득, 친교 및 정서 표현 • 사회 · 문화적 화제 • 한 편의 글과 매체	• 인문 · 예술, 사회 · 문화, 과학 · 기술 분야의 다양한 화제 • 한 편의 글과 매체	
▶ 읽기의 구성 요소 • 독자 · 글 · 맥락 ▶ 읽기의 과정 ▶ 읽기의 방법 • 사실적 이해 • 추론적 이해 • 비판적 이해 • 창의적 이해 • 읽기 과정의 점검	독자는 배경지식을 활용하며 읽기 목적과 상황, 글 유형에 따라 적절한 읽기 방법을 활용하여 능동적으로 글을 읽는다.	• 소리 내어 읽기 • 띄어 읽기 • 내용 확인 • 인물의 처지 · 마음 짐작하기	• 중심 생각 파악 • 내용 간추리기 • 추론하며 읽기 • 사실과 의견의 구별	• 내용 요약[글의 구조] • 주장이나 주제 파악 • 내용의 타당성 평가 • 표현의 적절성 평가 • 매체 읽기 방법의 적용	• 내용 예측 • 내용 요약[읽기 목적, 글의 특성] • 설명 방법 파악 • 논증 방법 파악 • 관점과 형식의 비교 • 매체의 표현 방법 · 의도 평가 • 참고 자료 활용 • 한 편의 글 읽기 • 읽기 과정의 점검과 조정	• 관점과 표현 방법의 평가 • 비판적 · 문제 해결적 읽기 • 읽기 과정의 점검과 조정	
▶ 읽기의 태도 • 읽기 흥미 • 읽기의 생활화	읽기의 가치를 인식하고 자발적 읽기를 생활화할 때 읽기를 효과적으로 수행할 수 있다.	• 읽기에 대한 흥미	• 경험과 느낌 나누기	• 읽기 습관 점검하기	• 읽기 생활화하기	• 자발적 읽기	

[쓰기]

핵심 개념	일반화된 지식	학년(군)별 내용 요소					기능
		초등학교			중학교 1~3학년	고등학교 1학년	
		1~2학년	3~4학년	5~6학년			
▸쓰기의 본질	쓰기는 쓰기 과정에서의 문제를 해결하며 의미를 구성하고 사회적으로 소통하는 행위이다.			• 의미 구성 과정	• 문제 해결 과정	• 사회적 상호 작용	• 맥락 이해하기 • 독자 분석하기 • 아이디어 생산하기 • 글 구성 하기 • 자료 · 매체 활용하기 • 표현하기 • 고쳐쓰기 • 독자와 교류하기 • 점검 · 조정하기
▸목적에 따른 글의 유형 • 정보 전달 • 설득 • 친교 · 정서 표현 ▸쓰기와 매체	의사소통의 목적, 매체 등에 따라 다양한 글 유형이 있으며, 유형에 따라 쓰기의 초점과 방법이 다르다.	• 주변 소재에 대한 글 • 겪은 일을 표현하는 글	• 의견을 표현하는 글 • 마음을 표현하는 글	• 설명하는 글 [목적과 대상, 형식과 자료] • 주장하는 글 [적절한 근거와 표현] • 체험에 대한 감상을 표현 한 글	• 보고하는 글 • 설명하는 글 [대상의 특성] • 주장하는 글 [타당한 근거와 추론] • 감동이나 즐거움을 주는 글 • 매체의 특성	• 설득하는 글 • 정서를 표현하는 글	
▸쓰기의 구성 요소 • 필자 · 글 · 맥락 ▸쓰기의 과정 ▸쓰기의 전략 • 과정별 전략 • 상위 인지 전략	필자는 다양한 쓰기 맥락에서 쓰기 과정에 따라 적절한 전략을 사용하여 글을 쓴다.	• 글자 쓰기 • 문장 쓰기	• 문단 쓰기 • 시간의 흐름에 따른 조직 • 독자 고려	• 목적 · 주제를 고려한 내용과 매체 선정	• 내용의 통일성 • 표현의 다양성 • 대상의 특성을 고려한 설명 • 고쳐쓰기 [일반 원리]	• 쓰기 맥락 • 고쳐 쓰기 [쓰기 과정의 점검]	
▸쓰기의 태도 • 쓰기 흥미 • 쓰기 윤리 • 쓰기의 생활화	쓰기의 가치를 인식하고 쓰기 윤리를 지키며 즐겨 쓸 때 쓰기를 효과적으로 수행할 수 있다.	• 쓰기에 대한 흥미	• 쓰기에 대한 자신감	• 독자의 존중과 배려	• 쓰기 윤리	• 책임감 있게 쓰기	

[문법]

핵심 개념	일반화된 지식	학년(군)별 내용 요소					기능
		초등학교			중학교 1~3학년	고등학교 1학년	
		1~2학년	3~4학년	5~6학년			
▶국어의 본질	국어는 사고와 의사소통의 수단이 되는 기호 체계로서, 언어의 보편성을 바탕으로 하여 고유한 국어문화를 형성하며 발전한다.			• 사고와 의사소통의 수단	• 언어 기호	• 역사적 실체	• 문제 발견하기 • 자료 수집하기 • 비교 · 분석하기 • 분류 · 범주화하기 • 종합 · 설명하기 • 적용 · 검증하기 • 언어생활 성찰하기
▶국어 구조의 탐구와 활용 • 음운 • 단어 • 문장 • 담화	국어는 음운, 단어, 문장, 담화로 구성되며 이들에 대한 탐구를 통해 국어 지식을 얻고 이를 언어생활에 활용할 수 있다.		• 낱말의 의미 관계 • 문장의 기본 구조	• 낱말 확장 방법 • 문장 성분과 호응	• 음운의 체계와 특성 • 품사의 종류와 특성 • 문장의 짜임 • 담화의 개념과 특성	• 음운의 변동 • 문법 요소의 특성과 사용	
▶국어 규범과 국어생활 • 발음과 표기 • 어휘 사용 • 문장 · 담화의 사용	발음 · 표기, 어휘, 문장 · 담화 등 국어 규범에 대한 이해를 통해 국어 능력을 기르고 바른 국어생활을 할 수 있다.	• 한글 자모의 이름과 소릿값 • 낱말의 소리와 표기 • 문장과 문장 부호	• 낱말 분류와 국어사전 활용 • 높임법과 언어 예절	• 상황에 따른 낱말의 의미 • 관용 표현	• 단어의 정확한 발음과 표기 • 어휘의 체계와 양상의 활용 • 한글의 창제 원리	• 한글 맞춤법의 원리와 내용	
▶국어에 대한 태도 • 국어 사랑 • 국어 의식	국어의 가치를 인식하고 국어를 바르게 사용할 때 국어 능력이 효과적으로 신장된다.	• 글자 · 낱말 · 문장에 대한 흥미	• 한글의 소중함 인식	• 바른 국어 사용	• 통일 시대의 국어에 대한 관심	• 국어 사랑과 국어 발전 의식	

[문학]

핵심 개념	일반화된 지식	학년(군)별 내용 요소					기능
		초등학교			중학교 1~3학년	고등학교 1학년	
		1~2학년	3~4학년	5~6학년			
▶ 문학의 본질	문학은 인간의 삶을 언어로 형상화한 작품을 통해 즐거움과 깨달음을 얻고 타자와 소통하는 행위이다.			• 가치 있는 내용의 언어적 표현	• 심미적 체험의 소통	• 유기적 구조	• 몰입하기 • 이해·해석하기 • 감상·비평하기 • 성찰·향유하기 • 모방·창작하기 • 공유·소통하기 • 점검·조정하기
▶ 문학의 갈래와 역사 • 서정 • 서사 • 극 • 교술 ▶ 문학과 매체	문학은 서정, 서사, 극, 교술의 기본 갈래를 중심으로 하여 언어, 문자, 매체의 변화와 함께 시대에 따라 변화해 왔다.	• 그림책 • 동요, 동시 • 동화	• 동요, 동시 • 동화 • 동극	• 노래, 시 • 이야기, 소설 • 극	• 노래, 시 • 이야기, 소설 • 극 • 교술	• 서정 • 서사 • 극 • 교술 • 문학 갈래의 역사	
▶ 문학의 수용과 생산 • 작품의 내용·형식·표현 • 작품의 맥락 • 작가와 독자	문학은 다양한 맥락을 바탕으로 하여 작가와 독자가 창의적으로 작품을 생산하고 수용하는 활동이다.	• 작품 낭독·감상 • 작품 속 인물의 상상 • 말놀이와 말의 재미 • 일상생활에서 겪은 일의 표현	• 감각적 표현 • 인물, 사건, 배경 • 이어질 내용의 상상 • 작품에 대한 생각과 느낌 표현	• 작품 속 세계와 현실 세계의 비교 • 비유적 표현의 특성과 효과 • 일상 경험의 극화 • 작품의 이해와 소통	• 비유, 상징의 효과 • 갈등의 진행과 해결 과정 • 보는 이, 말하는 이의 관점 • 작품의 사회·문화적 배경 • 작품의 현재적 의미 • 작품 해석의 다양성 • 재구성된 작품의 변화 양상 • 개성적 발상과 표현	• 갈래 특성에 따른 형상화 방법 • 다양한 사회·문화적 가치 • 시대별 대표작	
▶ 문학에 대한 태도 • 자아 성찰 • 타자의 이해와 소통 • 문학의 생활화	문학의 가치를 인식하고 인간과 세계를 성찰하며 문학을 생활화할 때 문학 능력이 효과적으로 신장된다.	• 문학에 대한 흥미	• 작품을 즐겨 감상하기	• 작품의 가치 내면화 하기	• 문학을 통한 성찰	• 문학의 주체적 수용과 생활화	

나. 성취기준

'국어'는 초등학교 1~2학년, 3~4학년, 5~6학년으로 단계화하여 영역별로 성취기준을 제시하고, 각 학년(군)의 말미에 '국어 자료의 예'를 첨부하였다. 성취기준의 제시 순서는 대체로 내용 체계의 순서에 따랐는데, 이 순서가 교수 학습의 순서를 의미하지는 않는다. 모든 성취기준의 내용과 '국어 자료의 예'는 학습자의 요구와 수준에 따라 통합적 관점에서 내용의 위계성과 학습의 계열성을 고려하며 창의적으로 재구성하여 활용할 수 있다.

[초등학교 1~2학년]

> 취학 전의 국어 경험을 발전시켜 일상생활과 학습에 필요한 기초 문식성을 갖추고, 말과 글(또는 책)에 흥미를 가진다.

(1) 듣기·말하기

초등학교 1~2학년 듣기·말하기 영역 성취기준은 학습자가 학교생활에 적응하면서 다른 사람과의 상호 작용에 필요한 기초적인 듣기·말하기 능력을 갖추는 데 중점을 두어 설정하였다. 다른 사람의 말을 경청하고 자신의 감정이나 경험을 자신 있게 말하는 활동을 바탕으로 하여 듣기·말하기의 습관과 태도를 바르게 형성하는 데 주안점을 둔다.

[2국01-01] 상황에 어울리는 인사말을 주고받는다.
[2국01-02] 일이 일어난 순서를 고려하며 듣고 말한다.
[2국01-03] 자신의 감정을 표현하며 대화를 나눈다.
[2국01-04] 듣는 이를 바라보며 바른 자세로 자신 있게 말한다.
[2국01-05] 말하는 이와 말의 내용에 집중하며 듣는다.
[2국01-06] 바르고 고운 말을 사용하여 말하는 태도를 지닌다.

(2) 읽기

초등학교 1~2학년 읽기 영역 성취기준은 한글을 깨치고 읽는 활동을 통해 글의 내용을 이해할 수 있는 기초적인 읽기 능력을 갖추는 데 중점을 두어 설정하였다. 글자라는 약속된 기호가 있음을 알고 스스로 글자를 읽으려는 태도를 길러 읽기에 흥미를 가지도록 하는 데 주안점을 둔다.

[2국02-01] 글자, 낱말, 문장을 소리 내어 읽는다.
[2국02-02] 문장과 글을 알맞게 띄어 읽는다.
[2국02-03] 글을 읽고 주요 내용을 확인한다.
[2국02-04] 글을 읽고 인물의 처지와 마음을 짐작한다.
[2국02-05] 읽기에 흥미를 가지고 즐겨 읽는 태도를 지닌다.

(3) 쓰기

초등학교 1~2학년 쓰기 영역 성취기준은 한글을 깨치고 학습자가 학교생활을 하면서 자신의 생각이나 학습 결과를 문자로 표현하는 데 필요한 기초적인 쓰기 능력을 갖추는 데 중점을 두어 설정하였다. 글자를 바르게 쓰고, 자신의 생각을 문장이나 짧은 글로 쓰면서 쓰기에 흥미를 갖고 부담 없이 쓰는 태도를 기르는 데 주안점을 둔다.

[2국03-01] 글자를 바르게 쓴다.
[2국03-02] 자신의 생각을 문장으로 표현한다.
[2국03-03] 주변의 사람이나 사물에 대해 짧은 글을 쓴다.
[2국03-04] 인상 깊었던 일이나 겪은 일에 대한 생각이나 느낌을 쓴다.
[2국03-05] 쓰기에 흥미를 가지고 즐겨 쓰는 태도를 지닌다.

(4) 문법

초등학교 1~2학년 문법 영역 성취기준은 학습자가 기초 문식성을 습득하여 학교에서의 국어생활에 원활히 적응하도록 하는 데 중점을 두어 설정하였다. 한글을 해득하고 낱말과 문장, 문장 부호를 바르게 사용하며 말과 글에 대한 관심을 갖게 하는 데 주안점을 둔다.

[2국04-01] 한글 자모의 이름과 소릿값을 알고 정확하게 발음하고 쓴다.
[2국04-02] 소리와 표기가 다를 수 있음을 알고 낱말을 바르게 읽고 쓴다.
[2국04-03] 문장에 따라 알맞은 문장 부호를 사용한다.
[2국04-04] 글자, 낱말, 문장을 관심 있게 살펴보고 흥미를 가진다.

(5) 문학

초등학교 1~2학년 문학 영역 성취기준은 문학에 대하여 친밀감과 흥미를 느끼도록 하는 데 중점을 두어 설정하였다. 재미있는 발상과 표현이 담긴 작품을 활용하여 말의 재미를 느끼거나 작품에 묘사된 인물이나 사건을 상상하고 자신의 생각이나 느낌, 경험을 자유롭게 표현하는 활동을 통해 문학에 입문하도록 하는 데 주안점을 둔다.

[2국05-01] 느낌과 분위기를 살려 그림책, 시나 노래, 짧은 이야기를 들려주거나 듣는다.
[2국05-02] 인물의 모습, 행동, 마음을 상상하며 그림책, 시나 노래, 이야기를 감상한다.
[2국05-03] 여러 가지 말놀이를 통해 말의 재미를 느낀다.
[2국05-04] 자신의 생각이나 겪은 일을 시나 노래, 이야기 등으로 표현한다.
[2국05-05] 시나 노래, 이야기에 흥미를 가진다.

〈 초등학교 1~2학년 국어 자료의 예 〉

- 우리말 자음과 모음의 다양한 짜임을 보여 주는 낱말
- 친숙하고 쉬운 낱말과 문장, 짧은 글
- 마침표, 물음표, 느낌표 등이 포함된 글
- 가까운 사람들과 주고받는 간단한 인사말
- 주변 사람이나 흔히 접하는 사물에 관해 소개하는 말이나 글
- 재미있거나 인상 깊은 일을 쓴 일기, 생활문
- 자신의 감정을 표현하는 간단한 대화, 짧은 글, 시
- 재미있는 생각이나 표현이 담긴 시나 노래
- 사건의 순서가 드러나는 간단한 이야기
- 인물의 모습과 처지, 마음이 잘 드러나는 이야기, 글
- 상상력이 돋보이는 그림책, 이야기, 만화나 애니메이션

[초등학교 3~4학년]

생활 중심의 친숙한 국어 활동을 바탕으로 하여 일상생활과 학습에 필요한 기본적인 국어 능력을 갖추고, 적극적이고 능동적인 의사소통 태도를 생활화한다.

(1) 듣기 · 말하기

초등학교 3~4학년 듣기 · 말하기 영역 성취기준은 일상생활과 학습에 필요한 기본적인 듣기 · 말

하기 능력을 갖추고 바람직한 듣기·말하기 태도를 생활화하는 데 중점을 두어 설정하였다. 생활 중심의 친숙한 국어 활동을 바탕으로 하여 자신의 의견을 효과적으로 표현하고 상대방의 감정을 고려하며 예의 바르게 듣고 말하는 능력과 태도를 기르는 데 주안점을 둔다.

[4국01-01] 대화의 즐거움을 알고 대화를 나눈다.
[4국01-02] 회의에서 의견을 적극적으로 교환한다.
[4국01-03] 원인과 결과의 관계를 고려하며 듣고 말한다.
[4국01-04] 적절한 표정, 몸짓, 말투로 말한다.
[4국01-05] 내용을 요약하며 듣는다.
[4국01-06] 예의를 지키며 듣고 말하는 태도를 지닌다.

(2) 읽기

초등학교 3~4학년 읽기 영역 성취기준은 다양한 글의 내용을 파악하고 글에 담긴 의미를 추론하는 등 읽기의 기초적 기능을 이해하고 활용하는 데 중점을 두어 설정하였다. 글에 대한 경험과 느낌을 다른 사람과 나누는 활동을 통해 적극적으로 의미를 구성하는 독자를 기르는 데 주안점을 둔다.

[4국02-01] 문단과 글의 중심 생각을 파악한다.
[4국02-02] 글의 유형을 고려하여 대강의 내용을 간추린다.
[4국02-03] 글에서 낱말의 의미나 생략된 내용을 짐작한다.
[4국02-04] 글을 읽고 사실과 의견을 구별한다.
[4국02-05] 읽기 경험과 느낌을 다른 사람과 나누는 태도를 지닌다.

(3) 쓰기

초등학교 3~4학년 쓰기 영역 성취기준은 기본적인 쓰기의 방법을 익히고 몇몇 종류의 글을 실제로 써 보면서 쓰기 경험을 쌓는 데 중점을 두어 설정하였다. 친숙한 소재를 활용하여 글을 쓰면서 쓰기에 자신감을 갖고 쓴 글을 다른 사람들과 나누는 태도를 기르는 데 주안점을 둔다.

[4국03-01] 중심 문장과 뒷받침 문장을 갖추어 문단을 쓴다.
[4국03-02] 시간의 흐름에 따라 사건이나 행동이 드러나게 글을 쓴다.
[4국03-03] 관심 있는 주제에 대해 자신의 의견이 드러나게 글을 쓴다.
[4국03-04] 읽는 이를 고려하며 자신의 마음을 표현하는 글을 쓴다.
[4국03-05] 쓰기에 자신감을 갖고 자신의 글을 적극적으로 나누는 태도를 지닌다.

(4) 문법

초등학교 3~4학년 문법 영역 성취기준은 낱말과 문장을 사용하는 능력과 한글을 소중히 여기고 언어 예절을 지키며 의사소통하는 능력을 갖추는 데 중점을 두어 설정하였다. 낱말, 문장 및 높임법에 대한 이해를 통해 기초적인 국어 사용 능력을 기르는 데 주안점을 둔다.

[4국04-01] 낱말을 분류하고 국어사전에서 찾는다.
[4국04-02] 낱말과 낱말의 의미 관계를 파악한다.
[4국04-03] 기본적인 문장의 짜임을 이해하고 사용한다.
[4국04-04] 높임법을 알고 언어 예절에 맞게 사용한다.
[4국04-05] 한글을 소중히 여기는 태도를 지닌다.

(5) 문학

초등학교 3~4학년 문학 영역 성취기준은 작품으로 형상화된 세계를 포괄적으로 이해하며 감상하고 그 결과를 다양한 방법으로 표현하는 능력을 갖추는 데 중점을 두어 설정하였다. 학습자의 흥미와 발달 단계에 맞는 작품을 찾아 읽고 감상의 결과를 능동적으로 표현하면서 문학을 즐기는 태도를 기르는 데 주안점을 둔다.

[4국05-01] 시각이나 청각 등 감각적 표현에 주목하며 작품을 감상한다.
[4국05-02] 인물, 사건, 배경에 주목하며 작품을 이해한다.
[4국05-03] 이야기의 흐름을 파악하여 이어질 내용을 상상하고 표현한다.
[4국05-04] 작품을 듣거나 읽거나 보고 떠오른 느낌과 생각을 다양하게 표현한다.
[4국05-05] 재미나 감동을 느끼며 작품을 즐겨 감상하는 태도를 지닌다.

〈 초등학교 3~4학년 국어 자료의 예 〉

- 높임법이 나타난 일상생활의 대화
- 일상생활에서 가족, 친구들과 안부를 나누는 대화, 전화 통화, 문자, 사회 관계망 서비스의 글
- 친구나 가족과 고마움이나 그리움 등의 감정을 나누는 대화, 편지
- 학급이나 학교생활과 관련된 안건을 다루는 회의
- 중심 생각이 잘 드러나는 문단이나 짧은 글
- 가정이나 학교에서 일어난 일에 대해 자신의 의견을 쓴 글
- 본받을 만한 인물의 이야기를 쓴 전기문, 이야기나 극
- 한글의 우수성을 알게 해 주는 다양한 글이나 매체 자료
- 일상의 경험이나 고민, 문제를 다룬 시, 이야기, 글
- 운율, 감각적 요소가 돋보이는 시나 노래
- 사건의 전개 과정이나 인과 관계가 잘 드러나는 이야기, 글
- 감동이 있거나 재미가 있는 만화나 애니메이션

[초등학교 5~6학년]

공동체·문화 중심의 확장된 국어 활동을 바탕으로 하여 일상생활과 학습에 필요한 국어 교과의 기초적인 지식과 역량을 갖추고, 국어의 가치와 국어 능력의 중요성을 인식한다.

(1) 듣기·말하기

초등학교 5~6학년 듣기·말하기 영역 성취기준은 일상생활과 학습에 관여하는 듣기·말하기의 기초 지식을 습득하고 효과적으로 듣기·말하기 활동을 하는 데 중점을 두어 설정하였다. 발표·토의·토론 등 공동체 중심의 담화 수행 및 추론하며 듣기와 짜임새 있게 말하기를 연습하고, 듣기·말하기에서 지켜야 할 절차와 규칙, 태도를 학습함으로써 기본적인 의사소통과 관계 형성의 능력을 기르는 데 주안점을 둔다.

[6국01-01] 구어 의사소통의 특성을 바탕으로 하여 듣기·말하기 활동을 한다.
[6국01-02] 의견을 제시하고 함께 조정하며 토의한다.
[6국01-03] 절차와 규칙을 지키고 근거를 제시하며 토론한다.
[6국01-04] 자료를 정리하여 말할 내용을 체계적으로 구성한다.
[6국01-05] 매체 자료를 활용하여 내용을 효과적으로 발표한다.
[6국01-06] 드러나지 않거나 생략된 내용을 추론하며 듣는다.
[6국01-07] 상대가 처한 상황을 이해하고 공감하며 듣는 태도를 지닌다.

(2) 읽기

초등학교 5~6학년 읽기 영역 성취기준은 읽기의 목적과 읽기 습관을 점검하며 읽는 능동적인 독자를 기르는 데 중점을 두어 설정하였다. 읽기 목적에 따라 알맞은 방법을 선택하고 지식과 경험 등을 활용하여 능동적으로 의미를 구성하며 글을 비판적으로 이해하는 능력을 기르는 데 주안점을 둔다.

[6국02-01] 읽기는 배경지식을 활용하여 의미를 구성하는 과정임을 이해하고 글을 읽는다.
[6국02-02] 글의 구조를 고려하여 글 전체의 내용을 요약한다.
[6국02-03] 글을 읽고 글쓴이가 말하고자 하는 주장이나 주제를 파악한다.
[6국02-04] 글을 읽고 내용의 타당성과 표현의 적절성을 판단한다.
[6국02-05] 매체에 따른 다양한 읽기 방법을 이해하고 적절하게 적용하며 읽는다.
[6국02-06] 자신의 읽기 습관을 점검하며 스스로 글을 찾아 읽는 태도를 지닌다.

(3) 쓰기

초등학교 5~6학년 쓰기 영역 성취기준은 쓰기의 특성을 이해하고 목적과 내용에 맞게 다양한 종류의 글을 쓰는 능력을 갖추는 데 중점을 두어 설정하였다. 글의 내용과 형식에 관심을 갖고 독자를 존중하고 배려하면서 쓰는 능력과 태도를 기르는 데 주안점을 둔다.

[6국03-01] 쓰기는 절차에 따라 의미를 구성하고 표현하는 과정임을 이해하고 글을 쓴다.
[6국03-02] 목적이나 주제에 따라 알맞은 내용과 매체를 선정하여 글을 쓴다.
[6국03-03] 목적이나 대상에 따라 알맞은 형식과 자료를 사용하여 설명하는 글을 쓴다.
[6국03-04] 적절한 근거와 알맞은 표현을 사용하여 주장하는 글을 쓴다.
[6국03-05] 체험한 일에 대한 감상이 드러나게 글을 쓴다.
[6국03-06] 독자를 존중하고 배려하며 글을 쓰는 태도를 지닌다.

(4) 문법

초등학교 5~6학년 문법 영역 성취기준은 언어의 기본 특성과 낱말, 문장에 대한 이해를 바탕으로 하여 학습자의 국어 능력을 점차 확장하는 데 중점을 두어 설정하였다. 낱말에 대한 이해와 활용 능력을 신장하고 어법에 맞고 바람직한 국어 문장과 표현을 사용하는 태도를 기르는 데 주안점을 둔다.

[6국04-01] 언어는 생각을 표현하며 다른 사람과 관계를 맺는 수단임을 이해하고 국어생활을 한다.
[6국04-02] 국어의 낱말 확장 방법을 탐구하고 어휘력을 높이는 데에 적용한다.
[6국04-03] 낱말이 상황에 따라 다양하게 해석됨을 탐구한다.
[6국04-04] 관용 표현을 이해하고 적절하게 활용한다.
[6국04-05] 국어의 문장 성분을 이해하고 호응 관계가 올바른 문장을 구성한다.
[6국04-06] 일상생활에서 국어를 바르게 사용하는 태도를 지닌다.

(5) 문학

초등학교 5~6학년 문학 영역 성취기준은 문학의 수용과 생산 활동을 통해 자아를 성찰함으로써 문학이 개인의 성장을 돕는 자양분이 된다는 점을 경험하는 데 중점을 두어 설정하였다. 문학의 내용과 형식적 특성에 대한 이해를 바탕으로 하여 작품을 수용하고 다양한 갈래로 표현하며 다른 독자들과 능동적으로 소통하는 데 주안점을 둔다.

[6국05-01] 문학은 가치 있는 내용을 언어로 표현하여 아름다움을 느끼게 하는 활동임을 이해하고 문학 활동을 한다.
[6국05-02] 작품 속 세계와 현실 세계를 비교하며 작품을 감상한다.
[6국05-03] 비유적 표현의 특성과 효과를 살려 생각과 느낌을 다양하게 표현한다.
[6국05-04] 일상생활의 경험을 이야기나 극의 형식으로 표현한다.
[6국05-05] 작품에 대한 이해와 감상을 바탕으로 하여 다른 사람과 적극적으로 소통한다.
[6국05-06] 작품에서 얻은 깨달음을 바탕으로 하여 바람직한 삶의 가치를 내면화하는 태도를 지닌다.

〈 초등학교 5~6학년 국어 자료의 예 〉

- 일상생활이나 학교생활에서 발생한 문제를 논제로 한 토의, 토론
- 조사한 내용에 대해 여러 가지 매체를 활용한 발표
- 주변 사람들과 생활 경험을 나누는 대화, 생활문
- 인문, 사회, 과학, 예술, 체육 등과 관련한 교과 내용이 담긴 설명문
- 일상생활이나 학교생활에 대해 글쓴이의 주장과 근거가 잘 나타난 논설문
- 일상생활이나 학교생활에서의 의미 있는 체험이 잘 드러난 감상문, 수필
- 개인적인 관심사나 일상적 경험을 다룬 블로그, 영상물
- 설문 조사, 면담, 동영상 등을 활용하여 제작된 텔레비전 뉴스, 광고
- 다양한 관용 표현이 나타나 있는 글
- 다양한 가치와 문화를 경험할 수 있는 문학 작품
- 비유 표현이 드러나는 다양한 형식의 시나 노래, 글

> – 현실이 사실적으로 반영되거나 환상적으로 구성된 이야기
> – 또래 집단의 형성과 구성원 사이의 관계를 다룬 이야기나 극

4. 교수 학습 및 평가의 방향

가. 교수 학습 방향

1) '국어' 교육과정에서 제시한 목표와 성취기준을 고려하여 학습자가 미래 사회에서 요구하는 국어과 교과 역량을 기를 수 있도록 교수 학습을 계획하고 운용한다.
2) 국어 활동의 총체성을 고려하여 통합형 교수 학습을 계획하고 운용한다.
3) 학습 활동 과정에서 의미 있는 배움이 일어날 수 있도록 학습자 참여형 교수 학습을 계획하고 운용한다.
4) '국어'의 학습 목표를 달성하는 과정에서 바람직한 인성을 함양하도록 교수 학습을 계획하고 운영한다.

나. 평가 방향

1) '국어' 교육과정과 연계하여, 평가 내용의 균형, 평가 방법 및 평가 도구의 타당성, 신뢰성, 적절성 등을 고려하여 평가 계획을 수립한다.
2) 학습자의 국어 능력의 신장을 판단하고, 교수 학습 방법 및 평가 도구 개선에 기여할 수 있도록 학습 과정과 결과를 균형 있게 평가한다.
3) 학습자의 국어 능력의 발달 정도를 판단하고 교육 활동을 개선하는 데 '국어' 평가 결과를 활용한다.

참고문헌

김종서 · 이영덕 · 황정규 · 이홍우(2007), 『교육과정과 교육평가』, 교육과학사.

김창원 외(2015), 2015 개정 국어 교육과정 시안 개발 연구 Ⅱ -국어과 교육과정, 한국교육과정평가원.

민현식 외(2011), 2011 국어과 교육과정 개정 위한 시안 개발 연구, 교육부정책연구보고서

성태제 외(2007), 『최신 교육학개론』, 학지사.

유광찬(2001), 『교육과정의 이해』, 교육과학사.

이해명(2005), 『교육과정이론』, 교육과학사.

이홍우 · 유한구 · 장서모(2003), 『교육과정이론』, 교육과학사.

최현섭 외(2002), 『국어교육학개론』, 심지원.

허경철(2009), 교육과정 및 교과서 정책, 한국교육개발원 연구자료 CRM 2009-26-1.

국가교육과정정보센터(http://www.ncic.re.kr)

4부

초등 국어과 교재의
이해

제1장

국어 교과서의 개념과 기능

1. 국어 교과서의 개념

국어 교과서의 개념을 구성하는 요소를 살피기에 앞서 먼저 해야 할 일은 국어 교과서를 바라보는 관점들을 살펴보는 것이다. 국어 교과서를 바라보는 관점을 '국어 교과서관'이라고 한다. 이 국어 교과서관은 단순히 교과서의 위상과 개념 정의에 영향을 주는 것을 넘어서 국어 교육 전반에 중요한 의미를 갖는다. 그 이유는 어떠한 교과서관에 기초하여 국어 교과서를 받아들이는가에 따라 국어과 교수 학습 및 평가의 원리, 방법, 과정이 달라지기 때문이다(노명완 외, 2009: 82). 국어 교과서관은 크게 '닫힌 교과서관'과 '열린 교과서관'으로 나눌 수 있다.

먼저 '닫힌 교과서관'에서는 국어 교과서가 국어과 교수 학습 전체를 통제하는 준거가 된다. 즉, 국어 교과서에 따라 모든 국어과 수업 활동이 이루어지고, 교과서를 충분히 이해하게 되면 목표가 달성되는 것으로 보는 것이다. 이러한 닫힌 교과서관에서의 국어 교과서는 교육의 효율성과 균질성, 규범성을 중시하여 국어과 교육과정의 목표 및 내용에 따라 철저하고 체계적으로 구성되며, 교육과학 기술부 또는 교육자치단체가 완결된 형태로 만들어서 공급한다. 뿐만 아니라 국어과 수업은 주어진 국어 교과서에 제시된 학습 과제를 얼마나 충실하게 수행하는가에 초점을 두고 이루어진다. 그리고 학습자의 국어능력 또한 무방과 점검, 오류수정에 의해 발달한다고 보며, 수업 과정도 교사 중심으로 이루어지는 특징을 갖고 있다(노명완 외, 2009: 83).

반면에 '열린 교과서관'에서의 국어 교과서는 주어진 것이라기보다 교사와 학습자가 상호 의사소통 과정을 통해 생성하는 것으로 이해된다. 아울러 국어과 수업은 학습과제의 수행보다는 목표 달성 자체에 초점을 두어 이루어지게 되며, 국어 교과서의 비중이 상대적으로 약화된다. 따라서 교육과학기 술부나 교육자치단체에서 제공한 국어 교과서는 목표 달성을 위한 교수 학습 과정에 활용되는 다양한 언어적 · 비언어적 자료 중의 하나로 위상이 격하된다. 즉, 열린 교과서관에서의 국어 교과서는 교육과정 성취 기준 달성을 위한 하나의 예시 자료일 뿐이며, 교사는 지역과 학습자의 특성 등을 고려하여 얼마든지 재구성하여 활용할 수 있는 것이다. 아울러 이러한 교과서관에 기초한 교수 학습방법은 모방학습보다는 비판적 창조학습을 중시하는 특징을 갖고 있다(노명완 외, 2009: 83).

<표 1> 국어 교과서관의 대비

닫힌 교과서관	열린 교과서관
· 교사, 교과서 중심 · 교과서는 가장 이상적인 교재 · 표준적인 단일 교과서 지향 · 교육의 효율성, 균질성, 규범성 중시 · 완벽하고 이상적인 언어자료를 교과서로 제공 · 모방학습 전범학습 강조 · 내용 설명, 분석 중심의 국어 수업	· 학습자, 목표 중심 · 교과서는 다양한 교재 중 하나 · 여러 보조교재 활용 · 교육의 창의성, 자율성, 전이성 중시 · 불완전한 자료라도 목표달성에 활용할 수 있으면 수용 · 비판학습, 창의학습 강조 · 학습자 활동, 상호작용 중심의 국어 수업

국어 교과서의 개념은 <표 1>에 제시된 교과서관 중 하나를 선택하거나 아니면 이들 두 관점을 상호 협력적으로 반영하게 된다. 이와 관련하여 노명완 외(2004)는 국어 교과서의 개념은 '교육 내용'과 '학습 자료'의 두 측면을 동시에 포함하는 것으로 것이라고 하면서 전자를 '닫힌 교과서관'과 후자를 '열린 교과서관'과 관련지어 설명한다. 그들의 논의에 따르면, 국어 교과서를 국어과의 교육 내용을 제공하는 핵심 교재로 볼 경우 특정 내용을 강조한다는 점에서 '닫힌 교과서관'과 관련이 깊고, 국어과 교수 학습에 필요한 자료 제공으로서 바라보게 되면 특정 내용의 강조보다는 학생의 경험과 사고, 학습 상황을 강조한다는 점에서 '열린 교과서관'과 관련이 깊은 것이다(노명완 외, 2004: 10).

2. 국어 교과서의 기능

국어 교과서 또는 교재로서의 교과서 기능과 관련된 대표적 논의로 Greene & Petty(1975)이 『Developing Language Skills in the Elementary Schools』에서 제시한 여섯 가지 기능, Petty & Jensen(1980)의 『Developing Children's Language』를 토대로 노명완 외(1988)가 『국어과 교육론』에서 제시한 일곱 가지 기능, 한국교육개발원(KEDI)이 제시한 일곱 가지 기능이 있다. 이들

외에도 일부 논의가 있지만 대부분 이 세 연구 결과를 바탕으로 논의를 전개하기 때문에 열외로 하였다. 세 논의에서 주장하는 국어 교과서의 기능은 다음 〈표 2〉와 같다.

〈표 2〉 국어 교과서의 기능과 관련된 대표적인 논의 비교

교과서의 기능 〈연구자〉	Greene & Petty(1975)	노명완 외(1988)	한국교육개발원
관점 반영	○	○	
체계화된 지식 제공			○
교육과정 구체화 및 재해석	○	○	○
교수 학습 자료 제공	○	○	
교수 학습 방법 제공	○	○	
평가 자료 제공	○	○	
학습동기 부여		○	○
고등 사고력 신장			○
수준별 학습 제공			○
자기주도 학습능력 신장			○
연습을 통한 기능의 정착	○	○	
교육 내용과 학생 삶의 연결			○

위의 〈표 3〉에 따르면 적어도 두 명 이상의 연구자들이 공통적으로 중요하다고 강조하는 국어 교과서의 기능으로 관점 반영의 기능, 교육과정 구체화 및 재해석의 기능, 교수 학습 방법 제공의 기능, 교수 학습 자료 제공의 기능, 학습 동기 부여의 기능, 연습을 통한 기능의 정착의 기능, 평가 자료 제공의 기능을 들 수 있다. 여기에 국어과의 특성을 고려하여'고등 사고능력 신장의 기능'과'교육 내용과 국어 생활(실제 삶)을 연결하는 기능'을 추가하면 모두 아홉 가지 유형의 국어 교과서 기능을 설정할 수 있다.

(1) 관점 반영의 기능

국어 교육의 관점이란 넓게는 국어과 교육의 목표를 바라보는 관점을 말하며, 좁게는 언어의 표현이나 이해를 바라보는 관점을 말한다. 대체로 초기의 국어과 교육의 내용은 언어학적 지식이나

문학적 지식이 강조되었으며, 언어의 표현이나 이해도 추상적이고 형식적인 수준에서 이해되었다. 하지만 인간의 지적 과정에 대한 연구 성과가 점차 늘어나고, 언어 사용의 사회·문화적 및 상황 요인에 대한 인식이 높아지면서 국어과 교육은 언어 사용 기능 신장을 주요 목표로 하는 방향으로 옮겨가고, 언어 기능도 형식적인 측면에서 점차 기능적인 측면을 강조하는 방향으로 바뀌기 시작하였다.

이와 관련하여 이상태(1993)는 『국어교육의 길잡이』에서 우리나라 국어 교육의 관점은 여러 번 바뀌었다고 설명하고 있다. 그에 따르면, 국어 교육 초창기에는 지식을 정선하여 필수적인 것을 최소화하여 가르쳤고, 그러다가 교육의 목적이 학생의 문제 해결 능력을 신장시키는 것으로 바뀌었으며, 4차 교육과정기에 이르러서는 학생에게 지식의 기본 개념을 인식시켜 지식의 기본 구조를 알게 하고 지적 탐구 과정을 수련하는 것을 교육의 목적으로 삼는 것으로 변화하였다(이상태, 1993: 173~174). 그리고 7차 교육과정 이후에는 교육과정에서 추구하는 국어 교육의 목표를 실현하기 위한 교수 학습에 구성주의적 교수 학습 관점, 총체적 언어 학습 관점, 생태학적 교수 학습 관점 등을 반영하고 있다. 이처럼 국어 교과서는 국어 교육과 관련된 다양하고 변화하는 관점을 반영하는 기능을 담당한다.

가령, 국어 교과서의 듣기·말하기, 읽기, 쓰기 교수 학습은 구성주의를 기반으로 한 과정 중심 접근법을 취하고 있다. 그리하여 듣기와 읽기 활동을 할 때에는 전·중·후 활동을 강조하였으며, 말하기나 쓰기 활동을 할 때에도 아이디어를 생성하고 조직, 표현, 수정하는 일련의 과정을 강조하였다. 아울러 문법 학습의 경우에도 결과보다는 탐구의 과정을 강조하였으며, 문학 학습에서도 문학 작품 감상과 창작의 과정을 강조하였다.

(2) 교육과정의 구체화 및 재해석 기능

국어과 교육과정은 국어과 교육과 관련된 기본적인 교육 목표와 교육 내용, 교육방법, 평가 등에 관한 내용을 담고 있다. 이러한 교육과정은 대체로 추상적이고 포괄적인 수준에서 진술된다. 국어 교과서는 국어과 교육과정을 특정 학습 목표, 교육 프로그램, 학습 방법, 평가 방법을 통해 구체화시킨다. 그리하여 추상적 개념이나 기능은 더욱 세분화되고, 교사와 학생이 쉽게 이해할 수 있는 수준까지 끌어 내려지며, 세분화된 내용은 다시 지도의 편이, 내용의 난이도에 따라 체계화되어 제시된다. 이처럼 국어 교과서는 추상적인 차원에서 제시된 국어과 교육과정의 내용을 구체화고 교수 학습 상황에서 실현 가능하도록 재해석하여 교사와 학생에게 제공하는 기능을 담당한다.

예를 들면, 2015 개정 국어 교과서 1~2학년군 '국어'의 1학년 1학기 2단원에는 '문법' 성취기준
(1)과 '쓰기' 성취 기준 (1), '문학' 성취기준(3)이 함께 반영되어 있다. 이는 2015 개정 국어과 교육과정
이 지향하고 있는 통합적 국어 교육을 실현하기 위함이다. 국어 영역 내 통합보다는 국어 영역 간
통합을 강조함으로써 통합적 국어 교육을 강화할 수 있을 것이다. 2015 개정 국어 교과서에서는
2015 개정 국어 교육과정을 구체화하고 재해석하는 국어 교과서에서 이들 성취 기준이 통합적으로
적용된 단원 목표를 설정하고 그에 따른 차시 학습 목표를 구체화하여 제시하고 있다. 아래 제시한
〈표 3〉은 1~2학년군 '국어'의 1-1 2단원에 반영된 문법, 쓰기, 문학 성취 기준이 어떻게 국어 교과서
에서 구체화되고 재해석되는지 보여주고 있다.

〈표 2〉 2015 개정 국어 교과서 1~2학년군 1-1 2단원에 반영된 성취 기준

2. 재미있게 ㄱㄴㄷ 의사소통 역량	문법(1) 한글 자모의 이름과 소릿값을 알고 정확하게 발음하고 쓴다. 쓰기(1) 글자를 바르게 쓴다. 문학(3) 여러 가지 말놀이를 통해 말의 재미를 느낀다.	자음자를 안다.	1~2. 자음자의 모양을 안다.	준비 학습
			3~4. 자음자의 이름을 안다.	기본 학습
			5~6. 자음자를 읽을 수 있다.	기본 학습
			7~8. 자음자를 쓸 수 있다.	기본 학습
			9~10. 자음자 놀이를 할 수 있다.	실천 학습

(3) 교수 학습 자료 제공의 기능

교과서가 교육과정의 내용을 세분화하고, 이를 교수 학습의 위계에 따라 구조화한다고 하더라도
그 구체적인 내용은 아직까지 추상적인 수준에 머무를 수밖에 없다. 이때 교과서가 담당하여야 할
기능은 이 추상적 수준의 내용을 신장시켜 줄 수 있는 구체적인 자료를 제공하는 일이다. 언어 기능은
언어에 대하여 설명한다고 해서 길러지는 것은 아니다. "읽으면서 읽기 기능을 기르고, 쓰면서 쓰기
기능을 기른다."는 말이 있듯이 언어 기능의 신장은 직접적으로 그 기능이 동원되는 언어활동을
하는 가운데 이루어진다. 교과서는 이러한 활동의 소재를 제공하여야 한다.

(4) 교수 학습의 방법 제시의 기능

교과서는 교사용 자료이면서 동시에 학생용 자료이다. 그러므로 교사뿐만 아니라 학생에게도 무엇을 어떻게 하여야 한다고 그 방법을 구체적으로 일러 주는 기능을 담당하여야 한다. 교과서에서의 학습 방법 지시가 추상적이거나 모호할수록 그 교과서로 공부하는 학생들은 교사의 지시와 설명에 의존하게 된다. 그 결과는 학생들의 소극적인 참여로 나타나게 된다.

그리하여 국어 교과서에서는 단원별로 교사 중심에서 학생 중심으로 교수 학습의 책임을 점진적으로 학생에게 이양해주고 있다. 아울러 교사들이 해당 단원 및 차시의 주요 학습 내용을 효과적으로 지도할 수 있도록 위해 다양한 학습 원리와 전략을 안내하고 있다. 뿐만 아니라 학생들의 자기 주도적 학습이 가능하도록 단원 및 차시의 지식이나 개념을 풀어서 설명하고, 교수 학습의 과정에서 학생들이 필요로 하는 지식이나 개념, 원리 등을 설명하고 있다. 그리고 학습의 과정을 유기적으로 연결하여 순차적으로 학습의 과정을 따라가면 학습 목표에 도달할 수 있도록 하고 있다. 이를 위해 필요한 경우 모범이 될 만한 글을 예시 텍스트로 풍부하게 제기하고 있으며, 각종 학습 도우미 장치를 활용하여 학습을 친절하게 안내하여 줌으로써 자기 주도적 학습을 할 수 있도록 도와주고 있다.

학습 도우미는 2007 개정 교사 도우미(선생님 캐릭터)와 학생 동료 도우미(친구 캐릭터)로 나누어 제시된다. 교사 도우미는 학습 활동을 통하여 어떤 지식이나 개념을 익혀야 할 경우, 활동을 하는 과정에서 익혀야 하는 지식을 간접적으로 제시하거나 학생이 스스로 학습 과제를 해결하기 어렵다고 생각되는 경우, 그 원리를 이해하도록 유도할 수 있는 단서를 제공하는 역할을 한다. 이와는 다르게 학생 동료 도우미는 학생들 간의 적극적인 상호 작용을 통하여 의미를 구성할 수 있도록 안내하는 기능을 한다.

(5) 학습에 대한 동기 부여의 기능

학습 동기는 학습자로 하여금 학습과 관련된 의욕을 갖게 하는 것을 말한다. 보통 학생들의 심리적·지적 상태는 국어과 교수 학습 상황에서 제시되는 학습 과제와 어느 정도 거리가 있다. 따라서 국어 교과서는 학습 내용을 제시하기 전에 이에 대한 학생들의 학습 흥미를 높이는 일을 먼저 할 필요가 있다. 이를 통해 학생들이 국어과 학습의 목표, 내용, 그리고 이에 대한 흥미와 의욕을 갖게 되면 학생들의 학습 참여와 활동이 보다 능동적으로 되고, 따라서 학습 성취도 높아지게 된다(노명완 외, 1988: 95).

이를 위하여 국어 교과서에서는 단원마다 '도입 학습'으로 시작한다. 이 도입 학습에서는 단원의 학습 목표를 이해하고 단원의 학습 상황과 관련된 그림이나 사진을 제공하고 이와 관련된 질문을 함으로써 해당 단원 학습에 대한 흥미를 유발한다. 이뿐만 아니라 학습자가 가지고 있는 능력을 고려하여 적절한 수준에서 학습 제제를 선정하고 교수 학습 활동을 구안하고 있다.

(6) 고등사고 능력 신장의 기능

국어 교과서는 다양한 방식으로 단원 학습과 관련된 자료를 제공함으로써 학생들의 창의적인 언어 사용 능력, 자기표현 능력, 비판적 판단력과 같은 고등 사고 능력을 신장시킬 수 있어야 한다. 이를 위하여 국어 교과서는 다양하면서도 활동 중심인 언어활동을 강조함으로써 학생들이 높은 수준의 언어적 사고력을 함양할 수 있도록 구성하고 있다.

예를 들면, 2009 개정 1~2학년군 "국어 활동" 교과서의 2단원 '우리말 다지기'에서 우리말을 사용하여 가게 이름을 학생 스스로 지어 보게 하는 활동은 학생들의 우리말에 대한 창의적인 생산을 유도할 수 있도록 구성한 대표적인 예이다. 그리고 국어 활동 교과서에서 매 단원마다 제시되는 '놀며 생각하며'는 재미있는 언어 놀이를 통하여 국어와 관련된 창의력을 기를 수 있도록 구성한 것이다.

(7) 연습을 통한 언어 기능 정착의 기능

국어 교과서는 지면이 제한되어 있는 학생들에게 길러 주고자 하는 언어 기능을 완전히 정착시킬 수는 없다. 국어 수업에서 다루어지는 언어 기능의 획득 및 정착은 여러 가지 다양한 자료로 오랫동안 훈련과 연습을 할 때 가능해진다(노명완 외, 1988: 95~96). 그러므로 국어 교과서는 기능 획득을 위한 설명과 안내된 연습이 어느 정도 이루어진 후에 자료나 상황을 달리하여 이 기능을 추가적으로 연습할 수 있도록 하는 것이 필요하다.

국어과의 경우 이러한 교과서의 기능을 반영하기 위하여 6차 국어 교과서에서 원리 학습과 적용학습을, 2007 개정 교과서, 2009 개정 교과서에서 이해학습과 적용학습을 두었다. 국어 교과서로 공부하는 학생들은 단원마다 '이해 학습'에서 하나의 텍스트를 이해하거나 산출하는 데 필요한 지식이나 개념, 전략 등을 학습하고, '적용 학습'에서는 이해학습에서 학습한 것을 실제로 적용해서 하나의 텍스트를 온전히 이해하거나 산출 하는 연습을 한다. 대체로 이해 학습에서는 짧은 텍스트와 담화를 통해서 방법을 익히고, 적용 학습에서는 이해 학습 제재 보다 조금 길고 실제적인 텍스트를 대상으로 연습하면서 단원의 이해학습에서 익힌 언어 기능을 정착시키게 된다. 또한 2015 개정 "국어활동" 교과서는 "국어"에서 배운 내용을 자기 스스로 점검하며 언어 기능을 연습하는 활동으로 구성되어 국어 학습을 내면화 하도록 하였다.

(8) 평가 자료 제공의 기능

교육은 교육과정에 근거하여 이루어지는 의도적 행위이다. 그리고 그러한 의도적 행위로서의 교육 활동이 가장 잘 부각되는 것은 교수 학습이다. 교사는 교수 학습 상황에서 수업 목표를 정하고 그러한 목표를 달성하기 위해 여러 가지 노력을 하는데 그 중 하나가 바로 평가이다. 국어과에서 평가는 국어과 목표를 달성하기 위해 국어과 교육 주체들이 학습자의 국어과 성취에 관한 정보를 전문적이며 체계적으로 수집하여 해석하는 일련의 협동적이며 상호작용적인 의사결정 활동으로 정의하고 있다 (신헌재 외, 2009: 175~178). 국어 교과서는 이러한 국어과 평가 개념을 바탕으로 교과서는 국어 수업의 결과를 평가할 수 있는 자료를 제공해 주어야 하며, 아울러 이어지는 수업에서 그 결과를 효과적으로 활용할 수 있는 방향을 안내해 주어야 한다(Green & Petty, 1975: 485).

이러한 평가 자료 제공의 기능을 충실하게 반영하고 있는 국어 교과서는 바로 제7차 국어 교과서이다. 7차 교육과정의 국어 교과서에서는 두 번째 소단원 학습 후 '되돌아보기'가 제시된다. 이 '되돌아보기'는 평가활동으로 그 결과를 통해 교사와 학습자에게 대단원 학습 목표 성취도에 대한 정보를 제공하며, 교사와 학습자는 이러한 정보를 활용하여 '더 나아가기'에서 보충·심화 학습을 선택하게 된다(박태호, 2009: 91~92). 2015 개정 국어 교과서에는 '정리 학습'에 자기 점검 및 평가 활동을 구성하였다.

[그림 1] 2015 개정 국어 교과서 정리 학습

(9) 교육 내용과 실제 삶을 연결하는 기능

국어 교과서 내용의 유용성과 그것을 실제 생활에 적용하는 방법을 설명함으로써 역동적인 학습을 활성화 할 수 있어야 한다. 이 기능은 학생들의 실제적이고 의미 있는 언어 사용과 관련이 있다. 그리하여 국어 교과서에서는 학생들이 실제 삶에서 접하게 되는 것을 중심으로 최대한 제재를 선정하고 학습하여 할 내용을 가져옴으로써 교실에서 공부한 지식이나 기능 능이 실제 학생들의 삶에서 활용되도록 힘쓰고 있다. 예를 들면, 2015 개정 국어 교과서의 경우 각 단원마다 '실천 학습'을 설정하여 학생들이 해당 단원에서 학습한 내용을 실제의 언어생활에서 구체적으로 통합적으로 실천해 볼 수 있는 기회를 제공하고 있다.

제 2 장

초등학교 국어 교과서의 변천

이 장에서는 지난 60여 년 동안 초등학교 국어 교과서가 변화해 온 과정을 되짚어보고자 한다. 이를 위해 교육과정기별 초등 국어 교과서의 주요한 특징(개발 주체, 내적·외적 체제, 등)을 살펴볼 것이다. 외적 체제(design)[1]와 관련하여 분책 방식을, 내적 체제(system)[2]와 관련하여 단원 체제[3] 및 구성 방식의 변화에 주목할 것이다.

1. 교육과정기별 초등학교 국어 교과서의 변천 양상

(1) 1차 교육과정기(1955년)의 초등 국어 교과서

1차 국어과 교육과정은 1955년 8월 1일에 문교부령 제44호로 고시되었다. 당시의 초등학교 국어 교과서는 〈국어〉, 〈글짓는 생활〉, 〈글짓기〉, 〈글씨본〉을 편찬하였다. 교과서 개발은 문교부를 중심으로 진행되었다. 〈국어〉 교과서는 영역별로 나누지 않았다. 가장 먼저 만들어진 '국어 1-1' 교과서가

---

[1] 국어 교과서의 외적 체제란 외형과 관련된 특징으로, 책의 분책 방식, 판형, 지질, 활자, 색도, 편집 등 외형 등의 요소가 있다.

[2] 국어 교과서의 내적 체제란 교과서를 구성하는 요소와 각 요소의 기능 및 배치에 대한 교과서 체계(system)의 문제로, 단원 구성 방식과 학습 과정의 구성 문제로 환원될 수 있다(노명완 외, 2004:49).

[3] 단원 체제란 단원 내 학습량을 기반으로 한 단원의 크기로서, 소단원, 중단원, 대단원 체제를 말한다. 그런데 이는 학문적으로 정립된 개념이라기보다는 연구자들 사이에서 통상적으로 사용되는 개념에 가깝다. 따라서 다음에서는 여러 연구자들의 견해를 바탕으로 각 단원이 개별적으로 구성된 경우는 소단원, 특정 영역별로 단원이 구성된 경우에는 대단원 방식으로 구분하였다. 한편 2007 개정 교과서의 경우 1주를 기본으로 하는 소단원 두 개로 구성된 것을 중단원(박태호, 2009:141) 체제로 구분하였다.

잘 알려진 〈바둑이와 철수〉인데, 처음부터 끝까지 한 편의 이야기를 전개하듯이 구성한 점이 특징이다. 아래의 [그림 1]은 당시의 〈국어〉 교과서이고, [그림 2]는 〈바둑이와 철수〉 교과서이다.

[그림 1] 1차 교육과정기 〈국어〉 교과서

[그림 2] 〈바둑이와 철수〉 교과서

단원 구성 방식은 학년에 따라 소단원 및 대단원 체제를 병행하였다. 즉, 1~2학년까지는 소단원 체제이며, 3학년부터는 대단원 체제이다. 그리고 3학년부터는 소단원 말미에 3~8개의 학습문제를, 대단원의 말미에는 2~3개의 총괄문제를 두어 학습활동을 점검하면서, 언어 사용 기능이 고르게 신장될 수 있도록 구성하였다. 한편 학생의 흥미와 문자습득, 발달 단계를 고려한 제재 선택도 돋보인다. 이를 위해 저학년에서는 학생의 경험을 반영한 생활문을 중심으로, 고학년에서는 설명문과 논설문을 중심으로 제재를 수록하였다(신헌재, 2004:29). 그리고 1~3학년까지는 한글 전용으로 편찬하였고, 부록에 교과서 기출 어휘('새로 나온 말')와 쪽 수를 제시하였다. 4학년부터는 괄호 안에 한자를 병기하였고, 부록에 교과서 기출 한자 목록('책에 나온 한자')을 제시하였다. 이 시기에도 각 교재의 말미에 '지도하시는 분에게'라는 항목을 마련할 뿐 아니라, '교사용지도서'를 따로 제작하여 단원마다 지도상의 지침을 제시하였다(노명완 외, 2012, 150).

(2) 2차 교육과정기(1963년)의 초등 국어 교과서

2차 국어과 교육과정은 1963년 2월 15일에 문교부령 제119호로 고시되었다. 당시의 초등학교 국어 교과서는 〈국어〉, 〈글씨본〉, 〈쓰기〉, 〈글본〉을 편찬하였다. 교과서 개발은 문교부를 중심으로 진행되었으며, 〈국어〉 교과서를 영역별로 분권하지 않았다. 이 중에서 〈쓰기〉와 〈글본〉 교과서는 당시 학생들의 글씨쓰기 실태를 수집·분석한 연구 결과를 바탕으로, 2차 교육과정이 시작된 지 6년이 지나서야(1968년 이후) 배부되었다. 이것은 〈국어〉 교과서의 단원구성에 따라, 각 단원마다 글씨쓰기와 글짓기를 따로 모아서 교과서의 빈칸에 직접 써보도록 하는 형식으로 만든 보조 교과서이다(노명완 외, 2012: 150).

이 시기의 단원 체제는 학년에 따라 소단원 및 대단원 체제를 병행하였다. 1차 교육과정기와 동일하게 1~2학년까지는 소단원, 3학년부터는 대단원 체제이다. 일부 달라진 부분도 있다. 우선, 학습의 점검 및 평가의 기능을 하는 '공부할 문제'를 1차 교육과정기에서는 3학년부터 제시했는데, 2차 교육과정기에는 1학년 1학기로 앞당겨 제시하였다. 그리고 해당 단원의 특성에 맞게 별도의 하위 활동을 구성하였다. 다음으로 '유관순', '안향' 등과 같은 전기문 제재를 상당 부분(40% 정도) 수록하였다. 당시에 '국민교육헌장'을 제정 및 선포(1968년 12월 5일)하면서 민족의 자주성과 주체성을 고양하기 위한 시대적 요청을 반영하고, 인간형성 교육을 보완하고자 한 결과이다. 한편, 1970년부터는 대통령의 지시[4]에 따라 모든 교과서를 한글 전용으로 개발하였다. 이 역시 민족의 주체성을 강조하기 위한 의도이다.

이 시기의 입문기 문자 지도 역시 의미 중심 지도법을 활용하였다. 전반적으로 1차 교육과정기의 유사한 특징이 입문기 문자 지도에서도 드러난다. 예컨대, 네 번째 단원(인수와 순이, 35쪽)부터 입문기 문자 지도 내용이 반영되었으며, 시각 어휘와 함께 '소, 나비, 여우, 오리'와 같은 낱말을 시작으로 '어머니, 어머니, 우리 어머니.', '아버지, 아버지, 우리 아버지.', '아가 아가 우리 아가 이리 오너라'와 같은 문장을 활용하여 의미 중심의 단어식, 문장식 지도법을 활용한 점이다. 한편, 4단원 말미에 '가, 너, 코, 무, 비, 과, 워, 워, 쉬'와 같은 낱말을 제시한 것은 1차 교육과정기의 교과서와 다른 점인데, 자료의 구성면에서 특별한 원리나 규칙을 발견할 수 없기 때문에 발음 중심의 지도법을 활용했다고 볼 수는 없다(강동훈, 2014, 494).

(3) 3차 교육과정기(1973년)의 초등 국어 교과서

3차 국어과 교육과정은 1973년 2월 14일에 문교부령 제310호로 고시되었다. 당시의 초등학교

---

4 1969년 9월에 '교육과정령 중 개정령'이 고시되어 초등학교에서의 한자 지도를 없애게 한 뒤에는 1차 교육과정기 이후, 4학년 이상의 국어 교과서 본문에 교육용 한자 600자 범주 내에서 괄호 안에 병기시켜왔던 한자를 모두 없앴다 (신헌재, 2004:30).

국어 교과서는 〈국어〉와 〈쓰기〉를 편찬하였다. 교과서의 개발은 이전과 마찬가지로 문교부를 중심으로 진행하였으며, 〈국어〉 교과서를 영역별로 분권하지 않았지만, 개발 방식에서 큰 변화가 나타났다. 기존 교과서의 평가 결과와 학계에 위탁한 연구 결과를 토대로 교과서를 개발하였고, 이때부터 실험용 교과서[5]를 제작하여 학교 현장에 적용하였다. 그 결과 교과서 개발 체제가 개선되어 지금까지 이어지고 있다. 또한 교육과정에'제재 선정의 기준'항을 처음으로 제시하였다.[6]

이 시기의 단원 체제는 학년에 따라 소단원 및 대단원 체제를 병행하였다. 1~2학년까지는 소단원 체제를, 3학년부터는 대단원 체제로 구성하였다[7]. 그런데 이때부터 생활 중심 외에 글의 형식(문종)에 따른 방식이 시도되었다(신헌재, 2004: 34). 이는 앞서 설명한 교육과정의 과도기적 특성과 관련이 있다. 그리고 단원 말미에 있는 '공부할 문제(말 익히기)'에서는 단계적인 문형 학습을 강조하였다. 이전과 달리 탈맥락적인 어휘 중심의 문법 학습에서 벗어나 맥락을 고려한 문장 중심의 학습으로 발전하였다.

(4) 4차 교육과정기(1981년)의 초등 국어 교과서

4차 국어과 교육과정은 1981년 12월 31일에 문교부령 제442호로 고시되었다. 당시의 초등학교 국어 교과서는 〈바른 생활〉, 〈국어〉를 편찬하였다. 〈바른 생활〉[8]은 1~2학년이 사용한 국어, 도덕, 사회의 통합 교과서이며, 3학년부터 〈국어〉교과서를 사용하였다. 교과서 개발 방식에서는 많은 변화가 나타난다. 이전까지는 교과서의 개발을 문교부를 중심으로 했던 반면, 이 시기에는 문교부의 위탁을 받은 한국교육개발원에서 개발하였다. 한국교육개발원은 국어 교육과정 및 교과서 개발 관련 기초 연구를 수행하고, 이를 바탕으로 국어 교육과정 총론과 각론 및 교과서를 개발하였으며, 문교부는 심의, 수정, 보완하였다(박영목 외, 2008: 113).

---

5 기존의 교과서 분석 연구 결과(문교부, 1969)와 학계에 위탁한 '우리말 문형에 관한 연구'(문교부, 1971) 결과를 토대로 했고, 실험용 교과서를 가지고 한 학기 실험 연구한 결과(문교부, 1972)를 반영하여 편찬하였다(노명완 외, 2012: 150).

6 이는 당시이 정치적 상황(1972.10 유신 체제)과 밀접한 관련이 있다. 한국적 주체 의식과 가치관 교육을 강화하기 위한 것으로 이러한 제재가 이전에 비해 더 많이 수록하였다. 3학년 2학기 교과서의 처음부분에 태극기나 국기 계양과 관련된 삽화를 게재한 것 또한 이와 관련된다.

7 1차 교육과정기는 단원의 순서를 표시하지 않다가, 2차 교육과정기는 차례에서만 단원의 순서를 표기한다. 그리고 3차 교육과정기의 교과서부터 차례에나 해당 단원 모두에서 직접 '1.', '2.'와 같이 단원의 순서를 표기한 점이 다르다.

8 바른 생활 교과서를 만든 취지는 학생의 발달 단계를 고려하여 아직 미분화된 저학년 아동들에게 부합한 교육 내용을 제공하고, 교과간의 중복을 줄이면서 언어 능력의 기초학습을 익히도록 하기 위함이었다. 그러나 이러한 통합의 정신을 충분히 구현하지 못하면서 기초언어기능의 학습이 약화되었다는 문제점을 낳았다.

이 시기의 단원 구성 방식은 전 학년에서 소단원 체제를 취한다. 아울러 단원을 문종 중심[9]으로 구성하였다. 예컨대 3학년 2학기 교과서에서'5. 일기와 편지', '7. 설명하는 글', '8. 훌륭한 분들'단원의 경우 각각 일기 및 서간문, 설명문, 전기문을 다룬다. 그리고 '1. 청개구리', '2. 우리들의 글', '4. 재미있는 이야기', '6. 노래하는 마음' 단원의 경우 각각 극본, 아동소설, 동화, 시에 해당하는데 이처럼 다양한 갈래를 반영하여 문학 교육을 중시하였다. 한편, 3학년부터는 '공부할 문제'의 명칭을 '본문 공부'로 변경하면서 하위 활동으로 '내용알기', '더 생각해 보기', '알아두기', '말 익히기', '글짓기', '글씨쓰기' 등의 항목을 추가하였다. 이 중에서 '내용알기'와 '더 생각해 보기', '알아두기'는 매 단원의 필수 활동이다. '내용알기' 활동은 본문의 이해도를 점검하며, '더 생각해보기' 활동은 확산적인 발문을 통해 창의적인 사고력을 신장시키고 있으며, '알아두기' 활동은 문종에 따른 특징과 감상에 필요한 지식을 다루었다.

(5) 5차 교육과정기(1987년)의 초등 국어 교과서

5차 국어과 교육과정은 1987년 6월 30일에 문교부령 제87-9호로 고시되었다. 당시의 초등학교 국어 교과서는 〈말하기 · 듣기〉, 〈읽기〉, 〈쓰기〉 세 권을 편찬하였다. 그동안의 '1교과 1교과서' 정책에서 벗어나서 교육과정의 영역별로 교과서를 개발하였다. 4차 교육과정기와 마찬가지로 문교부의 위탁을 받아 한국교육개발원에서 교과서를 개발하였다. 그런데 기존에 비해 개발해야 할 교과서의 편수가 대폭 늘어나서, 몇몇 기관이 나누어 국어 교과서를 개발할 수밖에 없었다. 이에 1~3학년 교과서만 한국교육개발원에서 만들고, 4~6학년의 〈말하기 · 듣기〉 교과서는 서울대 어학연구소가, 〈읽기〉 교과서는 서울교육대학교가, 〈쓰기〉 교과서는 인천교육대학교(현 경인교대)가 개발하였다(노명완 외, 2012: 152). 이로 인해 그동안 소홀이 취급되었던 음성 언어와 쓰기 영역이 활성화되었지만, 교과서 개발 과정에서 기관 간의 소통이 원활하지 않아 영역별 통합이 잘 이루어지지 않는 문제점이 발생하기도 하였다.

이 시기의 단원 체제는 전 학년 소단원 체제이다. 그런데 단원 구성 방식이 기존의 '제재 중심'의 방식에서 벗어나 '목표 중심'으로 구성하면서 큰 변화가 나타난다. 즉, 이때 처음으로 각 차시마다 가르쳐야 할 목표 및 방법을 명시적으로 제시한 것이다. 이처럼 목표 중심의 방식을 도입함으로써

---

9 이주섭(2007: 175)은 7차 교육과정기까지 초등학교 국어 교과서의 단원 구성 방식을 연구하였다. 1~3차 교육과정기는 주제 중심과 문종 중심의 단원이 혼재해서 나타났으며, 4차 교육과정기부터 문종 중심의 단원이, 5차 교육과정기부터 본격적으로 목표 중심의 단원 구성 방식이 나타남을 밝히고 있다.

국어과에서 가르쳐야 할 '내용'을 명확히 할 수 있고, 가르치는 '방법'에 대해서 국어 교육 공동체가 부단히 고민하게 되었다는 점에서 크나 큰 성과로 평가받을 만하다(이주섭, 2007: 175). 또한 '단원 도입면' 역시 이때 처음으로 생겼으며, 학습 안내 및 동기를 유발하도록 단원 목표를 함께 제시하였다. 도입면은 삽화를 활용하였으며, 한 쪽으로 구성하여 교과서를 펼쳤을 때 오른쪽에 배치했다. 그리고 단원의 말미에는 해당 단원의 학습을 평가하고 점검하기 위해 평가 활동을 제시하였다. 이는 언어수행 과정에 학생의 참여를 돕기 위한 의도이다.

(6) 6차 교육과정기(1992.6~1997.12)의 초등 국어 교과서

6차 국어과 교육과정은 1992년 9월 30일에 교육부 제1992-16호로 고시되었다. 당시의 초등학교 국어 교과서는 학년에 따라 다른 분책 방식을 취하였다. 5차 교육과정기처럼 분권 방식은 유지하되, 1~4학년은 〈말하기·듣기〉, 〈읽기〉, 〈쓰기〉의 3권 체제를, 5~6학년은 〈말하기·듣기·쓰기〉와 〈읽기〉의 2권 체제를 취하였다. 5차 교육과정기 때 국어 교과서를 여러 기관에서 개발하면서 발생하였던 문제를 보완하기 위해 이때부터는 다시 한국교육개발원에서 전 학년 국어 교과서를 개발하였다. 단원 체제는 1주를 기본 학습 단위로 하는 소단원 체제이다. 가장 큰 변화는 '도입학습→원리학습→적용학습→심화학습'로 이어지는 단원 편찬도를 제시한 점이다. 이는 단원 학습 목표에 대한 도달 가능성을 높이기 위한 취지이다.

(7) 7차 교육과정기(1997년)의 초등 국어 교과서[10]

제7차 국어과 교육과정은 1997년 12월 30일에 교육부 제1997-15로 고시되었다. 당시의 초등학교 국어 교과서는 학년에 따라 분책 방식이 달랐다. 1~3학년은 〈말하기·듣기〉, 〈읽기〉, 〈쓰기〉의 3권을, 4~6학년은 〈말하기·듣기·쓰기〉와 〈읽기〉의 2권을 편찬하였다. 이 시기에 교과서 개발 업무는 한국교육개발원에서 한국교육과정평가원으로 이관되었다.

이 시기의 단원 체제는 대단원 체제를 취하였다. 이는 지난 5, 6차 교과서가 취한 소단원 체제에서 소단원 간의 관계가 모호하고, 한 단위 학습이 호흡이 짧다는 문제점이 나타났기 때문이나(이수섭, 2007: 175). 대단원은 국어 사용 목적(정보전달 및 이해, 비판적 분석과 설득, 정서 표현, 친교 반응과 표현)에 따라 구성하였으며, 문학 교육을 좀 더 부각시키기 위하여 '정서 표현'은 두 마당으로

---

10 7차 교육과정기 및 2007 개정 교과서의 특징은 박태호(2009)의 논의를 바탕으로 요약 및 발췌하였다.

편성해서 총 다섯 마당[11]으로 구성하였다. 하나의 대단원은 두 개의 소단원으로 구성되고, 4차시(말하기 · 듣기, 쓰기) 내지 6차시(말하기 · 듣기 · 쓰기, 읽기) 활동을 한다. 각 소단원은 2~3차시를 기본 단위로 하는데, 교과서마다 학년별로 약간씩 차이가 있다. 1~3학년 학생이 사용하는 〈말하기 · 듣기〉와 〈쓰기〉 교과서는 하나의 소단원을 2차시로, 4~6학년 학생이 사용하는 〈말하기 · 듣기 · 쓰기〉 교과서는 3차시로 구성하였다(박태호, 2009: 90). 〈우리들은 1학년〉 교과서를 사용하는 1학년 1학기를 제외하면 1학기는 5개 마당을 15주에, 2학기는 14주에 걸쳐 학습하도록 단원이 구성하였다(박태호, 2009: 88).

그리고 단원은 '도입학습→기본 학습(원리 학습과 적용학습)→평가 학습→보충 · 심화 학습'의 순으로 개발되었다. 각 단계의 특징을 살펴보면 다음과 같다. '도입 학습'은 교과서를 펼쳤을 때 좌우에 걸쳐 두 면이 된다. 5차와 6차 때에는 한 쪽이었던 '도입면'을 문제와 해결의 일반 절차에 따라 두 면으로 구성하면서 '도입 학습'의 기능을 본격적으로 강화하였다. 1면은 대단원명(마당명)과 대단원 학습 목표와 관련된 문제 상황으로, 2면은 대단원 학습 목표와 관련 학습 내용 개관으로 구성되었다. 이러한 도입 학습의 설정 목적은 수업의 필요성, 수업 내용, 수업 절차에 대한 개관이나 후속 학습에 대한 정보를 안내하기 위함이다. 도입 학습은 1차시의 일부로 가르치되 20분을 넘지 않도록 하였다.

'평가 학습'은 '되돌아보기'로 1주를 기본 단위로 삼는 '한 걸음 더'에서 20~40분 동안 운영한다. 1~3학년의 〈말하기 · 듣기〉와 〈쓰기〉 교과서는 5차시에, 〈읽기〉 교과서는 7차시에 평가 활동을 한다. '되돌아보기'는 교사와 학습자에게 대단원 학습 목표 성취도에 대한 정보를 제공하며, 교사와 학습자는 이러한 정보를 활용하여 보충 · 심화 학습을 선택하게 된다. '보충 · 심화학습'은 '더 나아가기'로 기본 학습 과정이 끝난 후, 3주차의 '한 걸음 더'에서 가르친다. 1~3학년의 〈말하기 · 듣기〉와 〈쓰기〉에서는 6차시에, 〈읽기〉에서는 8~9차시에 보충 · 심화 활동을 한다. 4~6학년의 경우는 모두 8~9차시에서 이루어진다. 이것을 간단히 정리하면 다음 〈표 1〉과 같다.

---

11 7차 초등학교 국어 교과서에서는 대단원을 '마당'이라고 불렀다.

〈표 1〉 1~3학년 국어 교과서의 대단원 구성 체제와 학습 활동(박태호, 2009, 92-93)

| | 교과서명 | 마당
(대단원) | 소단원1 | | | 소단원2 | | | 한 걸음 더 | | 쉼터 |
									되돌아보기	더 나아가기	
1-3 학년	말·듣·쓰		1차시	2차시	3차시	4차시	5차시	6차시	7차시	8차시	
	읽기		1차시	2차시	3차시	4차시	5차시	6차시	7차시	8차시	
		도입 학습	원리 학습 + 적용 학습						평가 학습	보충·심화 학습	
			기본 학습								

(8) 2007 개정 교육과정기의 초등 국어 교과서

2007개정 국어과 교육과정은 2007년 2월 28일 고시되었다(교육인적자원부 제2007-79호). 이 시기의 교과서도 학년에 따라 분책 방식을 달리 하였다. 1~3학년은 〈듣기·말하기〉, 〈읽기〉, 〈쓰기〉의 3권을, 4~6학년은 〈듣기·말하기·쓰기〉와 〈읽기〉의 2권을 편찬하였다. 그런데 교과서의 권수가 많다는 민원이 제기되면서 2012년부터 기간본을 발행하여 전 학년이 〈듣기·말하기·쓰기〉와 〈읽기〉 교과서 2권을 사용하게 되었다. 한편, 학생의 언어 발달 단계를 고려하여 '듣기'를 '말하기'보다 강조하는 의미에서 〈말하기·듣기〉 교과서를 〈듣기·말하기〉로 명칭을 변경하였다.

교과서의 개발 방식이 '국정제'에서 '국정공모제'로 변화되었다. 7차 교육과정기까지 개발된 초등 국어 교과서는 교육과학기술부에서 한국교육과정평가원이나 기관을 지정하여 위탁하는 '국정제'였다면, 2007 개정 교육과정에 따른 국어 교과서는 외부 개발 기관에 공모하여 위탁하는 '국정공모제' 방식으로 변한 것이다(신헌재 외, 2011: 14). 이때 한국교원대학교와 서울교육대학교가 함께 공모를 하여 선정되면서 '한국교원대학교·서울교육대학교 국정도서국어편찬위원회'에서 교과서를 개발하였다.

단원 체제는 중단원 체제로 변화하였다. 6차 국어 교과서가 1주를 기본 단위를 기본 단위로 하는 소단원 체제이고, 7차 국어 교과서는 3주를 기본 단위로 하는 대단원 체제였다면, 2007 개정 국어 교과서는 2주를 기본 단위로 하는 중단원 체제를 취한 것이다. 그리고 7차 국어 교과서의 '한 걸음 더(되돌아보기+수준별 학습)'를 삭제하였고, 평가 기능을 제대로 수행하지 못한 되돌아보기의 기능을 대폭 약화시켜 소단원 말미에 점검 기능만 수행하도록 하였다(박태호, 2009: 141).

단원은 '도입 학습→이해 학습→적용학습→정리 학습'순으로 개발되었다. '도입학습'은 한 쪽이며, 오른쪽에 배치하였다. 이 부분은 단원명, 단원의 학습 목적, 단원 학습에 필요한 상황(목적, 필요성, 동기 등) 인식 및 개념 이해로 구성된다. 단원 학습 목표는 여러 문장으로 풀어서 제시하여 학습

동기를 유발하거나 학습 활동을 체계적으로 안내하는 방향으로 구성하였다. 그리고 이전에 비해 이해학습과 적용학습을 보다 체계적으로 구현하였다. 예를 들어 〈말하기·듣기〉의 경우에 1차시에는 주로 상황이나 개념 이해를 위한 학습을 이루어지므로 '~에 대해 알아봅시다.', '~를 하면 좋은 점을 알아봅시다.', '를 할 때 주의할 점을 알아봅시다.', '~의 필요성을 알아봅시다.' 등으로 진술하였다. 2차시에서는 주로 기능이나 전략을 학습하므로 '~방법에 대해 알아봅시다.'와 같은 형태로 진술한다. 이어서 3~4차시의 적용 학습에서는 '~하여 봅시다.' 와 같이 진술하였다. 적용학습의 구성 방식은 7차와 대동소이하나 2007 개정 교과서에서는 '소통'을 더욱 강조하였다. 그래서 학생의 발표와 평가(자기 평가, 동료 평가 등), 토의와 토론, 작품 발표 활동 등으로 다양하게 구성하였다. 또한 매체를 활용한 소통도 강조하면서 발표하는 장면 촬영, 검토와 분석, 토론과 토의 활동이 추가되었다 (박태호, 2009: 143).

〈표 2〉 4~6학년 국어 교과서의 단원 구성 체제와 학습 활동(교육부, 2009)

1차시		2차시	3차시	4차시		
담화(글 / 언어 자료 / 작품)			담화(글 / 언어 자료 / 작품)			
도입	지식 기능 맥락의 이해 학습		지식 기능 맥락의 적용 학습		정리	놀이터
	이해 학습		적용 학습			
• 단원명 • 문제 상황 • 단원 학습 목표	• 차시 학습 목표 • 이해(지식, 기능, 맥락) 학습 활동	• 차시 학습 목표 • 이해(지식, 기능, 맥락) 학습 활동	• 차시 학습 목표 • 적용 학습 활동		• 정리 • 평가 • 실천	사고 학습
1쪽	2쪽	짝수(2, 4쪽)	홀수(3, 5쪽)		1쪽	홀수(1쪽)

(9) 2009 개정 교육과정기(2009.12~2015.9)의 초등 국어 교과서

2009 개정 국어과 교육과정은 2009년 12월 23일에 교육과학기술부 제2009-41호에 의해 고시되었고, 이후 부분 개정을 거듭하고 있다. 이 시기의 초등학교 국어 교과서는 〈국어〉와 〈국어 활동〉을 구성하였다. 2009 개정 국어 교과서는 기존의 영역별 분권 교과서와는 다른 방식의 '통합형 교과서'이다. 즉, 영역별로 분책하던 방식이 아니라 다섯 영역을 모두 〈국어〉 교과서에 통합하였다. 그리고 〈국어 활동〉은 〈국어〉에서 공부한 것을 내면화하고, 자기 주도적인 학습을 돕기 위한 목적으로 개발되었다. 따라서 〈국어〉는 주 교과서의 성격을 〈국어 활동〉은 보조 교과서의 성격을 지닌다. 교과서 개발은 2007 개정 교육과정기와 마찬가지로 '국정 공모제'로 선정된 한국교원대학교·서울교육대학

교 국정도서국어편찬위원회'에서 개발하였다.

〈국어〉 교과서의 분권 방식도 달라졌다. 이전에는 한 학기에 한 권(예:'읽기 1-1')을 사용하였다면, 2009 개정 〈국어〉 교과서부터는 〈표 3〉처럼 한 학기에 네 권을 사용하게 된다. 1학년 1학기의 경우 〈국어 ①-가〉, 〈국어 ①-나〉, 〈국어활동 ①-가〉, 〈국어활동 ①-나〉의 교과서를 사용하게 된다. 〈국어〉와 〈국어 활동〉 교과서를 이처럼 '가'권과 '나'권으로 분책한 것은 책의 무게를 줄여 학생의 책가방 무게를 줄여주기 위한 정책의 일환이었다.

그런데 2014학년도부터 적용된 3~4학년군 교과서부터는 다시 학년 및 학기를 전면에 나타내면서 표기 방식이 변화하였다. 예를 들어, 3학년 1학기의 경우 '3-1 ㉮', '3-2 ㉯'와 같이 기존의 표기 방식과 더불어 학년 및 학기를 병기하기 시작한 것이다. 이는 국어과의 경우 2013년에 처음으로 학년군제의 표기 방식 ①, ②, ③, ④이 적용된 1~2학년군 교과서가 활용되면서 학교 현장 및 학부모, 학생 등에게 많은 혼란을 주어 많은 민원이 발생했기 때문이다. 그로 인해 2014학년도부터 적용된 3~4학년군 교과서부터는 학년 및 학기가 부각되게 표기하게 되었으며, '3~4학년군 국어 ①'과 같은 기존의 학년군제 표기 방식은 교과서 전면 표지의 좌측 상단에 병기하였다.

단원 체제는 소단원 체제이며, '도입학습 →이해학습 →적용학습→정리학습'순으로 구성되었다. '도입학습'은 두 면으로 구성된다. 왼쪽 면에는 단원명과 함께 단원의 학습 목표를 제시하여 목표 중심 활동을 구현하였고, 오른쪽 면에는 단원 도입 질문 제시하여 해당 단원 학습에 대한 학생 흥미를 유발하는 기능을 한다.

'이해학습'에서는 지식, 기능, 태도를 학습한다. '지식 학습'은 해당 단원에서 익혀야 하는 내용(지식, 개념, 맥락)을, '기능 학습'은 해당 단원에서 익혀야하는 기능과 전략에 대한 시범과 국어 이해와 표현 활동에 필요한 안내된 연습 활동을, '태도 학습'은 해당 단원의 학습을 통해 지녀야 할 태도에 대한 학습을 말한다(교육부, 2013: 30). '적용학습'에서는 '이해학습'에서 학습한 지식, 기능, 태도 요소를 통합하여 실제로 하나의 텍스트를 수용하거나 생산하는 활동을 한다.

'정리학습'(지금까지 공부한 내용을 정리하여 봅시다.)에서는 해당 단원의 학습을 점검하고 자기 평가 등의 활동을 한다. 한 쪽으로 구성되며, 교과서를 펼쳤을 때 오른쪽 면에 배치된다 그런데 이를 끝으로 해당 단원의 학습이 종료되는 것이 아니라 하단 부분에 '다음에는 국어활동 ○~○쪽을 공부하여 봅시다.'라고 안내되어 있는 것처럼 국어 활동의 '생활 속으로'로 학습의 흐름이 이동하게 된다.

이상에서 살펴본 2009 개정 〈국어〉 교과서의 단원 구성 체제를 정리하면 〈표 3〉과 같다.

<표 3> 2009 개정 〈국어〉 교과서 단원 구성 체제(교육부, 2013: 30)

도입학습	이해학습			적용학습	정리학습
도입	지식, 기능, 태도학습			앞에서 공부한 지식, 기능, 태도의 종합 적용 학습	정리
·단원명 ·단원 학습 목표 안내 ·단원 학습 목표 관련 상황 제시 (그림, 사진)	〈지식 학습〉 ·차시 학습 목표 ·원리(장르, 지식, 맥락 파악 및 이해, 조건 지식) 이해 활동	〈기능 학습〉 ·차시 학습 목표 ·기능 이해 활동 ·기능 연습(안내된 연습 활동)	〈태도 학습〉 ·차시 학습 목표 ·태도 증진 활동	·차시 학습 목표 ·과정 중심 활동 ·실제 제재를 대상으로 지식, 기능, 태도를 종합적으로 적용	·학습 내용 정리 및 평가

〈국어 활동〉교과서는 '도입→생활 속에서→더 찾아 읽기→우리말 다지기→놀며 생각하며→글씨 연습'으로 구성된다. '도입'면은 두 면인데, 왼쪽 면에서는 단원명과 이 단원의 목표와 활동을, 오른쪽 면에서는 활동 내용을 간략히 제시하여 학습할 내용을 안내한다. '생활 속에서'는 놀이나 활동에 중점을 둔다. 단원 학습 목표와 연계된 활동으로, 〈국어〉의 '정리학습' 이후에 학습한다 '더 찾아 읽기'에는 〈국어〉의 해당 단원에서 다룬 내용과 연계된 다양한 제재를 수록되었다. 상호텍스트성(intertextuality)을 강조하여 〈국어〉의 해당 단원에서 다룬 내용을 작가, 주제, 소재, 관점 등과 연관 지어 읽음으로써 더 폭넓고 깊게 이해할 수 있게 하였다(교육부, 2013: 33). '더 찾아 읽기', '우리말 다지기', '놀며 생각하기', '글씨 연습'은 자기 주도 학습을 의도하며 개발된 것이므로 별도로 차시에는 포함되지 않는다. '우리말 다지기'에서는 해당 단원에서 꼭 익혀야 하는 우리말과 글에 대한 이해 및 기초적인 기능과 전략을 다지는 활동을 한다(교육부, 2013: 33). '놀며 생각하며'는 7차 교육과정의 '쉼터'와 2007 개정 교육과정의 '놀이터'와 같은 성격으로 흥미 있는 활동을 통해 국어와 관련된 창의적인 사고를 키울 수 있도록 한다. 〈국어 활동〉 단원 구성의 체제를 요약하면 다음 〈표 4〉와 같다.

<표 4> 2009 개정 〈국어 활동〉 교과서 단원 구성 체제(교육부, 2013: 32)

도입	생활 속에서	더 찾아 읽기	우리말 다지기	놀며 생각하며	글씨 연습
·단원명 ·국어활동 학습 안내	·차시 학습 목표 ·생활 실천 학습 ·언어 태도 점검 및 습관 형성	·단원 관련 주제, 소재, 구조, 장르, 작가 등 상호텍스트적 읽기 학습을 통한 단원 목표 구현 ·창의적 사고 및 인성을 함양 ·독서 능력 증진과 독서 습관화	·발음 맞춤법, 낱말·어휘, 문장 학습 ·국어 사랑 태도 함양	·창의적 사고 증진 활동	·단원에 나오는 낱말 쓰기

2009 개정 교육과정기에도 입문기 문자 지도는 절충식 지도법을 활용하고 있는데, 이전 교육과정기에 비해 비중이 증가하였다. 예컨대, 2007개정 교육과정기는 자음자 및 모음자를 한 차시 내에서 지도한 반면, 2009개정 교육과정기는 이를 다섯 차시에 걸쳐서 지도하고 있다. 뿐만 아니라 2007개정 교육과정 교과서는 자음자, 모음자에 대해 학습도우미가 단순히 설명하는 것으로 그쳤다면, 2009개정 교육과정에서는 '스토리텔링(storytelling)' 기법을 활용하여 'ㄱ~ㅂ', 'ㅅ~ㅎ'을 단계적으로 나누어 지도하고 있다. 또한 2007개정 교육과정에서 처음 시도된 몸으로 자음자, 모음자 만들기 활동을 더욱 확대해서 다양한 신체 활동이 가능하도록 구성한 점은 학습자의 발달 단계를 더욱 세심하게 고려한 것이다. 7~9차시에서는 '기차 ㄱ ㄴ ㄷ'이라는 제재를 활용하여 자·모음자를 지도함으로써 읽기, 쓰기, 문학 영역을 통합적인 지도를 시도한 점도 주목할 만한 하다.

2. 교육과정기별 초등학교 국어 교과서 변천 양상에 대한 논의

지금까지 1차 교육과정기부터 2009개정 교육과정기까지의 초등학교 국어 교과서 변천 양상을 살펴보았다. 이 부분에서는 지금까지의 논의를 국어과 교육과정 영역, 국어 교과서 개발 주체, 국어 교과서의 외적·내적 체제, 그리고 입문기 문자 지도의 양상 및 특징 순으로 정리하면 다음 〈표 5〉와 같다.

〈표 5〉 초등학교 국어 교과서의 변천 양상

교육과정 시기	교육과정 영역	개발 주체	교과서의 외적 체제		교과서의 내적 체제		기타 특징
				분책 방식	단원 체제	단원 구성 방식	
1차 (1955.8~ 1963.2)	말하기, 듣기, 읽기, 쓰기	문교부	통권	〈국어〉	1~2학년: 소단원 3~6학년: 대단원	주제 중심, 문종 중심 혼재	• 4학년 이상 한자병기 • 교사용 지도서 제작
2차 (1963.2~ 1973.2)	말하기, 듣기, 읽기, 쓰기	문교부	통권	〈국어〉 〈쓰기〉: 1~3학년	1~2학년: 소단원 3~6학년: 대단원	주제 중심, 문종 중심 혼재	• 한글 전용(1970년) 실시
3차 (1973.2~ 1981.12)	말하기, 듣기, 읽기, 쓰기	문교부	통권	〈국어〉	1~2학년: 소단원 3~6학년: 대단원	주제 중심, 문종 중심 혼재	• 실험본 교과서 처음 적용 • 제재 선정 기준 명시

교육과정 시기	교육과정 영역	개발 주체	교과서의 외적 체제		교과서의 내적 체제		기타 특징
			분책 방식		단원 체제	단원 구성 방식	
4차 (1981.12~ 1987.3)	표현·이해, 언어, 문학	한국교육개발원	통권	1~2학년:〈바른생활〉 3~6학년:〈국어〉	소단원	문종 중심	• "바른 생활"에 국어, 도덕 교과가 통합됨
5차 (1987.3~ 1992.6)	말하기, 듣기, 읽기, 쓰기, 언어, 문학	1~3학년: 한국교육개발원 / 4~6학년: 3기관 분담	분권	〈말하기·듣기〉, 〈읽기〉, 〈쓰기〉	소단원	목표 중심	• 영역별 분책 체제 시도 • 단원 도입면 신설 • 단원, 차시 목표 처음 제시
6차 (1992.6~ 1997.12)	말하기, 듣기, 읽기, 쓰기, 언어, 문학	한국교육개발원	분권	1~4학년:〈말하기·듣기〉, 〈읽기〉, 〈쓰기〉 5~6학년:〈말하기·듣기·쓰기〉, 〈읽기〉	소단원	목표 중심 (도입→원리→적용→심화학습)	• 단원 편찬도 처음 제시 • 교육과정에 '성격'항과 '내용 체계' 신설
7차 (1997.12~ 2007.2)	듣기, 말하기, 읽기, 쓰기, 국어지식, 문학	한국교육과정평가원	분권	1~3학년:〈말하기·듣기〉, 〈읽기〉, 〈쓰기〉 4~6학년:〈말하기·듣기·쓰기〉, 〈읽기〉	대단원	목표 중심 (도입→원리→적용→평가·보충·심화학습)	• 대단원 체제 (마당)로 변화
2007 개정 (2007.2~ 2009.12)	듣기, 말하기, 읽기, 쓰기, 문법, 문학	한국교원대·서울교대	분권	1~3학년:〈말하기·듣기〉, 〈읽기〉, 〈쓰기〉 4~6학년:〈말하기·듣기·쓰기〉, 〈읽기〉 2012년부터 1~6학년: 〈듣기·말하기·쓰기〉, 〈읽기〉	중단원	목표 중심 (도입→이해→적용→정리학습)	• 국정 공모제 시행
2009 개정 (2009.12 ~2015.9)	듣기·말하기, 읽기, 쓰기, 문법, 문학	한국교원대·서울교대	분권 (영역별, 기능별 통합)	〈국어〉, 〈국어 활동〉	소단원	목표 중심 (도입→이해→적용→정리학습/생활속에서)	• 학년군제 도입 • 영역별, 기능별 통합 교과서 • 주 교과서(국어)와 보조 교과서(국어활동) 개발

이상에서 1차 교육과정기부터 2009 개정 교육과정기까지의 초등학교 교과서 변천 양상을 통시적으로 고찰하였다. 교육과정기별로 나타난 교육과정의 주요한 특징과 교과서의 개발 주체를 살펴보고, 교과서의 체제에서 나타난 변화 양상을 탐색하였다. 특히 외적 체제에서는 분책 방식을 중심으로, 내적 체제에서는 단원 체제와 구성 방식을 중심으로 살펴보았다. 그리고 입문기 문자 지도의 주요한 특징을 함께 되짚어보았다. 다음에서 살펴볼 2015 개정 교육과정(2015년 9월 고시)의 초등학교 국어 교과서는 2017년에 1~2학년을 시작으로 순차적으로 적용된다.

초등 국어 교과서의 변화 과정을 통해 어떤 방식이 국어 교육에 긍정적인 영향을 주었는지, 또는 어떤 측면에서 좋지 않은 영향을 주었는지를 면밀히 분석하는 일이 더욱 중요하다. 이는 발전적인 지향점을 탐색하는 과정으로써 차기 교과서 개발에 기반이 되기 때문이다. 따라서 앞서 살펴본 논의를 통해 얻은 몇 가지 시사점을 정리하면 다음과 같다.

첫째, 적정 학습량에 대한 기초 연구를 토대로 단원 크기의 적정화를 연구해야 한다. 단원(單元, unit)은 학습의 기본 단위이기 때문에 국어 학습의 효율성을 좌우하는 주요한 변인으로 작용한다. 초등 국어 교과서의 변천 양상에서 살펴본 것처럼 소단원과 대단원 체제는 각각 장단점을 지니고 있다. 소단원 체제는 하나의 주제 또는 문종을 다룰 수 있다는 점이 장점이지만, 학습의 흐름이 짧고, 단원 간 학습이 단절될 수 있는 단점이 있다. 반면 대단원 체제는 언어활동의 연속성이나 총체적인 학습이 가능하지만, 대단원의 크기 과다나 대단원 내 소단원 간의 관계, 지엽적인 학습의 중복 등의 문제가 나타날 수 있다. 따라서 다양한 기초 연구를 통해 적정학습량에 대해 체계적으로 연구해야 한다. 그리고 이를 바탕으로 단원 크기의 적정화에 대한 연구도 뒤를 이어야 할 것이다.

둘째, 영역별 특성을 고려한 단원 구성 방식에 대한 연구가 필요하다. 6차 교육과정기 때 처음으로 단원 편찬도를 제시하였다. 이후 몇 차례의 개정을 거쳐 현재는 '도입→이해→적용→정리학습'의 단원 구성 방식을 채택하고 있다. 이러한 방식은 단원 및 차시 목표를 성취하는 데 효과적이지만, 교육과정의 영역별 특성을 도외시한 단원 구성 방식이므로 재고의 여지가 있다. 이 방식이 특정 영역에는 효과적일 수 있지만, 모든 영역에서 그 효과를 담보할 수 없기 때문이다. 따라서 영역별 학습의 특성을 고려하고, 효율적인 학습이 일어나는 데 적합한 단원 구성 방식에 대한 연구가 이루어져야 할 것이다.

셋째, 초등 국어 교과서 외적 체제에 대한 연구가 필요하다. 외적 체제란 분책 방식이나 판형, 색도 등과 같이 디자인에 관련된 요인이다. 교과서를 어떠한 방식으로 분책하느냐에 따라 국어학습이 통합적으로 이루어지는지 또는 분절적으로 이루어지는지에 영향을 미치게 된다. 즉, 분책 방식은 학습의 효율성과 직접적으로 관련된다. 다음으로 판형이나 색도, 지질, 서체 등과 같은 요인들에 대한 연구도 소홀히 해서는 안 된다. 초등학교 시기 학생들은 미적 감수성이 예민한 시기이므로 교과서의 내적 체계 못지않게 이러한 요인이 학습에 직·간접적인 영향을 줄 수 있다. 이에 대해서는 출판 디자인 영역의 전문가나, 지각심리학 등의 연구를 참고하는 것이 도움이 될 것이다.

2015 개정 국어 교육과정에 따른 새 교과서 특징

1. 국어 교과서의 체제

가. 국어 교과서의 외형 체제

① 학기별로『국어』두 권,『국어 활동』한 권으로 구성한다.
② 학기별로『국어』는 ㉮ 권, ㉯ 권으로 나누어 편찬한다.

나. 『국어』와『국어 활동』의 관계

①『국어』는 주 교과서이며,『국어 활동』은 보조 교과서이다.
②『국어 활동』은『국어』에서 학습한 내용을 스스로 점검하고 연습해 국어 능력을 내면화·습관화하도록 하는 데 의의가 있다.
③『국어 활동』은『국어』의 단원별 학습 내용을 활동과 연계해 구성한다.

2. 국어 교과서의 개발 방향

(1) 교과 역량을 함양할 수 있는 교과서

□ 학습 목표와 학습 제재, 학습 활동 등에 국어과 교과 역량을 반영한다.
□ 단원의 학습 목표나 내용 등을 감안해 단원별로 국어과의 특정 교과 역량을 반영한다.

□ 『국어』의 단원 도입에 해당 단원에서 길러야 할 교과 역량을 학습자가 이해하기 쉬운 용어와 간단한 그림으로 표시하고, 교사용 지도서에서는 해당 단원에서 강조해야 할 교과 역량에 대해 구체적으로 설명하고 있다.

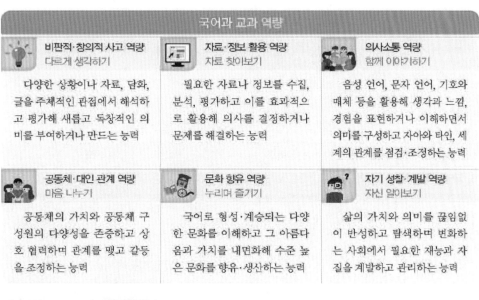

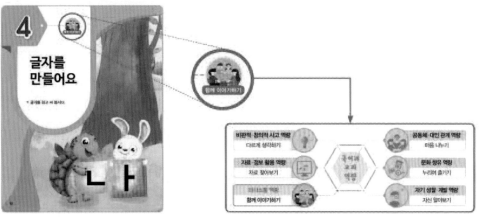

[그림 1] 『국어 1 1 ㉮』 4단원의 도입면과 교사용 지도시 교과역량 안내

　　[그림 1] 의 왼쪽은 『국어 1-1 ㉮』 4단원의 도입 면을 나타낸 것이다. 단원 도입 면에서 단원명과 함께 국어과 교과 역량과 관련된 간단한 그림을 제시했다. 국어과 교과 역량을 나타내는 용어가 초등 학습자를 위한 교수 학습 용어로는 충분하지 못하다고 판단해 쉬운 어휘로 풀어서 제시했다. [그림 1] 의 오른쪽은 지도서 단원 안내 부분에 나오는 국어과 교과 역량을 제시한 것이다.

(2) 통합적인 언어 활동을 강조하는 교과서

▢ 실제 삶 속에서의 언어 활동은 통합적으로 일어난다. 그리고 이렇게 언어 활동이 통합될 때 국어 학습을 효과적으로 할 수 있다. 이러한 관점에 기초하여 새 교과서는 언어활동을 통합적으로 할 수 있도록 구성하였다.

▢ 단원별로 언어 사용 영역(듣기, 말하기, 읽기, 쓰기), 문법 영역, 문학 영역과의 유기적인 통합 활동을 강조한다.

〈표 1〉 국어 2-1 5단원 단원 성취기준 및 단원 목표, 차시 목표

단원명	단원 성취기준	단원목표	차시 목표
5. 낱말을 바르고 정확하게 써요.	문법(2) 소리와 표기가 다를 수 있음을 알고 낱말을 바르게 읽고 쓴다. 쓰기(5) 쓰기에 흥미를 가지고 즐겨 쓰는 태도를 지닌다.	알맞은 낱말을 사용해 마음을 전하는 글을 쓸 수 있다.	1~2. 소리가 비슷한 낱말이 헷갈렸던 경험을 나눌 수 있다.
			3~4. 소리가 비슷한 낱말의 뜻을 구분할 수 있다.
			5~6. 소리가 비슷한 낱말에 주의하며 글을 읽을 수 있다.
			7~8. 알맞은 낱말을 사용해 마음을 전하는 글을 쓸 수 있다.
			9~10. 마음을 전하는 편지를 쓸 수 있다.

이 단원에서는 문법 성취기준과 쓰기 성취기준을 통합하여 단원 학습 목표를 제시하였다. 그리고 차시 목표에서도 문법, 쓰기 각 영역 성취기준을 통합하여 반영하였다.

(3) 자기 주도 학습 능력을 증진하는 교과서

▢ 단원 도입 시에 단원 학습 내용과 관련하여 알고 있는 것, 더 알고 싶은 것 등을 토대로 해당 단원의 학습 계획을 주도적으로 세우도록 한다.

▢ 단원 준비 학습에서 자신의 배경 경험이나 지식을 점검하고 스스로 학습 계획을 세울 수 있도록 한다.

▢ 단원의 일련의 교수 학습 과정에서 자기 주도성을 증진할 수 있는 지식, 개념, 방법을 제공한다.

▢ 『국어 활동』에서 자신의 능력을 스스로 점검하고 보충할 수 있는 기회를 제공한다.

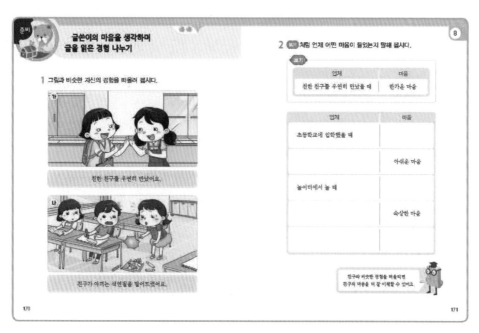

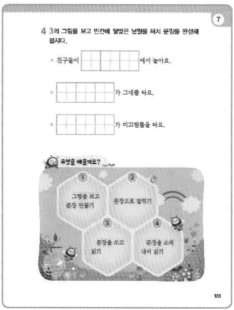

[그림 2] 국어 1-1 7단원 '무엇을 배울까요?'와 국어 2-1 8단원 '준비'

매 단원 준비 학습의 마지막 학습 활동은 '무엇을 배울까요?'이다. 이 활동은 준비 학습에서 획득한 배경지식이나 기초 기능을 기반으로 하여 앞으로 해당 단원에서 배우게 될 학습 내용을 살펴보도록 안내하는 것이다.

[그림 2]의 왼쪽에는 『국어 1-1 ㉯』 7단원의 '무엇을 배울까요?'가 제시되어 있다. 학생들은 순서대로 제시된 단원의 학습 내용을 미리 확인하면서 학습 계획을 세울 수 있다.

[그림 2]의 오른쪽에는 자기 주도 학습의 예로 『국어 2-1 ㉯』 8단원의 준비 학습 차시가 제시되어 있다. 글쓴이의 마음을 생각하기 위해 학생들이 겪었을 법한 상황을 제시하고 그때의 마음이 어떠했을지 생각해 보도록 하고 있다. 학습자가 개인의 경험을 떠올려 자기 주도적으로 학습 과제를 해결하도록 설계했다. 또, 『국어 2-1 ㉯』 171쪽 하단에는 학습 활동을 도와주는 학습 도우미(책 선생님)가 제시되었다. 학생들은 학습 도우미가 안내하는 말을 읽고 학습 과제를 해결하기 위한 단서를 얻거나 생각을 확장할 수 있다.

(4) 창의성과 인성을 함양하는 교과서

▫ 다양하면서도 교육적으로 의미 있는 글이나 작품을 제재로 선정한다.

▫ 창의성과 인성을 함양하는 데 도움이 되는 내용으로 학습 활동을 구안한다.

[그림 3] 국어 1-1 2단원 '준비'

[그림 3]은 『국어 1-1 ㉮』 2단원의 준비 학습으로, 자음자의 모양을 실생활에서 자주 접할 수 있는 사물에서 찾아보는 활동을 제시하고 있다. 학생들은 이 활동을 통해 무심코 지나쳤던 사물에 대한 민감성을 키울 수 있고, 한글의 자음자 모양을 구체적으로 환기할 수 있다.

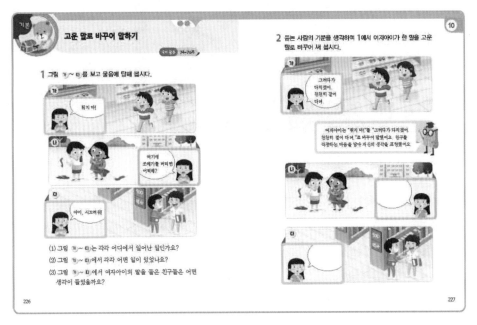

[그림 4] 국어 2-1 10단원 '기본'

[그림 4]는 『국어 2-1 ㉯』 10단원의 기본 학습이다. 이 학습 활동에는 각 장소에서 우연히 생긴 문제를 슬기롭게 해결하는 학습 과제가 제시되어 있다. 학생들은 상대를 고려한 표현이 친구 관계를 긍정적으로 맺는 데 도움이 될 수 있음을 이해하고 내면화하는 계기를 만들 수 있다.

(6) 실제 언어생활을 반영한 교과서

□ 학습 제재나 활동에서 학습자들이 삶 속에서 쓰고 있거나 쓸 수 있는 언어를 담는다.
□ 준비, 기본, 실천 학습의 단원 전개 방식을 설정함으로써 '실천'을 하나의 단원 구성 체제명으로 명명하고, 그 이름에 걸맞은 학습 제재와 활동을 구안한다.
□ 단원의 정리 학습에서는 교과서에서 배운 것을 실제 삶에서 어떻게 활용할 수 있는지 생각해 보도록 한다.

[그림 6] 국어 2-1 5단원 '기본', '정리'

[그림 6]에 제시된 『국어 2-1 ㉮』 5단원의 기본 학습 제재는 학생들이 실제 생활에서 일어났을 법한 일을 소재로 쓴 글이다. 그리고 '정리'의 '생활 속으로'는 단원 학습에서 공부한 내용이 자신의 삶에서 어떻게 활용할 것인지를 생각해보는 활동으로 구성되었다.

(7) 텍스트의 생산과 수용을 강조한 교과서

- 세부적인 지식이나 기능, 전략 학습뿐만 아니라 하나의 텍스트를 수용하거나 생산하는 데 필요한 지식, 기능, 전략을 통합적으로 학습한다.
- 부분적인 텍스트가 아니라 완결된 텍스트를 수용하고 산출하는 활동을 강조한다.
- 언어 사용 맥락을 강조해 그 맥락에 알맞은 지식이나 기능, 전략을 통합적으로 학습한다.

[그림 7]은 『국어 1-1 ㉯』 9단원에서 이루어지는 그림일기 쓰기 학습 활동 내용이다. 기본 학습에서 일기를 읽고 일기의 내용을 파악하고 이해하는 활동을 한 뒤에 온전한 그림일기를 써 보는 활동을 하도록 유도하고 있다.

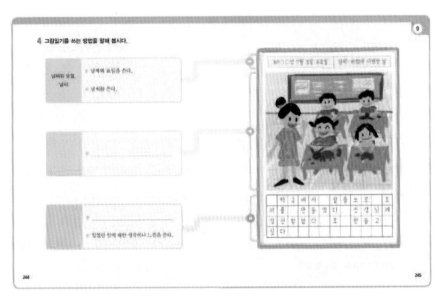

[그림 7] 국어 1-1 9단원 '기본'

(8) 과정 중심 언어 학습을 강조한 교과서

□ 단원의 도입이나 준비 학습 부분에서 단원 학습 과정을 자세히 안내한다.
□ 단원의 학습 과정에서 학습 결과 자체보다는 일련의 학습 과정을 강조해 구성한다.

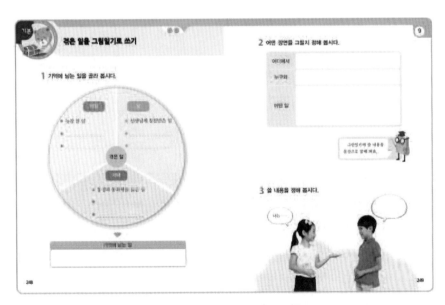

[그림 8] 국어 1-1 9단원 '기본'

[그림 8]은 한 편의 읽기를 쓰기 위해 쓰기 전에 글감을 정하고, 쓸 순서를 정리하고, 이를 바탕으로 한 편의 글을 쓰도록 한다. 일련의 쓰기 과정을 바탕으로 글을 쓰는 학습을 하도록 한다.

(9) 한글 해득 학습을 강화한 교과서

□ 한글 해득을 위한 학습 활동을 45차시 이상으로 구성한다.
□ 한글을 미해득한 학생이 한글의 구성 원리, 글자의 소릿값, 글자의 짜임 등의 기초부터 체계적으로 학습해 한글을 충분히 익힐 수 있도록 구성한다.

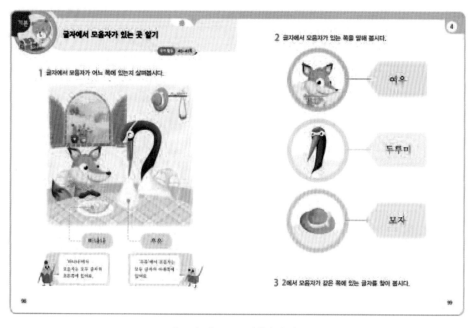

[그림 9] 1-1 4단원 '기본'

2015 개정 교육과정 국어과 1학년 교과서에서는 한글 해득을 위한 학습 활동을 충분히 제시하고 있다. 특히 이전 교과서에서는 제시되지 않았던 받침이 없는 글자를 익히는 단원을 구성하고, 자음자와 모음자의 결합이 어떻게 이루어지는지 이해하도록 했다. [그림 9]는 받침이 없는 글자를 지도하기 위한 『국어 1-1 ㉮』 4단원의 기본 학습이다. 이 단원에서는 받침이 없는 글자로 이루어지는 쉬운 낱말만을 활용한 학습 활동이 제시되어 있으며, 받침이 없는 글자로 구성된 이야기 글도 읽을거리로 제공되어 있다. 학생들은 받침이 있는 복잡한 글자를 배우기 전에 받침이 없는 글자를 충분히 학습함

으로써 한글 해득을 위한 기초를 튼튼히 할 수 있다.

한편 한글을 어느 정도 해득한 학생이 한글을 해득하는 학습을 진행하는 동안 학습에 흥미를 잃지 않도록 주의해야 한다. 교과서가 한글 해득 학습을 중심으로 구성되어 있으므로 학습자의 상황에 따라 학습 내용을 재구성해 운영할 필요가 있다.

(10) 독서 교육을 강조하는 교과서

- '독서 단원'이라 함은 2015 개정 초등학교 3학년에서 고등학교까지 '매 학기 한 권, 교과서 밖의 책을 수업시간에 끝까지 읽고, 타인과 생각을 나눈 후 자기 생각을 쓰는 데 도움이 되도록' 하기 위한 특별 단원을 말한다.
- 단원명은 3~4학년군은 '책을 읽고 생각을 나눠요', 5~6학년군은 '책을 읽고 생각을 넓혀요'이며 교과서 단원 차례의 맨 앞에 제시한다. 단원명을 부여하되, 단원의 순서를 나타내는 숫자 기호를 제시하지 않음으로써 한 학기에 걸쳐 수시로 수업을 한다.
- 독서 단원은 '독서 준비→ 독서 → 독서 후' 3단계 독서 지도 모형이 적용된다.
- 독서 단원에는 다양한 학습 내용 및 활동의 예를 제시하여 교사와 학생이 학급 상황에 맞게 독서 전략을 선택하여 활용할 수 있다. 교과서에 제시된 예는 하나의 예시에 불과한 것이므로 학급에서 다양한 활동을 적용하도록 한다.
- 『국어 교사용 지도서』에는 차시별 교수 학습 과정이 아니라 독서 지도 모형별 교수 학습 개요나 흐름만 제시하고, 다양한 독서 활동 및 대안 활동, 도서 목록 등에 대한 자료를 폭넓게 수록한다.
- 독서 단원은 독서 습관의 지속과 내면화를 위해 3~4학년군은 8차시 이상, 5~6학년군은 10차시 이상을 기본으로 하며, 학교 도서관 및 교실 상황, 교과서 재구성에 따라 수업 시기를 자유롭게 정하는 등 탄력적으로 운영한다.

(11) 연극 교육을 강화하는 교과서

- 연극 단원은 2015 개정 교육과정에서 강조하는 인문학적 소양 교육의 차원에서 신설된 특화 단원이다.
- 연극 단원은 학생들이 연극 활동을 하며 자기 자신을 이해하고 타인과 사회를 이해함으로써 인성을 함양하는 것이 목적이다. 따라서 과도한 표현 및 결과 중심의 연극 활동은 지양하며 학습자가 연극에서 즐거움과 재미를 느낄 수 있도록 지도한다.

□ 연극 단원은 학습자 발달 수준과 학습 활동의 복잡성을 고려해 5학년 2학기부터 구성되었다. 한 학기 한 단원에 10차시 이상으로 구성한 것을 기본으로 하되, 학교 및 교실 상황, 교육과정 및 교과서 재구성에 따라 수정 시기를 자유롭게 정해 탄력적으로 운영한다.

3. 국어 교과서의 단원 구성 체제

가. 『국어』의 단원 구성 체제

단원 전개	성격	주요 내용
준비 학습 차시 수 1~2 분량 6~8쪽	• 단원 도입 • 단원 학습 준비	• 단원 목표 관련 상황(삽화, 사진) • 단원의 국어과 교과 역량 • 단원명 • 단원의 학습 목표 • 단원 학습 동기 유발 • 단원 도입 질문 • 차시 주요 활동명 • 배경 경험이나 지식 활성화 • 선수 학습 및 학습 출발점 확인 • 학습의 필요성이나 중요성 인식 • 단원의 기초 학습 • 단원 학습 내용 예측 • 단원 학습 계획 설계
기본 학습 차시 수 6~7 분량 11~23쪽	• 지식 학습 • 기능 학습 • 태도 학습	• 차시 주요 활동명 • 단원 학습 목표 도달을 위한 지식, 기능, 태도 등을 학습 • 차시 활동 구성: 지식이나 원리 등을 이해하고 이를 적용하는 학습(연역식 학습)을 하거나 다양한 경험이나 자료 등을 통해 원리를 터득하는 학습(귀납식 학습) 형태로 구성
실천 학습 차시 수 2~4 분량 2~6쪽	• 기본 학습 내용의 심화, 확장, 실천을 위한 학습 • 단원 정리 및 평가	• 차시 주요 활동명 • 차시 활동 구성: 단원 목표, 내용 특성, 국어과 교과 역량 등을 고려해 다양한 활동(과정 중심 활동, 통합적 국어 활동, 수준별 활동, 프로젝트 활동 등)으로 구성 • 단원 학습 내용 정리, 평가 • 생활 속의 실천 가능성 탐색

새 교과서는 '준비 학습-기본 학습-실천 학습'의 체제로 구성되었다. 하나의 단원을 구성하는 세 가지 주요 학습은 순차적, 유기적으로 연계되어 있기 때문에 국어 수업을 설계, 실천할 때는 단원의 흐름을 전체적으로 조망할 필요가 있다.

'준비 학습'에서는 주로 단원의 주요 내용과 관련된 학습자의 배경지식을 활성화하고 동기를 유발하며 학습을 위한 계획을 세우도록 하였다.

'기본 학습'에서는 단원의 성취 기준 도달에 필요한 지식, 기능, 태도 등 기본적인 학습 내용 요소를 충분히 익힐 수 있도록 습득 중심 학습과 활용·수행 중심 학습을 하도록 했다. 기본 학습 과정에서 지식이나 원리 등을 이해하고 이를 적용하는(연역식 학습)을 하거나 다양한 경험이나 자료 등을 통해 원리를 터득하는 학습(귀납식 학습)을 한다.

'실천 학습'에서는 기본 학습에서 익힌 지식, 기능, 태도 등의 학습 내용을 통합해 실제적이고 통합적인 국어 능력을 기를 수 있도록 했다. 그리고 '정리하기'에서는 단원 전체 학습을 정리하고 그 결과를 생활 속에서 실천할 수 있도록 한다.

- 되돌아보기: 단원 학습을 정리하고 평가한다.
- 생활 속으로: 단원에서 배운 내용을 생활 속에서 실천할 수 있는 여지를 스스로 찾아본다.

나. 『국어 활동』의 단원 구성 체제

단원 구성	성격	주요 내용
기본 학습 연계 활동 / 분량 1~17쪽	• 『국어』 교과서 '기본 학습 내용'의 이해 점검 및 연습	• 차시 점검 및 평가 활동 • 연습 활동 • 상호 텍스트성 활동
기초 다지기 / 분량 1쪽	• 기초 기능이나 국어에 대한 이해 학습 활동	• 쓰기 활동 • 발음 학습 • 어휘 학습 • 기초적인 문법 학습

'기본 학습 연계 활동'에서는 『국어』의 해당 단원에서 학습한 내용을 중심으로 배운 내용을 점검, 평가, 연습할 수 있도록 한다. 단원의 성격에 따라 『국어』의 제재, 작가, 주제 등에 대한 상호 텍스트성이 있는 읽을거리를 통해 폭넓은 독서 경험을 갖도록 한다.

'기초 다지기'에서는 국어 능력의 기초를 다지기 위해 그 학년에서 배워야 할 지식이나 기능 등을 제시한다. 특히 글씨 쓰기, 발음, 어휘, 문법 등을 지속적으로 학습함으로써 국어의 기초적인 능력을 갖출 수 있도록 한다.

4. 국어 교과용 도서의 활용 방안

가. 교과서의 활용의 원칙

① 『국어』와 『국어 활동』은 주 교과서와 보조 교과서의 관계에 있다. 『국어 활동』은 『국어』의 보조 교과서로서 『국어』에서 공부한 것을 확인, 점검해 보고 연습함으로써 배운 것을 내면화하고 실천하는 데 초점을 둔다.

② 교사와 학생의 사용 편의성을 위해 가급적 『국어』와 『국어 활동』을 동시에 펼쳐 놓고 수업을 전개하지 않도록 한다.

③ 각종 학습 도우미나 학습 기호 등의 역할을 이해하고 수업 시간에 이를 적극적으로 활용한다.

- 교사 학습 도우미( ) : 학습을 하는 데 도움이 될 만한 지식이나 개념, 원리 등을 제공한다. 또는 자신의 학습 활동을 점검해 보도록 안내하는 질문을 제공한다.

- 학생 학습 도우미(,) : 학생들 간의 적극적인 상호 작용을 통해 의미를 구성할 수 있도록 안내하는 기능을 한다.

④ 국어 교과서는 언어 활동의 통합성과 활용의 융통성을 높이기 위해 주로 두 차시의 수업을 하나의 학습 단위로 구성하고 있다. 이때 두 차시의 수업을 하루에 연속해서 해야 하는 것은 아니다. 두 차시나 세 차시의 수업을 한 차시씩 분리해 운영할 경우, 어느 부분에서 분리하는 것이 좋은지를 판단하려면 단원별로 제시되어 있는 『국어 교사용 지도서』의 '이렇게 운영해 봅시다'를 살펴보는 것이 좋다.

⑤ 교과서에 실린 제재나 학습 활동 등은 학습자의 수준을 고려해 구안했지만 모든 학급의 수준을 반영하는 것은 무리이다. 열린 국어 교과서관을 가지고 난이도와 흥미 면에서 우리 반 학생들의 수준에 알맞게 적절히 재구성해 사용할 필요가 있다.

⑥ 교과서에 실려 있는 작품은 교과서의 지면이 제한되어 있기 때문에 전체를 실을 수 없는 경우가 많다. 학생들에게 작품 전체를 읽어 보도록 권장하는 것이 좋다.

나. 『국어』 교과서 활용 방안

① 국어 학습은 일반적으로 『국어』의 준비 학습, 기본 학습, 실천 학습의 순서를 따른다. 필요한 경우, 『국어 활동』에 있는 내용을 국어 수업 시 부분적으로 활용할 수도 있다.

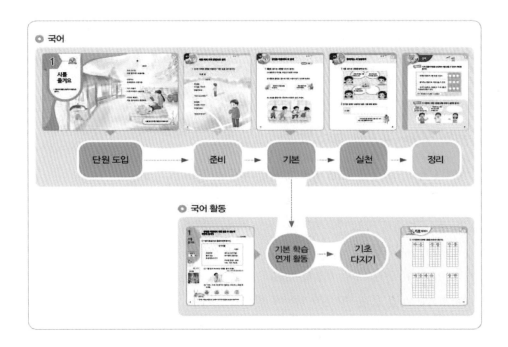

② 단원의 각 단계별 특성을 고려해 수업한다. 준비 학습에서는 학생들이 단원의 학습 내용과 관련된 자신의 배경지식이나 경험을 활성화하고 자기 점검을 하며 학습 계획을 수립할 수 있도록 한다. 기본 학습에서는 해당 학습의 목표가 충분히 달성될 수 있도록 한다. 실천 학습은 기본 학습에서 배운 것을 심화·확장하되, 학생들의 실제 언어생활에 도움이 될 수 있도록 하는 데 주안점을 둔다.

③ 초등 저학년의 경우 한글 해득을 위한 목적으로 받아쓰기를 하면서, 지나치게 어렵게 내거나 지나치게 자주 실시하지 않도록 한다. 특히 이를 점수화함으로써 점수에 대한 부담이나 상대 평가로 인한 열등감으로 한글 학습에 대한 흥미가 떨어지지 않도록 특별히 주의한다.

④ 『국어』의 차시 학습 목표의 성격과 차시 분량을 파악하고 수업해야 한다. 준비 학습, 기본 학습, 실천 학습을 구분하도록 시각적인 기호로 나타냈다. 준비 학습은 주황색으로, 기본 학습은 초록색으로, 실천 학습은 보라색으로 제시되어 있다. 또, 차시 분량은 차시 목표의 오른쪽에 있는 동그라미의 수로 파악하면 된다.

준비 학습 1차시 분량 ⚫　　기본 학습 1차시 분량 ⚫　　실천 학습 1차시 분량 ⚫

준비 학습 2차시 분량 ⚫⚫　기본 학습 2차시 분량 ⚫⚫　실천 학습 2차시 분량 ⚫⚫

다. 『국어 활동』 교과서 활용 방안

① 『국어 활동』은 다음과 같은 목적을 지닌 교과서이다.

- 국어 학습의 특성상 『국어』 시간에 한두 차례 접한 것으로 학습이 완성되지 않는다. 『국어』에서 학습한 것을 자기 주도적으로 실천, 적용, 연습해 봄으로써 『국어』에서 공부한 것을 내면화, 습관화한다.
- 『국어』의 한 단원으로만 해결할 수 없고 지속적으로 해야 하는 활동(글씨 쓰기, 발음, 어휘, 기초적인 문법 등)을 꾸준히 익히게 함으로써 기본 국어 능력을 신장할 수 있다.

② 『국어』의 기본 학습을 마치고 나서 그다음에 『국어 활동』의 '기본 학습 연계 활동'을 학습할 수 있다. 『국어』의 기본 학습이 시작하는 시점에 『국어 활동』의 '기본 학습 연계 활동'에 해당하는 쪽을 명시했다.

③ 『국어 활동』은 학생들이 자기 주도적으로 학습할 수 있도록 하되, 필요하면 국어 수업 시간에 활용한다.

④ 『국어 활동』의 필요성에 대해 학생들에게 충분히 인지시키고 단원별로 구체적인 안내를 해 주어 학생들이 충실히 학습할 수 있도록 유도한다.

⑤ 『국어 활동』에 나오는 평가 기반 활동을 통해 자기 점검과 연습을 해 볼 수 있는 기회를 제공해 주도록 한다. 자기가 무엇이 부족한지 깨닫고 보충해서 학습할 수 있도록 유도한다.

⑥ 『국어 활동』의 본문에 나오는 학습 장치를 적절히 활용한다. 본문 양쪽에 한 번씩 등장하는 '알아 두기'는 학습을 하는 데 필요한 지식이나 개념 등을 제공한다. 본문의 끝부분에 등장하는 '잘했나요?'에서는 자기 점검을 통해 학습이 충분한지, 부족한지를 점검하고 다소 부족하다고 판단되면 제시된 활동을 더 해 보도록 유도한다.

라. 『국어 교사용 지도서』 활용 방안

① 지도서의 첫 부분에 나오는 '국어과 교육의 이해'는 국어 교육 전반을 이해하기 위한 것으로 이를 숙지한 뒤에 수업하는 것이 좋다.

② '교수 학습의 실제'에 제시된 내용을 숙지해 해당 단원이나 차시의 학습 목표와 내용을 왜 가르쳐야 하고, 무엇을 가르쳐야 하며, 어떻게 가르치고 평가해야 하는지 명확히 파악한 뒤에 수업을 하는 것이 바람직하다.

③ '교수 학습의 실제'에 제시된 교수 학습 과정은 하나의 예를 제시한 것으로, 교사가 학급 상황에 알맞게 변형해 사용할 수 있다.

④ 단원별로 특정한 교수 학습 모형을 예로 제시하고 있는데, 이것은 하나의 예시이므로 변형해서 적용할 수도 있고 다른 모형을 적용할 수도 있다. 단원별로 특정한 교수 학습 모형을 적용한 것을 예로 제시하면 다음과 같다.

각 단원의 교수·학습 과정안 및 적용 모형

단원	단원에 적용된 교수·학습 모형		
	차시	차시 학습 목표	해당 모형
1단원	5~6	바르게 쓰는 자세를 익힐 수 있다.	직접 교수 모형
2단원	3~4	자음자의 이름을 안다.	문제 해결 학습 모형
3단원	3~4	모음자의 이름을 안다.	지식 탐구 학습 모형
4단원	4~5	글자의 짜임을 안다.	문제 해결 학습 모형
5단원	7~8	상황에 맞는 인사말을 할 수 있다.	역할 수행 학습 모형
6단원	3~4	받침이 있는 글자의 짜임을 안다.	지식 탐구 학습 모형
7단원	3~4	그림을 보고 문장을 만들 수 있다.	직접 교수 모형
8단원	1~2	띄어 읽으면 좋은 점을 안다.	지식 탐구 학습 모형
9단원	7~8	겪은 일을 그림일기로 쓸 수 있다.	창의성 계발 학습 모형

⑤ 특정한 교수 학습 모형을 적용하지 않은 차시의 경우에도 교수 학습 모형을 적용해 수업을 할 수 있다. 이때에는 차시의 성격, 차시의 학습 목표, 학습 내용의 난이도, 교수 학습 능력, 교수 학습 환경 등을 고려해서 결정한다.

⑥ 각 단원의 도입에 제시되어 있는 '국어과 교과 역량'에 대한 내용을 숙지하고 해당 단원을 지도할 때 그 역량을 달성할 수 있도록 해야 한다.

⑦ 다른 교과와의 통합 활동을 강조할 필요가 있다. 다른 교과와의 통합 방안으로는 주제(예 봄, 우리나라 등)를 중심으로 통합하는 방안, 특정한 활동 또는 프로젝트(연극, 독서 신문 만들기 등)를 중심으로 통합하는 방안, 유사한(관련 있는) 학습 목표를 중심으로 통합하는 방안 등을 생각할 수 있다.

⑧ 지도서에 수록되어 있는 '활동지'나 '참고 자료' 등을 적절히 활용하되, 가능한 한 다른 자료를 더 찾아 활용하는 것이 바람직하다.

⑨ 지도서의 교과서 축쇄본에 제시된 예시 답안이나 교수 학습 활동에 제시된 학생 반응은 그야말로 하나의 예시이다. 얼마든지 다른 형태의 답이 나올 수 있다.

⑩ 단원별로 끝부분에 있는 '평가 자료'를 적극적으로 활용한다. 주로 수행 평가를 할 수 있도록 제공하고 있는데, 평가 문항뿐만 아니라 예시 답안, 채점 기준 등을 제공함으로써 단원의 총괄 평가뿐만 아니라 단원의 학습 과정에서도 활용할 수 있다.

⑪ 한글을 충분히 해득하도록 교과서뿐만 아니라 지도서에 있는 각종 '참고 자료'나 '활동지'를 제시하였다. 읽기의 경우 글자를 정확하게 소리 내어 읽기, 기본적인 낱말의 뜻 이해하기, 몇몇 문장으로 구성된 글을 읽고 이해하는 활동을 강조한다. 쓰기의 경우에는 연필을 바르게 잡는 것에서부터 글씨 바르게 쓰기, 기초적인 단어나 문장을 정확하게 쓰기 등을 꾸준하게 지도하도록 한다.

⑫ 『국어 교사용 지도서』의 각 단원 끝부분에는 학생들의 창의성과 인성을 함양하고 독서 동기를 향상시키며, 학습 목표를 좀 더 충실히 달성하기 위해 '들려줄 이야기'를 신설했다. '들려줄 이야기'에서 소개하는 제재는 전자 저작물(DVD)에 단원별로 되어 있다.

⑬ '부록'의 내용은 평소 여러 차례 읽어 숙지한 뒤에 필요한 곳에서 적절히 활용한다.

마. 전자 저작물(DVD)의 활용 방안

① 전자 저작물은 교사가 교수 학습의 전개 과정에서 보조 자료로 활용할 수 있는 내용을 제공하고 있다. 단원별로 어떤 내용이 수록되어 있는지 알고 이를 적극 활용한다.

② 전자 저작물은 교사의 교수 학습의 계획, 학교의 사회·문화적 학습 환경, 학습자의 언어 발달 수준, 차시 학습 목표 등을 종합적으로 고려해 교사가 단원별로 수록된 자료를 충분히 분석하고 필요한 자료를 재구성해 융통성 있게 활용한다.

③ 1학년의 경우, 한글을 어느 정도 해득한 학생들에게 전자 저작물에 단원별로 제시된 '들려줄

이야기'를 들려주고 심화 활동 자료로 활용한다. 그리고 2학년의 경우, 창의성과 인성을 함양하고 독서 동기를 향상시키며 간접적으로나마 학습 목표를 좀 더 충실히 달성하게 하는 독서 활동 자료로 활용한다.

단원	이야기 제목	지은이	나온 곳
1단원	해님 뭐 해요?	홍진숙 글, 김지윤 그림	『해님 뭐 해요?』, 여우고개, 2006.
2단원	찾았다!	문승연 글·그림	『찾았다!』, 길벗어린이(주), 2008.
3단원	민들레는 민들레	김장성 글, 오현경 그림	『민들레는 민들레』, 이야기꽃, 2014.
4단원	빙빙 돌아라	이상희 글, 김효은 그림	『빙빙 돌아라』, (주)비룡소, 2012.
5단원	모두모두 안녕!	윤여림 글, 배현주 그림	『모두모두 안녕!』, 웅진주니어, 2013.
6단원	사랑해 사랑해 사랑해	로제티 슈스탁 글, 신형건 옮김, 처치 그림	『사랑해 사랑해 사랑해』, 보물창고, 2006.
7단원	슈퍼 거북	유설화 글·그림	『슈퍼 거북』, 책읽는곰, 2014.
8단원	여우와 두루미	이솝 원작, 차보금 엮음, 강물 외 그림	『이솝 이야기』, 아이즐, 2012.
9단원	나, 오늘 일기 뭐 써!	정설아 글, 마정원 그림	『나, 오늘 일기 뭐 써!』, 파란정원, 2010.

제4장

국어 교육내용과 학습자 오개념

1. 국어 오개념이란?

학습자의 앎은 무(無)에서 시작되는 것이 아니라 학습자가 이전에 갖고 있던 개념에서 시작된다. 모든 학습자는 자신이 과거부터 지금까지 겪은 경험과 앎의 개인적 맥락을 통해 학습을 한다. 특히 새롭게 배우는 것이 기존의 틀에 유의미하게 관련될 때 진정한 학습이 이루어진다(강인숙 외, 2008). 또한 이러한 학습과정에서 문제가 생기면 학습자에게 오개념이 생길 수 있다.

오개념(misconception)은 '학습 이전이나 학습 중 또는 학습 이후에 학습자 나름대로의 인지 과정에 의해 받아들여야 하는 개념과 다르게 형성된 것으로, 학습 내용 이해 측면에서의 잘못된 개념'을 말한다. 이것은 인지 구조에서 개념이 입력되는 과정(정착 과정)에서 나타나는 것이다. 오개념은 오류 발생의 원인이 된다. 학습자가 교육 내용에 대해 오개념을 갖고 있으면 학습 오류를 발생하고, 결국 학습에 실패하게 된다.

학습자의 오개념 형성 요인은 다양한데, 교육과정 성취기준 기술에서의 오류, 국어 교재의 오류, 국어 수업에서의 교사의 개념 및 활동의 불명확성 등 다양한 요인에 의해 형성될 수 있다. 오개념이 생기면 쉽게 변하거나 사라지지 않고 오히려 강화되고 인지 구조 속에 남아서 새로운 학습에 방해 요소로 작용된다. 따라서 교사는 교육 내용에 대한 학습자의 오개념을 인식하고 오개념이 형성되지 않도록 지도해야 한다.

국어 학습을 어려워하는 데는 여러 가지 이유가 있음을 전제하고 있으며, 교사는 그 어려움의 여러 가지 유형에 대하여 알고 있어야 하는 것을 의미한다. 교사는 이를 인식하는 것이 중요하며 수업 설계에 학습자의 오개념을 반드시 고려해야 한다.

학습자 오개념에 관한 교사의 인식은 매우 중요하다. 학습자 오개념에 대한 인식이 부족한 교사일

수록 학생들의 개념 인식이 낮게 나타났다. 또한, 이러한 오개념에 대하여 교사는 자신의 경험에 비추어 다소 막연하게 생각하는 경향이 있다. 이는 실제 수업 상황에서 나타나는 학생의 오개념에 대해 대처할 수 있는 해결 방안의 부재로 이어진다. 또한 이러한 오개념을 인식하지 못하는 교사, 또는 이를 반영하지 못한 수업 설계는 학습자의 인지 부담을 가중시킨다. 결국, 학습자의 오개념은 극복되지 못한 채, 유지되거나 강화되어 또 다른 오개념을 유발시킬 잠재 요인으로 작용하게 된다.

학습자 오개념을 고려한 국어 수업 설계는 좋은 국어 수업의 실현과 직결된다. 학습자 오개념 인식은 국어 수업에 주는 영향력이 크기 때문이다. 아무리 좋은 수업 내용과 교수 학습 방법을 적용하여도 그것이 학생의 수준에 맞지 않고 학생의 이해를 효과적으로 지원하지 못하면 학습의 의미가 없기 때문이다.

2. 학습자 오개념 지도 원리

오개념을 해결할 수 있는 방안으로 Driver의 개념 변화 학습의 세 단계를 들었다. Driver 외(1985)는 학생들이 과학 지식에 대한 오개념을 왜 그렇게 생각할 수밖에 없었는지를 탐구하여 새로운 인지 갈등 상황의 제시를 핵심으로 하는 오개념 극복 방안을 제시하였다. 이 원리는 교사가 학생의 오개념에 대해 어떠한 방식으로 이해할 수 있도록 돕고, 이를 어떻게 설명할 것인가를 설명한다. 이를 통해 학생들이 자신의 사전 개념에 대해 고찰하고, 새로운 경험을 바탕으로 지도하는 방법을 제시하였다.

Driver 개념 변화 학습 단계는 선행지식 및 개념에 대한 인지 부조화를 유발하여 자신의 생각에 불만을 갖도록 하고 생각을 변화시킬 수 있도록 하는 원리로 구성되어 있다(김동렬, 2009: 714). 이는 국어 교과의 지식, 개념뿐만 아니라, 국어적 사고의 변화까지 확장하여 활용할 수 있다. 따라서 이는 학습자의 오개념을 정개념으로 변화시켜 새로운 국어 지식과 기능을 획득 및 구성하게 하는 유용한 원리라고 할 수 있다.   Driver 개념 변화 학습의 세 단계는 다음과 같다. 첫 번째 단계는 학습자가 현재 자신들이 생각하고 있는 개념이니 지식 등을 명확하게 표현하는 단계이다. 이 단계는 학습자의 생각을 세심하게 탐구하여 학습자가 내리는 해석의 타당성을 확인하는 데에 목적이 있다. 또한, 학습자의 사전 개념을 확인하여 사후 개념으로의 변화 과정을 뚜렷하게 인식하게 하는 기저가 된다.

두 번째 단계는 학습자의 인지 부조화 상황을 만드는 것이다. 즉, 기존 생각의 재구성 단계이다. 인지 부조화는 개인의 의견이나 태도가 내적으로 일관성 있는 결합체로 존재하려는 상황을 말한다

(Festinger, 김창대 옮김, 2016: 17). 이는 새로운 상황을 투입하거나, 부조화 상황을 줄이는 형태로 해결할 수 있다. 이 단계에서 학습자는 학생들이 믿었던 것 또는 자신이 생각했던 것과 대조를 이루는 현상에 대해 경험하게 된다. 이를 계기로 학습자는 자신의 사고에 재고하게 되는 갈등을 겪게 되고, 이를 검증하기 위해 문제 해결 학습 활동에 참여를 하게 된다. 이 단계는 명료화와 교환, 상충된 상황에 노출, 새로운 생각의 구성 및 평가 등의 세부 단계를 포함한다(김민지, 2011: 10).

세 번째 단계는 연습 기회를 폭넓은 상황으로 확장시키는 것이다. 맥락의 확장은 단정, 왜곡, 무의식적 확신을 제거해주는 효과적인 방법이다(Nisbett, 이창신 옮김, 2018, 317-318). 이 단계에 서는 두 번째 단계에서 재구성된 생각을 응용하여 검토하는 단계이며, 학습자는 자신의 개념 변화에 대한 평가를 하게 된다. 이러한 과정을 통해 학습자는 새로운 내용에 대해 이해하고 새로운 상황에 지식을 적용할 수 있게 된다. 이러한 인지 부조화 상황 및 폭넓은 연습 기회의 제공은 교사의 학습자에 대한 이해와 수업 설계의 원리가 필수적으로 뒤따라야 한다.

3. 영역별 국어 오개념

가. 말하기 · 듣기 영역

> **자신의 감정을 표현하며 대화를 나눈다.**

(1) 교육 내용

'자신의 감정을 표현하며 대화를 나눈다.'는 대화를 나눌 때 자신의 감정을 적절하게 표현함으로써 타인과의 관계를 유지하고 발전시키는 능력을 기르기 위한 교육 내용이다. 자신의 감정을 이해하고 상황에 적절하게 감정을 표현하는 것은 자기를 이해하고 대인 관계를 형성하는 데 도움이 된다는 점을 알도록 하고, 기쁨, 슬픔, 사랑, 미움 등 다양한 종류의 감정을 자연스럽게 표현하도록 하는 데 중점을 둔다.

(2) 학습자 오개념과 지도 방안

오개념	자신의 마음을 표현하는 것이 중요하고 상대의 기분을 고려하지 않아도 된다.

학습자는 자신의 마음을 표현하는 것이 중요하고 상대의 기분을 고려하지 않아도 된다고 생각하는

경우가 있다. 그래서 자신의 마음을 표현하는 것에만 집중하여 상대의 기분을 상하게 하는 말을 가리지 않고 하기도 한다. 진정한 대화는 자시의 생각을 전달하는 것과 상대방을 존중하는 것이 함께 이루어져야함을 인식할 수 있어야 한다. 따라서 교사는 학습자가 자신의 마음을 표현할 때에 듣는 사람의 기분을 생각하여 말하고 대화하도록 하고 고운 말을 쓰도록 지도한다.

오개념	듣는 사람의 기분만을 고려해야 한다.

학습자는 대화할 때 자신의 마음보다 듣는 사람의 기분만을 고려해야 한다고 생각하는 경우가 있다. 자신의 감정을 표현하면 상대방 기분이 상하므로 자신의 마음을 말해서는 안 된다고 생각한다. 학습자는 자신의 마음을 표현함으로써 상대의 기분이 상하게 할 것을 염려하여 자신의 마음을 말하지 않거나 말하는 것을 꺼린다. 따라서 교사는 학습자에게 마음을 표현함으로써 얻을 수 있는 긍정적인 부분을 알려 주고, 듣는 사람의 기분을 생각하여 말하면 좋은 점과 그렇게 말하도록 지도한다.

오개념	감정 표현은 언어로만 하는 것이다.

학습자는 감정 표현은 언어로만 하는 것이라고 생각하는 경우가 있다. 감정 표현은 언어뿐 아니라 다양한 방법으로 가능하다. 글에 마음을 직접 나타낸 말이 없더라도 인물이 처한 상황, 인물의 표정이나 몸짓을 설명한 부분을 통해 인물의 마음을 짐작할 수 있다. 따라서 교사는 학습자가 언어가 아닌 표정이나 몸짓으로 마음을 나타낼 수 있음을 인식하도록 지도한다.

오개념	감정에는 좋은 감정과 나쁜 감정이 따로 있다.

학습자는 감정에는 좋은 감정과 나쁜 감정이 따로 있다고 생각하는 경우가 있다. 감정에는 좋은 감정과 나쁜 감정이 따로 있지 않다. 슬픔, 화, 두려움 등은 생활 속에서 느낄 수 있는 자연스러운 마음일 뿐 이것을 좋은 감정과 나쁜 감정으로 나눌 수는 없다. 따라서 교사는 학습자가 감정을 이분법적으로 구분하지 말고, 감정 자체는 좋고 나쁨이 없음을 인식하도록 지도한다.

오개념	자신의 감정과 다른 사람의 감정이 서로 다른 것은 잘못된 것이다.

학습자는 자신의 감정과 다른 사람의 감정이 서로 다른 것은 잘못된 것이라고 생각하는 경우가

있다. 그러나 감정은 사람마다 다를 수 있다. 다른 사람의 감정과 자신의 감정이 다를 수 있으며, 자신의 감정이 다른 사람의 감정과 다르다고 해서 틀린 것이 아니다. 따라서 교사는 특정 상황에 대한 감정을 친구들과 서로 이야기해 보고 자신과 다른 사람의 감정이 다름을 느낄 수 있도록 지도한다.

나. 읽기 영역

> ### 글의 유형을 고려하여 대강의 내용을 간추린다.

(1) 교육 내용

'글의 유형을 고려하여 대강의 내용을 간추린다.'는 긴 글을 읽고 주요 내용을 파악하는 능력을 기르기 위한 교육 내용이다. 글을 읽고 대강의 내용을 간추리는 활동은 글 전체의 내용을 이해하기 쉽게 해 주고, 글의 내용을 기억하는 데 도움이 된다. 글의 유형별로 대강의 내용을 간추리는 방법에 차이가 있다. 글의 기본적인 부분은 글의 유형에 따라 달라질 수 있는데 유형에 따른 주요 내용을 간추릴 수 있어야 한다.

글의 유형을 고려하여 대강의 내용을 간추릴 때에는 글의 목적에 따라 대강의 내용을 간추리는 방법이 다르다. 예를 들어, 정보 전달을 목적으로 하는 글(설명문 등)은 다루고 있는 중심 화제(소재)가 무엇인지를 파악하여 이를 설명하는 중심 문장을 선별하고 내용을 간추린다. 설득을 목적으로 하는 글(논설문 등)은 주장과 그것을 지지하는 근거가 무엇인지를 선별하고 내용을 간추린다. 친교 및 정서 표현을 목적으로 하는 글(생활문, 기행문 등)은 인과 관계와 같은 이야기의 논리나 시간적 흐름을 파악하여 내용을 간추리는 데 중점을 둔다.

(2) 학습자 오개념과 지도 방안

오개념	글의 유형별로 대강의 내용 간추리기 방법이 동일하다.

학습자는 글의 유형에 상관없이 대강의 내용 간추리기 방법이 동일하다고 생각하는 경우가 있다. 대강의 내용 간추리기 방법은 글의 유형별로 다르다. 정보 전달을 목적으로 하는 글은 중심 화제(소재)가 무엇인지를 파악하여 이를 설명하는 중심 문장을 선별하고 내용을 간추린다. 설득을 목적으로 하는 글은 주장과 그것을 지지하는 근거가 무엇인지를 선별하고 내용을 간추린다. 그리고 친교 및 정서 표현을 목적으로 하는 글은 인과 관계와 같은 이야기의 논리나 시간적 흐름을 파악하여 내용을

간추린다. 따라서 교사는 글의 유형을 파악하게 하고, 유형별로 대강의 내용을 간추리는 방법을 지도한다.

오개념	글의 유형과 글의 갈래는 동일한 용어이다.

학습자는 글의 유형과 글의 갈래를 동일한 것으로 생각하는 경우가 있다. 글의 유형은 언어 사용의 목적에 따라 정보 전달, 설득, 친교 및 정서표현으로 구분된다. 그리고 글의 갈래는 설명문, 논설문, 생활문, 기행문, 일기 등 글의 특성과 관련되는 분류이다. 따라서 교사는 글의 유형과 글의 갈래에 대한 개념을 명확히 하고 구분하도록 지도한다.

다. 쓰기 영역

> ### 인상 깊었던 일이나 겪은 일에 대한 생각이나 느낌을 쓴다.

(1) 교육 내용

'인상 깊었던 일이나 겪은 일에 대한 생각이나 느낌을 쓴다.'는 자신이 겪은 일을 생각과 느낌이 드러나는 글로 표현하는 능력을 기르기 위한 교육 내용이다. 인상 깊었던 일이나 겪은 일을 글로 표현하는 것을 통해 학생들은 글쓰기를 쉽고 재미있게 시작할 수 있다. 학생들이 쉽게 글감을 마련하여 쓸 수 있도록 인상 깊었던 일이나 자신이 경험한 재미있는 일을 친구들에게 이야기하듯이 글로 쓰도록 지도한다. 문자 언어의 관습과 규범에 익숙하지 않은 학생들이 부담 없이 글을 쓸 수 있도록, 처음에는 즐거웠던 경험을 글과 그림으로 함께 표현하도록 한다. 또한 인상 깊었던 일이나 겪은 일을 지속적으로 글로 쓰고 이를 나누는 과정을 통해 쓰기에 대해 호감을 가지고 쓰기가 자신을 표현하는 방법임을 깨닫도록 한다. 인상 깊었던 일이나 겪은 일을 쓸 때에는 한 편의 글이 갖추어야 하는 형식적인 측면을 지나치게 강조하지 말고 자신의 생각을 자유롭게 표현하도록 하는 데 중점을 둔다.

(2) 학습자 오개념과 지도 방안

오개념	일기와 생활문은 글의 종류가 동일하다.

학습자는 일기와 생활문의 차이를 모르고 동일하는 것으로 생각하는 경우가 있다. 일기와 생활문은 모두 겪은 일을 쓰는 글이라는 공통점이 있다. 하지만 일기와 생활문은 차이가 있다. 일기는 날마다 그날그날 겪은 일이나, 생각, 느낌을 적는 개인의 기록으로, 오늘 일어난 일에 대해 기록하는 글이다. 즉, 일기는 자신의 생활기록으로 하루를 단위로 하여 가장 인상 깊은 일이나, 중요하다고 생각되는 주제를 찾아 그에 맞는 글감을 정해 쓰는 글, 자신의 생활을 꾸밈없이 솔직하게 옮겨 쓴 글이다. 이에 비해 생활문은 생활 속에서 체험한 이야기를 실감나게 적은 글로써, 과거에 겪은 일에 대해 쓰는 글이다. 생활문은 경험을 드러내는 글로써, 일기, 편지, 기행문, 감상문 등이 그 종류이다. 따라서 교사는 학습자들에게 일기와 생활문의 차이를 알려주고 각각의 갈래를 쓸 수 있도록 지도한다.

오개념	인상 깊은 일이란 평소에 일어나지 않을 법한 특별한 일이나 재미있었던 일이다.

학습자는 인상 깊은 일에 대해 쓰라고 하면 평소에 일어나지 않을 법한 특별한 일이거나 재미있었던 일을 쓰는 것으로 생각하는 경우가 있다. 그러나 반드시 그런 것만은 아니다. 재미있었던 일뿐만이 아닌 자신에게 의미 있는 일이라면 인상 깊은 일이 될 수 있다. 다양한 일 중 자신에게 의미 있는 떠올리는 것이 중요하다. 개인이 특정한 사건을 특별하게 느꼈다면 그것이 일상적으로 일어나는 것일지라도 인상 깊은 일일 수 있으며, 일기에 쓰일 만한 지위를 갖는 일인 것이다. 따라서 교사는 학습자들이 '겪은 일' 중 '인상 깊었던 일'이 무엇인지에 대해 충분히 생각해 볼 수 있는 기회를 제공하고 일기 쓰기를 하도록 지도한다.

오개념	일기 글감은 일상적인 일이거나 매일 반복되는 일에서 찾아야 한다.

학습자는 일기의 글감은 겪은 일 중 일상적인 일이거나 매일 반복되는 일이라고 생각하는 경우가 있다. 학습자에게 자신이 겪은 일 중 일상적으로 반복되는 일이 아니라 자신에게 인상 깊었고, 의미 있었던 일이나 생각을 기록하도록 한다. 학습자들이 실제로 일기를 쓸 때 가장 많이 하는 말이 '쓸 것이 없어요', '늘 똑같아요.'이다. 따라서 교사는 학습자에게 일상적으로 반복되는 일이 아니라 자신에게 의미 있는 일이나 생각을 기록하도록 쓸 내용에 대해 차분히 생각할 수 있도록 안내한다.

오개념	일기에는 사실만 쓰고 자신의 생각은 쓰면 안 된다.

학습자는 그림일기나 일기에 있었던 사실만을 쓰는 것으로 생각하는 경우가 있다. 학습자들이

그림일기나 일기를 쓰면서 자신이 겪은 일에 대해 자신의 생각을 표현하도록 하는 게 중요하다. 따라서 교사는 학습자가 하루 동안에 겪은 사실만이 아닌 자신의 기분과 생각 등을 자세히 쓰도록 하여 자신만의 글이 될 수 있음을 인식하도록 지도한다. 또한, '재미있었다.' 이외에도 슬프고, 속상하고, 서운했던 느낌, 기쁘고 행복했던 느낌 등 자신이 느꼈던 다양한 감정을 솔직하게 쓰도록 안내한다.

| 오개념 | 실제 겪은 사실과 자신의 생각을 구분하여 쓰지 않아도 된다. |

학습자는 글을 쓸 때 실제 겪은 사실과 생각을 구분하여 쓰지 않아도 된다고 생각하는 경우가 있다. 학습자가 실제 겪은 사실과 자신의 생각을 명확하게 구분하지 못하기도 한다. 교사는 학습자가 실제 겪은 사실과 자신의 생각은 문장을 표현하는 방식이 다르다는 것을 지도한다. 학습자들이 어떤 일을 겪었고 그 중에서 자신에게 인상 깊었던 일이 무엇인지 생각하는 과정을 거치게 한다. 그리고 이러한 경험과 사실을 나열한 후 어떤 것이 가장 인상 깊었던 일인지 선택하게 한 후 그 사건을 통해 어떤 생각과 느낌을 가지게 되었는지 기록하게 하고 사실과 차이가 무엇인지 인지하도록 한다.

라. 문법 영역

낱말과 낱말의 의미 관계를 파악한다.

(1) 교육 내용

'낱말과 낱말의 의미 관계를 파악한다'는 낱말들이 의미 관계를 가지고 있음을 알고 어휘에 대한 관심과 호기심을 갖고 어휘력을 신장하기 위한 교육 내용이다. 낱말은 뜻을 가지고 홀로 쓰일 수 있는 말의 가장 작은 단위이다. 이러한 낱말은 다른 낱말들과 의미 관계를 가지고 있다. 낱말의 의미 관계를 알면 어휘 확장이 쉽게 일어나고 비슷한 뜻을 가진 다양한 낱말을 상황에 적절하게 부려 쓸 수 있게 된다.

낱말들이 의미적으로 서로 일정한 관계를 갖고 있음을 인식하는 것은 어휘에 대한 관심과 호기심을 불러일으킴으로써 어휘력 향상에 도움이 된다. 낱말의 의미 관계 파악을 지도할 때에는 비슷한 말, 반대말, 상하위어 수준에서 의미 관계를 지도하고, 연상 활동이나 말놀이 등을 통해서 다양한 어휘를 익힐 수 있게 해야 한다. 그리고 비슷한 말, 반대말, 상·하위어 등을 여러 상황에서 활용해 봄으로써 어휘력을 신장하는 데 중점을 둔다. 그리고 어휘망 그리기 등 여러 가지 활동을 통해 한 낱말과 연관된 다양한 어휘를 익히게 한다. 사전을 통해 자신이 조사한 낱말을 이용하여 연상 활동이나 말놀이를 해 보고 어휘에 대한 관심을 가지도록 한다.

(2) 학습자 오개념과 지도 방안

오개념	한 낱말에는 반의어나 유의어가 하나만 있다.

학습자는 한 낱말에는 반의어나 유의어가 반드시 하나만 있다고 생각하는 경우가 있다. 그러나 한 낱말에는 다양한 반의어나 유의어가 있다. 예를 들어 '예쁘다'는 '곱다, 아름답다' 등의 유의어를, '기쁘다'는 '즐겁다, 신난다, 행복하다' 등의 유의어가 있다. 반의어도 마찬가지이다. 따라서 교사는 학습자가 한 낱말의 유의어나 반의어를 찾을 때 여러 가지 낱말을 제시하고 여러 낱말들을 더 찾아보게 지도한다.

오개념	한 낱말에는 반의어나 유의어가 하나만 있다.

학습자는 한 낱말에는 반의어가 적어도 하나는 있다고 생각하는 경우가 있다. 그러나 모든 낱말에 반의어가 꼭 있는 것은 아니다. 반대말이 있는 낱말도 있지만 반대말이 없는 낱말도 있다. 따라서 교사는 반대말이 하나인 낱말, 반대말이 여러 개인 낱말, 반대말이 하나도 없는 낱말로 분류해보는 활동을 통해 낱말에 따라 반대말 개수가 다양하다는 것을 인식하도록 지도한다.

오개념	'안, 못, 무' 등을 사용한 표현도 반의어이다.

학습자는 반의어와 부정 표현을 구분하지 못하는 경우가 있다. '길다'와 '안 길다'의 관계는 뜻이 반대인 말이 아니라, '안 길다'는 '길다'의 부정 표현이다. 낱말의 부정 표현은 반의어가 아니다. 반의 관계에는 정도 반의 관계(길다─짧다 등), 상보 반의 관계(남자─여자 등), 방향 반의 관계(왼쪽─오른쪽 등) 유형이 있다. 따라서 교사는 반의 관계 유형을 예를 들어 지도하고, 반의 관계와 부정 표현의 차이를 알 수 있도록 지도한다.

학습자는 유의 관계(비슷한 말)의 낱말은 항상 서로를 대체할 수 있다고 생각하는 경우가 있다. 하지만 유의 관계에 있는 두 낱말이 언제나 상호 대체가 가능한 것은 아니다. 유의 관계는 '동일한 뜻'이 아니라 '비슷한 뜻'이므로 어감에 미묘한 차이가 있다. 따라서 상황과 맥락에 따라 바꾸어 쓸 수도, 그럴 수 없기도 하다. 예를 들어 '뺨'과 '볼'은 거의 대부분의 상황에서 대체가 가능하지만, '가게'와 '업소', '상점', '점포' 등은 비슷한 말이라도 상황과 대상에 따라 다르게 사용된다. 또 '밥'과 '식사, 진지, 맘마' 등도 비슷한 말이지만 상황과 대상에 따라 다르게 사용된다. 따라서 교사는 낱말 관계도를 그려보게 하고, 다양한 예를 제시하여 모든 유의어가 대체 사용 가능한 것은 아님을 인식하도록 지도한다.

학습자는 상위어가 항상 하위어만 가진 낱말이라고 생각하는 경우가 있다. 상위어와 하위어의 관계는 상대적인 낱말들이다. 예를 들어 '새'는 '참새, 비둘기' 등의 상위어이지만, '동물'의 하위어이므로 하나의 낱말은 다른 낱말과의 관계 속에서 의미 관계가 달라질 수 있음을 지도한다. 따라서 교사는 우리가 사용하는 말에는 포함하는 말과 포함되는 말이 많이 있으므로 이를 활용해서 상위어와 하위어의 개념을 익힐 수 있도록 한다. 예를 들어, 가족과 아버지, 어머니, 나를 관계 짓는다든지 얼굴과 눈, 코, 입, 귀 등을 관계 지어봄으로써 상위어, 하위어가 일상생활 속에서 많이 사용됨을 알게 하고 이를 '상위어, 하위어'라고 부른다는 것을 알게 한다. 또 하나의 낱말을 중심으로 한 낱말의 하위어를 찾아보고, 또 그 낱말의 상위어를 찾아보는 활동을 통해 상위어와 하위어의 관계를 정확하게 이해할 수 있도록 지도한다.

마. 문학 영역

작품 속 세계와 현실 세계를 비교하며 작품을 감상한다.

(1) 교육 내용

'작품 속 세계와 현실 세계를 비교하며 작품을 감상한다'는 작품 속의 인물·정서·상황·배경·분위기 등이 현실 세계를 반영한 것이지만, 작품 속 세계는 허구적 세계여서 현실 세계와는 구별된다는 점을 인식하며 문학 활동을 하는 능력을 기르기 위한 교육 내용이다. 시와 이야기, 생활문 등 갈래에 따라 차이는 있지만, 문학 작품 속의 세계가 현실에 바탕을 두면서도 현실 세계를 있는 그대로 묘사한 것이 아니라 허구적으로 구성된 것이라는 점에 초점을 맞추어 문학적 상상력을 동원하여 감상하도록 하는 데 중점을 둔다.

작품 속의 세계와 현실 세계의 공통점과 차이점을 알도록 한다. 작품 속의 세계가 현실 세계와 유사하지만 현실 세계는 아니라는 점을 알아야 작품의 의의와 한계를 분명하게 알게 된다. 작품 속 세계의 인물이나 상황, 배경, 분위기 등을 현실 세계의 그것들과 비교해봄으로써 작품 속의 세계가 근거 없이 꾸며 낸 허황된 세계가 아니라 현실 세계를 반영한 것임을 인식하도록 한다. 또한 작품 속의 세계와 현실 세계를 혼동하는 일이 없도록 작품 속의 세계가 현실 세계가 아니라는 점 또한 명확하게 인식하도록 한다. 작품 속 세계와 현실 세계의 관계를 다룰 때에는 문학 작품이 허황된 세계를 근거 없이 꾸며낸 것이라는 오해가 생기지 않도록 작품 속 세계와 현실 세계의 차이를 과도하게 강조하지 않도록 한다.

(2) 학습자 오개념과 지도 방안

오개념	문학 작품 속의 인물과 현실 속의 인물이 동일하다.

학습자는 작품 속의 인물과 현실 속의 인물이 동일하다고 생각하는 경우가 있다. 문학 작품에서는 현실 속의 인물을 배경으로 하여 인물의 정서와 성격을 현실 인물과 비슷하게 표현하고 인물이 처한 배경을 현실과 비슷하게 묘사한 것이지 완전히 동일한 것은 아니다. 작품 속 세계가 현실 세계에 바탕을 둔 것임을 인식해야 한다. 따라서 교사는 작품 속의 인물, 정서, 상황, 배경, 분위기 등을 현실 세계의 인물, 정서, 상황, 배경, 분위기 등과 비교하고, 작품 속의 세계가 현실 세계에 바탕을 둔 것임을 이해하도록 지도한다.

오개념	문학 작품 속의 세계는 현실과 완전히 동떨어진 세계이다.

학습자는 작품 속 세계는 현실 세계와 다른 요소들이 있기 때문에 작품 속 세계를 현실과 완전히 동떨어진 세계라고 생각하는 경우가 있다. 하지만 작품 속 세계는 현실과 완전히 동떨어진 세계가 아니라 개연성이 있는 허구 세계이다. 문학 작품은 현실 속의 인물, 정서, 상황, 배경, 분위기 등의

현실 세계 요소를 바탕에 두어 현실 세계를 허구적으로 재구성한 것이다. 또한 작품 속 세계와 현실 세계의 관계를 다룰 때에는 문학 작품이 허황된 세계를 근거 없이 꾸며낸 것이라는 오해가 생기지 않도록 작품 속 세계와 현실 세계의 차이를 과도하게 강조하지 않도록 한다. 학생들이 어느 한쪽의 생각에 치우치지 않아야 한다. 따라서 교사는 작품 속의 인물, 정서, 상황, 배경, 분위기 등을 현실 세계의 인물, 정서, 상황, 배경, 분위기 등과 비교하고, 작품 속의 세계가 현실 세계를 있는 그대로 묘사한 것이 아니라 허구적으로 재구성된 것임을 인식하도록 지도한다.

참고문헌

강동훈(2013), 입문기 문자 지도의 변천 과정 고찰, 〈학습자중심교과교육연구〉 13권 6호, 학습자중심교과교육학회.

곽재용(2010), 「초등학교 저학년 국어 교과서에 나타난 어휘 분석」, 〈한글〉 290, 한글학회.

교육부(2000), 『교과서 백서』, 대한교과서주식회사.

교육부(2017) 『국어 교사용 지도서 1-1』, 서울교대 · 한국교원대학교 국정도서편찬위원회.

교육부(2017) 『국어 교사용 지도서 2-1』, 서울교대 · 한국교원대학교 국정도서편찬위원회.

교육사전편찬위원회(1992), 『교육학 대사전』, 교육서관.

김수업(1989), 『국어 교육의 원리』, 청하.

김용재(2013), 「개정 국어 교과서에 실린 시 제재 분석」, 〈국어문학〉 54, 국어문학회.

김윤옥(2014), 「초등학교 국어 교과서에 듣기 · 말하기 영역 통합 양상 연구」, 〈한국초등국어교육〉 54, 한국초등국어교육학회.

김창원(2003), 「문학 교과서 개발에 대한 비판적 점검: 제7차 고등학교 '문학' 교과서를 예를 들어 」, 〈문학교육학〉 11, 한국문학교육학회.

노명완 외(2004), 『교과용 도서 내적 체제 개선에 관한 연구』, 한국교과서연구재단.

노명완(2002), 「중학교 국어 교과서와 독서 교육」, 〈독서연구〉 7, 독서학회.

노명완 · 박영목 · 권경안(1988), 『국어과 교육론』, 갑을출판사.

박기용(2010), 「초등 국어 교과서에 나타난 도깨비 형상 연구: 일본 오니 형상과 비교를 중심으로」, 〈어문학〉 109, 한국어문학회.

박영목 외(2001), 『국어교육학 원론』, 박이정.

서울대국어교육연구소(1999), 『국어교육학 사전』, 대교출판.

신세호 · 이종렬 · 안귀덕(1979), 『교과서 구조 개선에 관한 연구』, 한국교육개발원.

신헌재 외(2011), 『초등학교 국어 교과서 개발 과정과 전망』, 미래엔.

이경화(2011), 「통합적 국어교육을 위한 초등 국어 교과서 개발 방안」, 〈국어교육학연구〉 42, 국어교육학회.

이경화(2013), 「교육과정기별 초등학교 국어 교과서 통합 방향 연구」, 〈한국초등국어교육〉 53, 한국초등국어교육학회.

이경화(2014), 「2009 개정 초등 국어 교과서의 의의와 과제」, 〈학습자중심교과교육연구〉 14-6, 학습자중심교과교육학회.

이경화 · 김지영(2012), 「PCK의 측면에서 본 초등 국어 교과서 어휘 교육 내용의 활동 구성 검토」, 〈학습자중심교과교육연구〉 12, 학습자중심교과교육학회.

이재승(2013), 「초등학교 새 국어 교과서 개발의 쟁점과 과제」, 〈한국초등국어교육〉 53, 한국초등국어교육학회.

이수진, 이동배, 리차드발다우프(2011), 초등 국어 교과서에 내재된 이데올로기 분석: 1~4학년 읽기 교과서를 중심으로, 〈새국어교육〉 89집.

이종국(1989), 「교과서관과 교과서 연구」, 〈출판학연구〉 31, 한국출한학회.

이종국(1991), 『한국의 교과서: 근대 교과용 도서의 성립과 발전』, 한국교과서주식회사.

임천택(2011), 「학습 목표 면에서 본 국어 교과서의 문제점과 개선 과제」, 〈어문학교육〉 43, 한국어문교육학회.

정혜승(2012), 「국어 교과서의 문제와 개선의 방향: 국어 교과서의 기능을 중심으로」, 〈한국어문교육〉 11집.

천경록 외(2004), 『국어과 교육론』, 교육과학사.

최경희(2011), 이야기 그림책에 나타난 한국 전통문화, 〈한국아동문학연구〉 21집.

최미숙 외(2014), 『국어교육의 이해』, 사회평론.

5부

초등 국어과 교수 학습의
이해와 적용

제1장

초등 국어과 교수 학습의 특성과 지향

초등학교 국어과 교육에서는 학생의 학습과 일상생활에 필요한 기본적인 국어 능력과 바른 인성을 함양하는 데 중점을 두고 있다. 따라서 초등국어교육은 학생들에게 국어학이나 국문학적 지식 습득보다는 듣고, 말하고, 읽고 쓰는 능력을 기르도록 하고, 올바른 인격을 갖추도록 해야 한다.

초등교육은 전인적 인간 육성을 위한 지적, 정의적, 신체적 능력의 '기초'가 되는 부분을 담당하고 있으므로, 초등 국어과 교육에서는 중·고등학교에 비해 '흥미'의 요소, 통합적 활동 등이 강조되어야 한다. 또한 학습자들에게 언어를 사용하는 방법과 올바른 인성을 함양하도록 해야 하므로 학생들의 발달 정도나 특성을 중요하게 고려해야 한다.

1. 초등 국어과 교수 학습의 특성

초등 국어과 교수 학습의 특성을 다섯 가지 항목—개별성, 상호작용성, 상황 관련성, 문화 관련성, 총체성—으로 나눠 정리해 보고자 한다.

가. 개별성

학습자 각자가 언어 사용의 주체로서 지니는 고유 개성을 인정하고 존중해줌을 뜻한다. 이는 곧, 학습자 스스로 학습 자료와 방법을 선택 결정하여 활동하도록 배려해야 한다는 뜻도 된다. 학습자는 언어 사용의 주체로서 교수 학습 상황에서 자기 수준과 기호에 맞는 학습 자료와 방법을 택하여 주체적으로 언어 사용을 하도록 하고, 교사는 이런 여건이 되도록 도와주어야 한다는 것이다.

초등 국어 교수학습에서는 학습자를 근본적으로 신뢰하며, 그들을 사랑으로 대하며, '가르치기'보다는 '배움'이 일어나도록 옆에서 적절히 북돋아 주어야 한다. 또한 학습자들의 개성이나, 능력, 흥미가 모두 다르기 때문에 각 학습자들이 지닌 특성을 최대한 존중하면서 언어교육이 이루어져야 한다. 즉, 학습자의 개성화·개별화 교육을 강조할 필요가 있다.

나. 상호작용성

언어 사용 과정에는 반드시 발화자(發話者)와 수화자(受話者)가 있기 마련이다. 상호작용성이란 바로 이 두 요인이 서로 영향을 주고받음을 뜻한다. 따라서 국어과 교수 학습을 구성하는데도 이 두 요인을 염두에 둬야 한다. 곧 국어과 교수 학습 현장에서도 교사와 학생이, 또는 학습자끼리 발화자와 수화자가 되어서, 서로 말과 글을 주고받도록 해야 한다는 것이다. 이러한 특성은 국어과 교수 학습 구성원 간에 말과 글로 의사소통하는 상황이 활성화되도록 배려하는 일이 수업에서도 소중함을 말하고 있다.

다. 상황 관련성

일상의 언어 사용은 또한 발화자(發話者)와 수화자(受話者)가 특정 상황 맥락 속에서 서로 특정한 의도와 목적을 지닐 때만이 비롯된다. 따라서 발화자와 수화자를 둘러싼 특정 상황이 언어 사용 과정에서 큰 몫을 차지할 수 있다는 것이다. 그러므로 국어 교수 학습의 영역 속에서도 무의미한 상태의 언어 반복 학습보다는, 실제의 다양한 상황과 경험을 교실에 끌어와서 의사소통 학습의 장(場)을 넓히도록 할 필요가 있다.

라. 문화 관련성

국어는 하루아침에 이뤄진 것이 아니라 우리나라 반만년 역사와 함께 이어오면서 생성된 것이다. 따라서 국어에는 우리 민족의 얼과 문화가 자연스럽게 배어들어가 있기 마련이다. 그리고 이를 통해 이루어진 우리 국어 나름의 독특한 언어 사용 방식과 관습을 국어의 문화관련성이라고 일컫는다. 그러므로 국어 교실에서는 초등학교 때부터 바로 이런 국어 사용상의 특성을 인정하고 존중해주어야 한다는 것이다. 예컨대, 우리 민족의 얼과 문화가 담겨서 생긴 고유한 국어의 언어 예절 면과 언어 관습 및 관용어구적 사용들을 중시하여 다뤄야 한다.

마. 총체성

국어 사용이란 본디 인간이 세계와 관계를 맺는 길이요, 개인이 사회적 존재로서 살아가는 복합적인 삶의 한 행위라고 할 수 있다. 이처럼 국어는 우리 개개인의 삶과 불가분의 관계에 있다. 그러므로 삶이 분절화 될 수 없듯이 국어 사용도 분절화 될 수 없다는 것이다.

총체적인 언어교육에서는 언어 학습은 기본적으로 다른 사람과의 관계 속에서 일어나는 것으로 생각한다. 즉, 실제적이고 자연스러울 때, 전체로서 다룰 때, 의미를 다룰 때, 흥미가 있을 때, 학습자와 관련 있을 때, 상황이 결부되었을 때, 사회적인 유용성이 있을 때, 목적을 가지고 있을 때, 학습자가 선택할 수 있을 때, 학습자가 쉽게 받아들일 수 있을 때, 학습자의 흥미와 욕구, 수준에 맞을 때에 언어학습이 쉽게 이루어진다.

이런 국어를 대상으로 하는 국어 교수 학습도 내용과 방법 면에서 나뉠 수 없고, 도리어 상호 유기적인 관련을 가짐을 인식해야 한다. 특히 초등학교 학습자들은 아직 미분화된 상태에 있기 때문에 통합적으로 학습할 때 그 내용을 좀 더 쉽고 자연스럽게 받아들이게 된다. 따라서 국어과 교수 학습도 내용과 방법 면에서 언어 기능간의 통합이나 국어 교과 내 영역 통합만이 아니라, 생활과의 통합, 교과 간의 통합, 특정 기능 영역 내에서의 통합적인 운영을 지향해야 한다.

2. 초등 국어과 교수 학습의 지향

지금까지 살펴본 초등학교 국어과 교수 학습의 특징을 바탕으로, 국어과 교수 학습이 마땅히 지향할 점을 짚어볼 차례다. 이 지향점을 네 항목 — 목표 중심, 학습자 중심, 과정 중심, 사회적 상호작용 중심—으로 나눠 정리해 보고자 한다.

가. 목표 중심의 교수 학습

교수 학습 활동을 목표 중심으로 운영해야 한다는 것은 지극히 당연한 일이다. 국어과 교수 학습에서 목표는 매 단원, 매 차시마다 제시되며 주별, 월별, 학기별 학년별 목표도 제시되는데, 이때의 목표는 교수 학습 활동의 구심점 역할을 하고 교수 학습의 방향을 결정하는 일을 한다. 만일 이때 교수 학습이 목표 중심으로 이뤄지지 않거나, 학습자들이 목표를 달성하지 못한다면 그 수업은 실패한 셈이 된다.

오늘날 국어과 교육의 궁극적 목표는 국어 사용 능력을 향상시키는 데 있다. 그리하여 국어과의 모든 교육 내용과 활동은 바로 이 목표를 이루기 위한 것으로 구성되어 있다. 아울러 교사도 국어과 교수 학습에서 처음부터 목표를 학습자에게 알려줌으로써, 학습자로 하여금 자신의 학습 활동이 어떤 목표를 이루기 위한 것인지 분명히 알 수 있도록 해야 한다. 그래야만 교수 학습 활동을 학습자가 주도적으로 할 수 있기 때문이다.

국어과 교수 학습 목표는 교과서를 중심으로 보면, 각 단원별로 그 서두에 단원 목표를 제시해 놓고, 이를 세분화한 목표를 각 차시별 목표로 구체화시켜서 결국 이 모든 세분화된 목표를 수렴하여 단원 목표를 이루게 하는 것으로 구조화되어 있다. 이처럼 국어과 교수 학습에서는 각 단원별로 구조화된 목표에 대한 이해가 필수적이다. 그리고 이런 이해를 바탕으로 각 차시별 목표를 인식하고 해석해야 한다.

국어과 교수학습 목표의 특징으로는 국어 수업에서는 제재의 내용을 가르치는 것이 아니라 국어 사용 능력에 관련된 지식, 개념, 방법을 가르친다는 것을 들 수 있다.

예를 들어, '전기문(이황 제재)을 읽고, 인물의 가치관을 평가하여 봅시다'라는 차시 목표가 있다고 하자. 이 차시 수업은 학습자가 장르로서의 '전기문'의 특성을 아는 데 초점을 두어야 한다. 그리고 전기문을 읽고 인물의 가치관을 평가하는 능력을 갖추는 데 초점을 두어야 한다. 만약 이 차시 수업에서 이황의 생애 파악에만 초점을 둔다면 이는 국어 수업이 아니라 자칫 도덕 수업이나 사회 수업 등이 되기 쉽다. 이 국어 수업에서 사용되는 전기문이 반드시 사실 '이황' 제재가 아니어도 상관없다는 말이다. 국어 수업에서 사용되는 제재는 얼마든지 다른 제재로 대체될 수 있기 때문이다. 학습자가 '이황'이 아닌 다른 인물의 전기문을 읽고 전기문 장르의 특성을 이해하고 그 인물의 가치관을 평가할 수 있게 되었다면 이는 국어 목표에 제대로 도달한 것으로 볼 수 있다.

또 다른 예로 '설명문(김치 제재 등)을 읽고, 중요한 내용을 간추리는 방법을 알아봅시다' 목표를 살펴보자. 이 국어 수업의 목표는 '김치' 글에 제시된 김치의 역사, 김치의 종류, 김치의 효과 등에 대해 아는 것이 아니라 한 편의 설명문을 읽고 중요한 내용을 간추릴 수 있는 방법을 아는 데 있는 것이다. 이러한 국어 교수 학습 목표의 특성을 제대로 인식하지 못한다면 국어 수업이 아닌 타 교과 수업이 되고 만다.

이와 같이 국어과 교수 학습은 국어 학습 목표에 대한 이해를 바탕으로 학습 내용을 구체적으로 찾아내고 내용에 따른 학습 방법을 선택해야 한다. 또한 학습의 내용을 학생들이 잘 학습할 수 있도록, 알맞은 교수 학습 모형과 구체적인 교수 학습 활동을 치밀하게 설계해야 할 것이다. 그리고 이를 실천에 옮겨서 교육 목표에 도달할 수 있도록 유념해야 할 것이다. 요컨대, 모든 국어과 교수 학습은 목표를 중심으로 구안해야 하고, 목표 도달을 위한 운영으로 일관해야 할 것이다.

나. 학습자 중심의 교수 학습

초등 교육이 지향하는 또 하나의 교수 학습 관점은 학습자를 중심으로 한다는 점이다. 초등 교육에서는 개별 학습자들의 인지적인 능력과 경험, 배경지식이 학습에 직접적인 영향을 준다. 또한 초등학생에게는 학습 내용이나 방법이 학생들의 경험 세계와 직결되지 않고서는 자발적인 학습이 일어날 수 없다. 따라서 초등 국어과 교육은 이러한 점을 고려하여 교수 학습하는 것이 필요하다. 특히 국어과는 그 가르쳐야 할 내용이 지닌 특성 때문에 학습자 중심의 교수 학습이 되지 않을 수 없다. 만일 국어과의 학습 내용이 기존의 학자들이 탐구하여 학문으로 체계화한 언어 지식이나 관습뿐이라면 학습자의 역할은 수동적인 수용자의 입장에 머물 수밖에 없을 것이다. 그러나 국어과 교육은 그런 언어 지식이 아니라 그 지식을 구성하고 효과적으로 활용하는 방법과 전략을 가르치는 것이므로 학습자의 능동적인 활동과 주체적인 학습이 필요하다.

현재 국어과 교육과정의 주요 내용들은 모두 교사가 학생들에게 일방적으로 전달하는 것이 아니라, 학습자들이 자발적으로 익히고, 그 익힌 것을 직접 적용하여 문제를 해결하도록 구성되어 있다. 따라서 이런 학습 내용의 특성 때문에 학생들은 학습 활동의 주체가 될 수밖에 없다. 국어과 주요 교육내용인 기능과 전략은 그 본질상 학습자가 주체적으로 익혀야 하는 것이고, 이를 주체적으로 활용할 때에만 획득될 수 있는 것이다.

그러므로 학습자는 우선 자신이 해결해야 할 문제가 무엇인지를 분명히 알고, 문제를 스스로 해결해 나가야 한다. 예를 들어, 한 편의 글을 읽고 이해한다는 것은 글 속에 주어진 의미를 수동적으로 받아들이기만 하는 것이 아니라, 자신이 가지고 있는 배경지식을 활용한 사고를 통하여 스스로 의미를 구성할 때 이뤄질 수 있는 목표이다. 생각을 글로 표현하는 활동도 마찬가지다. 학생들은 스스로 생각한 내용을 직접 구조화하여 표현한다. 이런 이해 활동과 표현 활동은 누가 대신해 줄 수 있는 활동이 아니라, 학습자가 주체가 될 때만이 가능하다.

이와 같이 학습자가 주체가 되는 학습자 중심의 교수 학습 활동은 학습자의 배경지식의 확장과 사고 능력의 신장 및, 텍스트와 독자 간의 상호작용 방법의 정교화와 불가분의 관계에 있는 것이다. 따라서 국어과도 학습자 중심의 교수 학습을 통할 때, 언어 이해와 표현은 효과적으로 이루어지게 된다.

국어과 교수 학습이 학습자 중심으로 이루어지기 위해서는 무엇보다 그 학습 과제가 학생들에게 유의미한 것이어야 한다. 학습 과제가 학습자들에게 유의미한 것이 되려면 교육 내용과 교육의 자료가 학생들의 발달 수준에도 맞을 뿐 아니라, 배경지식이나 생활도 맞아야 하고, 교수 학습 방법도 학습자들을 활동에 적극적으로 끌어들일 수 있도록 동기 부여를 시킬 만한 것이어야 한다. 학습자에게 관심을 끌지 못하는 국어 교수 학습으로는 학습자 중심의 자발적인 학습을 기대하기 어렵기 때문이다.

다. 과정 중심의 교수 학습

국어를 통한 이해 활동과 표현 활동은 인지적 문제 해결 과정을 바탕으로 이루어진다. 말을 듣거나 글을 읽고 의미를 파악하는 활동은 물론이거니와, 생각을 말이나 글로 표현하는 활동 역시 국어 사용자의 머리 속에서 일련의 과정을 거쳐 이루어지기 마련이다. 이러한 과정을 간과하거나 무시하게 되면 국어 사용 활동은 효과적으로 일어날 수 없다. 국어과 교수 학습에서 특히 이런 과정과 관련하여 중요하게 여길 만한 두 가지 요소가 있다. 하나는 회귀적인 과정이고, 다른 하나는 모든 과정을 점검해내는 조정하기 과정이다. 이들 두 요소는 상호보완적으로 작용한다.

국어과의 이해 활동과 표현 활동에서 과정에 대한 인식은 인지적 사고의 탐구에서 비롯되었다. 능숙한 독자와 필자의 사고를 분석하여 보면, 이해 활동과 표현 활동은 문제 해결을 하는 일련의 사고 과정이며, 이 과정에서 적절한 전략들을 잘 사용한다는 특성을 보인다. 그러므로 국어과 수업에서도 학습자가 능숙한 필자와 독자가 되기 위한 훈련으로 일련의 과정에 따른 사고를 해야 하고, 이 사고를 하기 위한 훈련으로 사고 과정에서 부딪히는 문제를 해결해내는 전략을 학습해야 한다.

과정 중심의 교수 학습에서는 이해 활동과 표현 활동을 일련의 사고 과정으로 인식하고, 사고 과정에서 부딪히는 문제를 해결하기 위하여 사고 기능과 전략을 교육해야 한다고 본다. 그래서 이해와 표현 과정을 단계화하여 각 단계 별로 사고 전략을 탐구하고 이 과정에서 추출해낸 전략은 교육 내용으로 삼는 것이다. 예컨대 쓰기 영역의 경우, 쓰기 과정을 계획하기(내용생성과 내용조직하기), 표현하기, 고쳐쓰기로 나누고, 각 단계에 필요한 전략들을 추출해낼 수 있다. 그리고 이 이들 전략이 쓰기 능력을 향상시키는 요체로 보고, 국어 교수 학습에서도 지도할 주된 주요내용으로 삼는 것이다.

과정 중심 활동에서 강조되는 바, 조정하기는 본디 초인지적인 사고 작용의 하나로서, 인지적 문제 해결 과정을 회귀적으로 이루어지게 한다. 즉 문제 해결자의 사고 활동은 그 사고를 점검하고 확인하는 또 다른 사고 작용에 의하여 조절되는 것이다. 때문에 과정 중심의 학습 활동에서는 이 초인지의 역할을 매우 소중히 여긴다. 인지적 과정의 원활한 수행을 통하여 효과적으로 문제를 해결할 수 있다고 보기 때문이다.

라. 사회적 상호작용 중심의 교수 학습

사회적 상호작용은 다른 사람의 언어가 사고를 활성화한다는 생각에서 뿐 아니라, 의미 구성은 다른 사람과의 관계에서 이루어진다고 보는 관점에서 비롯한 것이다. 국어과 학습은 필연적으로 언어를 사용한 의미 구성과 의사소통을 기반으로 이루어지므로 사회적 상호작용은 필연적이라 할 수 있다.

사회적 상호작용은 학습자가 주로 동료나 교사와 대화를 나누는데서 이뤄지는데, 바로 이를 통해서 학습자의 언어 사용 학습은 효과적으로 일어날 수 있다. 그와 더불어 학습자의 인지적 능력도 높일 수 있다고 보는데, 이는 이질적인 배경지식과 능력을 가진 학생들이 상호작용 과정에서 다양한 생각을 공유하게 되기 때문이다.

이런 상호작용의 중요성을 강조한 이는 러시아의 비고츠키이다. 그는 특히 능력이 우수한 이와의 상호작용을 강조하는데, 능력이 우수한 이는 비계(scaffolding, 디딤돌)를 마련해줌으로써 부족한 이의 능력을 효과적으로 높일 수 있기 때문에 소중하다는 것이다.

이처럼 사회적 상호작용 중심의 교수 학습에 대한 관심은 인지 발달에 대한 사회적 상호작용 역할에 대한 탐구에서 비롯되었다. 비고츠키는 사고의 발달은 언어를 매개로 이루어지며 언어는 사회적인 상호작용 속에 존재한다고 보았다. 그리하여 언어를 통한 사회적 상호작용으로 사고의 발달이 일어나며 사고가 활발하게 이루어질 수 있다고 본 것이다. 이러한 관점이 교수 학습 이론에 받아들여지면서 사회적인 상호작용을 강조하는 교수 학습이 이루어지게 되었고, 학습자 간의 대화를 강조하는 협동학습의 방법이 각광을 받기에 이른 것이다.

사회적 상호작용 중심의 교수 학습에서는 학습자의 인지적 조작을 돕기 위한 외적 도움을 강조한다. 학습자의 사고 활동은 다른 사람과 상호 작용을 하게 되면 현재 수준에서 할 수 있는 능력보다 더 높은 능력을 발휘할 수 있다고 본다. 이런 관점에서 현재의 사고 능력을 강화해 주는 외부의 조력자를 가정하게 되는데 그 조력자가 바로 우수한 동료 학습자이거나 교사이다. 다른 사람과의 언어를 통한 상호작용은 학습자의 이해와 표현 능력을 확장시켜 학습력을 높인다. 다른 사람의 도움은 학습자가 문제를 해결하게 하는 비계를 만들어 준다. 학습자는 타인의 도움을 받게 됨으로써 어려운 문제를 해결할 수 있게 되고, 이를 통해 언어 능력 또는 사고력의 향상이 이루어지게 된다.

제 2 장

듣기 · 말하기 교육의 이해

1. 듣기 · 말하기 교육의 중요성

듣기 · 말하기 교육은 사람들이 실제로 음성 언어로 의사를 소통하는 현상을 바탕으로 진행되어야 한다. 그런데 동일한 듣기 · 말하기 현상을 두고도 이를 해석하고 추상화하고 설명하는 방식들은 시대적 흐름에 따라 점차 변화해 왔다.

듣기 · 말하기 현상에 대한 관점은 크게 선조적 관점, 상호작용적 관점, 상호교섭적 관점으로 나누어 볼 수 있다. 선조적 관점은 고대 수사학의 전통을 계승하는 관점으로서 주로 화자가 청자에게 일방적으로 의미를 전달하거나 상대에게 자신의 견해를 관철시켜 가는 과정에 관심을 두었다. 한편, 상호작용적 관점은 상대적으로 청자의 역할을 부각시켜 의사소통 참여자들이 서로를 향해 의견을 주고받는 과정에 주목한다. 최근 들어 주목을 받고 있는 상호교섭적 관점에서는 선조적 관점과 상호작용적 관점을 비판적으로 극복하면서 의사소통을 둘러싼 여러 요인들을 중요시한다. 즉 의사소통에서 빚어지는 의미는 의사소통 참여자들이 공유하고 있는 경험이나 지식, 상호간의 역할 등과 같은 상황 맥락과 사회문화적 맥락 등이 복합적으로 작용하면서 구성되는 것으로 파악한다. 이러한 입장에서 보면, 의사소통은 일방적인 말하기와 듣기의 과정이 아니라 양방향의, 순환적, 역동적 과정으로 설명된다. 한 사람이 '다른 사람에게' 말을 하고 '다른 사람의' 말을 듣는 것이 아니라 두 사람 이상이 '함께' 의미를 '나누는' 과정으로 파악하는 것이다(이주섭, 2001). 듣기 · 말하기 현상에 대한 여러 관점 중에서 특히 상호교섭적 관점은 듣기 · 말하기 교육이 지향해야 할 바를 보여준다.

듣기 · 말하기 행위는 진공 상태에서 수행되는 단조로운 기능이 아니라, 의사소통 참여자의 언어 관, 자아관, 세계관 등을 짧은 시간 동안에 표현 과정과 이해 과정에 반영해야 하는 복잡한 의미 구성 행위이자, 상호교섭 행위이다. 이러한 인식을 바탕에 두고 듣기와 말하기 행위 자체의 특성을 몇 가지로 나누어 살펴보자.

첫째, 듣기와 말하기는 음성 언어를 매체로 하여 이루어지는 의사소통 행위이다. 음성 언어를 매체로 하기 때문에 문자언어와는 몇 가지 다른 특징을 지니고 있다. 먼저 음성 언어 기호는 선조적(lineal)으로 발화된다. 이는 화자의 발화음이 시간의 흐름에 따라 순차적으로 표출됨을 의미한다. 문자언어의 표현과 이해 과정은 회귀적(recursive)이기 때문에 글을 쓰는 중에 수정하거나 읽는 중에 앞부분을 다시 읽을 수 있지만 음성 언어의 선조적인 특성은 화자나 청자의 인지적 부담을 가중시킨다. 그다음으로는 발화음이 즉시 소멸한다는 점이다. 음성 언어는 발화되는 즉시 사라지기 때문에 수정하거나 취소할 수가 없다. 따라서 화자는 신중하게 말해야 하며, 청자는 집중해서 들어야 하고, 중요한 내용을 말하고 들을 때에는 메모하기 등과 같이 보조적인 수단을 활용하는 일이 많다.

둘째, 듣기와 말하기는 상황 맥락을 공유하면서 이루어지는 의사소통 행위이다. 좁은 의미에서의 상황 맥락은 의사소통이 일어나는 특정 장면(setting)을 가리킨다. 가령, 소개하는 상황, 물건을 사는 상황, 토론 상황 등과 같이 전형적인 상황이 이에 해당한다. 그러나 넓은 의미에서의 상황 맥락(context)은 의사소통의 참여자, 목적과 내용, 유형, 시간적·공간적 환경 등을 모두 포함하는 개념이다. 음성 언어 의사소통의 참여자들은 '언제, 어디에서, 누구와, 어떤 목적과 내용으로, 어떤 유형으로' 의사소통을 할지 상황 맥락을 종합적으로 고려하게 된다. 이러한 상황 맥락은 의사소통 참여자들이 기본적으로 공유하며 이를 자기의 경험과 관행에 따라 자기 방식으로 규정한 상태에서 의사소통에 참여하게 된다.

셋째, 듣기와 말하기는 규칙 의존적인 의사소통 행위이다. 듣기와 말하기에서의 규칙은 소통 형식상의 규칙, 참여자 관계의 규칙, 사회문화적 규칙 등으로 나누어 볼 수 있다. 먼저 의사소통 형식상의 규칙은, 참여자들이 말을 주고받으며 역할을 교대하는 일, '질문-대답', '제의-수락'과 같이 주는 말과 받는 말이 대응을 이루게 하는 일, '참여자 확인-의사소통-마무리 인사'와 같이 자연스러운 상호작용을 위한 형식적 규칙이다. 그리고 참여자 사이의 관계에 따른 규칙은, 심리상태나 성격, 친소관계 등과 같이 의사소통 참여자의 상호 인식이나 역학관계에 따라 서로 암묵적으로 지키게 되는 규칙이다. 마지막으로 사회문화적 규칙은 특정 사회문화권 내에서 오랜 시간동안 혀성된 규칙으로서 성별, 나이, 태도 등에 대한 그 문화권의 관점에서 비롯된 규칙이다. 이러한 규칙의 준수 여부가 의사소통의 성공 여부에 많은 영향을 준다.

넷째, 듣기와 말하기는 준언어적, 비언어적 행위를 수반하는 행위이다. 준언어적 행위는 음의 강약, 고저, 성량, 말의 속도, 간투사(아~, 어~, 에~, 자~ 등) 등과 같이 음성 언어에 보조적으로 사용되는 잉여적인 표현을 가리킨다. 비언어적 행위는 언어적, 준언어적 행위를 제외한 유의미한 언어 행위를 모두 가리킨다. 이를테면 눈빛, 표정, 몸짓, 참여자 사이의 거리 등이 이에 해당한다. 미국의 사회학자 알버트 메러비안(이창덕 외, 2000에서 재인용)이 조사한 바에 의하면, 사람들이 의사소통 상황에서 의미 파악을 위해 의존하는 정도가 말은 7%, 준언어적 행위는 38%, 비언어적 행위는 55%에 달한다고 한다. 준언어적 행위와 비언어적 행위의 비중이 이처럼 많고 중요하기 때문에 듣기·말하기 교육에서 관심을 두고 지도해야할 부분이기도 하다.

이와 같이 듣기와 말하기 현상은 음성 언어 의사소통 참여자의 언어적 능력, 상황 맥락에 대한 지식, 의사소통 운영 능력 등 복합적인 능력을 요구함에도 불구하고 듣기·말하기 교육은 상대적으로 소홀하게 다루어져 왔다. 그 주된 까닭은 취학 전 아동조차도 웬만큼 말을 하고 들을 줄 안다는 점 때문이라 할 수 있다. 그러나 이상적인 의사소통능력이란, 인간의 선천적인 언어 사용 능력과 일상적인 의사소통 환경에서의 무의식적인 경험을 넘어선 능력이다.

말을 할 줄 알고 들을 줄 알면서도 많은 사람들이 가정이나 학교에서, 그리고 직장에서 의사소통의 단절이나 실패를 수없이 경험하곤 한다. 급증하는 가정폭력과 이혼율, 학교 위기, 실직 등과 같은 문제들은 의사소통의 빈곤이나 의사소통 능력의 부재라는 문제와 관련되어 있는 경우가 많다. 이러한 문제들은 체계적인 듣기·말하기 경험이 왜 필요한지를 알려주고 있다.

듣기·말하기 능력이 중요한 또다른 까닭은 쓰기와 읽기 등의 다른 언어 기능의 발달과 깊은 관련을 맺고 있기 때문이다. 듣기와 말하기는 읽기와 쓰기보다 먼저 습득되고 발달한다. 따라서 듣기와 말하기 활동에 대한 경험의 양과 질에 따라 읽기 능력과 쓰기 능력에 긍정적인 영향을 줄 수 있고, 부정적인 영향을 줄 수 있다.

요컨대, 듣기·말하기 교육은 음성 언어 의사소통의 특성과 중요성에 기반해서 수행되어야 한다. 즉 듣기·말하기 교육의 내용은 말을 하고 말을 듣는 실제 현상에서 교육적으로 의미있는 것들을 중심으로 추출되어야 하며, 듣기·말하기 교육의 교수 학습은 체계적이고 효과적으로 진행되어야 할 것이다.

2. 듣기·말하기 교육의 특성

음성언어 의사소통 능력을 신장시키는 데에는 여러 가지 제약이 따른다. 말을 할 때에는 자신이 전하고자 하는 의미를 짧은 시간에 언어 기호로 변환시켜 정확하고 조리 있게 말해야 할 뿐만 아니라, 상대방과의 관계와 상황 맥락, 사회문화적 맥락 등을 고려하여 적절히 말할 수 있어야 한다. 또한 말을 들을 때에는 말하는 이의 의도나 목적, 그리고 메시지의 내용을 기억하는 동시에 중요한 내용을 선택적으로 수용하고, 비판적으로 정리할 수 있어야 한다. 또한 음성언어 의사소통이 일방적으로 말하고 듣는 활동이 아니라, 상호작용적(interactional)이고 상호교섭적(transactional)인 활동이기 때문에 의사소통의 양방향적인 과정이나 절차를 효율적으로 운영할 수도 있어야 한다. 이러한 능력을 길러주기 위해서 듣기·말하기를 지도할 때에는 다음과 같은 사항을 고려할 필요가 있다.

첫째, 듣기와 말하기 영역에서 지도해야 할 각 영역별 내용에 따라 충실히 지도하되, 듣기 영역과 말하기 영역이 적절히 통합될 수 있도록 한다. 듣기 능력과 말하기 능력은 각각의 영역별 특성에 따라 나름대로의 계열(scope)과 위계(sequence)에 따라 체계적으로 지도되어야 한다. 그러나 음성언어 의사소통이 실현되는 실제 장면에서는 대개의 경우 의사소통 참여자들이 역동적으로 상호작용하며, 의사소통의 과정 중에 여러 가지 변화가 일어나게 된다. 발표나 연설처럼 일방적인 말하기의 경우에도 청자들은 고개를 끄덕인다든지, 졸음에 겨워한다든지 하면서 반응을 보이게 되는데 이것도 상호작용의 한 양상이라고 할 수 있다. 또한 처음에는 호의적인 관계로 시작되었던 대화나 토론이 시간이 지남에 따라 적대적인 관계로 변할 수도 있고, 그 반대의 경우도 가능하다. 이처럼 의사소통 과정의 역동적인 변화를 인식하고, 이러한 변화를 효율적으로 운영하는 능력을 기르는 것도 중요한 지도 내용이라 할 수 있다. 따라서 각각의 영역 중 어느 한 영역을 지도할 때에 다른 영역을 병행하여 지도할 필요가 있다.

둘째, 듣기의 과정, 말하기의 과정, 그리고 상호작용의 과정 등 언어 수행의 과정에 초점을 두어 지도하도록 한다. 전통적으로 듣기 교육에서는 음성 자료를 들은 후 한꺼번에 이해하게 한다거나, 말하기 교육에서는 완결된 한 편의 말하기 텍스트를 산출하게 하는 등 언어 사용의 결과를 중요시하였다. 그러나 이러한 방법으로는 의미 구성의 과정과 의사소통의 과정을 순차적으로 점검하고 실제적으로 적용하기가 어렵다. 따라서 듣기의 과정을 듣기 전, 중, 후로, 말하기의 과정을 말하기 전, 중, 후로 구분하고 각 과정에 적합한 교수 학습 절차와 방법으로 지도해야 한다.

셋째, 다양한 상황 맥락을 조성해 주어야 한다. 음성언어 의사소통은 진공 상태가 아닌 구체적인 상황 속에서 전개된다. 음성언어 의사소통은 참여자 변인, 목적과 내용 변인, 유형 변인, 환경 변인 등 다양한 변인들이 서로 영향을 미치는 복잡한 방정식이라 할 수 있다 따라서 음성언어 의사소통 능력을 기르기 위해서는 말하고, 듣는 교수 학습 장면에 다양한 상황 맥락 변인들을 적절히 안배할 필요가 있다.

넷째, 상위인지적인 점검과 조정의 기회를 주어야 한다. 인지가 과정이나 전략 그 자체라면, 상위인지는 사람들이 자신의 인지에 대해 아는 것, 그리고 자신의 인지를 통제할 수 있는 능력이라 할 수 있다(Forrest-Pressly & Waller, 1984: 4). 인지와 상위인지의 개념에 비추어 볼 때, 듣기와 말하기의 과정이나 전략 그 자체는 인지적 행위라고 할 수 있으며, 이러한 과정이나 전략을 점검하고 조정하는 행위를 상위인지적 행위라 할 수 있을 것이다. 음성언어 의사소통 활동을 하면서 표현과 이해의 과정과 전략을 객관화하여 평가하고 비판하는 과정, 즉 상위인지적 경험을 많이 할수록 의사소통상의 특성과 문제점을 인식하고 이를 실제 의사소통에 반영하기가 수월하다는 점은 자명한 사실이다. 이를 위해 대중매체의 드라마나 광고, 학생들이 수행한 의사소통 과정을 녹화하여 분석하는 기회를 자주 제공할 필요가 있다.

다섯째, 듣기와 말하기 태도를 개선할 수 있도록 해야 한다. 문자언어 의사소통과는 달리 음성언어 의사소통은 참여자들이 직접 대면한 상태에서 진행된다. 이 때문에 언어적 의미뿐만 아니라 의사소통 참여자의 자세나 태도가 더 많은 의미를 전달하기도 한다. 초등학생의 경우에는 특히 말을 할 때 자신감이 부족하다거나, 말끝을 흐리는 일이 많으며 들을 때에도 주의집중을 못하고 산만한 태도를 취할 때가 많다. 이러한 태도는 의사소통의 효율성을 떨어뜨리며 의사소통 참여자 사이의 관계에도 부정적인 영향을 미친다. 이러한 태도 측면은 교사의 지시나 훈계만으로 개선되기는 어렵다. 의사소통에 임하는 태도에 따라 의사소통이 실패하거나 불필요한 오해를 낳게 되는 사례를 통해 그 중요성을 인식시킬 필요가 있으며, 연극이나 놀이 등 즐겁고 호의적인 환경 속에서 말을 하고 들을 수 있는 경험을 하도록 해야 한다.

여섯째, 교사 스스로 바람직한 언어 수행의 모델이 되어야 한다. 학생들은 학교생활의 많은 부분을 교사의 언어 수행을 접하며 지낸다. 교사는 수업 내용을 요약하고, 설명하고, 설득하고, 문학 작품을 읽어 주는 등과 같이 수많은 말하기 텍스트를 산출한다. 또한 학생들의 말을 유심히 듣고, 질문을 하거나, 반응을 보이는 등 상호 작용의 다양한 모습을 보여주기도 한다. 많은 시간 동안 지속적으로 현시(顯示)되는 교사의 언어 수행은 학생들의 언어 능력 발달에 직, 간접적인 영향을 미칠 수밖에 없다. 따라서 교사는 학교에서의 일상적인 언어 사용 상황에서도 의도적이고, 계획적인 언어 수행을 함으로써 의사소통 행위의 모범을 보여주어야 한다.

3. 듣기 · 말하기 교육 내용

2015 개정 교육과정에 따른 듣기 · 말하기 영역의 내용 체계 및 학년군 지도 내용은 다음과 같다.

가. [듣기 · 말하기] 내용 체계

핵심 개념	일반화된 지식	학년(군)별 내용 요소			기능
		초등학교			
		1~2학년	3~4학년	5~6학년	
▶ 듣기 · 말하기의 본질	듣기 · 말하기는 화자와 청자가 구어로 상호 교섭하며 의미를 공유하는 과정이다.			• 구어 의사소통	• 맥락 이해 · 활용하기 • 청자 분석하기 • 내용 생성하기 • 내용 조직하기 • 자료 · 매체 활용하기 • 표현 · 전달하기 • 내용 확인하기 • 추론하기 • 평가 · 감상하기 • 경청 · 공감하기 • 상호 교섭하기 • 점검 · 조정하기
▶목적에 따른 담화의 유형 • 정보 전달 • 설득 • 친교 · 정서 표현 ▶ 듣기 · 말하기와 매체	의사소통의 목적, 상황, 매체 등에 따라 다양한 담화 유형이 있으며, 유형에 따라 듣기와 말하기의 방법이 다르다.	• 인사말 • 대화 [감정표현]	• 대화[즐거움] • 회의	• 토의 [의견조정] • 토론 [절차와 규칙, 근거] • 발표 [매체활용]	
▶ 듣기 · 말하기의 구성 요소 • 화자 · 청자 · 맥락 ▶ 듣기 · 말하기의 과정 ▶ 듣기 · 말하기의 전략 • 표현 전략 • 상위 인지 전략	화자와 청자는 의사소통의 목적과 상황, 매체에 따라 적절한 전략과 방법을 사용하여 듣기 · 말하기 과정에서의 문제를 해결하며 소통한다.	• 일의 순서 • 자신 있게 말하기 • 집중하며 듣기	• 인과 관계 • 표정, 몸짓, 말투 • 요약하며 듣기	• 체계적 내용 구성 • 추론하며 듣기	
▶ 듣기 · 말하기의 태도 • 듣기 · 말하기의 윤리 • 공감적 소통의 생활화	듣기 · 말하기의 가치를 인식하고 공감 · 협력하며 소통할 때 듣기 · 말하기를 효과적으로 수행할 수 있다.	• 바르고 고운 말 사용	• 예의를 지켜 듣고 말하기	• 공감하며 듣기	

나. [듣기·말하기] 학년군별 지도 내용

듣기·말하기 영역의 교육 내용은 학습자가 학교생활과 일상생활에 필요한 구어 의사소통 능력을 길러 공식적·비공식적 상황에서 목적에 맞게 다양한 듣기·말하기를 효과적으로 수행할 수 있으며, 타인과 긍정적인 인간관계를 형성, 유지, 발전할 수 있도록 하여 유능한 화자와 청자로서 개인적, 사회적 삶을 건강하고 풍요롭게 영위할 수 있도록 하는 데 목적이 있다.

이를 위하여 다음의 세 가지 원리를 적용하여 듣기·말하기 영역의 성취기준을 선정하였다. 첫째, 구어 의사소통 전반에 적용되는 일반적인 듣기·말하기 지식과 기능, 태도를 학습 내용으로 선정하였다. 둘째, 목적에 따라 다양한 담화 유형을 수행하는 데 필요한 지식과 기능을 학습의 내용으로 선정하였다. 셋째, 듣기·말하기 영역의 학습이 말하기 학습에만 매몰되지 않고 듣기와 말하기 기능이 상호 관계적으로 작동이 될 수 있게 학습 내용을 선정하였다. 이렇게 선정된 성취기준을 학습자의 인지·정의적 발달 수준, 담화 수행의 수준, 학습자의 언어적 필요 등을 고려하여 배열하였다. 특히 학년군이 높아질수록 듣기·말하기의 수행 경험이 정교화, 심화될 수 있게 성취기준을 제시하였다(김창원 외, 2015:95).

듣기·말하기 영역의 학년별 지도 내용은 다음과 같다.

(1) 1~2학년 성취기준 및 성취기준 해설

[2국01-01] 상황에 어울리는 인사말을 주고받는다.
[2국01-02] 일이 일어난 순서를 고려하며 듣고 말한다.
[2국01-03] 자신의 감정을 표현하며 대화를 나눈다.
[2국01-04] 듣는 이를 바라보며 바른 자세로 자신 있게 말한다.
[2국01-05] 말하는 이와 말의 내용에 집중하며 듣는다.
[2국01-06] 바르고 고운 말을 사용하여 말하는 태도를 지닌다.

- [2국01-01] 이 성취기준은 생활 속에서 상황에 맞는 인사말을 주고받음으로써 타인과 원만한 관계를 형성하는 능력을 기르기 위해 설정하였다. 학교생활에 적응할 때에도 자연스러운 인사말이 필요하고, 집을 나서거나 집으로 돌아올 때, 사람을 만나거나 헤어질 때, 처음 만나는 사람끼리 자기소개를 할 때, 상대방에게 고마운 마음을 드러낼 때 등 상황에 따라 주고받는 인사말이 다르다. 학습자가 처할 수 있는 여러 상황별로 어울리는 인사말을 이해하고 연습하는 데 중점을 둔다.
- [2국01-03] 이 성취기준은 대화를 나눌 때 자신의 감정을 적절하게 표현함으로써 타인과의 관계를

유지하고 발전시키는 능력을 기르기 위해 설정하였다. 자신의 감정을 이해하고 상황에 적절하게 감정을 표현하는 것은 자기를 이해하고 대인 관계를 형성하는 데 도움이 된다는 점을 알도록 하고, 기쁨, 슬픔, 사랑, 미움 등 다양한 종류의 감정을 자연스럽게 표현하도록 하는 데 중점을 둔다.

- [2국01-05] 이 성취기준은 바른 듣기 방법과 태도를 배우고 연습함으로써 말하는 이를 존중하고 말의 내용을 정확하게 이해하는 능력을 기르기 위해 설정하였다. 말하는 이와 말의 내용에 주의를 집중하여 듣는 것은 내용을 이해하기 위해서 필요할 뿐 아니라, 상대를 배려하며 듣는 태도의 문제이며 언어 예절과도 관계가 있다. 눈 맞춤, 고개 끄덕임 등의 반응을 보임으로써 상대방의 말에 집중하며 듣고 있음을 상대가 알도록 하는 데 중점을 둔다.

(2) 3~4학년 성취기준 및 성취기준 해설

[4국01-01] 대화의 즐거움을 알고 대화를 나눈다.
[4국01-02] 회의에서 의견을 적극적으로 교환한다.
[4국01-03] 원인과 결과의 관계를 고려하며 듣고 말한다.
[4국01-04] 적절한 표정, 몸짓, 말투로 말한다.
[4국01-05] 내용을 요약하며 듣는다.
[4국01-06] 예의를 지키며 듣고 말하는 태도를 지닌다.

- [4국01-01] 이 성취기준은 자신의 생각과 느낌, 경험을 다른 사람과 공유하면서 대화의 즐거움을 깨닫고 능동적으로 대인 의사소통에 참여하는 태도를 기르기 위해 설정하였다. 대화에서 상대가 나의 말을 귀담아 듣고 흥미를 보이며, 서로 말의 내용과 감정을 공유하는 과정에서 대화의 즐거움을 느끼게 하는 데 중점을 둔다. 거창하거나 대단한 경험이 아닌 소박하고 친숙한 일상의 경험도 화제로 활용하게 하며, 경험과 함께 감정도 나눌 수 있도록 지도한다.

- [4국01-02] 이 성취기준은 의견을 조율하고 타당한 합의안을 선택하는 의사 결정의 기초 능력을 기르기 위해 설정하였다. 학습자가 겪을 수 있는 일상적 문제 중에서 회의 주제를 채택하고, 진질한 근거를 들어 의견을 제안하고 다른 사람의 의견을 경청하며 자신의 의견과 다른 사람의 의견을 비교하도록 한다. 직접 회의를 수행해 보며 회의가 일정한 절차와 방법에 따라 진행됨을 경험하고 회의에 능동적으로 참여하도록 한다.

(3) 5~6학년 성취기준 및 성취기준 해설

[6국01-01] 구어 의사소통의 특성을 바탕으로 하여 듣기 · 말하기 활동을 한다.
[6국01-02] 의견을 제시하고 함께 조정하며 토의한다.
[6국01-03] 절차와 규칙을 지키고 근거를 제시하며 토론한다.
[6국01-04] 자료를 정리하여 말할 내용을 체계적으로 구성한다.
[6국01-05] 매체 자료를 활용하여 내용을 효과적으로 발표한다.
[6국01-06] 드러나지 않거나 생략된 내용을 추론하며 듣는다.
[6국01-07] 상대가 처한 상황을 이해하고 공감하며 듣는 태도를 지닌다.

- [6국01-01] 이 성취기준은 문어 의사소통과 구분되는 구어 의사소통으로서 듣기 · 말하기의 특성을 이해하고 듣기 · 말하기를 하는 능력을 갖추기 위해 설정하였다. 구어 의사소통은 화자와 청자가 언어적 · 준언어적 · 비언어적 표현을 통해서 쌍방향적으로 소통하며 의미를 구성하는 과정인데, 순간적이고 일회적이므로 신중함과 주의 집중이 요구된다. 구어 의사소통에서 말하기와 듣기는 순차적으로 이루어지는 것이라기보다 동시적으로 이루어지며 의사소통에 참여하는 사람들이 서로 의논하고 절충하며 의미를 재구성하게 된다. 구어 의사소통은 상대방과 더불어 소통하면서 서로 관계를 형성하고 유지하며 발전시키는 데도 중요한 역할을 한다. 듣기 · 말하기 활동 시 이와 같은 구어 의사소통의 특성을 고려하도록 한다.

- [6국01-03] 이 성취기준은 토론의 일반적 절차와 규칙에 대한 이해를 바탕으로 하여 토론에서 타당한 근거를 들며 논리적으로 주장을 펼치는 능력을 기르기 위해 설정하였다. 토론의 구성원은 사회자, 토론자, 판정관, 청중이며, 토론자는 찬성 측과 반대 측으로 나누어 논제에 대한 자신의 주장을 펼친다. 이때 토론의 단계와 정해진 시간을 지키고 타당한 근거를 들어 주장하며 토론에 참여하도록 하는 데 중점을 둔다.

- [6국01-05] 이 성취기준은 매체의 특성에 따라 그림, 표, 그래프, 사진, 동영상 등 말할 내용을 구체적으로 형상화하거나 요약적으로 보여 주는 자료를 보조 자료로 활용하여 발표하는 능력을 기르기 위해 설정하였다. 화자의 생각을 형상화한 매체 자료를 보조 자료로 활용하면 청자의 흥미를 유발하고 정보를 효과적으로 전달할 수 있으며 설득력을 높일 수 있다. 말하기의 목적과 대상, 말할 내용의 특성에 알맞은 매체와 매체 자료를 활용하여 발표 내용을 구성하고 발표를 해 보도록 한다.

4. 듣기·말하기 교육 방법

듣기와 말하기를 지도하기 위한 방법은 언어 수행의 목적(정보전달, 비판적 설득, 정서표현, 친교 등)에 따라, 의사소통의 화제(친숙한 화제, 낯선 화제 등)에 따라, 학생의 발달 수준(저학년, 중학년, 고학년)에 따라 다양하게 제시될 수 있다. 그러나 개별적인 상황에 따른 지도 방법을 일일이 살피기는 어렵다. 따라서 듣기와 말하기의 과정에 따라 일반적인 지도 방법을 살피기로 한다. 듣기와 말하기의 과정을 단계화함으로써 학생들은 언어 수행의 과정을 절차적으로 유의미하게 경험할 수 있으며, 교사는 지도 내용을 구체화할 수 있다.

가. 과정별 듣기 지도 방법

(1) 듣기 전 단계

첫째, 듣는 목적을 설정하도록 한다. 듣는 목적을 미리 세우는 일은 듣기의 전 과정에서 매우 중요하다. 목적을 정하게 되면 주의를 기울일 수 있고, 중요한 정보를 빠뜨리지 않을 수 있다. 듣기를 '무의식적으로 듣기(hearing), 의미 재구성하며 듣기(listening), 자기화하며 듣기(auding)'등 세 가지로 구분할 때, 적어도 의미 구성과 이해, 해석, 정의적인 반응 등을 수반하게 됨으로써 무의식적 듣기로 인한 부작용을 줄일 수 있다. 듣기를 통해 무엇을 얻고자 하는 것인지를 미리 계획하도록 지도한다. 가령, 말하는 이가 어떤 목적과 내용으로 말을 할지, 듣는 이는 어떤 내용에 주목해서 듣고 기억할 것인지 등에 대해 스스로 질문하고 답하게 할 수 있다.

둘째, 배경지식이나 경험을 활성화하도록 한다. 교수 학습 상황에서는 대체로 주어진 목표와 상황이 있으므로, 교사는 학생으로 하여금 그 목표와 상황에 관련된 배경지식이나 경험을 활성화할 수 있도록 유도한다. 배경 지식이나 경험을 미리 떠올리면 화제에 대해 집중할 수 있고, 흥미를 느낄 수 있다. 예컨대, 들을 내용과 관련해서 지금 떠오르는 것들을 브레인스토밍하거나, 생각그물(mind map) 만들기 등의 형태로 정리해 볼 수 있다.

셋째, 듣기 상황의 시간적, 공간적 환경을 고려하게 한다. 들을 시간이 충분치 않다면 말하는 이에게 이를 알려주어 핵심적인 내용만 들을 수 있으며, 듣기 상황에 영향을 미칠만한 소음이 예상된다면 좀 더 집중해서 들을 준비를 할 수 있다.

(2) 듣는 중 단계

첫째, 말하는 이의 의도나 목적을 추론하며 듣도록 한다. 말하는 이의 성격, 의사소통 참여자 사이의 관계, 화제에 대한 친숙도, 기타 상황 등의 여러 요인에 따라 말하는 이는 자신의 의도나 목적을 직접적으로 드러내지 않는 경우가 많다. 의도적이든 의도적이지 않든 음성언어 의사소통에는 여러 가지 생략이 수반되거나 돌려서 말하는 상황이 자주 있다. 따라서 들을 때에는 여러 정황을 종합하면서 생략된 부분의 내용을 채우면서 들어야 한다. 생략이 많이 포함된 짧은 말을 듣고 길게 늘여서 말하기, 생략이 많이 포함된 짧은 말을 듣고 말하는 이의 의도 파악하기, 직접적으로 말한 것과 돌려서 말한 것 구분하기, 돌려서 말한 까닭을 추측하기, 돌려서 한 말의 의도나 목적 파악하기 등의 활동을 할 만하다.

둘째, 말하는 내용의 구조를 생각하며 듣도록 한다. 말하는 내용도 일종의 텍스트이기 때문에 구조를 갖고 있다. 이 구조를 파악하면 내용을 더 잘 이해할 수 있다. 말하는 내용을 구조화하는 방법은 크게 두 가지로 나누어 볼 수 있다. 먼저 주장과 근거, 중심 내용과 세부 내용 등으로 구조화할 수 있다. 주장이나 중심 내용은 말의 앞부분에 위치하거나 반복되는 경향이 있으므로 이에 주목한다. 또다른 구조화 방법은 말하는 이의 내용 조직 방식에 기대어 구조화하는 것이다. 대체로 말하는 이가 선택하는 내용 조직 방식은 원인-결과, 비교-대조, 시간이나 공간 순서, 분류나 분석, 문제-해결 등이다. 말하는 내용을 생각그물이나 벤다이어그램 등과 같이 시각화하면 내용을 쉽게 이해할 수 있고, 오래 기억할 수 있다.

셋째, 중요한 내용을 메모하면서 듣도록 한다. 메모하기는 학교생활이나 일상생활에서도 중요하지만 특히 듣기 상황에서 일상화해야 할 중요한 방법이다. 들으면서 메모를 하게 되면 말하는 이가 듣는 이를 더 신뢰하게 되는 이점도 있다. 메모를 할 때에는 모든 내용을 정리할 수 없으므로 듣는 목적, 중심 내용, 내용의 구조 등에 유의하도록 한다. 메모하기도 체계적으로 길러져야 할 능력이므로 대중매체나 녹음자료를 들으면서 교사가 요점을 메모하는 시범을 직접 보여 주는 것도 한 방법이다.

넷째, 내용의 적합성을 판단하며 듣도록 한다. 말하는 내용에서 비약된 주장, 부적절한 근거, 과도한 왜곡 등에 대해 듣는 이의 합리적인 판단이 요구된다. 특히 학생들은 대중매체를 통한 광고, 상업적 목적을 지닌 구매 요구, 토론 상황 등을 접할 기회가 많기 때문에 비판적으로 듣는 능력이 필요하다. 무비판적인 듣기로 인한 오해와 불이익의 경험을 공유하도록 하고, 들은 내용이 자신 생각과 어떤 부분에서 같고, 다른지를 생각하게 한다.

다섯째, 준언어적, 비언어적 표현에 주의하며 듣도록 한다. 말하는 이는 언어적 내용뿐만 아니라 억양, 강세, 침묵 등의 준언어적 표현과 눈빛, 표정, 몸짓, 거리 유지 등 다양한 비언어적 표현을 함께 사용한다. 이러한 표현을 눈여겨보는 것도 말하는 이의 의도나 목적을 이해하는 데 도움이 된다. 말하는 이가 어느 부분에서 멈추고 소리를 높이거나 낮추는지에 유의하게 하는 활동, 뉴스나 드라마의 음성을 들리지 않게 하고 아나운서나 연기자의 몸짓이나 표정만으로 내용을 파악하게 하는 활동 등을 적용할 수 있을 것이다.

여섯째, 반응을 보이면서 듣도록 한다. 듣는 이의 공감적인 반응은 의사소통의 흐름을 자연스럽고 풍부하게 만들어 준다. 반응은 듣는 이의 인지적, 정의적, 사회적 측면을 고스란히 반영하는 결과인 동시에 말하는 이에 대한 예의이기도 하다. 반응의 종류는, 협조적인 반응과 비협조적인 반응으로 나눌 수 있다. 무시하기나 딴짓하기, 시비걸기 등과 같은 비협조적인 반응은 의사소통의 흐름과 상호간의 관계를 깨뜨릴 수 있으므로 교육적인 지도가 필요하다. 반응을 표현하는 방법은 질문이나 칭찬 등과 같은 언어적 방법과 표정이나 몸짓 등과 같은 비언어적 방법으로 나눌 수 있다. 무언극이나 즉흥 연극 등의 활동은 풍부한 반응 경험을 제공할 수 있다.

(3) 듣기 후 단계

첫째, 들은 내용을 정리하도록 한다. 이 단계에서는 '자기화하며 듣기(auding)'가 이루어져야 한다. 지금까지 들은 내용을 종합적으로 정리하면서 중요한 것과 덜 중요한 것, 이해된 것과 이해되지 않은 것 등을 요약 정리함으로써 들은 내용을 자기 것으로 만들 필요가 있다. 중요한 정보를 들었을 경우, 듣는 이는 말하는 이에게 자기가 정리한 내용을 간단히 요약해서 되물어 본다든가, 메모를 해 둘 수 있다.

둘째, 새로 알게 된 내용이 무엇인지 확인한다. 이 활동은 생산적인 듣기로 마무리 짓기 위해 필요하다. 정보 측면에서 처음에는 몰랐으나 듣고 나서 알게 된 사실이 있을 수도 있고, 관계 측면에서 말하는 이에 대해 더 잘 이해할 수도 있다. 이에 대한 듣는 이의 각성은 앞으로 새로운 정보에 대한 호기심이나 말하는 이와의 관계 개선에 유용하게 작용할 것이다.

셋째, 듣기 전략과 태도에 대해 점검해 본다. 듣기 전, 듣는 중에 사용했던 듣기 전략이나 듣는 중의 태도에 대해 비판적으로 성찰할 필요가 있다. 이는 듣기 교육에서 소홀히 다루어지고 있는 부분으로서, 듣기 능력을 기르는 데 있어서는 반드시 필요한 활동이다. 어떤 듣기 전략과 태도가 내용 이해와 가치 판단에 도움이 되었는지, 혹은 방해하였는지를 점검해 보아야 한다. 이를 위해 몇몇 학생이 즉흥 연극을 하게 하거나, 의사소통 하는 장면을 녹화한 자료를 보면서 각각 전략과 태도에 대해 토론해 보도록 한다. 그리고 듣기 전략이나 태도 점검표에 표시하게 할 수도 있다.

나. 과정별 말하기 지도 방법

(1) 말하기 전 단계

① 계획하기 단계

첫째, 말하는 목적과 주제를 설정하도록 한다. 말하는 목적은 정보 전달, 비판적 설득, 친교 및 정서 표현 등 다양하다. 자신의 의사를 분명히 전하고 상대에게 영향을 주기 위해서 목적과 주제를 분명히 해 두어야 한다. 음성언어 의사소통의 특성상 화제가 자주 바뀌고, 듣는 이의 처지나 상황에 따라 논조가 변화될 수도 있는데, 말하는 목적이 분명치 않다면 처음에 의도했던 바를 얻을 수 없다. 말하는 목적이나 주제는 의사소통의 상황, 말하는 이와 듣는 이의 지적인 수준이나 관계 등을 고려하여 설정하도록 한다.

둘째, 상황 맥락을 고려하도록 한다. 음성언어 의사소통은 '언제, 어디에서, 누구와, 어떤 목적과 내용으로, 어떤 유형으로, 어떤 시공간적 환경에서'와 같은 매우 구체적인 변인들의 복합적인 작용 속에서 진행된다. 특히 듣는 이에 대한 점검은 필수적이다. 듣는 이의 수, 성별, 나이, 지적인 수준, 말하는 이에 대한 기대 정도 등에 따라 말하는 내용의 질과 양이 달라질 수 있기 때문이다. 상황 맥락은 말하는 목적, 화제, 의사소통의 흐름, 의사소통 결과의 성패에 많은 영향을 끼치게 되므로 말하기 전에 미리 상황 맥락을 점검해 두도록 한다. 교육적인 장면에서는 점검표 같은 보조 장치를 활용해도 좋다.

② 내용 생성하기 단계

첫째, 자신이 알고 있는 내용을 떠올리도록 한다. 말할 주제나 목적, 상황 맥락에 비추어 적절한 화제를 떠올리고, 그 화제와 관련하여 덧붙이고 부연할 내용들을 자신의 배경지식과 경험을 추출해서 정리한다. 이를 위해 브레인스토밍이나 생각그물 만들기 등을 활용할 수 있을 것이다.

둘째, 적절한 자료를 수집하고 선정하도록 한다. 특히 정보 전달적 말하기나 설득적인 말하기의 경우, 사실적 정보나 지식, 근거 등이 매우 중요하다. 자료를 수집하고 선정하기 위해서는 첫째, 메시지의 핵심적 내용을 청중이 쉽게 이해하고 기억할 수 있도록 그것을 뒷받침할 수 있는 자료를 수집한다. 그러한 자료로는 구체적 사실, 통계 자료, 실제 사례, 정의, 비유, 유명한 사람의 말, 속담 등을 들 수 있다. 둘째, 수집된 자료 중에서 가급적 청중의 흥미와 주목을 끌 수 있는 것들을 선정한다. 이러한 자료들로는 새로운 것, 신기한 것, 듣는 이에게 중요한 것, 듣는 이의 욕구와 호기심을 유발하거나 충족시킬 수 있는 것 등이 좋다(이창덕 외, 2000).

③ 내용 조직하기 단계

첫째, 처음, 가운데, 끝을 구분하여 내용을 조직하도록 한다. 말하기도 한 편의 텍스트를 생산하는 행위이므로 말할 내용의 틀을 미리 구조화해야 한다. 능숙한 화자는 처음 부분에서 동기 유발과 주의 집중을 위한 분위기를 조성하고, 가운데 부분에서 중요한 내용을 말하며, 끝 부분에서 정리를 하는 구조로 말을 한다. 말할 내용 생성하기 단계에서 떠올리거나 선정한 내용을 적절한 부분에 위치시키도록 한다.

둘째, 목적과 내용에 알맞은 조직 방법을 사용하여 조직하도록 한다. 내용을 조직하는 방법은 다양하다. 말하기 영역의 교육과정에는 시간 순서(1~2학년군), 원인과 결과(3~4학년군)의 내용 조직 방법이 제시되어 있다. 그밖에도 공통점이나 차이점, 분류, 분석, 문제와 해결 등의 내용 조직 방법이 있다. 각각의 특성과 지도 방법을 제시하면 다음과 같다.

- 시간이나 공간 순서에 따라 조직하기는 비교적 쉬운 방식으로서 하루의 일이나 동화, 드라마의 내용 등 학생에게 친숙한 소재를 골라 이야기를 시간 순서나 공간 순서에 따라 재조직하여 말하도록 한다.
- 원인과 결과에 따라 조직하기는, 원인을 먼저 제시하고 결과를 말하거나, 결과를 먼저 제시하고 원인을 제시하는 방식으로 조직하도록 지도한다. 원인과 결과가 잘 드러나는 그림이나 만화를 보고 이야기하거나, 이야기의 한 부분만 보고 원인이나 결과를 구성하는 활동을 하면서 구조를 익힐 수 있다.
- 공통점과 차이점에 따라 조직하기는 '식물과 동물', '동전과 지폐', '중국과 일본' 등과 같이 서로 다른 두 개 이상의 대상을 비교하거나 대조하면서 내용을 조직할 때 사용하는 방법이다.
- 분류하여 조직하기는 분류의 기준을 먼저 정하고 대상들을 범주별로 나누는 방법이다. 악기를 분류할 때 '줄이 있는지 없는지'를 기준으로 삼을 수 있고, 운동을 분류할 때 '장소'를 기준으로 삼을 수도 있다.
- 분석하여 조직하기는 전체를 여러 부분으로 나누어 설명하는 방법이다. 태극기의 모양을 여러 부분으로 나누거나, 코끼리의 얼굴 모습을 몇 부분으로 나누어 설명할 수 있다.
- 문제와 해결에 따라 조직하기는 현재의 상황이나 상태, 제도나 정책 등에 문제가 있어서 이를 지적하고 해결하는 방안을 제시하는 말을 할 때 사용한다. 문제와 해결 짜임은 문제를 진단하는 부분과 해결책을 논의하는 부분으로 나누어서 말하도록 한다.

셋째, 시각적인 방법을 사용하여 조직하도록 한다. 내용 조직의 여러 방법들을 익혔다하더라도 초등학생 수준에서 말하기 상황에 효과적으로 적용하기는 쉽지 않다. 따라서 말할 내용을 시각적으로 조직할 필요가 있다. 이렇게 말할 내용을 시각적으로 조직하는 방법으로는 도해 조직자(graphic organizer) 혹은 다발짓기(clustering), 생각그물 만들기(mind mapping) 등이 있다.

넷째, 상호작용의 규칙에 주의하도록 한다. 음성언어 의사소통 상황에서는 참여자들 사이의 '주는 말'과 '받는 말'이 수시로 교환되면서 상호작용이 일어난다. '순서를 지키며 대화하기', '대화의 흐름에서 벗어나지 않게 말하기' 등이 이에 해당한다. 이러한 상호작용의 기본적인 규칙은 일상적인 대화나 토의나 토론 상황에서 매우 중요하며, 성인이라 할지라도 제대로 지키지 않는 경우가 많다. 자기중심적으로 일방적으로 말하거나 대화의 흐름을 벗어난 말하기는 의사소통의 흐름을 끊을 수 있기 때문에 고학년의 경우에도 지속적인 지도가 필요하다.

(2) 말하는 중 단계

첫째, 몸짓으로 말하게 한다. 인간의 의사소통 수단은 비언어적 수단이 매우 중요하다. 표정만 보고도 그 사람의 소통 의도를 바로 알 수 있기 때문이다. 마임 활동을 하고, 그 마임 활동을 말로 표현해 보게 하는 활동도 몸짓 언어 사용의 중요성을 알게 하는 수단이 된다(이하 최현섭 외, 2002: 276~285참조).

둘째, 표준 발음, 정확한 발음으로 말하게 한다. 발음을 정확하게 지도하기 위해서는 교사 스스로가 지도할 수 있는 능력이 있어야 한다. 자음과 모음을 지도할 경우, 각 음소의 조음 위치와 방법에 대해 확실하게 알고 있어야 혼란을 피할 수 있다. 그리고 된소리와 거센소리가 어떤 조음 기관에서 그리고 어떤 방법으로 나오는가에 대한 지식과 이해가 필요하다.

셋째, 문장 단위로 생각을 나타내 보게 한다. 저학년 학습자일수록 실제로 겪은 일을 완결된 문장으로 나타내게 해야 한다. 그렇게 하기 위해서는 학습자가 쉽게 대답할 수 있게 질문을 하는 것이 중요하다. 문장의 일부만 제시하고 완결된 문장을 말해 보게 하는 활동이 여기서 활용할 수 있는 전략의 하나이다. 또한 고학년에서는 문장을 제시한 뒤 그 문장의 일부를 다른 말로 바꾸어 변형하거나, 그 문장에 여러 세부 사실을 첨가하여 확장하게 하는 활동도 완결된 생각으로 표현하는 전략이 될 수 있다.

넷째, 다양한 형태로 말해보게 한다. 저학년에서는 간단한 이야기하기에 중점을 둘 필요가 있다. 어린이들은 이야기를 특히 좋아한다. 따라서 자기가 듣거나 읽은 이야기를 친구들에게 들려주는 활동을 하게 하여 말하기 능력을 신장시킬 수 있다. 이야기 들려주기 활동의 연장선에서 대상물과 이야기하기나 이야기의 이어질 내용을 꾸며 보는 학습 활동을 전개할 수도 있다. 고학년으로 갈수록 토론하기를 강조할 필요가 있다. 토론은 나와 다른 생각을 가진 사람과 생각을 나누어 가지는 활동이다. 토론 과정을 통해서 우리는 남을 인정하는 태도를 배우게 되고, 남도 나처럼 중요하다는 것을 터득함으로써 상대를 배려하는 마음을 가질 수 있게 된다.

다섯째, 화제와 주요 내용을 생각하면서 말한다. 저학년에서는 주제가 분명하게 드러나 있는 여러 종류의 그림을 보여주면서 그 그림이 나타내고자 하는 중심 생각이 무엇이며, 그 중심 생각을 뒷받침 해주는 세부 사항이 무엇인지를 설명하게 하는 활동을 한다. 고학년에서는 화제 하나를 제시하여 그 화제와 관련된 중심 생각과 그 중심 생각을 뒷받침할 수 있는 세부 사항을 열거해 보는 활동을 할 수 있다.

여섯째, 명료하고 생생한 언어로 표현한다. 저학년에서는 사물과 동작에 관하여 정확한 이름과 적합한 표현을 찾아내는 데 초점을 맞춰야 한다. 또 정서와 감정을 나타내는 그림을 보여주거나 얼굴 표정을 지어 보이고, 거기에 적합한 낱말을 찾아내어 사용하는 활동을 할 수 있을 것이다. 고학년에서는 이러한 표현이 갖는 의미에 대해 토론하는 활동을 할 수 있다.

일곱째, 말하기에서 감정 표현의 방법을 다뤄야한다. 기쁘면 기쁨을 표현하고, 슬프면 슬프다는 표현을 할 수 있어야 하는데, 우리들은 학생들에게 무표정이 최상의 대처 방안이라는 것을 무의식 중에 강조하는 문화를 선호하는데 이는 바람직하지 않다. 그리고 글의 문체가 인격을 나타내듯이, 음성언어 의사소통에서도 고운 말, 아름다운 말, 참된 말을 사용하는 습관을 들여야 한다. 현혹하는 말이나 현란한 말보다는 눌변이라도 정직하고 진실한 말하기라면 가치 있는 것으로 인식할 필요가 있다.

여덟째, 말하기에서 자료를 적극 활용해야 한다. 저학년에서는 구체물을 활용하여 말하는 것이 효과적이다. 즉, 학습자가 좋아하는 물건을 활용하여 그 물건의 쓰임과 구조 등에 대해 말하게 함으로써 말하기 능력을 신장시킬 수 있다. 고학년에서는 좀 더 복잡한 내용을 전달하기 위한 보조 자료로서 그림, 표, 카드 등을 사용하여 말하기 능력을 신장시킬 수 있다.

(3) 말하기 후 단계

첫째, 말한 내용과 말하기 전략, 태도 등에 대해 점검하고 평가하도록 한다. 이 단계에서 학생들은 말하고자 했던 의도나 목적을 효과적으로 전달하였는지, 내용 선정에서부터 내용 표현에 이르기까지의 전략이 적절했는지, 분명하고 자신 있으며 공감할 수 있는 태도로 말하였는지 등과 관련하여 자신의 장점과 단점을 확인하게 된다. 이를 통해 차후의 말하기 상황에서 생길 수 있는 문제점들을 미리 확인하고 어떻게 대처할 것인지를 생각할 수 있는 계기를 가질 수 있다.

둘째, 상호작용의 과정에 대해 점검하고 평가하도록 한다. 누구의 의사소통을 평가할 것인가 하는 측면에서 다른 사람들이 상호작용하는 과정을 대상으로 할 수도 있고, 자신이 참여한 상호작용 과정을 대상으로 할 수도 있다. 전자의 경우에는 TV프로그램이나 영화 등의 녹화테이프를 용도에 따라 취사선택해서 분석해 볼 수 있고, 후자의 경우에는 학습자들이 의사소통의 과정을 떠올려 성찰하게 한다든가, 의사소통의 과정을 녹음하거나 녹화하여 이를 분석하는 방법이 가능할 것이다. 음성언어 의사소통의 발화 즉시 소멸성, 발화의 복잡성, 상호작용의 변화성 등을 고려할 때 상호작용의 과정을 녹음하거나 녹화해서 이를 분석하는 방법이 더욱 유용할 것이다. 특히 VTR 등을 통한 녹화 방법은 듣기 · 말하기 능력을 신장시키는 데 도움을 준다(이주섭, 2001: 115).

제 3 장

읽기 교육의 이해

1. 읽기 교육의 중요성

역사적으로 학교 교육에서 가장 중시되는 교육 내용은 무엇이었을까? 그것은 3R로 불리는 읽기(Reading), 쓰기(Writing), 셈하기(Arithmetic)였다. 이 세 가지는 동서고금(東西古今)의 학교 교육에서 가장 우선시 되었다. 3R은 인간이 사회생활을 하려면 반드시 갖추어야 할 최소필수의 기초기능에 해당한다. 읽기는 3R 중에서도 으뜸이다. 사람이 문명화된 사회에서 살아가기 위해서는 언어를 사용해야 한다. 음성 언어에 해당하는 말하기와 듣기는 가정에서 배우기 시작한다. 그러나 문자 언어에 해당하는 읽기와 쓰기 학습은 학교 교육과 함께 시작된다.

학교 교육의 출발점은 읽기 교육부터라고 해도 과언이 아니다. 우리나라의 근대적 학교 교육의 시작에 해당하는 문서로 1895년에 발표된 소학교규칙대강에는 독서, 작문, 습자로 교육 내용을 구분하였다(윤여탁 등, 2006: 171). 그리고 광복 후인 1945년 미군정청에서 개발한 교수요목에도 읽기, 말하기, 듣기, 짓기, 쓰기로 국어과 교육 내용을 구분하여(윤여탁 등, 2006: 433), 읽기를 가장 앞세웠다. 이러한 읽기 교육의 중요성을 몇 가지 들어보면 다음과 같다.

첫째, 읽기는 교과 학습의 도구이기 때문에 중요하다. 학생은 학교 교육에 입문하여 여러 가지를 배운다. 학생이 배우는 것은 그 사회가 발전시켜왔던 전통과 문화, 지식이라 할 수 있다. 이러한 교육 내용은 교과(敎科)로 구성되어 있다. 학교 교육과 관련된 여러 교과의 내용을 학습하기 위해서는 읽기 능력을 갖추고 있어야 한다. 강의를 듣고도 학습할 수는 있지만, 많은 지식을 체계적으로 학습하기 위해서는 교재로 구현되어야 하고, 그러한 지식을 학습하기 위해서는 교재를 능숙하게 읽을 수 있어야 한다.

둘째, 읽기는 삶의 도구이기 때문에 중요하다. 문명화된 사회에서 살아가기 위해서는 읽기 능력을 갖추어야 한다. 현대의 도시에서는 평범한 일상생활을 위해서도 많은 정보를 처리해야 한다. 예를 들어, 신문은 여러 가지 소식을 전달해 주는데, 신문을 읽기 위해서는 읽기 능력이 필요하다. 그 밖에 관공서의 각종 안내, 사회 규약 등도 텍스트로 전달되는 경우가 많다. 이러한 텍스트의 정보를 처리하기 위해 읽기가 필요하다.

셋째, 읽기를 통해서 자아의 성장과 가치관을 확립할 수 있기 때문에 중요하다. 독자는 책이나 글을 읽음으로써 책의 내용에 영향을 받는다. 일차적으로 지식과 정보를 얻지만 책에 반영된 가치관에 영향을 받는다. 이는 독자 개인의 자아의 성장과 가치관 확립에 주요한 영향을 준다. 역사에 등장하였던 위인들이 책에 영향을 받았다는 사례를 찾기는 어렵지 않다. 좋은 책이 좋은 사람을 만든다. 특히, 자아와 가치관이 형성되고 있는 초등학생 시기에 읽는 책은 그 사람의 일생에 큰 영향을 미친다. 또한 한 평생 동안 읽은 책이 그 사람의 자아(정체성)와 가치관을 말해 주게 된다.

끝으로, 읽기를 통해서 독자가 속한 사회의 공동체 의식과 가치관을 공유할 수 있기 때문에 중요하다. 인간은 사회적 존재로서 공동체 생활을 한다. 학생들은 가정, 학급, 학교, 동아리, 동창회, 종교기관, 지역 사회, 국가 사회 등과 같은 공동체에 소속하게 된다. 읽기는 공동체 성원들의 공동체 의식을 높여주고 사회적 상호작용을 촉진하게 한다. 예를 들어, 종교 기관에서 종교적 목적을 위해 읽는 '경전 읽기', 동아리 행사에서 '동아리 소식 읽기' 등은 모두 공동체 독서 활동에 해당한다.

2. 읽기의 개념

읽기는 '독자가 목적을 달성하기 위해 특정한 맥락 속에서 텍스트를 읽고 의미를 구성하는 능력'이라고 정의해 볼 수 있다. 이 정의를 구성하는 '독자, 목적, 맥락, 텍스트, 의미 구성, 능력' 등의 개념들을 중심으로 읽기의 개념을 살펴보면 다음과 같다.

첫째, 독자(reader)는 글을 읽는 사람을 말한다. 읽기에서 독자는 중요하다. 행동주의 심리학에 의거하여 읽기를 설명할 때에는 독자보다 텍스트에 주목하여 읽기를 설명하였다. 그러나 인지심리학에 의거하여 읽기를 설명하면서부터는 독자의 능동적 역할을 강조하고 있다. 이 말은 읽기에서 독자가 가지고 있는 지식과 경험이 읽기 과정에서 중요하게 작용한다는 뜻이다. 글을 잘 이해하려면 독자의 지식과 경험이 글의 내용과 잘 연합(association)되어야 한다. 이를 위해 독자는 자신의 지식과 경험을 활성화하여 글의 내용을 예측하고, 확인하고, 점검하는 것과 같은 능동적인 역할을 해야 한다. 이 과정에 독자의 태도, 흥미, 동기와 같은 정의적 요인도 작용한다.

둘째, 읽기에서 독서 목적(goal)이 중요하다. 독서는 목적지향적인 행동이다. 독자의 목적은 다양하다. 크게는 정보수집적 목적, 심미적 목적, 비판적 목적 등으로 구분해 볼 수 있다. 보다 세부적으로는 정보 수집, 타인의 생각에 대한 이해, 교과 학습, 지식의 탐구, 여가 선용, 교양 증진, 공동체 활동에 참여 등을 꼽을 수 있다. 독자가 자신이 처한 상황을 분석하고 독서 목적을 달성하기 위해 효과적으로 책을 읽는 것을 특히 독서 전략(reading strategy)이라고 한다.

셋째, 맥락(context)은 독자가 책을 읽는 물리적, 사회적, 문화적 상황을 말한다. 물리적 상황은 글을 읽는 상황에 직접 개입하는 시간과 공간을 말한다. 예를 들어, 아침 시간인가 오후 시간인가, 도서관인가 학교인가 가정인가 등에 따라 독서 결과가 달라질 수 있다. 사회·문화적 맥락은 글을 읽는 상황에 간접적으로 작용하고 있는 정치, 이념, 종교, 언어, 계층, 지역, 세대, 학력, 직업 등과 같은 포괄적이고 잠재적인 맥락을 말한다. 예를 들어, 독자의 정치적 이념이 보수적인지 진보적인지, 어떤 종교를 가지고 있는지, 표준어를 사용하는지 방언을 사용하는지, 상류층, 중산층, 하류층과 같은 계층 중에 어디에 속하는지, 어느 지역에 사는지, 청년 세대와 장년 세대 중 어떤 세대인지, 저학력과 고학력, 화이트칼라와 블루칼라 등과 같은 세대나 직업적 배경도 영향을 미친다.

넷째, 텍스트(text)는 단어들이 모여 중심 내용을 갖춘 완결된 글을 뜻하며 읽기의 대상이 되는 글을 말한다. 텍스트에는 문자 텍스트뿐만 아니라 글과 그림이 혼합된 복합양식 텍스트, 매체 텍스트 등을 포함하기도 한다. 텍스트는 종류에 따라 일정한 글의 구조가 있다. 그리고 텍스트의 내용, 주제, 난이도, 길이, 문체 등과 같은 변인들도 읽기에 영향을 준다.

우리나라에서는 읽기 교육에서 다루는 텍스트에는 문학 영역에서 다루는 문학 작품을 배제하기도 한다. 서양에서는 문학 영역과 읽기 영역을 통합하여 교육과정을 설계하는 경우가 있다. 그러나 우리나라의 국가수준 국어과 교육과정에서는 읽기 영역과 문학 영역을 별도로 개발하였기 때문에 허구적인 문학 작품은 문학 영역에서 다루고 있다. 읽기 영역에서 다루는 텍스트는 의사소통을 목적으로 작성되는 실용적이고 정보적인 글(informational text)을 말한다. 예를 들어, 주장하는 글, 설명하는 글, 제안서, 안내문, 전기문, 기사문 등은 읽기 영역에서 다루는 텍스트들이다. 이런 글들은 구조면에서 주로 설명체(expository) 구조를 취하고 있고, 내용의 면에서 사실(nonfiction)의 세계를 다루고 있다.

다섯째, '의미 구성(meaning construction)'이란 독자가 자신에게 의미 있는 내용을 형성하거나 표상(representation)하는 것을 말한다. 구성은 독자의 능동성을 드러내는 말이다. 한 동안 읽기를 정의할 때, '글의 의미를 파악하는 능력'이라고 한 적이 있다. 이 때 '파악'이란 독자의 역할을 과소평가하고 글 중심의 읽기 방법을 전제하고 있다. 글에는 중심 내용이 있고, 읽기에서는 그 중심 내용을 찾아내야 한다고 생각하였던 것이다. 그러나 최근에는 파악이란 단어 대신에 구성이란 용어를 많이 사용하고 있다. 의미 구성은 독자가 중심이 된다.

끝으로, 능력(competence)은 읽기 행동과 관련된 독자의 사고 활동을 가리키기 위해 사용되는 말이다. 독자가 글을 읽는 것은 텍스트를 지각하고 뇌에서 정보를 처리하여 의미를 구성하는 사고 활동이다. 이 활동을 지칭하기 위해 연구자들은 기능, 전략, 능력 등과 같은 여러 용어들을 사용하여 왔다. 이 세 용어들은 모두 같은 사고 활동을 가르치지만 각기 다른 측면을 강조하고 있다. 기능은 읽는 능력의 요소에 주목하는 말이다. 전략은 읽기 행위의 목적 지향성을 드러내기 위해 사용하는 말이다. 이에 비해 능력은 읽기 행위의 총체성을 드러내기 위해 사용하고 있다.

지금까지 읽기의 개념을 읽기의 정의에 관여하는 용어들을 토대로 살펴보았다. 읽기는 텍스트를 처리하여 의미를 구성하는 독자의 사고 능력을 말한다. 읽기의 개념에 반영된 이러한 관점들은 읽기 교육에 영향을 주게 된다. 읽기 교육에 실천하는 교사들은 읽기 개념에 포함된 여러 특성을 잘 고려하여 읽기 교육을 해야 한다.

3. 읽기 교육의 특성

읽기 교육을 설명하는 데 사용되는 몇 가지 이론들을 소개하면 다음과 같다. 첫째는 스키마 이론이다. 스키마(schema)란 독자의 기억 속에 형성된 지식의 망(network)을 말한다. 글을 읽을 때, 독자는 아무 생각 없이 글을 읽는 것이 아니라 자신의 스키마를 활성화하여 글의 내용과 연결시켜서 의미를 이해하게 된다. 그러나 스키마는 기억 속에 저장된 지식이기 때문에 아직 완전하게 해명되었다고는 할 수 없다. 심리학자들은 이 분야의 연구를 진행하고 있다. 스키마와 관련하여 알려진 몇 가지 주목할 점은 다음과 같다.

스키마는 위계적으로 구조화 되어 있다는 점이다. 예를 들어, '꽃'에 관한 스키마를 생각해 보자. 꽃의 종류, 꽃의 기능, 꽃의 의미 등과 같은 하위 지식을 생각할 수 있다. 꽃의 종류는 다시 봄에 피는 꽃, 여름에 피는 꽃, 가을에 피는 꽃 등으로 나눌 수 있다. 봄에 피는 꽃은 다시 개나리, 진달래, 목련, 라일락 등을 생각할 수 있다. 개나리만 하여도 개나리의 색, 서식하는 장소, 상징성 등을 생각할 수 있다. 이처럼 독자의 기억에는 많은 지식들이 위계적으로 구조화 되어 있다.

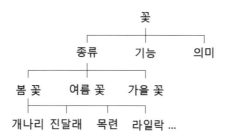

독자들은 학교나 가정에서 여러 가지 세상사에 대한 경험을 하면서 이러한 스키마를 형성해 간다. 그러므로 정도의 차이는 있겠지만 모든 학생들은 나름대로 자신의 스키마를 가지고 있다. 읽기 교육을 하는 교사들은 이 점에 주목해야 한다. 어떤 아동도 자신의 스키마를 가지고 있다는 점이다. 그러므로 교사는 학생이 자신의 스키마를 잘 활성화하여 글의 내용과 연결 짓도록 다양한 전략들을 가지고 있어야 한다.

읽기 지도 시간에 자주 사용하는, 다음과 같은 마인드맵(mind map)을 통한 브레인스토밍(brain-storming) 활동은 이러한 스키마 이론에 바탕을 둔 활동이다. 어떤 교사가 꽃을 소재로 한 시를 읽거나 꽃에 관한 설명문을 읽는다고 할 때 아래 그림과 같은 마인드맵 활동이 자주 사용되곤 한다. 이는 독자의 스키마와 글의 내용을 연결시키고, 필자가 글에서 다 제시하지 않은 '빈 곳'을 메우기 위한 추론(inference) 활동이다.

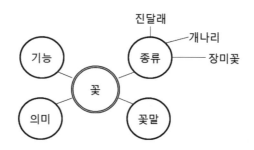

둘째는 글 구조 이론이다. 이 이론은 읽기의 대상인 글의 특성에 주목하는 이론이다. 읽기는 독자와 글의 상호작용이라고 한다. 그런데 글은 필자가 자신의 생각을 전달하기 위해 내용을 일정한 형식에 담아 놓은 것이다. 글 구조(text structure) 이론은 글의 형식에 주목한 이론이다. 글의 구조에 관한 지식이 있는 독자는 그렇지 않는 독자보다 글의 내용을 잘 이해하고 글 내용도 기억을 많이 한다는 것이 밝혀졌다.

예를 들어 보자. 우리 집에 있는 물품들이 무엇일까? 글 구조 이론가들에 의하면 아무렇게나 떠올리는 것보다 우리 집의 구조를 활용하면 훨씬 더 많은 내용을 회상할 수 있다고 한다. 아파트의 경우 '현관, 거실, 주방, 안방, 화장실, 베란다' 등과 같은 구조로 이루어져 있다. 우리 집에 있는 물건을 모두 떠올리는 것은 쉽지 않지만 우리 집의 구조를 이용하면 그렇지 않을 때보다 훨씬 많은 정보를 떠 올릴 수 있다. 예를 들어, 현관에는 신발과 우산 같은 것이 있을 테고, 거실에는 텔레비전, 소파, 장식장, 그림, 사진 등이 있다. 주방에는 그릇, 컵, 냉장고 등이 있을 것이고, 안방에는 침대나 장롱, 혹은 책상이 있을 것이다. 화장실에는 비누나 수건 등이 있을 것이고 베란다에는 화분이나 세탁기가 있을 수 있다.

이처럼 글 구조 이론이란 글의 형식적 특징을 활용하여 글의 내용을 회상하고 글의 내용을 예측하고 이해하는 방법을 말한다. 교사들은 학생들에게 기본적인 글의 구조를 가르치고, 글의 구조를 활용하여 글의 내용을 회상하고 기억하도록 유도한다. 글의 구조는 크게 보아 설명체 글(expository text)과 서사체 글(narrative text)로 나눌 수 있다. 설명체 글에 자주 등장하는 구조는 비교/대조, 원인과 결과, 문제와 해결, 열거 등과 같은 구조이다. 서사체 글에 자주 등장하는 글의 구조는 이야기(story) 구조이다.

끝으로, 초인지 이론이다. 초인지(meta cognition)란 인지를 점검하고 조절하는 상위 인지를 말한다. 책을 읽는 것은 인지를 사용하는 사고 활동이다. 즉, 책을 읽기 위해서는 단어를 이해해야 하고, 생략된 내용을 추론해야 하며, 필자의 의도를 파악해야 한다. 이 밖에도 글을 읽기 위해서는 수 없이 많은 사고 활동이 관련되어 있다. 이 모든 활동은 독자가 인지를 사용하는 활동이다. 읽기 이론으로서 초인지 이론이란 독자의 읽기 활동에 동원되는 인지를 점검하고 조절하는 초인지 능력을 갖춘 독자는 그렇지 않은 독자보다 독서를 더 효율적으로 할 수 있다는 이론이다.

연구자들은 초인지 활동의 방법과 지도 방법에 관심을 가지고 연구하고 있다. 그리고 독자의 읽기 발달을 고려할 때, 언제 초인지 능력이 발달하는지도 관심의 대상이 되고 있다. 읽기 지도 활동이나 교재에 자주 등장하는 읽기 행동의 자기점검표(checklist)는 초인지 이론에 배경을 두고 등장한 활동이다. 독자 스스로 자신의 읽기 활동의 장점과 단점을 점검(monitoring)하고, 자기의 독서 행동을 조절하고, 수정해 나가는 것은 초인지 이론에 기반을 둔 읽기 활동이다.

지금까지 읽기 이론으로 스키마 이론, 글 구조 이론, 초인지 이론을 살펴보았다. 그러나 넓게 보면 글의 구조 이론도 스키마 이론에 속한다. 글의 구조에 대한 지식도 독자의 지식 중에 하나이고 독자의 지식을 설명하는 이론이 스키마 이론이기 때문이다. 그리고 초인지 이론도 인지를 조절하는 이론이라는 점에서 인지 이론 중의 하나이다. 인지(cognition)란 곧 독자의 지식이나 의식과 관련된 것이기 때문이다. 이렇게 볼 때, 세부적으로는 구별할 수 있지만 광의로 볼 때, 현대의 읽기 이론의 핵심은 독자의 지식 이론, 곧 스키마 이론이라고 할 수 있다. 읽기 교육의 특성을 이해하기 위해서는 독자의 지식과 경험이 읽기에 미치는 영향을 잘 이해하여야 한다.

4. 읽기 교육 내용

2015 개정 교육과정에 따른 읽기 교육 내용 체계 및 학년군 지도 내용은 다음과 같다.

가. [읽기] 내용 체계

핵심 개념	일반화된 지식	학년(군)별 내용 요소			기능
		초등학교			
		1~2학년	3~4학년	5~6학년	
▶ 읽기의 본질	읽기는 읽기 과정에서의 문제를 해결하며 의미를 구성하고 사회적으로 소통하는 행위이다.			• 의미 구성 과정	• 맥락 이해하기 • 몰입하기 • 내용 확인하기 • 추론하기 • 비판하기 • 성찰 · 공감하기 • 통합 · 적용하기 • 독서 경험 공유하기 • 점검 · 조정하기
▶ 목적에 따른 글의 유형 • 정보 전달 • 설득 • 친교 · 정서 표현 ▶ 읽기와 매체	의사소통의 목적, 매체 등에 따라 다양한 글 유형이 있으며, 유형에 따라 읽기의 방법이 다르다.	• 글자, 낱말, 문장, 짧은 글	• 정보 전달, 설득, 친교 및 정서 표현 • 친숙한 화제	• 정보 전달, 설득, 친교 및 정서 표현 • 사회 · 문화적 화제 • 글과 매체	
▶ 읽기의 구성 요소 • 독자 · 글 · 맥락 ▶ 읽기의 과정 ▶ 읽기의 방법 • 사실적 이해 • 추론적 이해 • 비판적 이해 • 창의적 이해 • 읽기 과정의 점검	독자는 배경지식을 활용하며 읽기 목적과 상황, 글 유형에 따라 적절한 읽기 방법을 활용하여 능동적으로 글을 읽는다.	• 소리 내어 읽기 • 띄어 읽기 • 내용 확인 • 인물의 처지 · 마음 짐작하기	• 중심 생각 파악 • 내용 간추리기 • 추론하며 읽기 • 사실과 의견의 구별	• 내용 요약 [글의 구조] • 주장이나 주제 파악 • 내용의 타당성 평가 • 표현의 적절성 평가 • 매체 읽기 방법의 적용	
▶ 읽기의 태도 • 읽기 흥미 • 읽기의 생활화	읽기의 가치를 인식하고 자발적 읽기를 생활화할 때 읽기를 효과적으로 수행할 수 있다.	• 읽기에 대한 흥미	• 경험과 느낌 나누기	• 읽기 습관 점검하기	

나. [읽기] 학년별 지도 내용

읽기 영역의 교육 내용은 학교 교육을 통해 기초적이고 필수적인 문식성을 획득함으로써 장차 성인이 되어서도 일상생활에 필요한 지식을 스스로 습득하고 복잡한 정보를 처리할 수 있으며, 독서를 통해 자신의 삶을 보다 더 풍요롭게 할 수 있는 평생 독자로서 능력을 기르도록 하는 데 목적이 있다.

이를 위하여 두 가지 원리를 적용하여 읽기 영역의 성취기준을 선정하였다. 첫째, 읽기 교육 내용의 특성으로서, 일차적으로는 기능적 문식성의 획득에 필요한 기본적이고 필수적인 읽기 기능들을 학습의 내용으로 선정하였다. 둘째, 성취기준 선정과 배열의 원리로서, 독해의 수준에 따라 읽기의 필수적인 기능을 균등하게 선정하고 학습자의 인지 발달 단계에 따라 배열하였다. 즉 저학년의 경우는 문자 읽기와 같이 발생적 문식성으로부터 시작하여 점차 기본적인 읽기 기능들을 배우고 고학년으로 갈수록 저학년에서 배운 여러 가지 기능들의 통합적인 인지 처리를 요하는 고차적 문식성으로서의 전략을 선정하여 배치하되, 이들 기능들은 '사실적 이해, 추론적 이해, 비판적 이해와 창의적 이해'에서 각각 선정하였다. 따라서 사실적 이해와 추론적 이해의 하위 기능들은 저학년에서 중학년에, 비판적 이해와 창의적 이해의 하위 기능들은 중학년부터 고학년에 배치하여 기능들이 순차적으로 제시하면서도 동시에 심화 반복적 경향을 보이도록 제시하였다.(김창원 외, 2015:107)

읽기 영역의 학년별 지도 내용은 다음과 같다.

(1) 1~2학년 성취기준 및 성취기준 해설

> [2국02-01] 글자, 낱말, 문장을 소리 내어 읽는다.
> [2국02-02] 문장과 글을 알맞게 띄어 읽는다.
> [2국02-03] 글을 읽고 주요 내용을 확인한다.
> [2국02-04] 글을 읽고 인물의 처지와 마음을 짐작한다.
> [2국02-05] 읽기에 흥미를 가지고 즐겨 읽는 태도를 지닌다.

- [2국02-02] 이 성취기준은 알맞게 띄어 읽기를 통해 글의 내용을 파악하는 능력을 기르기 위해 설정하였다. 띄어 읽기를 할 때에는 어절, 문장 부호 다음, 주어부와 서술어부 등을 단위로 하여 띄어 읽을 수 있는데, 이들 용어를 노출시키지 않도록 주의한다. 쉬는 지점과 쉼의 길이에 유의하여 알맞게 띄어 읽도록 하는 데 중점을 둔다.
- [2국02-04] 이 성취기준은 글에 등장하는 인물의 심리를 상상하고 이에 공감하는 능력을 기르기 위해 설정하였다. 등장인물이 어떤 처지와 상황에 있는지, 혹은 어떤 마음인지를 짐작해 보는 활동

에 주안점을 둔다. 이를 위해서는 글의 내용을 확인하고, 등장인물의 마음을 자신의 경험과 비교하는 활동을 해 보는 것이 좋다. 이러한 과정을 통해 타인에 대한 공감 능력을 기름으로써 실제 주변 인물에 대한 이해를 높일 수 있다.

(2) 3~4학년 성취기준 및 성취기준 해설

> [4국02-01] 문단과 글의 중심 생각을 파악한다.
> [4국02-02] 글의 유형을 고려하여 대강의 내용을 간추린다.
> [4국02-03] 글에서 낱말의 의미나 생략된 내용을 짐작한다.
> [4국02-04] 글을 읽고 사실과 의견을 구별한다.
> [4국02-05] 읽기 경험과 느낌을 다른 사람과 나누는 태도를 지닌다.

- [4국02-03] 이 성취기준은 중요한 낱말의 의미나 글에서 생략된 내용을 문맥을 통해 짐작하여 추측하며 읽는 능력을 기르기 위해 설정하였다. 글의 전체적인 흐름이나 글에서 빠진 세부 내용을 추측하거나, 이어질 내용을 예측하거나, 인물의 마음이나 상황을 상상하거나, 사건의 전후를 추론하거나, 낱말의 의미 등을 짐작하면서 내용을 이해하도록 지도한다. 이때 문맥이나 읽는 이의 배경지식을 이용하여 짐작할 수 있도록 지도한다.
- [4국02-04] 이 성취기준은 사실과 의견을 구별하고 이를 바탕으로 하여 글의 내용을 평가하며 읽는 능력을 기르기 위해 설정하였다. 사실과 의견 구별하기를 지도할 때에는 '~라고 생각한다.', '~해야 한다.'와 같이 문장 표현을 중심으로 사실과 의견을 구분하는 데서 더 나아가, 실제 있었던 일이나 이미 알려진 지식 등을 토대로 사실과 의견을 구별하여 판단할 수 있도록 지도한다.

(3) 5~6학년 성취기준 및 성취기준 해설

> [6국02-01] 읽기는 배경지식을 활용하여 의미를 구성하는 과정임을 이해하고 글을 읽는다.
> [6국02-02] 글의 구조를 고려하여 글 전체의 내용을 요약한다.
> [6국02-03] 글을 읽고 글쓴이가 말하고자 하는 주장이나 주제를 파악한다.
> [6국02-04] 글을 읽고 내용의 타당성과 표현의 적절성을 판단한다.
> [6국02-05] 매체에 따른 다양한 읽기 방법을 이해하고 적절하게 적용하며 읽는다.
> [6국02-06] 자신의 읽기 습관을 점검하며 스스로 글을 찾아 읽는 태도를 지닌다.

- [6국02-02] 이 성취기준은 읽은 내용을 글의 구조를 고려하여 자신의 언어로 요약하는 능력을 기르기 위해 설정하였다. 요약하기는 단순히 글의 분량을 줄이는 것이 아니라, 주요 내용을 뽑아 이를 중심으로 간추려 정리하는 것이다. 이때 '머리말-본문-맺음말', '서론-본론-결론', '발단-전개-위기-절정-결말' 등 글의 형식상 구조를 고려하여 요약하는 것이 적절하다. 이 성취기준에서는 한 편의 글을 요약하는 것은 물론, 다양한 매체에서 타 교과 학습과 관련된 글을 찾아 읽고 이를 요약하는 활동을 함으로써 다른 교과의 읽기 활동도 자연스럽게 다루도록 한다.
- [6국02-05] 이 성취기준은 매체의 유형을 고려하여 적절한 읽기 방법을 선택하고 효과적으로 읽는 능력을 기르기 위해 설정하였다. 예컨대, 애니메이션이나 영화와 같은 매체 자료는 인물의 표정이나 몸짓, 목소리의 변화, 음악 등이 내용을 파악하는 데 중요한 요소가 되며, 인터넷에 실린 기사문을 읽을 때에는 글을 읽는 것은 물론 사진, 동영상 등도 함께 이해해야 하는 경우가 많고, 경우에 따라서는 댓글도 내용을 파악하는 데 중요한 요소가 된다. 이 성취기준에서는 문자뿐 아니라 그림, 표, 그래프, 사진, 동영상 등의 매체가 내용을 전달하는 데 중요한 역할을 한다는 것을 알고, 이러한 매체의 유형에 따라 내용을 어떻게 파악하는 것이 효과적인지를 생각하여, 그에 맞는 적절한 읽기 방법을 찾아 적용하며 읽도록 하는 데 중점을 둔다.

5. 읽기 교육 원리와 방법

가. 읽기 교육 원리

연구자들은 앞에서 살펴본 읽기 이론에 근거하여 읽기 교수 학습의 주요 변인으로 독자, 텍스트, 교사, 상황, 과제 등을 들고 있다. 독자는 읽기를 학습하는 학생을 말한다. 텍스트는 읽기 교수 학습을 위해 사용되는 글로서 교재나 교과서를 말한다. 상황은 교수 학습이 진행되는 상황적 맥락과 사회문화적 맥락을 말한다. 과제는 읽기 교수 학습이 진행되는 학습 목표에 해당하는 것으로 교육과정의 내용에 해당한다. 이를 그림으로 그리면 다음과 같다.

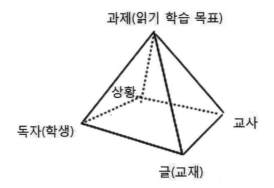

이 그림의 변과 면은 각각 읽기 요인간의 상호작용을 보여주고 있다. 예를 들어 독자의 꼭지점과 텍스트 꼭지점 사이의 변은 독자와 텍스트의 상호작용을 뜻한다. 그리고 독자, 텍스트, 과제 사이의 삼각면은 학생, 교과서, 학습 목표 사이의 상호작용을 시사한다. 이 그림에 나타난 변인에 주의하면서 읽기 이론에 근거를 두고 읽기 연구자와 교사 사이에 확산되고 있는 읽기 교수 학습의 원리를 몇 가지 설명하면 다음과 같다.

첫째, 학습 목표를 명료하게 제시하여 독자가 읽기 목적을 확인하고, 전략적으로 글을 읽도록 해야 한다. 읽기는 무작정 읽는 것이 아니라 독자가 목적에 따라 의도적으로 글을 읽는 것이다. 그러므로 읽기 전에 독자의 독서 목적을 확인하고, 자신에게 필요한 정보에 주목하여 글의 내용을 예측하고 글을 읽어 나가야 한다. 이를 위해 교사는 읽기 과제(학습 목표)를 분명히 확인해야 한다. 단원이나 차시의 학습 목표를 확인시켜야 한다. 학생 입장에서는 독서의 목적을 확인하고 글을 읽어야 한다. '전략적으로 글을 읽는다'는 말은 독자가 자신의 목적을 분명히 하고 글에 나타난 단서나 여러 가지 독서 방법을 종합적으로 동원하여 글을 읽는다는 뜻이다.

둘째, 독자의 배경 지식을 활성화하여 글의 내용과 연결시켜야 한다. 교사는 읽어야 할 글의 내용을 분석한 다음, 학생들이 글의 내용과 관련하여 가지고 있을 스키마, 곧 배경 지식과 경험을 활성화하여 연결시켜야 한다. 배경 지식 활성화는 글을 읽기 전에, 읽는 도중에, 읽은 후에 계속적으로 진행된다. 글을 읽는 내내 학생들의 배경 지식과 글의 내용은 긴밀하게 교섭(transaction)하여 의미를 구성하게 된다.

셋째, 독자가 자신의 독서 행동을 점검하고 조절할 수 있도록 해야 한다. 이것은 초인지 이론에 기반을 둔 읽기 교수 학습의 원리이다. 글을 읽는 것은 독자 입장에서 문제 해결 활동이다. 문제가 잘 해결될 수도 있고 생각대로 잘 되지 않을 수 있다. 글의 내용이 독자의 수준에 비해 너무 어려우면 의미 구성이 잘 되지 않는다. 이럴 때는 아무런 대책 없이 계속 읽는 것보다는 차라리 읽기를 멈추고 보다 쉬운 글을 찾아보는 게 좋을 수도 있다. 의미 구성이 되지 않는 책을 계속 붙들고 있어 보았자 이해가 되는 것은 아니기 때문이다.

넷째, 독자의 정서나 태도를 읽기에 몰입할 수 있도록 해야 한다. 독자의 독서 흥미, 동기, 태도, 자아효능감 등과 같은 독서 성향(disposition)들이 읽기 교수 학습에 영향을 미친다. 보통 국어 교과서 도입 부분은 학생들의 흥미를 유발할 수 있는 그림이나 글을 제시하는 것을 볼 수 있다. 이는 읽기에서 학생들의 정서가 중요하기 때문이다. 교사들은 학생들에게 읽기에 대한 자신감을 가질 수 있도록 격려하고, 책읽기를 좋아하도록 유도해야 한다.

다섯째, 글(텍스트) 측면에서는 실제적이고 좋은 글을 사용하여야 한다. 읽기 교수 학습에서 사용하는 글은 학생들의 흥미에 부합하고, 읽기 목적에 부합한 글이어야 한다. 글의 내용, 형식, 표현이 좋은 글을 사용하는 것이 좋다. 글에는 글쓴이의 가치관이 반영되어 있다. 학생들은 글을 읽으면서 읽는 방법을 학습하게 된다. 이 뿐만 아니라 글 자체를 이해하게 되며 글에 담긴 주제나 관점도 학습자들에게 영향을 주게 된다. 학생들이 이해할 수 없는 내용, 학생들의 가치관이나 정서 발달에 유해한 내용, 잠재적으로 비뚤어진 생각을 조장할 수 있는 내용이 담겨져 있지 않은지 고려해야 한다. 글에 나타난 내용인 여러 가지 사회적 가치들에 대해 편견을 주어서는 곤란하다. 특정한 성이나 인종에 대한 편견을 조장하여 특정한 성이 우월하다거나 하는 생각을 전달하면 곤란하다. 이 밖에도 국가, 기업, 종교, 이념, 정당, 계층, 지역에 대하여 근거 없이 옹호하거나 비방하는 글을 제시하면 안 된다.

여섯째, 읽기의 상황과 맥락(context)을 활용해야 한다. 책을 읽는 행위는 진공 상태에서 진행되는 것이 아니라 구체적 상황 속에서 진행된다. 읽기 교육에서 의미 맥락은 읽기의 상황 맥락과 사회문화적 맥락이다. 위의 그림에서 읽기의 변인 중에 하나는 읽기 상황이다. 상황은 맥락의 한 요인이다. 흔히 읽기에 직접 개입하는 시간과 공간 같은 요인을 상황적 맥락이라고 하고, 읽기에 간접적으로 개입하는 정치적, 문화적, 종교적, 역사적, 시대적 맥락을 사회 문화적 맥락이라고 한다. 독자들은 글을 읽을 때, 상황 맥락과 사회문화적 맥락을 점검하고 의미를 구성하게 된다. 같은 글을 읽더라도 맥락에 따라 다른 의미가 구성될 수 있다. 예를 들어, 교사가 개별적 독서, 짝 독서, 모둠 독서, 전체 독서 등과 같이 독서 방법에 변화를 주는 것은 상황을 활용하여 독서를 지도하는 것이다.

끝으로, 교사의 설명과 시범이 중요하다. 읽기란 높은 수준의 사고 능력이다. 읽기 능력을 터득하는 것은 쉬운 일이 아니다. 더군다나 읽기는 독자의 머릿속에서 진행되는 인지 행동이기 때문에 관찰하기가 쉽지 않다. 읽기 능력은 전략적이며(strategic), 보이지 않는(invisible), 마음을 몹시 써야 하는 (elaborative) 사고 능력이다(천경록, 2009a). 이러한 읽기 능력을 학생들에게 가르치는 것은 쉽지 않다. 그러므로 교사는 학습 대상이 되는 읽기 교육 내용, 곧 학습 목표나 성취기준에 대하여 명확하게 설명할 수 있어야 한다. 뿐만 아니라 학생들이 그것을 이해하고 관찰할 수 있도록 시범을 잘 보여야 한다. 시범보이는(modelling) 방법 중에 하나가 사고구술(think aloud) 기법이다.

사고구술은 미숙한 독자들에게 능숙한 독자로 상정된 교사가 어떤 문장이나 글의 부분을 읽으면서 자신의 머릿속에 떠오른 생각을 말로 보여 주는 기법을 말한다. 독자들은 교사의 사고구술을 관찰하면서 특정의 읽기 기능이나 전략의 적용 과정을 이해할 수 있다. 다음은 교사가 '제목을 보고 예측하기' 기능을 사고구술 방법을 통해 시범보이고 있는 장면이다.

교　　사 : 오늘 읽을 글의 제목이 무엇인가요?
학생들 : '소나기'요.
교　　사 : 그렇군요. 누가 썼나요?
학생들 : 황순원 선생님입니다.
교　　사 : 그래요. 그런데 작가는 왜 하필 제목을 '소나기'라고 붙였을까요? 선생님이 생각하기에 아마 소나기가 글의 소재로 등장하기 때문일 것 같아요. 이 소설에 등장하는 인물들이 소나기를 맞았다는 이야기가 나올 것 같네요. 그리고 주제를 암시할 수도 있어요. 소나기는 비의 종류인데, 짧고 강하게 오는 비이지요. 작가가 '장마'라고 붙이지 않고 소나기라고 붙인 것은 아마 등장인물인 소년과 소녀의 사랑이 짧고 강하게 진행된다는 것을 보여주기 위함일 수도 있어요. 이제 정말 그러한지 글을 한번 읽어 볼까요.
학생들 : 네.

교사는 읽기 교육을 할 때, 읽기 기능과 전략에 대해 설명과 시범을 보여서 학생들이 읽기 기능과 전략을 관찰하고 모방할 수 있도록 해야 한다.

나. 읽기 교육 방법

읽기 능력은 후천적인 기능이기 때문에 교육할 수 있나. 그러나 교사가 학생들에게 읽기를 가르치는 것은 쉽지 않다. 읽기는 겉으로 쉽게 관찰할 수 없는 사고 능력이기 때문에 교사가 설명하기도 쉽지 않고, 시범보이기도 쉽지 않다. 교육학에서는 교수 학습 활동을 설명하기 위해 '비계(scaffolding)'라는 용어를 사용하고 있다. 비계는 공사 현장에서 건물을 지을 때, 건축물을 지탱해 주기 위해 보조적으로 사용하는 시설과 장치를 말한다. 비계는 건물이 완성되면 철거하게 된다. 이에 유추하여 교육학에서 교사의 조력적 활동을 비계라고 부르고 있다. 예를 들어 유아가 걸음마를 익힐 때, 비계 역할을 하는 것은 보행기이다. 어머니가 아이의 두 손을 잡아 주거나 허리를 받혀서 중심을 잡게 하고, 다리에 힘을 길러 걸음마를 가르치는 것도 걷기에 대한 비계 활동에 해당한다. 이와 마찬가지로 교사가 학생들의 읽기 능력을 갖추도록 조력해 주는 교수 활동을 비계라는 관점에서 이해할 수 있다. 읽기의 비계 활동을 할 때 교사가 주의해야 할 점은 다음과 같다.

첫째, 교사는 학생의 행동에 대해 따뜻하고 긍정적으로 반응해야 한다. 읽기는 고등 사고 기능이다. 잘 읽는 능력을 갖추는 것은 쉽지 않다. 읽기의 비계를 설정해 줄 때, 교사들은 학생들에게 따뜻하고 긍정적으로 학생들을 격려해야 한다.

둘째, 과제를 해결할 때 교사에게서 학생에게로 책임을 이양시킨다. 학생을 지도할 때에는 처음에는 교사가 시범을 보여주고, 교사와 학생이 협동하여 문제를 해결하는 단계를 거쳐, 학생 혼자서 문제를 해결할 수 있도록 과제 해결의 책임을 점진적으로 이양시킨다. 교사는 학생에게 지원하던 도움을 점진적으로 줄여 나가고, 학생은 점점 독립적이 되도록 유도한다.

셋째, 학생의 자기 조절을 점점 증가시키도록 한다. 자기 조절은 초인지 능력을 말한다. 학생들이 과제나 활동을 할 때에 처음에는 문제의 해결 방법을 교사에게 물을 수 있다. 그러나 장기적으로는 스스로 문제를 진단하고, 해결할 수 있어야 한다. 이 과정에서 학생이 스스로 자기 조절 능력을 갖추도록 유도한다.

넷째, 과제의 난이도를 조금씩 높여 간다. 읽기를 지도할 때에는 다양한 읽을거리를 제시한다. 글을 제시할 때에도 난이도, 글의 주제의 범위, 글의 종류 등을 점점 어렵게 제시한다. 글이나 과제의 수준은 학생의 학습 범위를 넘어서는 안 되지만 학생의 수준에 비해 지나치게 쉬워도 안 된다. 학생들이 도전감을 가지고 읽을 수 있는 글을 제시하는 게 좋다.

끝으로, 질문과 피드백을 잘 활용한다. 학생을 지도할 때에는 학생의 흥미를 유발하고 동기를 활성화하는 질문을 적극적으로 한다. 질문은 개방적 질문과 폐쇄적 질문으로 구분할 수 있다. 학생이 대답하기 쉬운 질문, 단답형 질문에서 시작하여 점차 개방형 질문을 하여 학생의 구성적 능력을 신장시킨다. 학생들의 사고를 촉진할 수 있는 대화를 많이 한다. 학생의 반응에 대하여 긍정적인 피드백을 하여 학생의 활동을 격려한다.

여기에서는 읽기 교육 방법으로 효과가 증명된 몇 가지 활동을 소개하도록 한다. 여기에 소개하는 방법은 읽기 기능 어느 하나를 가르치기 위한 활동도 있고, 여러 가지 읽기 기능을 통합적으로 가르치려는 활동도 있다. 이 외에도 읽기 교육 활동은 '읽기학습 전략' 등의 이름으로 많은 방법들이 제안되어 있다. 천경록·조용구(2013)에서는 예측하기, 질문하기, 중심내용 찾기, 상상하기, 다시 말하기,

연결하기, 평가하기, 점검하기 등과 같은 전략별로 국어과 읽기학습(learning to read)에서 지도할 수 방법을 소개하고 있다. 이경화 등(2007)에서는 내용교과(사회과, 과학과, 실과 등)의 학습읽기(reading to learn) 상황에 적용할 수 있는 읽기 활동을 소개하고 있다. 교사들은 이러한 책들에서 소개되는 읽기 활동을 두루 익혀둘 필요가 있다.

(1) 배경 지식 활성화 활동

학생들이 글을 읽을 때 배경지식을 떠올리도록 한다. 배경지식 활성화하기는 읽기 전에 많이 사용된다. 학생들이 글의 화제에 대한 지식과 경험을 말해 보도록 유도한다. 다음 교사의 대화는 학생의 배경지식 활성화를 지도하는 일반적인 대화이다. 교사는 이를 참고하여 각자의 교수 학습 상황에서 적절하게 학습자들과 대화하면서 학습자들의 배경지식(스키마)를 활성화 시킬 필요가 있다.

- 전에 이와 같은 것을 보거나 경험한 적이 있나요?
- 이 내용에 대해 아는 것을 이야기해 볼까요.
- 여러분의 경험이 이 글을 읽고 이해하는 데 어떤 점에서 도움이 되나요?
- 제목을 볼 때, 어떤 내용이 나올까요?
- 삽화나 사진을 볼 때, 누가 주인공일 것 같나요? 왜 그렇게 생각하나요?
- 글의 종류는 무엇이라고 생각되나요?

(2) KWL 활동

KWL 활동은 읽기를 지도하는 좋은 방법이다. 이 활동은 정보를 전달하는 글의 읽기를 지도하기 위해 구안한 것이다. KWL은 글에 대하여 알고 있는 것(What I know), 알고 싶은 것(What I wonder), 알게 된 것(What I learned)에서 유래한 이름이다.

KWL 활동 자료		
화제나 제목: _____		
아는 것 (What I Know)	알고 싶은 것 (What I Wonder)	알게 된 것 (What I Have Learned)

[그림 1] KWL 활동 자료

이 활동은 배경지식 활성화, 질문하기, 읽기 목적 설정하기 등 여러 읽기 전략 지도를 동시에 할 수 있다. 다음과 같이 진행할 수 있다.

① 글을 읽기 전에, 화제나 제목에 대해 생각하고 그것에 대해 아는 것을 '아는 것' 칸에 쓴다.
② '알고 싶은 것' 칸에 교사(그리고 학생)가 궁금해 하거나 알고 싶은 것을 쓴다.
③ 글을 읽으면서, 질문에 답하는 것은 물론 읽기 전에 생각하지 못했던 중요한 정보를 모으는 것에 주의를 기울인다.
④ '알게 된 것' 칸에 글을 읽고 알게 된 것을 쓴다.
⑤ (알고 싶은 것 칸에) 답을 찾은 질문들을 형광펜으로 표시한다. 아직 답을 찾지 못한 질문들에 ✔ 표시를 한다.
⑥ 답을 찾지 못한 질문들의 답을 어떻게 찾을지 친구들과 이야기해 본다.
⑦ 찾은 정보들을 어떻게 활용할 것인지 이야기해 본다(기사를 쓰기 위해, 친구들과 공유하기 위해, 포스터를 만들기 위해).
⑧ 모둠이나 개인별로 KWL 활동을 하도록 한다. 학생들을 관찰하고 필요할 때 적절하게 도와 준다.

(3) 토의 활동

토의(discussion) 활동은 읽기 전이나 읽은 후에 여러 가지로 활용할 수 있다. 여기서 말하는 토의 활동의 초점은 말하기와 듣기와 같은 화법 능력을 길러주는 것이 아니라 읽기 능력을 길러주는 데 두어야 한다. 토의 활동은 읽기 활동의 보조적인 활동이다. 그러므로 화법 영역에서 말하는 엄격한 토의의 형식을 가르칠 필요는 없다. 글을 읽고 함께 이야기를 나누어보는 것 정도로 생각하는 것이 좋다.

토의 활동은 글을 읽기 전에 글의 내용을 예측하는 토의, 읽는 도중에 글의 한 장면을 추론하는 토의, 글을 읽고 난 후에 글의 중심 내용에 대한 토의, 글의 내용을 평가하는 토의 등 다양하게 활용할 수 있다. 3~4명이 한 모둠이 되어 돌아가면서 이야기를 나누어 본다. 토의 활동을 할 때에는 어느 한 구성원이 토의를 독점하지 않도록 지도한다. 학생들은 자신의 의견과 다른 사람의 의견을 비교하면서 글에 대한 이해를 높여가도록 한다.

(4) 도해 조직자 활동

도해 조직자(graphic organizer) 활동은 글을 읽고, 글의 구조에 주목하여 글의 내용을 시각적으로 재현해 내는 활동이다. 글에는 글의 내용을 담는 구조가 있다. 글의 구조를 반영하여 몇 가지 도해 조직자를 만들 수 있다. 아래 그림은 설명체 글(expository text)과 서사체 글(narrative text)의 구조를 활용한 도해 조직자의 사례이다(천경록·조용구, 2013: 49~50).

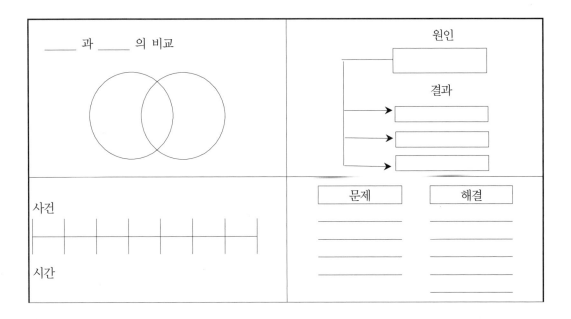

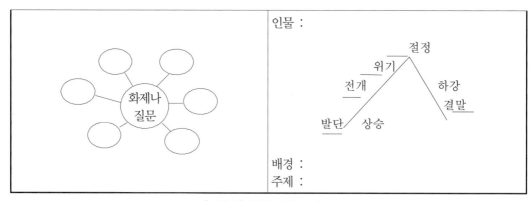

[그림 2] 도해 조직자 예시

(5) 다양한 독서 반응 형성 활동

학생들에게 글을 읽고 난 후에 다양한 유형의 반응을 권장할 필요가 있다. 여기에는 쓰기 반응, 연극적 반응, 음성 언어 반응(oral response), 시각적 반응(미술적 반응) 등을 생각할 수 있다.

쓰기 반응(written response)에는 개인적으로 떠오른 내용을 글로 쓰기, 다시 이야기하기를 위한 지도(map) 만들기, 질문을 적기, 중요한 생각을 목록화하기, 비평문 쓰기 등의 활동이 있다. 쓰기 반응은 어린이들로 하여금 자신들이 읽은 텍스트를 다시 돌아보게 하고, 자신들의 생각과 이해를 재구성하도록 한다. 쓰기 반응은 어린이들로 하여금 자신들의 사고를 발전시키도록 한다.

연극적 반응(dramatic response)에는 장면을 재연하기, 인형극하기 등의 활동이 있다. 연극적 반응은 앎의 다른 방식이다. 어린이들이 청중을 위해 자신이 읽은 것을 맥락에 맞게 재구성하고 자신의 언어로 표현할 때, 글의 내용을 능동적으로 해석할 수 있게 된다.

음성 언어 반응(oral response)에는 글에 대하여 말하는 음성 언어 반응을 말한다. 학생들은 구두 반응을 통해 모든 독해 전략을 학습한다. 구두 반응은 어린이들이 느낌을 분명히 표현하고, 자신과 교사를 위해 이해한 것을 명확히 말하며, 다른 사람의 해석과 생각을 들음으로써 지식을 쌓도록 한다. 앞에서 설명한 토의 활동도 구두 반응에 속한다.

시각적 반응은 글의 내용에 대해 시각적으로 재구성하여 반응을 형성하는 것을 말한다. 예를 들어, 글의 장면에 대하여 상상하여 그림으로 그리기, 독후 감상화 그리기, 협동하여 글의 내용을 그림으로 그리기 등과 같은 활동을 할 수 있다. 앞에서 설명한 도해 조직자 활동도 시각적 반응에 속한다.

(6) SQ3R

SQ3R은 로빈슨(Robinson, 1970)이라는 학자가 읽기와 관련된 기능이나 전략들을 결합하여 학습 시스템으로 개발된 것이다. 이후 단계를 여러 가지로 변형한 방법이 등장하기도 하였지만 가장 고전적인 방법은 다음과 같은 다섯 단계로 진행된다.

- 개관하기(Survey) : 학생들은 읽어야 할 텍스트나 책을 훑어본다. 책이나 텍스트의 제목, 부제목, 목차, 그림, 앞뒤표지 등을 훑어보면서 책의 내용과 관련된 자신의 배경지식이나 경험을 떠 올린다.
- 질문하기(Question) : 학생들은 책의 제목이나 목차, 그림, 그래프 등과 같은 단서를 토대로 질문을 생성한다. 예를 들어, '이 책의 주인공은 누구일까? 이 책은 어떤 내용을 담고 있을까? 이 책의 종류는 무엇일까? 어떤 결론을 내릴 것인가?'와 같은 질문을 생성할 수 있다.
- 읽기(Read) : 학생들은 자신의 염두에 둔 질문에 대한 답을 찾으며 텍스트를 꼼꼼하게 읽어 나간다. 답은 책이나 텍스트에 직접 나타나 있을 수도 있고, 책에 암시되어 있을 수도 있다. 아니면 책에는 답이 없고 자신의 배경 지식을 통해 답을 찾아야 하는 경우도 있다.
- 암송하기(Recite) : 제기한 질문의 답에 해당하는 정보나 학습과 관련하여 중요한 정보를 기억하기 위한 활동이다. 핵심어를 반복해서 소리 내어 읽거나 밑줄을 긋거나 메모를 하는 행위는 기억을 돕는다.
- 다시살펴보기(Review) : 학생들은 다시 텍스트로 돌아가서 필요한 부분, 미심쩍거나 잘 이해되지 않은 부분을 다시 살펴볼 수 있다. 이 때 텍스트를 꼼꼼히 읽거나 관련된 그래프나 사진 등을 다시 살펴볼 수 있다. 다시 살펴보기는 하루나 혹은 수일 내에 할 수 있고, 반복할 수 있다.

SQ3R 활동은 과정 중심 읽기 이론에도 부합된다. 과정 중심 읽기 이론은 결과 중심 읽기 이론에 대비되는데 읽기 과정을 읽기 전 단계, 읽는 도중 단계, 읽은 후 단계로 구분하여 접근한다. '개관하기'와 '질문하기'는 읽기 전 단계에, '읽기'는 읽는 도중 단계에, '암송하기'와 '다시살펴보기'는 읽기 후 단계 활동에 해당한다.

SQ3R 활동은 과학과나 사회과와 같은 내용교과의 학습읽기에서 광범위하게 효과가 있음이 밝혀졌다. 국어과 읽기 지도에서도 학생들이 내용교과 학습에 전이(轉移)시킬 수 있도록 할 필요가 있다.

제 4 장

쓰기 교육의 이해

1. 쓰기 교육의 중요성

글쓰기는 필자가 의미를 구성하는 행위이다. 흔히 글쓰기는 자신의 생각이나 감정, 정서를 문자로 나타내는 행위로 정의하지만, 여기서 주의해야 할 점은 글쓰기가 무엇을 단순히 문자로 표출하는 행위가 아니라 의미를 만들어 가는 행위라는 점이다(신헌재 외, 2009). 글쓰기는 일련의 문제 상황을 접하고 이 상황에서 문제를 해결하는 의미 구성 행위이다. 필자는 글을 쓰는 과정에서 새로운 지식을 떠올리고, 기존의 지식을 바꾸고, 지식을 정교화하며 나름대로 새롭게 만들기도 한다. 쓰기는 필자가 지식을 만들어 가는 과정이며 의미를 구성해 가는 행위라고 할 때, 쓰기는 다음과 같은 점에서 그 중요성을 지니고 있다.

첫째, 쓰기는 의사소통 행위이다. 글이란 기본적으로 다른 사람과의 의사소통을 위한 것이다. 우리는 여러 방식으로 다른 사람과 의사소통을 한다. 말로 하기도 하고 노래나 춤, 그림으로 하기도 한다. 이 중에서 글쓰기는 말과 함께 가장 보편적인 의사소통 수단이면서 가장 중요한 의사소통 방식이라 할 수 있다.

둘째, 쓰기는 독자와의 상호작용 행위이다. 과거에는 필자(작자)가 글을 쓰고 독자가 이것을 정확하게 받아들이는 것으로 쓰기 행위를 규정했다. 그러나 최근 들어서는 필자와 독자 간의 일방적인 관계가 아니라 상호작용 관계로 글쓰기 행위의 본질을 규정하고 있다. 즉, 글을 쓸 때 필자는 독자가 자기가 쓴 것을 나름대로 해석할 것을 전제로 하는데, 이 점 때문에 필자는 글을 쓰는 과정에서 독자의 관점이나 지식, 배경 등에 좀 더 관심을 갖게 된다. 독자를 충분하게 고려하지 않은 글은 좋은 글이 되기 어렵다. 필자가 글을 쓰는 과정에서 독자를 고려함으로써 애초에 쓰고자 했던 것을 수정, 조정하게 되는데, 이 점에서 쓰기란 독자와의 끊임없이 만나는 행위라 할 수 있다.

셋째, 쓰기는 사고 행위이다. 쓰기와 사고 간의 관계는 뗄 수 없는 관계이다. 쓰기를 통해 필자가의 사고력이 길러지며, 반대로 사고력이 높은 필자가 글쓰기를 잘 한다. 글쓰기는 학생의 사고력을 계발하는 데 효과적인 수단이 된다. 학생은 주어진 문제 상황, 다시 말해 쓰기 과제, 글을 써야 하는 목적, 글을 읽을 독자, 상황 등을 고려하여 자신의 생각을 조직, 분석, 정리, 표현하는 과정에서 높은 수준의 사고를 기를 수 있다.

넷째, 쓰기는 문자를 전제로 한 행위이다. 문자가 없는 상황에서 쓰기는 존재하기 어렵다. 여기에서 문자는 글자를 말한다. 기본적으로 미술이나 음악 영역에서도 나름대로의 기호 체계를 바탕으로 그 행위가 이루어지지만 글쓰기처럼 문자를 전제로 한 행위는 아니다. 이점에서 글쓰기는 음악이나 미술, 영화나 비디오, 그리고 발화 행위와는 구별된다.

다섯째, 쓰기는 다른 언어 기능들과 긴밀한 관계를 맺고 있다. 인간은 태어나면서부터 듣기를 하고 이후에 말하기, 읽기, 쓰기를 배우게 된다. 이 언어 기능들은 서로 다른 기능들에 영향을 주고받으면서 발달된다. 필자가 글을 쓰는 과정에서 다른 사람이 쓴 책이나 자료를 읽기도 하고, 자신의 글에 대해 다른 사람과 협의하기도 한다.

여섯째, 쓰기는 문화를 유지하고 발전시키는 데 기여한다. 어떤 문화든 글쓰기라는 행위를 통해 유지되고 발전된다. 선조들의 훌륭한 문화는 글을 통해 후손에게 전달되고, 후손들은 이를 더욱 발전시켜 그 후손에게 글로 전달한다. 문자가 없는 나라에서는 문화의 유지와 발전이 매우 어려운 것은 이 때문이다.

지금까지 살펴본 쓰기의 성격에 비추어 보았을 때, 쓰기의 중요성은 자명해진다. 글쓰기는 우리의 일상생활에서 없어서는 안 되는 의사소통의 도구이고, 현대인이 갖추어야 할 고등 사고력을 계발하는 데 효과적이다. 또한, 글쓰기는 학습의 주요 수단이 된다. 어떤 교과이든 글쓰기 행위를 통해 해당 교과의 학습을 하게 된다. 그 교과에서 생성된 지식을 나름대로 정리하고 기록해 두는 수단으로서도 글쓰기를 활용하지만, 글쓰기 행위 자체가 그 교과의 지식을 만들어 가는 행위라고 할 수 있다. 이점에서 글쓰기는 모든 교과 학습의 기초가 된다. 그리고 글쓰기는 다른 언어 기능 발달에 도움이 된다. 다양한 글쓰기 활동은 듣기나 말하기, 읽기 능력을 증진하는 데 도움이 된다. 이밖에도 글쓰기는 문제 해결 능력을 증진하는 데 도움이 된다는 점, 정서를 함양하는 수단이 된다는 점, 우리의 문화를 유지하고 발전시키는 주요한 수단이 된다는 점에서 매우 중요한 행위이다.

2. 쓰기 교육의 특성

교사가 학생의 글쓰기를 지도할 때 몇 가지 원칙을 견지할 필요가 있다는 점에서 살펴볼 수 있다.

첫째, 과정 중심의 글쓰기 지도가 필요하다. 교사가 학생이 완성해 놓은 글의 오류를 지적해 주거나 좋은 글을 모방하게 하는 식의 결과 중심 방법만으로는 학생들의 글쓰기 능력을 증진시키기 어렵다. 일련의 글쓰기 과정을 크게 계획하기, 내용 생성하기, 조직하기, 표현하기, 고쳐쓰기 등으로 나눌 때 각 과정별로 글쓰기를 지도하는 것이 필요하다. 교사가 학생에게 한 편의 글을 쓰게 할 때, 이러한 과정을 두루 거치면서 쓸 수 있도록 지도해야 한다.

둘째, 구체적인 글쓰기 방법을 가르쳐 주어야 한다. 맹목적으로 훈련을 하게 한다고 해서 학생이 글을 잘 쓰게 되는 것은 아니다. 교사가 글쓰기 수업을 하는 것은 좀 더 효과적으로 학생들의 글쓰기 능력을 증진하기 위함이다. 따라서 교사는 학생들에게 글을 쓰는 구체적인 방법을 가르쳐 주어야 한다. 즉, 글을 쓰기에 앞서 계획하는 방법, 쓰기 과제에 따라 내용을 생성하는 방법과 조직하는 방법, 초고를 쓰는 방법, 고쳐쓰는 방법 등을 구체적으로 지도해야 한다.

셋째, 쓰기 교육 내용은 글의 내용 자체보다는 방법에 초점을 두어야 한다. 예를 들어, 글쓰기 수업 시간에 '부모님께 효도하자'라는 내용의 글을 쓰게 할 때, 부모님께 효도해야 한다는 내용을 내면화 하는 데 주된 목적을 두지 말고 학생들에게 글을 쓰는 방법을 가르쳐 주어야 한다. 만약 도덕 시간에 이 내용으로 글을 쓰는 경우라면, 글쓰기 활동이 부모님께 효도하는 마음을 갖게 하는 데 그 목적을 둘 수 있다. 하지만 글쓰기 수업 시간에는 글을 쓰는 방법을 배우는 시간(learn to write)임을 분명히 해야 한다. 다른 교과 시간이나 학교 상황에서는 글쓰기를 통해 학습 하는 데(write to learn) 초점이 있기 때문에 '내용'을 강조해야 할 것이다.

넷째, 범교과적인 글쓰기 지도(writing across the curriculum)를 강조해야 한다. 글쓰기 수업 시간에만 글쓰기 능력을 증진하기 위한 지도를 한다면 시간도 부족하고 효과도 크지 않을 수 있다. 다른 교과에서는 그 교과의 특성에 맞게 '부분적으로' 글쓰기 능력 증진을 위한 활동을 해야 한다. 예를 들어, 과학 시간에 개구리 한살이에 대한 글을 쓰게 할 때, 이 경우 개구리 한살이에 대한 공부를 위한 수단으로 글쓰기 활동을 하는 것이지만, 이 때에도 부분적으로 과학적인 내용의 설명문 쓰기 지도를 해야 한다. 물론 글쓰기 수업 시간에도 다른 교과 학습에 필요한 글쓰기 유형을 인식하고 그 교과 학습을 촉진하기 위한 글쓰기 능력을 길러주는 데에도 관심을 가져야 한다.

다섯째, 학생들의 개인차를 고려해 지도해야 한다. 학생마다 글쓰기 능력이나 글쓰기에 대한 흥미 면에서 차이가 있다. 이 점을 고려하지 않으면 수업의 효과를 기대하기 어렵고, 자칫 글쓰기에 대한 학생의 흥미를 잃게 만들 수도 있다. 예를 들어, 아이디어를 생성하는 능력을 증진하기 위한 수업을 할 때, 글의 화제를 제한할 필요는 없다. 스포츠에 관심이 있는 학생이면 스포츠를 화제로 글을 쓰는 과정에서 아이디어 생성 전략을 배우면 되고, 노래에 관심이 많은 학생이면 노래를 화제로 아이디어 생성 전략을 배우면 된다. 학생들에게 하나의 화제만을 제시하여 강요할 필요는 없다.

여섯째, 목표 중심의 수업을 전개해야 한다. 보통 글쓰기 수업 시간이 되면 무조건 한 편의 글을 쓰게 하는 데에만 초점을 두는 경우가 있다. 이번 시간에 무엇에 초점을 두어 가르쳐야 하는지를 생각하지 않고 수업을 전개하는 것은 문제이다. 교사가 일련의 글쓰기 과정에서 필요한 전략들을 한 시간 내에 모두 가르칠 수는 없다. 한 편의 글을 쓰는 경우라 하더라도 쓰기 수업에서 도달하고자 하는 목표에 무게 중심을 두고 교사는 수업을 전개해야 한다.

일곱째, 고쳐쓰기 활동을 강조해야 한다. 글쓰기는 많은 인지적 부하를 요하는 작업이다. 나이가 어리거나 글쓰기 경험이 부족한 학생일수록 글쓰기를 부담스러워하는 것은 이 때문이다. 고쳐쓰기 활동은 글쓰기에 대한 인지적 부하를 감소시키는 데 효과적이므로 이 활동을 강조함으로써 학생들의 인지적 부하를 낮출 수 있다.

여덟째, 동료 간의 협의 활동을 강조해야 한다. 글쓰기 시간에 동료는 실제 독자이며 필자이다. 학생들이 글을 쓸 때 예상 독자를 고려하지만, 초등학생은 독자를 예상하기가 쉽지 않다. 따라서 동료에게 쓰기 과정에서 나오는 결과에 대하여 협의함으로써 실제적 독자의 반응을 확인할 수 있다. 또한, 글쓰기 시간의 동료는 자신과 비슷한 상황에 놓여 있는 필자이다. 따라서 이 필자와 서로 협의함으로써 배움을 서로 주고받을 수 있다.

3. 쓰기 교육 내용

2015 개정 교육과정에 따른 쓰기 영역의 내용 체계 및 학년군 지도 내용은 다음과 같다.

가. [쓰기] 내용 체계

핵심 개념	일반화된 지식	학년(군)별 내용 요소			기능
		초등학교			
		1~2학년	3~4학년	5~6학년	
▶ 쓰기의 본질	쓰기는 쓰기 과정에서의 문제를 해결하며 의미를 구성하고 사회적으로 소통하는 행위이다.			• 의미 구성 과정	• 맥락 이해하기 • 독자 분석하기 • 아이디어 생산하기 • 글 구성하기 • 자료 · 매체 활용하기 • 표현하기 • 고쳐쓰기 • 독자와 교류하기 • 점검 · 조정하기
▶ 목적에 따른 글의 유형 • 정보 전달 • 설득 • 친교 · 정서 표현 ▶ 쓰기와 매체	의사소통의 목적, 매체 등에 따라 다양한 글 유형이 있으며, 유형에 따라 쓰기의 초점과 방법이 다르다.	• 주변 소재에 대한 글 • 겪은 일을 표현하는 글	• 의견을 표현하는 글 • 마음을 표현하는 글	• 설명하는 글 [목적과 대상, 형식과 자료] • 주장하는 글 [적절한 근거와 표현] • 체험에 대한 감상을 표현한 글	
▶ 쓰기의 구성 요소 • 필자 · 글 · 맥락 ▶ 쓰기의 과정 ▶ 쓰기의 전략 • 과정별 전략 • 상위 인지 전략	필자는 다양한 쓰기 맥락에서 쓰기 과정에 따라 적절한 전략을 사용하여 글을 쓴다.	• 글자 쓰기 • 문장 쓰기	• 문단 쓰기 • 시간의 흐름에 따른 조직 • 독자 고려	• 목적 · 주제를 고려한 내용과 매체 선정	
▶ 쓰기의 태도 • 쓰기 흥미 • 쓰기 윤리 • 쓰기의 생활화	쓰기의 가치를 인식하고 쓰기 윤리를 지키며 즐겨 쓸 때 쓰기를 효과적으로 수행할 수 있다.	• 쓰기에 대한 흥미	• 쓰기에 대한 자신감	• 독자의 존중과 배려	

나. [쓰기] 학년별 지도 내용

쓰기 영역의 교육 내용은 한글을 깨치고 자신의 생각이나 학습 결과를 문자로 표현하는 기초적인 쓰기 능력을 갖추고, 쓰기에 자신감을 갖고 쓴 글을 다른 사람과 나누는 태도를 기르며, 목적과 내용에 맞게 다양한 종류의 글을 쓰는 능력을 갖추고 독자를 존중하고 배려하면서 쓰는 능력과 태도를 기르는 데 목적이 있다.

쓰기 영역의 교육 내용은 몇 가지를 고려하여 성취기준을 제시하였다. 첫째, 학습자의 발달 수준을 고려하여 성취기준을 배치하였다. 둘째, 다양한 글 유형을 경험하도록 하기 위해 정보 전달, 설득, 친교 및 정서표현에 해당하는 성취기준을 반복적으로 제시하였다. 셋째, 매체 관련 학습 내용을 조정하였다. 넷째, 학습자의 정서적 경험을 고려하여 학습 부담을 줄이고, 학습에 대한 흥미와 즐거움을 고려하여 선정, 조직하였다.(김창원 외, 2015:117~129)

쓰기 영역의 학년별 지도 내용은 다음과 같다.

(1) 1~2학년 성취기준 및 성취기준 해설

[2국03-01] 글자를 바르게 쓴다.
[2국03-02] 자신의 생각을 문장으로 표현한다.
[2국03-03] 주변의 사람이나 사물에 대해 짧은 글을 쓴다.
[2국03-04] 인상 깊었던 일이나 겪은 일에 대한 생각이나 느낌을 쓴다.
[2국03-05] 쓰기에 흥미를 가지고 즐겨 쓰는 태도를 지닌다.

• [2국03-01] 이 성취기준은 바른 자세로 글자를 정확하게 쓰는 습관을 기르기 위해 설정하였다. 바른 자세로 글씨 쓰기에는 바르게 앉아 쓰기, 연필 바르게 잡기, 낱자의 모양이나 간격 등을 고려하여 글씨 바르게 쓰기가 포함된다. 글자를 정확하게 쓰기 위해서는 짜임과 필순에 맞게 낱자를 쓰게 한다. 글자의 복잡성 정도를 고려하여 처음에는 받침이 없는 간단한 글자부터 시작하여 점차 받침이 있는 복잡한 글자를 쓸 수 있게 한다.

• [2국03-02] 이 성취기준은 문장 구성 능력을 기르기 위해 설정하였다. 문장은 글을 구성하는 기본이다. 글을 잘 쓰려면 먼저 자신의 생각을 정확하게 문장으로 표현할 수 있어야 한다. 한두 문장으로 짤막하게 자신의 생각이나 느낌을 표현하되, 마침표, 물음표, 느낌표 등의 문장 부호를 사용하여 자신의 생각을 문장으로 정확하게 구성하는 기본 능력을 기르도록 지도한다. 또한 꾸며

주는 말을 넣어 자신의 생각과 느낌을 구체적으로 표현하도록 지도한다.

- [2국03–03] 이 성취기준은 자신의 주변에서 소재를 찾아 글로 표현하는 능력을 기르기 위해 설정하였다. 자신의 주변에 있는 사람이나 사물에 관심을 가지고 그 특징이 드러나도록 짧은 글로 나타내 보게 한다.

(2) 3~4학년 성취기준 및 성취기준 해설

[4국03–01] 중심 문장과 뒷받침 문장을 갖추어 문단을 쓴다.
[4국03–02] 시간의 흐름에 따라 사건이나 행동이 드러나게 글을 쓴다.
[4국03–03] 관심 있는 주제에 대해 자신의 의견이 드러나게 글을 쓴다.
[4국03–04] 읽는 이를 고려하며 자신의 마음을 표현하는 글을 쓴다.
[4국03–05] 쓰기에 자신감을 갖고 자신의 글을 적극적으로 나누는 태도를 지닌다.

- [4국03–03] 이 성취기준은 어떤 대상이나 사실에 대해 자신의 의견을 밝히는 글을 쓰는 과정에서 생각을 구체화·명료화·정교화하여 제시하는 능력을 기르기 위해 설정하였다. 주변 현상에 대해 관심 갖기의 중요성을 일깨우고, 주장이 무엇이고 주장을 할 때에는 어떤 점에 주의해야 하는지를 기초적인 수준에서 다루도록 한다. 그리고 주장을 뒷받침하는 근거를 들어 자신의 의견이 뚜렷하게 드러나는 주장하는 글을 쓰게 한다.

- [4국03–04] 이 성취기준은 읽는 이의 흥미나 관심, 입장, 반응 등을 고려하여 글을 쓰는 자세를 기르기 위해 설정하였다. 글은 글쓴이와 읽는 이가 만나는 공간이다. 글을 통해 다른 사람과 소통하려면 읽는 이의 흥미나 관심, 입장, 반응 등을 고려하여 글을 써야 한다. 친구, 부모님, 선생님, 이웃 등 주위 사람을 대상으로 하여 고마움, 미안함, 기쁨, 슬픔, 사랑, 우정, 고민 등 자신의 정서와 감정을 표현하는 글을 쓰는 경험을 통해 읽는 이를 고려하여 쓸 내용을 마련하거나 적절한 표현을 할 수 있는 능력을 기르도록 한다.

(3) 5~6학년 성취기준 및 성취기준 해설

[6국03-01] 쓰기는 절차에 따라 의미를 구성하고 표현하는 과정임을 이해하고 글을 쓴다.
[6국03-02] 목적이나 주제에 따라 알맞은 내용과 매체를 선정하여 글을 쓴다.
[6국03-03] 목적이나 대상에 따라 알맞은 형식과 자료를 사용하여 설명하는 글을 쓴다.
[6국03-04] 적절한 근거와 알맞은 표현을 사용하여 주장하는 글을 쓴다.
[6국03-05] 체험한 일에 대한 감상이 드러나게 글을 쓴다.
[6국03-06] 독자를 존중하고 배려하며 글을 쓰는 태도를 지닌다.

• [6국03-02] 이 성취기준은 글을 쓰기 전에 글을 쓰는 목적, 주제 등과 관련된 문제를 탐색하고 쓰는 자세를 기르기 위해 설정하였다. 글의 목적, 주제 등을 고려하는 것은 글의 내용을 마련하는 과정에 영향을 미친다. 글을 쓸 때 글의 목적이나 주제를 고려해야 하는 이유를 이해하고, 글의 목적이나 주제를 정한 다음 그것에 따라 내용을 생성하고 선정하는 방법을 익힌 후 글을 쓸 수 있도록 한다. 또한 글의 목적이나 주제에 따라 선정할 수 있는 매체가 달라질 수 있음을 이해하도록 한다. 예컨대 친교를 목적으로 글을 쓸 때에는 편지나 전자 우편을 이용할 수 있고, 단체에 정보를 제공할 때에는 인터넷 게시판을 이용할 수 있으며, 간단한 정보를 전달할 때에는 문자 메시지를 이용할 수도 있다.

• [6국03-04] 이 성취기준은 주장하는 글 쓰기의 능력을 기르기 위해 설정하였다. 주장하는 글 쓰기의 중요성과 특성, 주장하는 글의 조직 방식, 주장하는 글의 특징에 따른 표현 방법에 대해 학습하게 한다. 특히 주장과 근거의 개념, 주장과 근거의 관계 등을 알고 이를 적절히 활용할 수 있게 한다. 그리고 주장하는 글을 쓸 때 알맞은 표현에 관심을 갖게 하며 특히 주관적 표현이나 단정적인 표현, 모호한 표현 등을 사용하지 않도록 한다.

• [6국03-06] 이 성취기준은 읽는 이를 존중하고 배려하며 글을 쓰는 자세를 기르기 위해 설정하였다. 편지나 문자 메시지를 받고 감동했던 경험, 불쾌했던 경험에 대해 이야기해 보고, 또래나 자신의 주변 사람을 정하고 그 사람의 상황과 처지를 이해하여 적절하게 조언하는 글을 쓰게 한다. 격식에 맞지 않는 표현이나 속어, 비어 등 부정적인 표현이 드러난 글을 제시하여 적절하게 고쳐 써 볼 수도 있다. 긍정적인 언어 표현의 효과에 대해 이해하고, 타인에게 상처를 주는 언어 표현에 대해 비판할 줄 알며 타인을 존중하고 배려하며 글을 쓰는 태도를 기르는 데 중점을 두도록 한다.

4. 과정중심 쓰기 지도의 개념과 유의점

가. 과정 중심 쓰기 지도의 개념

글쓰기 지도 방법은 크게 결과 중심의 방법과 과정 중심의 방법으로 나눌 수 있다. 결과 중심 접근법(product-oriented approach)은 결과 자체를 강조하여 학생에게 모범적인 글을 제시하고 쓴 글에 대해 교사가 주로 논평해 주는 방식을 통해 학생의 글쓰기 능력을 신장시키는 방법이다. 반면에, 과정 중심 접근법(process-oriented approach)은 일련의 글쓰기 과정인 계획하기, 내용 생성하기, 조직하기, 표현하기, 고쳐쓰기 과정에서 학생들이 필요로 하는 기능이나 전략을 직접 가르침으로써 학생들의 글쓰기 능력을 신장시키는 방법이다. 과정 중심 쓰기 교육을 조작적으로 정리하면 다음과 같다(이재승, 2002).

> 과정 중심의 쓰기 교육은 쓰기를 역동적인 의미 구성 행위로 파악하면서, 내용을 생성하고 조직, 표현, 수정하는 일련의 쓰기 과정에서 교사가 역동적으로 개입하여 학생들의 작문 능력과 문제 해결 능력을 촉진하고자 하는 쓰기 교육의 방법에 대한 하나의 관점이자 접근 방식을 말한다.

결과 중심 접근에서는 주제를 제시해 한 편의 글을 쓰게 한 다음, 다 쓴 글에서 잘못된 점을 교사가 지적해 주는 활동이 주류를 이룬다. 대체로 정확성을 강조하고, 문법이나 수사학적 기법을 강조한다. 또한 모방을 강조하는 경우가 많다. 모범적인 글을 제시하고, 반복적인 연습을 통해 이를 자기 것으로 만들게 하는 방법이 결과 중심 접근의 주된 방법이다. 여기에서 교사는 주로 점검자 또는 평가자의 입장을 취한다.

여기에 비해 과정 중심 접근은 쓰기 과정, 즉 아이디어를 생성하고 조직, 표현, 고쳐 쓰기 과정을 강조한다. 필자의 자기 점검과 조정하기도 강조한다. 무엇보다 과정 중심 접근에서는 쓰기 행위를 일종의 문제 해결 행위로 간주하기 때문에 일련의 과정에서 학생들 각자가 문제를 접하고 이를 효과적으로 해결해 나가게 하는 데 초점을 둔다. 일련의 쓰기 과정에서 회귀성을 강조하여 필요한 경우에는 얼마든지 되돌아 갈 수 있도록 한다. 친구들이나 교사와 협의를 하기도 하고, 협동을 통해 공동 작품을 완성해 가기도 한다. 교사는 결과 중심 접근에서처럼 평가자가 아니라 '참여자', '조력자', '안내자'로서 일련의 쓰기 과정에 역동적으로 개입하여 학생들을 적절히 안내해 줌으로써 학생들의 글쓰기 활동을 촉진한다.

과정 중심 접근이 쓰기 교육에 시사하는 교육적 의의는 다음과 같다.

첫째, 구체적인 글쓰기 방법을 가르칠 수 있다. 결과 중심 접근에서 교사는 점검자와 평가자의 역할을 한다. 학생들에게 쓰기 과제를 제시해 주고, 한 편의 글을 완성한 다음에 그 글을 점검, 평가하는 일을 주로 담당하게 된다. 하지만, 과정 중심 접근에서는 교사가 학생들의 학습 과정에 역동적으로 참여하고, 학생들이 필자로서의 책임을 다 할 수 있도록 도와주는 안내자의 역할을 수행하며 글쓰기 방법을 가르친다.

둘째, 학생 개개인에 대한 정보를 좀 더 풍부하게 얻을 수 있다. 교사는 개인별로 아이디어를 생성하는 과정이나, 다른 친구들과 협의하는 것을 지켜보면서, 학생들 각자가 어떤 면에 장점을 보이고, 어떤 면에 단점을 지니는지를 구체적으로 알 수 있다. 이를 통해 학생들 각자에게 맞는 내용과 방식을 제공할 가능성이 높다.

셋째, 쓰기에 대한 학생의 부담을 줄일 수 있다. 과정 중심의 접근에서는 매시간 한 편의 완벽한 글을 써야 한다는 부담을 주지 않는다. 때로는 한 시간 내내 아이디어를 생성하는 활동만 할 수 있다. 그리고 구두법이나 철자의 정확성은 최종 단계에서나 요구하기 때문에, 이런 것에 대한 부담을 그만큼 줄일 수 있다. 과정 중심의 접근을 통해 학생들은 좀더 자유롭게 글을 쓸 수 있는 여지를 많이 가진다.

넷째, 학생들이 서로 도움을 주고받는 기쁨을 만끽할 수 있다. 과정 중심 접근을 취하면 진정한 의미의 협동 학습이 가능해진다. 과정 중심 접근에서는 협동적인 쓰기, 또는 다른 사람과의 상담, 협의 등을 강조하는데, 이를 통해서 다른 사람의 장점과 단점을 알게 되므로 서로 쓰기 행위를 북돋아 주거나 때로는 잘못을 지적해 주는 등, 서로 배우고 가르치는 활동을 할 수 있기 때문이다.

나. 과정 중심 쓰기 지도 시 유의점

과정 중심의 쓰기 교육은 여러 면에서 결과 중심의 접근법보다는 바람직하고 효과적이다. 하지만 자칫 잘못 실시하며 오히려 나쁜 영향을 끼칠 수도 있다. 과정 중심의 쓰기 교육을 실시할 때에는 특히 다음과 같은 짐에 유의해야 한다.

① 모든 경우에 과정 중심 접근법이 효과적이라고 말할 수는 없다. 대체로 글쓰기 각 과정에서 필요로 하는 개개의 기능이나 전략을 가르칠 때나 이들 개개의 기능이나 전략을 활용하여 한 편의 글을 쓰게 할 때 과정 중심 접근을 강조할 필요가 있다. 특히 개념이나 지식을 익힐 때에는 굳이 과정 중심 접근을 취할 필요는 없을 것이다.

② 과정을 강조한다고 해서 결과(글)을 무시해서는 안 된다. 과정 중심 접근은 일차적으로 좋은 글을 쓰는 데 목적이 있음을 알아야 한다. 따라서 과정 중심 접근과 결과 중심 접근의 조화로운 접근이 필요하다.

③ 쓰기의 각 과정을 엄격히 구획화 하는 것은 바람직하지 않다. 쓰기 전, 쓰기, 쓰기 후로 나누거나 내용 생성, 조직, 표현, 고쳐쓰기 등으로 나눈 후에 이들을 엄격하게 구분하여 지도하는 것은 바람직하지 않다. 이들 간의 연계성을 강조해야 한다. 한 편을 글을 쓸 때는 각각의 과정들이 동시 다발적으로 작동한다. 마찬가지로, 무조건 글쓰기 과정 순서대로 나아가게 하는 것은 바람직하지 않다. 글쓰기 과정의 회귀성을 강조해야 한다. 내용을 조직하는 과정에서 생성을 할 수도 있고, 교정하는 과정에서 아이디어를 생성할 수도 있다.

④ 각 과정에서 주로 하는 활동을 그 과정에만 해야 한다고 생각하는 것은 잘못이다. 예를 들어 브레인스토밍이나 마인드맵 같은 것은 주로 내용을 생성하고 조직하는 단계에서 많이 활용되지만, 경우에 따라서는 초고를 쓸 때나 교정을 할 때 활용될 수도 있다.

⑤ 단순히 과정만 거치게 해서는 안 된다. 각각의 과정에서 학생들이 필요로 하는 기능이나 전략을 가르쳐 주어야 한다. 단순히 과정만 거쳤다고 해서 글을 잘 쓸 수 있는 것이 아니라는 점을 염두에 두어야 한다. 절차만 있고 내용은 없는 결과를 초래해서는 안될 것이다. 교과서를 보면 쓰기 과정을 거치게는 되어 있는 것이 많은데, 각 과정에서 필요한 전략을 구체적으로 배우게 하는 데에 대한 고려는 거의 없다. 각각의 전략을 충분히 가르치고 이들 전략을 활용하여 한 편의 글을 쓰는 것을 명시적으로 가르쳐 주어야 한다.

⑥ 부분과 전체의 조화를 생각해야 한다. 여기에서 부분이라고 하는 것은 개별 전략을 말하고, 전체란 개별 전략을 활용하여 한 편의 글을 잘 쓰는 것이다. 개별 전략만 강조하다 보면 이를 활용하여 한 편의 글을 쓰기가 어렵고, 전체만 강조하다보면 개개의 전략을 제대로 가르치기 어렵다. 대체로 앞 부분에서는 개별적인 전략을 가르쳐주는 데 초점을 두고 뒤쪽으로 갈수록 이들 개별 전략을 활용하여 한 편의 글을 쓰는 것을 강조한다.

⑦ 부분과 전체의 연결 원리를 강조한다. 즉, 개개의 전략을 가르칠 때에는 이들 개개의 전략이 어떻게 실제로 한 편의 글을 쓰는 데 작용하는지를 강조하고, 한 편의 글을 쓰게 할 때에는 이 과정에서 개개의 전략을 어떻게 가르칠 것인지에 관심을 갖는다.

⑧ 활동 위주로 끝나버릴 우려가 있다. 과정 중심 접근에서는 얼른 떠올리기나 생각그물 만들기 등을 흔히 한다. 하지만 이들 활동이 실제 쓰기에 도움이 되지 못하는 경우가 많이 있다. 이른바 활동은 있으나 학습은 없는 결과를 초래해서는 안 될 것이다. 이들 활동을 하되, 그 활동이 실제로

한 편의 글을 쓰는 데 도움이 되는지를 생각해야 한다.

⑨ 초인지 측면을 강조하는 것이 좋다. 일련의 글쓰기 과정에서 자기가 제대로 쓰고 있는지, 전략을 제대로 활용하고 있는지 등을 계속적으로 점검하고 통제하는 태도와 능력을 갖추는 것이 중요하다. 또한 일련의 글쓰기 과정에서 친구들과의 협의 또는 상호작용을 강조해야 한다. 글은 혼자서 쓰는 과정이 아니기 때문이다.

5. 쓰기 교육 방법

일련의 글쓰기 과정은 크게 쓰기의 계획하기, 내용 생성하기, 내용 조직하기, 표현하기, 고쳐쓰기, 조정하기로 나눌 수 있다. 여기에서는 각 과정별 쓰기 지도 방법을 기술하겠다.

가. 계획하기 지도

계획하기는 말 그대로 글을 쓰기 전에 글을 쓸 준비를 하는 활동을 말한다. 글쓰기 과제를 분석하고, 글을 쓰는 목적이 무엇인지, 자신이 쓴 글의 독자는 누구인지 등을 생각하는 활동이다. 일반적으로 미숙한 필자는 곧바로 글을 쓰는 경향이 있으나 능숙한 필자는 계획을 하는 데 상대적으로 많은 시간을 가진다.

계획하기 활동이 활발하게 이루어지기 위해서는 주제, 목적, 독자, 상황이 뚜렷이 나타난 쓰기 과제를 제시해야 한다. 예를 들어, '실의에 빠진 친구를 위로하는 글을 써보자.'라고 하면, 여기에는 글을 쓰는 목적과 독자, 그리고 글을 써야 하는 상황이 있게 된다. 이 경우에 독자에 대한 분석이 필요한데, 무엇 때문에 실의에 빠졌는지, 평소 이 친구는 어떤 것을 좋아하는지 등을 분석하는 활동이 이루어질 수 있다. 쓰기 과제를 제시할 때에는 구체적인 상황이 전제된 것이 좋고, 학생들의 실제 삶과 직결된 것, 학생들의 흥미를 불러일으킬 수 있는 것을 제시했을 때, 학생들은 계획하기에 적극적으로 참여하게 되고 학생들 입장에서 계획할 '거리'가 생기게 된다.

계획하기 단계에서 할 만한 활동으로는 첫째, 목표 설정 및 분석하기 활동을 들 수 있다. 글을 쓰는 목적을 분명히 인식해야만 좋은 글을 쓸 수 있다. 둘째, 주제를 분석하거나 설정하는 활동이다. 주제가 주어져 있는 경우도 있고, 주제를 구체적으로 만들어야 하는 경우도 있다. 어떤 경우이든 주제를 명확히 인식 또는 설정하는 것이 중요하다. 셋째, 독자 설정 및 분석하기 활동이 필요하다. 독자가 누구이며, 어떤 사람인지, 나에게 호의적인지 적대적인지 등을 분명히 안 다음에 글을 쓸 필요가 있다. 넷째, 주제, 독자에 비추어서 자신을 분석해 보는 활동이 필요하다. 다섯째, 조건 분석하기 활동이다. 쓰기 과제에서 무엇을 요구하는지, 다시 말해 분량이나 부가된 조건 등이 없는지를 살펴보아야 한다. 끝으로 형태를 고려해야 한다. 같은 주제라 할지라도 시 형태로 제시할 것인지, 이야기 형태로 제시할 것인지 등을 결정해야 한다.

다음은 초등학교 국어 교과서에 제시된 쓰기 학습 활동의 한 예이다. 차시 목표는 소개하는 글을 써 보는 것이다.

> **1** 친구를 소개하는 글을 쓰려고 합니다. 자신이 소개하고
> 싶은 친구를 생각하여 봅시다.

이 활동은 계획하기 활동에 해당한다. 학생들이 쓰기 과제를 확인하고, 쓰기 대상인 '소개하고 싶은 친구'를 정한다. 이 활동에는 드러나 있지 않지만, 이 글을 쓰는 목적, 즉 소개하는 목적이 무엇인지 학생들이 알 수 있도록 지도해야 한다. 또한 이 글을 읽을 독자는 누구인지, 분량은 어느 정도로 쓸 것인지, 어떤 주제로 쓸 것인지 등에 대해서도 학생들이 글을 쓰기 전에 계획하도록 지도해야 한다.

나. 내용 생성하기 지도

내용 생성하기는 글을 쓰기 위해 아이디어를 떠올리고 수집하는 활동이다. 반드시 일치하는 것은 아니지만 아이디어를 많이 끌어낼 수 있는 사람이 글을 잘 쓸 가능성이 높다. 머레이(Murray, 1980)가 전체 쓰기 시간 중에 쓰기 전 활동을 하는 데 70% 이상을 보내야 한다고 주장하고 있는 것도 이와 같은 이유에서이다. 그런데 종래의 결과 중심의 글쓰기 지도에서는 내용 생성하기 활동을 강조하지 않았다. 결과 중심의 글쓰기 지도에서는 완성된 글 자체에 초점을 두기 때문에, 생성하기에 관심을 갖지 않는 것은 당연한 일이다.

내용 생성을 잘 하려면 여러 차례의 훈련이 필요하다. 우선 쉽고 재미있는 주제를 선정하여 내용을 생성하는 활동을 해 본다. 예를 들어, 소풍이나 가을 운동회 등과 같이 학생들이 일상생활에서 흔히 접할 수 있고 쉽게 떠올릴 수 있는 것부터 시작한다. 그런 다음 점차적으로 깊이와 폭을 넓혀 나가면서 글쓰기에서 아이디어를 생성하는 활동의 중요성을 일깨우고, 실제로 아이디어를 생성할 수 있는 능력을 기를 수 있도록 한다.

아이디어 생성 능력을 길러주기 위한 방법으로 브레인스토밍 활동이 주로 사용된다. 브레인스토밍은 즉흥적으로 주제에 대해 자기의 머릿속에 있는 아이디어를 떠올리는 활동이다. 둘째, 열거하기(listing) 활동이다. 열거하기는 브레인스토밍과 유사하나, 주제나 범주에 따라 관련 있는 내용을 나열한다는 점이 다르다. 셋째, 이야기 나누기 활동이다. 이야기를 나누는 과정에서 자기가 미처 생각해 내지 못한 아이디어를 얻을 수 있다. 넷째, 관련 자료 읽기이다. 책이나 잡지, 신문 등을 읽는 활동을 통해 아이디어를 수집하는 활동으로 시간이 충분할 때 사용하는 방법이다. 다섯째, 명상하기이다. 가만히 앉아서 주제와 관련하여 자신이 알고 있는 것이나 경험한 것, 그리고 글에서 나타내고 싶은 것을 찾아나간다.

다음은 초등학교 국어 교과서에 제시된 쓰기 학습 활동의 한 예이다. 내용 생성하기 전략으로 생각 그물을 활용하는 것이다.

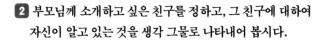

2 부모님께 소개하고 싶은 친구를 정하고, 그 친구에 대하여
자신이 알고 있는 것을 생각 그물로 나타내어 봅시다.

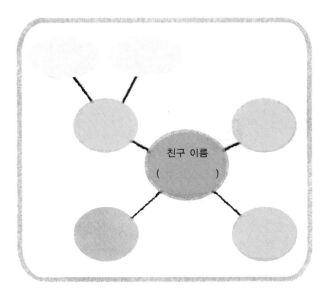

필자인 학생이 소개하는 친구에 대해 알고 있는 내용을 생성하는 활동이다. 학생들이 떠올린 내용을 자유롭게 적을 수 있도록 지도한다. 만약 내용 생성에 어려움을 겪는 학생이 있다면, 교사가 학생과 이야기를 나눠봄으로써 내용 생성에 도움을 줄 수 있다. 학생이 쓴 일기나, 관련된 자료 또는 책을 찾아보도록 하는 것도 한 방법이다. 차분한 음악을 틀어주고 생각할 시간을 주는 것도

한 방법이다.

다. 조직하기 지도

우리 속담에 '구슬이 서 말이라도 꿰어야 보배'라는 말이 있다. 아무리 많은 아이디어를 생성했다고 하더라도 그것을 적절히 조직하지 못하면 허사이다. 학생들에게 일련의 과정을 거쳐 글을 써 보게 하면 아이디어를 많이 생성했는데도 이것을 어떻게 조직해야 할지 난감해 하는 경우를 흔히 볼 수 있다. 학생들이 쓴 글을 보면 조직적이지 못하고 개개의 사실을 이리저리 나열해 놓은 것이 많은데, 이것은 아이디어를 조직하는 능력이 부족해서 그렇다. 이런 학생들에게는 글의 주제나 목적, 독자 등을 고려하여 생성된 내용을 적절히 조절하는 것을 집중적으로 가르쳐주어야 한다.

조직하기 활동은 아이디어들 간의 관계를 파악하는 능력을 기르는 데 초점이 있다. 학생들이 아이디어들 간의 관계를 파악하게 하는 데 무엇보다 중요한 것은 이것을 시각화해 보게 하는 것이다. 예를 들어, 다발짓기(clustering)나 생각 그물 만들기(mind mapping)와 같은 전략을 활용하면 아이디어들 간의 관계를 파악하는 데 도움이 된다. 그리고 얼개짜기(개요 작성)를 할 때의 경우처럼 아이디어를 적절히 배열할 때에도 이른바 시각화 전략(visual strategies)를 사용하면 유용하다. 과거처럼 서론, 본론, 결론 등으로 획일적이고 엄격한 틀을 제시하기 보다는 자기가 쓸 글의 주제나 조직 방식 등을 생각해서 다양한 방법으로 시각화해 보게 하면 글의 전체 구조를 좀더 쉽게 이해할 수 있고, 초고를 쓸 때 실질적인 도움을 받을 수 있다.

조직하기 활동을 할 때, 처음에는 간단한 것부터 시작하여 아이디어들 간의 관계를 맺어보게 하는 활동을 한다. 이때 여러 가지 아이디어를 제시하고 이들을 묶어보는 활동을 많이 해 보게 하는 것이 좋다. 또는 어떤 범주를 제시하고 몇 가지 아이디어를 제시한 다음 이 범주에 포함시키기 어려운 아이디어를 찾아내게 하는 활동을 할 수도 있다. 그리고 얼개짜기 활동을 할 때에도 처음에는 학생들이 어려워하기 때문에 아주 쉬운 것부터 차근차근 해 보도록 하는 것이 좋다. 처음에는 교사가 여러 차례 시범을 보여주거나 예를 많이 들어주는 것이 좋다. 때로는 역으로 완성된 글의 얼개를 추론하는 활동을 할 수도 있다.

다발짓기는 생성한 아이디어를 관련 있는 것끼리 묶는 활동이다. 이 활동은 수렴적 사고를 요하는 활동이다. 생각그물 만들기는 중심 개념에서부터 관련된 아이디어를 시각적으로 표시해 나가는 활동이다. 이는 수렴적 사고를 요하는 측면도 있지만, 다분히 확산적 사고를 요한다. 개요짜기는 전통적으로 해 왔던 것으로 글의 뼈대를 만드는 활동이다. 얼개는 글의 전체적인 흐름을 말해 주는 것으로 조직적인 글을 쓰는 데 매우 필요한 활동이다. 얼개를 짜는 활동은 초고를 쓰는 데에도 필요하지만 그 자체로도 중요하다. 이는 조직적인 사고를 기르는 데 도움이 되기 때문이다. 개요를 작성할 때에는 그냥 서론, 본론, 결론으로 하지 말고 글 구조 이론을 참고하여 자기가 쓸 글의 구조에 따라 개요를 작성하는 방식을 달리하면 초고를 훨씬 더 쉽게 써 내려갈 수 있다.

다음은 초등학교 국어 교과서에 제시된 쓰기 학습 활동의 한 예이다. 이 활동은 내용 조직하기 전략으로 얼개를 짜는 행태이다.

3 부모님께 친구를 소개하는 글을 쓰기 위한 내용을 정리
하여 봅시다.

소개 하고 싶은 친구는 누구인가요?	
모습과 성격은 어떠한가요?	
좋은 점은 무엇인가요?	
함께 겪은 일은 무엇인가요?	

학생이 생성한 내용을 토대로 조직하는 활동은 글의 내용을 범주화 한다는 측면에서 초등학생에게는 쉽지 않은 활동이다. 3번 활동은 학생 스스로 조직할 수 있도록 좌측에는 정리할 내용을 묻는 핵심 질문이 제시되어 있다. 만약 학생이 혼자서도 얼개를 잘 짤 수 있다면 질문이 불필요할 수도 있다. 제시된 질문을 추가하거나 삭제하여 얼개를 짤 수도 있다. 또한, 이 활동은 내용을 조직하는 활동이므로 어떤 순서로 정리하면 좋을지 학생에게 물어보고, 그 이유를 알아보는 좋은 지도 방법이다. 순서가 달라지면 어떤 차이가 발생하는지 확인함으로써 내용 조직의 중요성을 학생들이 인식할 수 있기 때문이다.

라. 표현하기 지도

표현하기는 필자가 생성, 조직된 내용을 바탕으로 초고를 쓰는 활동이다. 사람에 따라서는 초고쓰

기, 변환하기, 작성하기, 기술하기란 용어를 쓰기도 한다. 종래의 표현하기 지도에서 가장 문제가 되었던 것은 초고를 쓸 때 완벽하게 쓰도록 하는 것이었다. 학생들에게 글을 쓰라고 하면 온갖 정성을 들여 또박또박 써내려 간다. 이는 이 학생이 '초고'를 쓰고 있다는 사실을 인식하지 못하고 있음을 의미한다. 초고를 쓸 때, 한 줄 한 줄 쓰는 데 집중하면 사고의 흐름을 방해받게 되고, 글의 전체적인 흐름을 제대로 파악하지 못할 가능성이 높다. 또한 학생이 처음부터 완벽하게 써야 한다는 부담을 가지게 되고, 결국 학생들은 글쓰기를 더 어렵다 생각하고 글쓰기를 싫어하게 만드는 원인이 된다. 따라서 학생들이 초고는 어디까지나 초고일 뿐이라는 생각을 갖도록 하는 것이 중요하다.

학생들이 초고를 쓸 때 앞에서 생성한 내용이나 조직한 것에 대해 많이 생각하지 않는 경향이 있다. 단적인 예로 학생들이 글을 쓰는 과정을 면밀히 관찰해 보면 초고를 쓸 때에 앞 쪽에서 내용을 생성하고 조직해 놓은 것을 거의 보지 않는다. 이 경우 학생이 생성한 내용, 조직한 내용, 초고 쓴 내용 각각 따로 놀게 된다. 자칫하면 아이디어를 생성하고 조직하는 데 들인 노력이나 걸린 시간이 허사가 되거나 낭비될 수 있다.

초고는 앞에서 내용을 생성하고 조직한 것을 바탕으로 하지만, 초고를 쓰는 과정에서도 얼마든지 내용을 새롭게 생성하고 조직하는 활동이 필요하다는 점을 학생은 인식해야 한다. 이를 위해서는 초고를 쓴 다음에 앞에서 내용 생성한 것, 조직한 것을 비교해 보게 하고, 초고를 쓰는 과정에서 새롭게 생성하거나 조직한 것에 표시를 해 보는 활동을 하게 하는 것이 좋다.

초고 쓰기를 지도할 때 또 하나 유의할 점은, 결과 중심의 쓰기 지도에서 흔히 강조하는 수사학적 원리나 좋은 문장(또는 단어, 문단)이 갖추어야 할 요소를 지나치게 경시해서는 안 된다는 것이다. 예를 들어 주술의 일치나 적절한 접속 부사 사용, 최대한 간명한 문장 사용 등과 같은 요소는 좋은 글이 되게 하는 데 나름의 역할을 한다. 이들 요소에 대해서는 따로 시간을 내어 이들 기능에 익숙해지도록 한다. 물론 처음 아이디어를 표현하는 단계(1차 초고)에서는 이런 점에 특별히 신경을 쓰지 않는 것이 좋겠지만, 어느 정도의 완결성을 갖춘 초고(2차나 3차 초고)를 쓸 때에는 신경을 쓸 필요가 있다.

표현하기 능력을 길러주기 위한 방법으로 구두 작문 또는 말로 쓰기(oral composition), 얼른쓰기, 컴퓨터 활용하기, 의미 지도 그리기 등의 활동을 할 수 있다. '말로 쓰기'는 초고를 실제로 쓰기 전에 쓸 내용을 말로 해 보게 하는 활동이다. 필자가 말로 써 보면 글쓰기에 대한 부담을 줄일 수 있다. 얼른 쓰기(speed writing)는 글씨나 맞춤법 등에 얽매이지 말고 쓰고자 하는 것을 처음부터 끝까지 쭉 내려쓰는 것을 말한다. 컴퓨터 활용하기는 글쓰기에서 의미 구성 행위를 촉진하기 위해서 워드 프로세서 같은 것을 사용하는 것이다. 의미 지도 그리기(semantic mapping) 활동은 초고를 쓰면서 글의 제목에 초점을 두어 각 문장이 주제와 관련되는지 연결해 보게 하고, 앞뒤 문장이 제대로 이어지는지를 시각적으로 연결 지어 보게 하는 활동이다. 의미들이 서로 어떤 관계를 가지는지 시각적으로 표현해 보게 함으로써 글 전체 내용의 일관성을 파악하는 데 도움이 된다. 이 활동은 초고를 쓴 후 교정 전략으로 활용할 수도 있다.

다음은 초등학교 국어 교과서에 제시된 초고 쓰기 학습 활동이다.

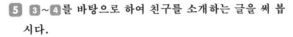

5 3~4를 바탕으로 하여 친구를 소개하는 글을 써 봅시다.

소개하는 글을 쓸 때에는 읽을 사람을 생각하며 써야 해요. 그리고 소개하는 내용이 잘 드러나야 해요.

학생이 생성한 내용과 조직한 내용을 토대로 초고를 쓰는 활동이다. 초고를 쓸 때 주의해야 할 점 즉, 소개하는 글을 쓸 때에는 읽을 사람을 생각하며 써야 하고 소개하는 내용이 잘 드러나게 써야 한다는 점을 캐릭터를 활용하여 안내하고 있다. 교사는 초고를 바로 쓰기 어려워하는 학생에게는 구두 작문을 먼저 쓰게 할 수 있다. 학생이 생성하고 조직한 내용을 바탕으로 친구를 소개하는 말을 하고 나면, 초고 쓰기에 대한 부담을 줄일 수 있다.

마. 고쳐쓰기 지도

고쳐쓰기는 주로 초고를 쓴 다음에 글의 내용과 형식을 수정하는 활동이다. 종래에는 고쳐쓰기의 중요성을 크게 인식하지 못했으나, 요즘은 강조되고 있다. 글을 쓰는 것은 어떤 의미에서 계속적인 고쳐쓰기의 연속이라 할 수 있다. 일반적으로 고쳐쓰기(수정하기)는 크게 다섯 가지 형태로 이루어진다. 첨가, 삭제, 대체, 이동, 재배열이 그것이다. 첨가는 내용을 덧붙이는 것이고, 삭제는 특정한 내용을 빼는 활동이다. 대체는 그 위치에서 다른 내용으로 바꾸는 경우이고, 이동은 다른 곳으로 옮기는 것이며, 재배열은 앞뒤 순서를 바꾸거나 몇 부분을 하나로 줄이거나 늘이면서 재구성하는 활동을 말한다.

학생들에게 글을 고쳐쓰라고 하면 뭔가 자기 글에 큰 문제가 있는 것처럼 생각한다. 게다가 마치 꾸중을 받고 있다고 생각한다. 고쳐쓰기를 잘못된 행위로 받아들일 것이 아니라, 글쓰기 과정의 일부로 받아들이도록 한다. 그리고 학생들에게 고쳐쓰라고 하면 기껏해야 글씨나 맞춤법을 바로잡거나, 아니면 낱말 몇 개를 바꾸고 마는 경우가 많은데 이것은 바람직하지 않다. 텍스트 수준, 문단 수준, 낱말 수준의 순서로 고치는 활동을 하게 하는 것이 좋다.

고쳐쓰기 능력을 길러주기 위해서는 훑어읽기(survey), 평가하기, 돌려 읽기, 비평집단 운영하기 등의 활동을 할 수 있다. 훑어 읽기는 초고를 처음부터 끝까지 읽어보게 한 다음 첨가할 내용이나 삭제할 내용 등을 생각해 보는 것이다. 평가하기는 쓴 글을 읽고 스스로 평가하거나, 동료와 함께 읽고 평가를 할 수 있다. 돌려 읽기는 여러 가지 방식으로 이루어질 수 있다. 단순히 옆 사람과 돌려 읽을 수도 있고, 한 소집단에서 한 명이 읽고 나머지가 독자가 되는 방식도 있다. 비평집단 운영은 학급의 비평집단에서 학생들의 글을 수시로 비평하여 그 학생에게 알려주거나 학급 전체에게 공표하는 방식이다.

고쳐쓰기 활동을 위해 교사는 학생들이 자신의 글이나 동료의 글을 먼저 읽고, 각자 필자가 고쳐야 할 부분에 대해 기술하도록 한다. 독자인 동료가 읽고 고쳐야 할 부분만을 지적하면, 자칫 학생들이 심리적으로 위축될 수 있으므로 잘된 부분을 먼저 쓰게 하는 것도 한 방법이다.

학생들이 고쳐쓰기를 잘 하기 위해서는 고쳐쓰기에 앞서 고쳐쓰기 기준을 먼저 정해야 한다. 일반적으로 고쳐 쓰기의 기준은 글 전체 수준, 문단 수준, 문장 수준, 낱말 수준에서 정할 수 있다. 기준이 명확할 때, 고쳐쓰기 활동이 더 효과적이기 때문이다. 그러나 매 차시마다 모든 수준에서의 고쳐 쓰기 학습 활동은 하기 어려우므로 차시 목표, 학생 수준이나 특성에 맞게 설정하는 것이 필요하다. 또한, 교사가 고쳐쓰기의 기준을 제시할 수도 있지만, 학생들이 정하거나 조별로 함께 정하는 것도 좋다. 고쳐쓰기 기준으로 고쳐쓰기 항목인 독자를 고려하였는지, 소개할 내용이 잘 드러나 있는지, 낱말이 적절한지 등을 기준으로 활용할 수 있다.

다음은 초등학교 6학년 국어 교과서에 제시된 고쳐 쓰기를 위한 학습 활동이다. 이 활동은 필자인 학생이 글을 고쳐 쓰는 데 매우 유용한 정보를 제공한다.

② 글을 고쳐 쓰는 방법에 따라 자신의 글을 점검하고 고칠 점을 써 봅시다.

점검 수준	점검 내용	점검 결과 (O, X)	고칠 점
글	▪ 무엇에 대하여 쓴 글인지 알 수 있는가?		
	▪ 글의 내용에 어울리는 제목을 붙였는가?		
	▪ 서론, 본론, 결론의 짜임에 알맞은 내용을 썼는가?		
	▪ 주장에 알맞은 근거를 제시하였는가?		
	▪ 꼭 써야 할 내용을 빠뜨리지 않았는가?		
문단	▪ 한 문단에 하나의 중심 생각만 있는가?		
	▪ 문단의 중심 생각이 중심 문장으로 잘 표현되었는가?		
	▪ 중심 문장을 뒷받침하는 문장은 적절한가?		
	▪ 근거를 보충하는 자료가 충분한가?		
	▪ 문단의 길이가 적절한가?		
	▪ 문장과 문장이 자연스럽게 연결되었는가?		
문장과 낱말	▪ 문장의 호응이 잘 이루어졌는가?		
	▪ 지나치게 생략된 문장 성분은 없는가?		
	▪ 분명하지 않거나 적절하지 않은 낱말은 없는가?		
	▪ 잘못 쓴 글자나 낱말은 없는가?		

3 **7**의 글을 읽고 글 수준에서 글을 고쳐 쓰는 방법을 알아봅시다.

(1) 이 글을 쓴 목적은 무엇입니까?

글을 전체적으로 훑어 읽고
글을 쓴 목적을 확인해 보면서
고칠 내용을 생각해요.

(2) 글의 내용과 글쓴이의 주장이 잘 드러나는 제목을 골라 ○표를 하고 그렇게 생각한 까닭을 말하여 봅시다.

| 아침밥 ( ) | 아침밥을 먹자 ( ) |

글의 내용과 글쓴이가
내세우는 주장이 잘 드러나게
제목을 정해요.

(3) 글의 짜임별로 보충할 내용이 있는지 생각하여 봅시다.

서론	
본론	아침밥을 먹으면 좋다는 연구 결과 인용하기
결론	

글의 서론, 본론, 결론 부분에
들어갈 내용이 적절한지 생각해
봐요.

---

4 **7**의 글을 다시 읽고 문단 수준에서 글을 고쳐 쓰는 방법을 알아봅시다.

(1) 글의 흐름에 맞게 문단 **가**~**라**의 순서를 정하여 봅시다.

(**가**) ➡ ( ) ➡ ( ) ➡ ( )

문단과 문단의 연결이
자연스러운지 여러 번 읽어
보고 알맞게 순서를 정해요.

(2) 문단 **라**를 다시 읽고 밑줄 그은 중심 문장을 뒷받침 문장들과 어울리게 고쳐 써 봅시다.

• 고쳐 쓴 중심 문장:

한 문단에 하나의 중심 생각이 들어가
있는지 확인하여 불필요한 내용을
삭제하고 부족한 내용을 보충해요.

(3) 문단 **다**에서 적절하지 않은 뒷받침 문장을 찾아 밑줄을 그어 봅시다.

다음으로, 아침밥은 건강의 필수 조건이다. 날마다 아침밥을 거르면 밤새 분비된 위산이 중화되지 않아 위가 불편해진다. 이런 습관이 오래 지속되면 위염이나 위궤양으로 진행될 수 있다. 아침 식사를 소홀히 하면 게을러져 지각하기 쉽다. 또, 밤새 써 버린 수분을 보충하기 어렵고 체내에 저장해 두었던 영양소가 소모되어 피부는 푸석푸석해지고 주름에 빈혈까지 생겨 건강이 나빠진다.

문단에서 문장과 문장이
자연스럽게 연결되는지 살펴보고
불필요한 문장은 삭제해요.

바. 조정하기 지도

글쓰기 과정은 곧 자기 조정의 과정이라고 할 수 있다. 글쓰기를 의미 구성의 과정으로 정의할 때, 이 의미 구성의 과정에는 필연적으로 자기의 인지 행위를 점검하고 통제하는 초인지적 행위 (metacognitive behaviors)가 필요하다. 이것은 곧 자기 조정의 과정이다. 글쓰기에서 조정하기 능력은 각 단계에서 개개의 전략을 제대로 활용할 수 있게 하기 위해서도 필요하지만, 글쓰기의 전체 과정을 점검하고 통제해 나가게 하는 데에도 필요하다. 조정하기란 말은 사람에 따라 점검하기, 통제하기, 모니터하기 등으로 쓴다.

조정 능력을 길러주기 위해서는 자기 평가 전략, 자기 질문 전략, 자기 교수 전략 등의 방법을 사용할 수 있다. 자기 평가는 어떤 아이디어가 적절한 것인지, 여기에 이것을 넣으면 되는지, 이것을 이런 식으로 표현하는 것이 적절한지 등에 대해 판단하는 행위이다. 체크리스트를 만들어 자기 평가를 하는 것도 한 방법이 된다. 자기 질문 전략은 필자가 자신에게 질문을 던지고 답하는 활동이다. 질문은 필자가 글에서 해결해야할 부분을 명료하게 초점화 시키는 데 도움을 준다. 자기 교수는 필자가 자신을 가르치는 것이다. 글을 써 나가면서 '그래. 잘 했어. 나는 역시 아이디어가 있어. 그런데 이건 아니야. 내가 왜 이러지.'와 같은 생각을 계속해 나가면서 자신의 인지 과정을 점검하고 통제하는 것을 말한다.

표현하기 전과 후에 점검하기 위한 활동으로 제시된 것이지만, 글쓰기 과정에서 학생들의 조정하기 활동으로 활용될 수 있다. 학생들이 초고를 쓸 때, 자기 평가하기, 자기 질문하기, 자기 교수하기의 기준으로 활용할 수 있다. 가령, 학생이 글을 쓰면서 '지금 내가 쓰고 있는 내용이 부모님이 궁금해 하실 내용이 아니다.'라고 평가를 할 수 있고, '지금 내가 쓰고 있는 내용이 부모님이 궁금해 하실 내용인가?'라고 자문을 할 수도 있으며, '지금 내가 쓰고 있는 내용에서 특히 이 부분은 부모님께서 좋아하실 부분이므로 더 자세히 쓰면 좋겠다.'라고 가르칠 수도 있다.

제5장

문법 교육의 이해

1. 문법의 개념

문법(grammar)을 가르치기 위해서는 문법의 개념 정의가 선행되어야 한다. 왜냐하면 문법을 어떻게 정의하는가에 따라 문법 교육의 목표, 내용, 방법, 평가 등이 달라지기 때문이다. 문법은 분야마다, 연구자마다 정의하는 개념이 다른, 외연이 넓은 용어이다. 아래에서는 문법의 정의를 살펴보고자 한다.

문법(文法)은 여러 가지 의미를 담고 있다. 문법 교육과 관련된 주요 논저들에 소개된 문법의 개념과 국어교육과정에서 요구하는 문법의 개념을 살펴보고자 한다.

먼저 윤희원(1988)이 McArthur(1983)의 정의를 바탕으로 소개한 5가지 정의를 소개하고 각각에 대해 자세히 기술하고자 한다.

> (자료1) 윤희원(1988)의 문법 정의[1]
>
> ① 모어의 일반적인 기능 구조에 관한 기술(記述)
> ② 개별 언어의 형태론적 통사론적 기술
> ③ 개별 언어의 기능 구조를 지배하는 규칙이나 각 개별 언어의 사적 변화를 다루는 학문의 한 분야
> ④ 언어 사용 시 지켜야 할 언어 규범의 집합

---

[1] 한자로 표시된 낱말을 본고 집필자가 한글로 바꿈.

⑤ 특정 개별 언어를 이용한 표현과 이해를 가능하게 해 주는, 청자와 화자에게 내재되어 있는
체계

①은 기술문법(descriptive grammar)이라고 하는데, 사적(史的)인 입장이 아닌 공시적(共時的)
입장의 문법이라는 뜻을 가지며, 다른 한편으로는 규범적 입장이 아닌, 그야말로 사실을 있는 그대로
기술(記述, describe)하는 입장의 문법이라는 뜻을 가진다(이익섭 외, 2002: 19).

②는 국어학 혹은 언어학의 여러 연구 분야 중 형태론과 통사론을 의미한다. 즉, ②에는 음운론이나
방언론, 의미론, 문자론 등은 포함되지 않는다.

③은 역사문법(歷史文法, historical grammar)을 의미한다. 기술문법이 공시적 입장이라면 역사
문법은 통시적 입장을 취한다.

④는 규범문법(prescriptive grammar, normative grammar)이다. 규범문법은 학생들에게 가
르치기 위해, 또는 외국인들에게 한 언어의 문법을 안내하기 위해 쓰여지는 이론적이기보다는 실용적
인 목적으로 체계화된 문법을 일컫는다(이익섭 외, 2002: 19).

⑤는 이론문법이라고 한다. 언어 습득(acquisition) 과정에서 내재화해 가는 규칙의 체계를 가리키
는 용어이다(김광해, 2003: 15).

문법 교육 장면에서 어떤 문법을 선택하느냐에 따라 교육의 목표가 달라진다. ①을 선택할 경우,
문법 교육의 목표는 국어의 구조를 기술하는 능력을 키우는 것이 목표가 된다. ②를 선택할 경우는
①의 목표 중에서 형태론과 통사론에 한정된 기술 능력 향상에 목표를 두게 된다. ③의 경우는 국어의
역사적 변천 과정과 결과를 알도록 하는 것이 목표로 설정된다. ④의 경우는 규범문법의 내용을
익히고, 일상의 국어생활에서 이를 잘 지키도록 하는 것이 목표가 되며, ⑤의 경우는 모어 화자가
가진 문법 체계를 탐구하여 정리하는 것이 목표가 된다.

그러면 문법 교육의 공식적 근거가 되는 국어교육과정에서는 어떤 관점을 가지고 있는지 살펴볼
필요가 있다. 문법 영역이 국어과의 하위 영역으로 설정된 것은 제5차 교육과정부터이다.[2] 이때부터
지금까지 문법 영역을 국어과의 하위 영역으로 설정하고 있다.[3] 제5차 교육과정부터 지금까지 문법

---

[2] 문법에 관한 학습 내용은 1차 교육과정부터 포함되어 있었으나 독립된 하위 영역으로 설정된 것은 제5차 교육과정부터
이다.

[3] 영역 명칭은 5차, 6차 교육과정에서는 '언어', 7차 교육과정에서는 '국어 지식', 2007 교육과정부터 지금까지는 '문법'이
다. 편의상 이 글에서는 현행 2015 국어교육과정의 용어인 '문법'을 쓰기로 한다.

영역에서 다루고 있는 내용을 살펴보면 국어학 연구 분야로 보면 음운론, 형태론, 어휘론, 의미론, 통사론, 담화 등 거의 전 부분을 대상으로 하고 있다. 여기에다 국어에 대한 태도에 관한 지도 내용도 주로 문법 영역에 제시되고 있다. 국어교육과정의 내용을 중심으로 보면 위의 ②는 문법 교육에서 다루는 내용과 맞지 않다.⁴

다음으로 교육과정에서 문법 교육을 통해 무엇을 얻고자 하는가를 살펴볼 필요가 있다. 문법 영역 교육의 지향점이나 목표가 문서상으로 제시된 경우는 찾기 힘들다. 다만 국어과의 목표 진술이나 영역 성취 기준이나 내용 성취 기준을 토대로 짐작할 수는 있다. 먼저 2015 개정 국어과 교육과정의 목표를 보면 다음과 같다.

> (자료2) 2015 개정 국어과 교육과정 목표
> 국어로 이루어지는 이해 · 표현 활동 및 문법과 문학의 본질을 이해하고, 의사소통이 이루어지는 맥락의 다양한 요소를 고려하여 품위 있고 개성 있는 국어를 사용하며, 국어문화를 향유하면서 국어의 발전과 국어문화 창조에 이바지하는 능력과 태도를 기른다.
>
> 가. 다양한 유형의 담화, 글, 작품을 정확하고 비판적으로 이해하고 효과적이고 창의적으로 표현하며 소통하는 데 ⓐ필요한 기능을 익힌다.
> 나. 듣기 · 말하기, 읽기, 쓰기 활동 및 ⓑ문법 탐구와 문학 향유에 도움이 되는 기본 지식을 갖춘다.
> 다. 국어의 가치와 국어 능력의 중요성을 인식하고 주체적으로 국어생활을 하는 ⓒ태도를 기른다.
> (교육부, 2015: 3, 원문자 및 밑줄은 집필자)

밑줄 친 부분이 2015 개정 국어과 교육과정 목표에서 문법 영역과 직접적으로 관련된다고 할 수 있다.

먼저 ⓐ부분은 문법의 정의에서 살펴본 (1)-⑤, 즉, '특정 개별 언어를 이용한 표현과 이해를 가능하게 해 주는, 청자와 화자에게 내재되어 있는 체계'와 관련된다. 국어 사용을 가능하게 하는 기저에는 문법이 작용하기 때문이다. ⓑ는 (1)-①과 관련된다. ⓑ에서의 지식은 대부분 (1)-① 즉, '모어의 일반적인 기능 구조에 관한 기술(記述)'의 결과물이기 때문이다. ⓒ는 위에서 살펴본 문법의

---

4 초등학교 문법 교육 내용에는 포함되어 있지 않다는 의미이다. 2009교육과정에서 고등학교 '독서와 문법'에는 국어의 변천을 다루는 내용이 포함되어 있다.

정의에는 포함되지 않는 내용이다.

2015 개정 국어과 교육과정의 문법 영역 내용 체계도 살펴볼 필요가 있다. 문법 영역의 내용 체계는 '핵심 개념', '일반화된 지식', '기능'을 축으로 하고 있으며, 핵심 개념은 국어의 본질, 국어 구조의 탐구와 활용, 국어 규범과 국어생활, 국어에 대한 태도로 세분화된다.

먼저 '국어의 본질'은 '문법'의 범위를 넘어 선 내용에 해당한다. 문법은 언어 혹은 국어의 하위에 속하는 개념이므로 국어의 본질을 문법의 개념 정의와 연결하는 것은 부적절한 면이 있다.

다음으로 국어의 구조는 (1)-①, (1)-②와 관련되며, 탐구는 (1)-①과 관련되고, 활용은 (1)-④, (1)-⑤와 관련되며, 국어의 규범은 (1)-④와 관련된다.

태도 범주는 국어 사랑과 국어 의식으로 구성되어 있다. 태도 범주는 위의 문법 정의와 직접적인 연결이 느슨한 편이다.

이상에서 살펴본 문법의 정의와 국어교육과정의 목표 진술 및 문법 영역 범주를 통해 살펴본 문법의 개념을 연결해 보면 다음 〈표 1〉과 같다.

〈표 1〉 문법의 개념 비교

윤희원(1988)의 문법 정의	2015 개정 국어교육과정 목표 진술	2015 문법 영역 범주
① 모어의 일반적인 기능 구조에 관한 기술(記述)	ⓑ 문법 탐구, 기본 지식	국어의 구조, 탐구
② 개별 언어의 형태론적 통사론적 기술	·	국어의 구조
③ 개별 언어의 기능 구조를 지배하는 규칙이나 각 개별 언어의 사적 변화를 다루는 학문의 한 분야	·	·
④ 언어 사용시 지켜야 할 언어 규범의 집합	·	활용, 국어의 규범
⑤ 특정 개별 언어를 이용한 표현과 이해를 가능하게 해 주는, 청자와 화자에게 내재되어 있는 체계	ⓐ 표현, 이해에 필요한 기능	활용
·	ⓒ 태도	태도

〈표 1〉을 보면, 학문적 의미의 문법과 교육과정에서의 문법은 의미역에서 차이가 있다. 학문적 의미의 문법 중 '③ 개별 언어의 기능 구조를 지배하는 규칙이나 각 개별 언어의 사적 변화를 다루는 학문의 한 분야'는 교육과정에서는 포함하고 있지 않다. 또한 교육과정 목표 진술이나 문법 영역

범주에 포함된 '태도'는 학문적 의미의 문법에는 포함되지 않는다. 그러므로 문법 교육을 위한 문법은 다른 정의를 필요로 한다.

국어교육과정에서 의도하는 문법에 관한 정의는 최미숙 외(2009)와 김광해(2003)가 적절해 보인다. 최미숙 외(2009: 290)에는 자국인 학습자에게 필요한 언어에 대한 풍부한 자원, 경험, 지식을 제공할 수 있는 넓은 의미의 문법을 '교육 문법(educational grammar)'로 정의하고 있으며, 김광해(2003: 16~17)에서는 자국인을 위한 '교육용 문법'을 제안하였다.

김광해(2003)에서 제안한 교육용 문법의 내용은 다음과 같다.

① 언어 및 국어의 이해를 통해서 인간이 지니고 있는 언어 능력의 신비에 접근한다.
② 언어 능력의 실체를 이해해 가는 이러한 과정은 곧 인간 자체를 이해하기 위한 과정임을 안다.
③ 언어 및 국어를 이해하려는 노력이 가치 있는 과정임을 학생들이 직접 탐구할 수 있도록 한다.
④ 탐구 과정을 통해서 획득된 인간의 언어 능력에 관한 지식들을 효용성 있게 사용하기 위한 태도를 가지도록 한다.
⑤ 언어 및 국어에 대한 이해 과정을 통해서 언어와 국어에 대한 바람직한 태도를 가지도록 한다.

이관규(2011)[5]도 문법 교육의 인식 변화를 언급하면서 학교 문법은 규범적 성격과 더불어 기술적 성격, 교육적 성격을 띠어야 함을 주장하면서 교육 문법이 이상적이라고 제안하였다.

이상의 논의를 정리하면 교육과정에서 요구하는 문법 교육에 적용될 수 있는 문법은 '교육 문법'이다. 교육문법은 규범적 성격, 기술적 성격, 교육적 성격을 가진다. 규범적 성격은 문법 교육에서 국어 규범을 직접적으로 다루는 것과 관련된다. 기술적 성격을 가진다는 것은 현재 사용하고 있는 국어를 탐구한다는 면에서 관련되며 또한, 국어의 구조에 대해 학습하는 것은 기술(記述) 문법의 결과라는 점에서 관련된다. 교육적 성격을 가진다는 것은 문법과 관련된 모든 내용을 가르치는 것이

---

5 이관규(2011)은 '독서와 문법' 과목에 초점을 맞춘 논의이지만, 문법 교육 개념은 국민공통교육과정의 문법 영역에도 적용될 수 있다.

아니라 이관규(2011: 266)의 언급처럼 교육적으로 의미 있는 것들을 선별하여 가르치는 것을 의미한다. 문법 영역의 태도 범주에 속하는 내용들이 직접적으로 해당된다.

2. 문법 교육의 중요성

문법 교육은 왜 중요할까? 이창근(2007: 1)에서는 문법 교육의 역할을 학습자들이 자신의 생각을 잘 조직하여 표현하도록 하고, 다른 사람의 표현을 잘 이해하도록 돕는 것으로 보고 있다. 이는 문법이 언어 사용의 기저에 작용하고 있음을 전제한다. 문법 교육의 역할이 이러하다면 언어 사용을 더 잘하기 위해서 문법 교육이 필요하다는 결론에 이르게 된다.

고춘화(2013)는 문법 교육이 국어 교육 철학으로서의 역할을 담당하는 데서 문법 교육의 정체성을 밝히고 있다. 문법 교육은 '국어란 무엇인가'라는 국어 교육의 본질적 물음에 대한 답을 찾고자 한다는 점에서 국어 교육 철학의 근본적 토대를 이루는 영역이기 때문에 문법 교육이 중요함을 주장한다. 국어 교육의 여러 영역 중에서 국어 자체를 학습 대상으로 하는 영역이 문법 영역이므로 국어 교육 전체를 위해서도 문법 영역이 교육적으로 중요하다는 입장이다.

문법 교육은 국어 사용 능력 향상을 위해서도 중요하다. 국어 사용 능력 향상은 국어과 교육과정에서 중요한 목표로 설정되어 왔다. 국어 사용의 기저에는 문법이 관여한다. 즉, 말하고, 듣고, 읽고, 쓰는 활동의 기저에는 문법이 작용해야만 한다는 것이다. 이해 활동에 해당하는 듣기, 읽기를 할 때, 내용을 파악할 수 있는 것은 청자나 독자가 가진 어휘 이해력과 문법 능력에 의해 의미를 파악한다. 표현 활동에 해당하는 말하기, 쓰기 활동에도 문법이 관여한다. 문법에 맞게 말하거나 쓰지 않으면 청자나 독자에게 자신의 의도를 잘 전달할 수 없다. 국어 사용 기능 향상에 초점을 맞추어 문법 교육을 해야 한다는 주장을 통합론, 혹은 통합적 입장[6] 이라고 한다.

문법 교육 고유의 가치를 위해서도 문법 교육은 중요하다. 전통적으로 국어과 교육과정에서 학습 대상으로 설정하고 있는 내용의 영역은 듣기, 말하기, 읽기, 쓰기, 문법, 문학이다[7]. 이 중에서 문법 영역에서만 다룰 수 있는 내용이 있는데 이러한 내용들을 익히기 위해서도 문법 교육은 중요하다.

---

[6] 통합적 관점에 해당하는 연구로는 이성영(1995), 손영애(1986), 주세형(2005) 등을 들 수 있다. 문법 교육의 관점에 관한 내용은 김광해(2003)에 잘 정리되어 있다.

[7] 교육과정상의 영역 구분은 각 교육과정 시기마다 차이가 있다. 그러나 기존의 국어과에서 다루었던 내용들을 영역별로 구분해 보면 위의 여섯 가지 영역에 속하는 내용들이다.

이런 관점의 논의들을 독자론 혹은 독자적 입장이라고 한다[8]. 문법 교육이 독자적으로 이루어져야 하는 근거는 국어에 대한 체계적 지식의 필요성, 국어에 대한 태도 교육의 필요성 등을 들고 있다. 국어에 대한 지식을 체계적으로 익힌다는 것은 국어 사용 기능 신장에 도움이 되든지 되지 않든지 간에 학습자들이 학습할 필요가 있다고 주장한다. 이런 부분을 담당하는 국어과의 영역이 문법 교육 영역이라는 것이다. 또, 우리말의 역사, 우리 문자에 대한 이해, 우리말과 우리글에 대한 가치 등은 국어 사용에 도움이 되든 아니든 간에 학습할 필요가 있다는 주장이다.

지금까지 논의한 내용을 바탕으로 문법 교육의 중요성을 정리하면 다음과 같다. 첫째, 문법은 국어 사용의 기저에 작용하므로 더 나은 국어 사용을 위해 문법 교육이 필요하다. 둘째, 국어란 무엇인가에 대한 답을 찾는데 문법 교육이 직접적으로 관여하므로 문법 교육이 중요하다. 셋째, 국어 사용 능력 신장을 위해 문법 교육이 필요하다. 넷째, 국어에 대한 탐구와 국어에 대한 태도를 형성하기 위해 문법 교육이 필요하다.

3. 문법 교육의 특성

문법 교육은 국어과의 다른 영역과 차이나는 몇 가지 특성이 있다. 첫째, 문법 교육은 국어 사용 기능과 직접적으로 관련된다. 문법은 국어 사용에 적용되는 규칙이기 때문에 문법은 국어 사용에 직접적으로 관련된다. 듣기, 말하기, 읽기, 쓰기에 규칙으로 작용한다. 말하기와 쓰기에서 문법에 어긋나는 표현이 사용되면 자신이 전하고자 하는 의도를 청자나 독자가 제대로 파악할 수 없게 되고, 문법 능력이 부족하면 화자나 필자의 의도를 파악하기 힘들게 된다. 박영목 외(2005: 277)에서는 문법 능력을 정확한 발음, 필요한 단어를 선택·조직할 수 있는 능력, 정문과 비문을 구별하고 정문만을 생산할 수 있는 능력, 단어와 문장 자체의 의미와 의미들 간의 관계를 이해하고, 문자적인 의미와 화용적 의미의 차이를 알며, 논리적인 사고와 논리적인 말을 할 수 있는 능력을 총체적으로 일컫는 개념으로 정의하고 있다. 이 정의에 따르면 문법 능력은 언어 능력과 크게 차이나지 않는다. 그러므로 문법 교육에서만 문법 능력 향상에 관심을 가질 것이 아니라 국어과 교육 전체에서 문법 능력 향상을 염두에 두어야 한다.

둘째, '습득된 능력'과 '학습할 지식'이 공존한다. '습득된 능력'이란 정식 학교 교육을 받기 전에 일상생활을 통해 생긴 능력을 의미하고, '학습할 지식'은 학교 교육을 통해서 배워야 할 지식을 의미한

---

8 독자적 관점에 해당하는 연구로는 권재일(1995)을 들 수 있다.

다. 문법 교육에서 '습득된 능력'이란 기초적인 문법 능력을 말한다. 초등학생들은 태어나면서부터 입학하기 전까지 말하기, 듣기 활동을 통해서 기초적인 문법 능력은 어느 정도 갖추고 있다. 그러나 그 정도의 능력만으로는 고차원적인 언어생활을 하는 데 지장이 있다. 그래서 문법 교육을 통해서 부족한 능력을 채워 주어야 한다.

윤국한(2007: 414)은 '문법 지식'[9]과 '문법에 관한 지식'의 관계를 다음과 같이 정리하고 있다.

'한국어 지식'은 학생들이 습득하여 자동화하고 있는 언어 지식이며 계속적으로 발전해나갈 가능성을 가지고 있는 언어 지식이라 할 수 있을 것이다. 그리고 '한국어에 대한 지식'은 '한국어 지식'으로부터, 또 한국어 지식을 통하여, 또 '한국어 지식'을 모범으로 하여 일군의 전문가들에 의하여 체계적으로 추림된, 일종의 외부적 지식 체계라 할 수 있을 것이다. 그리하여 그것은 '한국어 지식'을 성찰할 수 있도록 해 주고, 외국어로서 한국어의 학습을 가능하도록 도와주는 지식 체계로서 의미를 가진다고 할 수 있다.

그러나 문법 교육에서는 이런 인식이 부족하여 학습 내용이 부적절하게 제시되기도 하였다. [그림 1]은 7차 교육과정에 따른 6학년 2학기 국어 교과서(교육부, 2003a: 51)의 발음학습의 예이다.

👄 〈ㄴ〉, 〈ㅁ〉 앞에 오는 받침의 말소리에 주의하며 정확하게 발음하여 봅시다.

1. 〈ㄴ〉, 〈ㅁ〉 앞에 오는 받침의 말소리에 주의하며 다음 낱말을 잘 들어 봅시다.
   (1) 닥나무   (2) 국물   (3) 듣는
   (4) 옷맵시   (5) 잡는   (6) 밥물

2. 〈ㄴ〉, 〈ㅁ〉 앞에 오는 받침의 말소리에 주의하며 다음 낱말을 정확하게 발음하여 봅시다.
   (1) 함박눈   (2) 속마음   (3) 받는다
   (4) 끝물   (5) 굽는다   (6) 앞마당

(이하 생략)

[그림 1] 2009 개정 국어 교과서 발음 학습의 예

---

9 윤국한(2007)에는 '한국어 지식'과 '한국어에 관한 지식'으로 사용하고 있다. 본고에서는 '문법'이라는 용어를 통일성 있게 사용하기 위해 '문법 지식', '문법에 관한 지식'으로 바꾸어 사용한다.

해당 학습 내용은 음운 변동 중에서 비음화가 일어나는 낱말을 학습 내용으로 하고 있다. 제시된 낱말을 보면 6학년 학습자들이 뜻을 모르거나 발음을 틀리게 할 가능성이 있는 낱말은 거의 없다. 즉 '습득된 능력'으로 발음을 할 수 있다는 말이다. 그러나 학습 내용을 보면 발음 학습이 아니라 음운 변동 규칙을 탐구하는 것이다(이창근, 2007: 59). 이런 현상이 생긴 이유는 '습득된 능력'과 '학습할 지식'에 대한 고민이 부족했기 때문이다.

[그림 2]는 2009 교육과정에 의한 국어 교과서 3학년 1학기의 발음 학습의 예이다. [그림 2]의 내용은 학습자들이 습득된 능력으로는 해결하기 힘들 수 있는 발음 오류를 교정하는 내용이다. 개별 학습자들의 발음 습관은 다양하다. 다양한 발음을 표준 발음법에 맞게 발음할 수 있도록 의도한 학습 내용이다.

[그림 2] 2009 개정 국어 교과서 3학년 1학기 3단원 우리말 다지기

[그림 1]과 [그림 2]는 발음학습을 다루고 있다는 면에서는 동일하지만 기대한 결과는 다르다. 이처럼 문법 교육에서는 '습득된 능력'과 '학습할 지식'이 공존하기 때문에 교육 내용을 선정할 때는 이 둘을 잘 구분해야 한다.

셋째, 문법 능력은 국어 자료를 관찰하고 조작하는 활동을 통해 길러진다. 학습자들의 문법 능력은 문법에 관한 지식을 가르친다고 길러지는 것이 아니라, 국어 자료를 관찰하고 조작하는 활동을 통해 길러진다(이창근, 2007: 62). 윤국한(2007: 414~415)은 모국어 지식이 가진 장점이자 단점을 모호함과 자동화, 조건화라 하였다. 이들을 단점으로 본다면, 학습자들이 국어 사용을 모호한 상태에서 자동화된 채로 사용한다면 문법 능력은 발달하지 않는다. 이런 단점을 극복하는 방법은 국어 자료를 관찰하고 조작하는 것이다.

이창근(2007: 62)에서는 문법 능력의 향상 과정을 [그림 3]과 같이 제시하고 있다.

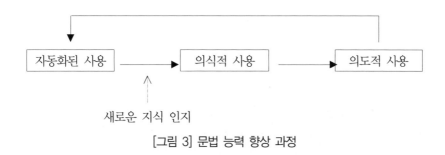

[그림 3] 문법 능력 향상 과정

위의 과정에서 교사가 할 일은 새로운 지식을 제공하는 것과, 이를 통해 학습자들이 의식적으로 국어를 사용하도록 하는 일이다. 여기서 주목할 것은 이 과정이 일회성으로 끝나는 것이 아니라, 순환한다는 점이다.

이창근(2007: 66)에서는 위의 과정을 좀 더 세분화하여 문법 교육의 방법[10]을 제안하고 있다.

[그림 4] 이창근(2007: 66)의 문법 교육 방법

위 과정에서 교사가 할 일은 학습자들이 문제를 지각하도록 해 주고, 관찰·조작·연습을 할 수 있도록 국어 자료를 제공하고, 각각의 방법을 알려 주거나 스스로 찾을 수 있도록 도와주는 일이다. 이때 활용하는 국어 자료는 실제 학생들이 사용하는 국어여야 한다. 그 이유는 문법 교육에서

---

10 이창근(2007)의 문법 교육 방법 중에서 '각성' 단계에 관한 자세한 논의는 최규홍(2009)를 참조할 수 있다.

학습한 지식을 언어 사용 과정에서 표현하고 이해할 수 있게 하는 것이 초등학교 문법 교육에서 담당해야 하기 때문이다(최규홍, 2009: 51).

문법 능력은 국어 자료를 관찰하고 조작하는 활동을 통해 길러지므로 문법 교육은 국어 자료를 학습자들이 직접 관찰하고 조작하는 활동으로 이루어져야 한다.

4. 문법 교육 내용

2015 개정 교육과정에 따른 문법 영역 내용 체계 및 학년군 지도 내용은 다음과 같다.

가. [문법] 내용 체계

핵심 개념	일반화된 지식	학년(군)별 내용 요소			기능
		초등학교			
		1~2학년	3~4학년	5~6학년	
▶국어의 본질	국어는 사고와 의사소통의 수단이 되는 기호 체계로서, 언어의 보편성을 바탕으로 하여 고유한 국어문화를 형성하며 발전한다.			• 사고와 의사소통의 수단	• 문제 발견하기 • 자료 수집하기 • 비교 · 분석하기 • 분류 · 범주화하기 • 종합 · 설명하기 • 적용 · 검증하기 • 언어생활 성찰하기
▶국어 구조의 탐구와 활용 • 음운 • 단어 • 문장 • 담화	국어는 음운, 단어, 문장, 담화로 구성되며 이들에 대한 탐구를 통해 국어 지식을 얻고 이를 언어생활에 활용할 수 있다.		• 낱말의 의미 관계 • 문장의 기본 구조	• 낱말 확장 방법 • 문장 성분과 호응	
▶국어 규범과 국어생활 • 발음과 표기 • 어휘 사용 • 문장 · 담화의 사용	발음 · 표기, 어휘, 문장 · 담화 등 국어 규범에 대한 이해를 통해 국어 능력을 기르고 바른 국어생활을 할 수 있다.	• 한글 자모의 이름과 소릿값 • 낱말의 소리와 표기 • 문장과 문장 부호	• 낱말 분류와 국어사전 활용 • 높임법과 언어 예절	• 상황에 따른 낱말의 의미 • 관용 표현	
▶국어에 대한 태도 • 국어 사랑 • 국어 의식	국어의 가치를 인식하고 국어를 바르게 사용할 때 국어 능력이 효과적으로 신장된다.	• 글자 · 낱말 · 문장에 대한 흥미	• 한글의 소중함 인식	• 바른 국어 사용	

나. [문법] 학년별 지도 내용

문법 영역의 교육 내용은 학습자가 기초문식성을 습득하여 학교에서의 국어 생활에 원활히 적응할 수 있으며, 낱말과 문장을 사용하는 능력과 한글을 소중히 여기며 언어 예절을 지키며 의사소통하는 능력을 갖추고, 어법에 맞고 바람직한 문장과 언어 표현을 사용하는 태도를 기르는 데 목적이 있다.

문법 영역의 교육 내용은 쓰기 영역의 교육 내용은 몇 가지를 고려하여 성취기준을 제시하였다. 첫째, 영역 통합적 성취기준을 구안하였다. 문법적 지식의 '사용'이나 '활용' 측면은 주로 쓰기와 말하기 장면을 염두에 두었다. 그리고 발음 측면은 말하기와 연관 지을 수 있고, 표기 측면은 쓰기와 연관 지을 수 있으며, 낱말을 바르게 읽기와 관련된 측면은 읽기와 연관 지을 수 있다. 따라서 문법적 지식의 사용이나 활용은 듣기·말하기, 읽기, 쓰기와 폭넓게 통합된다고 볼 수 있다. 둘째, 문법 태도 관련 성취 기준을 학년군별로 빠짐없이 배열하였다.(김창원 외, 2015:129~140).

문법 영역의 학년별 지도 내용은 다음과 같다.

(1) 1~2학년 성취기준 및 성취기준 해설

> [2국04-01] 한글 자모의 이름과 소릿값을 알고 정확하게 발음하고 쓴다.
> [2국04-02] 소리와 표기가 다를 수 있음을 알고 낱말을 바르게 읽고 쓴다.
> [2국04-03] 문장에 따라 알맞은 문장 부호를 사용한다.
> [2국04-04] 글자, 낱말, 문장을 관심 있게 살펴보고 흥미를 가진다.

- [2국04-02] 이 성취기준은 소리와 표기가 일치하는 낱말과 그렇지 않은 낱말이 있음을 알고 소리와 표기 사이의 관계를 이해하여 낱말을 바르게 쓰는 능력을 기르기 위해 설정하였다. 소리와 표기가 일치하는 쉬운 낱말부터 소리와 표기가 일치하지 않는 낱말로 점차 학습 범위를 확장하며 소리와 표기가 일치하지 않는 낱말을 어법에 맞게 적을 수 있도록 한다. 또한 소리와 표기가 일치하는 낱말이나 그렇지 않은 낱말을 그 소릿값에 맞게 바르게 읽을 수 있도록 한다.

- [2국04-04] 이 성취기준은 주변의 글자, 낱말, 문장에 대해 무심코 넘어가지 않고 민감하게 받아들이며 호기심을 바탕으로 탐구하는 자세를 기르기 위해 설정하였다. 예를 들어 낱자 하나를 바꾸면 낱말의 의미가 달라지거나 하나의 글자가 여러 낱말에서 쓰일 수 있는 것을 발견하는 등 일상생활에서 사용하는 글자, 낱말, 문장에 관심을 갖도록 하는 데 중점을 둔다.

(2) 3~4학년 성취기준 및 성취기준 해설

[4국04-01] 낱말을 분류하고 국어사전에서 찾는다.
[4국04-02] 낱말과 낱말의 의미 관계를 파악한다.
[4국04-03] 기본적인 문장의 짜임을 이해하고 사용한다.
[4국04-04] 높임법을 알고 언어 예절에 맞게 사용한다.
[4국04-05] 한글을 소중히 여기는 태도를 지닌다.

- [4국04-01] 이 성취기준은 낱말 분류에 대한 기초적인 지식을 바탕으로 하여 국어사전에서 낱말을 정확하게 찾는 능력을 기르기 위해 설정하였다. 형태(모양)나 의미 등을 생각하면서 여러 가지 낱말을 분류해 보는 활동을 통해 주요 품사(명사, 동사, 형용사)를 변별할 수 있도록 한다. 이를 통해 낱말의 기본형을 이해하고 국어사전에서 낱말을 찾는 방법을 지도한다.

- [4국04-02] 이 성취기준은 낱말들이 의미 관계를 가지고 있음을 알고 어휘에 대한 관심과 호기심을 갖도록 하기 위해 설정하였다. 비슷한 말, 반대말, 상·하위어에 중점을 두어 낱말 간의 의미 관계를 지도하고, 연상 활동이나 말놀이를 통해 다양한 어휘를 익힐 수 있게 한다. 그리고 비슷한 말, 반대말, 상·하위어 등을 여러 상황에서 활용해 봄으로써 어휘력을 신장하도록 한다.

- [4국04-03] 이 성취기준은 기본적인 문장의 짜임을 익히고 이에 따라 문장을 만드는 능력을 기르기 위해 설정하였다. 문장은 기본적으로 동작이나 상태의 주체를 나타내는 부분(주어부)과 주체에 대해 서술하는 부분(서술어부)으로 나눌 수 있다. 주어부와 서술어부의 역할을 이해하고 정확하게 문장을 사용하도록 한다. 단, 주어나 서술어와 같은 문장 성분은 다루지 않는다.

- [4국04-05] 이 성취기준은 한글의 소중함과 제자 원리에 대한 기초적인 이해를 바탕으로 하여 한글을 바르게 사용하고 가꾸려는 태도를 기르기 위해 설정하였다. 한글이 어떤 점에서 우리에게 소중한 의미를 갖고 있는지, 어떤 면에서 독창적이고 과학적인지 등을 탐구함으로써 한글의 우수성과 독창성을 알고 한글을 사랑하는 마음을 가질 수 있게 한다.

(3) 5~6학년 성취기준 및 성취기준 해설

[6국04-01] 언어는 생각을 표현하며 다른 사람과 관계를 맺는 수단임을 이해하고 국어생활을 한다.
[6국04-02] 국어의 낱말 확장 방법을 탐구하고 어휘력을 높이는 데에 적용한다.
[6국04-03] 낱말이 상황에 따라 다양하게 해석됨을 탐구한다.
[6국04-04] 관용 표현을 이해하고 적절하게 활용한다.
[6국04-05] 국어의 문장 성분을 이해하고 호응 관계가 올바른 문장을 구성한다.
[6국04-06] 일상생활에서 국어를 바르게 사용하는 태도를 지닌다.

• [6국04-01] 이 성취기준은 언어가 자신의 느낌을 표현하는 수단이자 인간관계 형성의 수단임을 알고 국어 활동을 하는 자세를 기르기 위해 설정하였다. 언어의 기능에는 지시적 · 정보적 · 친교적 · 정서적 · 명령적 기능이 있는데, 언어가 대상과 상황 맥락에 따라 다양하게 표현되어 인간관계 형성에 중요한 영향을 미친다는 것을 이해하게 하는 데 중점을 둔다.

• [6국04-02] 이 성취기준은 낱말의 확장 방법(합성, 파생)을 이해하고 이를 바탕으로 하여 낱말의 의미를 정확하게 파악함으로써 다양한 언어 사용 상황에서 적절하게 활용하는 능력을 기르기 위해 설정하였다. 우리가 접하는 낱말들은 다양한 낱말 확장 방법에 의해 만들어졌음을 탐구 활동을 통하여 이해하도록 한다. 또한 여러 가지 확장 방법을 통해 만들어진 낱말의 의미를 추론하고 의사소통 상황에서 적절하게 사용할 수 있도록 한다.

• [6국04-03] 이 성취기준은 상황에 따라 낱말이 다양하게 해석될 수 있음을 알고 상황에 따라 낱말의 구체적인 의미를 파악하는 능력을 기르기 위해 설정하였다. 낱말의 의미는 의사소통 상황의 구체적인 맥락이나 문맥에 따라 달라질 수 있다. 소리는 같고 뜻은 다른 낱말이나 다양한 의미를 갖는 낱말을 주요 학습 대상으로 하며, 낱말들의 의미가 어떻게 다른지를 다양한 사례를 통해 탐구하도록 한다.

5. 문법 교육 방법

여기에서는 문법 교육 방법에 대해 간략히 소개하고자 한다. 첫째, 문법 교육은 국어 사용과 관련되도록 지도해야 한다. 문법 교육의 목표 중 중요한 부분 중 하나가 국어 사용을 더 잘하도록 하는 것이다. 기존의 문법 교육이 지식을 습득하는 데 초점이 맞추어져 있었다면 이제는 습득한 지식을 활용하여 국어 사용을 더 잘하는 데 기여하는 방향으로 문법 교육의 방향을 바꿀 필요가 있다.

예를 들면, 국어 낱말을 구성 방식에 따라 분류하면 단일어와 복합어로 나눌 수 있고, 복합어는 다시 합성어와 파생어로 나눌 수 있다. 이 내용을 아는 것도 의미 있지만 한발 더 나아가 합성어와 파생어는 독립된 단어이므로 띄어 쓰지 않고 붙여 써야 한다는 맞춤법 지도와 관련지어 지도하는 것이 바람직하다. 또 다른 예를 들면, 문장 성분에 관한 학습은 문장의 필수 성분을 갖추어 써야 필자의 의도가 독자들에게 더 잘 전해진다는 문장 쓰기 지도와 관련짓는 것이 바람직하다. 이처럼 문법 영역의 지도 내용이 단순한 지식 암기로 끝나지 않고 국어 사용에 실질적으로 기여할 수 있을 때 문법 교육의 정체성이 더 뚜렷해질 것이다.

둘째, 문법 교육 자료는 실생활에서 사용하는 언어여야 한다. 기존의 문법 교육에서 사용된 자료는 정확하게 표현된 자료만을 대상으로 하는 경향이 있었다. 문법 교육에 사용되는 자료가 실생활에 사용되는 언어일 때 학습자들이 더 친숙해 하고, 일상에서 사용하는 언어의 문제점도 더 잘 파악할 수 있다. 그러므로 각종 매체(텔레비전, SNS, 인터넷 등)에서 사용하는 표현이나 초등 학습자들이 일상적으로 사용하는 언어를 교수 학습의 자료로 이용하는 것이 바람직하다. 일상에서 사용하는 언어 중에서 문법에 맞지 않는 표현은 어떤 장점을 가지고 있는지, 어떤 문제점이 있는지, 사람들은 왜 그런 표현을 쓰는지 등에 대해 탐구하고 서로 토론하는 활동을 통해 학습자들이 일상의 언어에 관심을 가지고 바르게 사용하려는 의식이 싹틀 수 있다.

셋째, 실제 언어생활과 관련 있는 상황 맥락을 제공해야 한다. 학습 상황이 실제 상황과 유사할 때 학습자들은 해당 학습의 중요성을 더 잘 인식하고 학습에 더 집중하게 된다. 반대로 학습 상황이 실제 생활과 관련성이 적으면 학습자들은 해당 학습을 의무감으로 대하게 되며, 이로 인해 학습 의욕이 저하되고, 학습의 결과도 좋지 않게 된다.

제 6 장

문학 교육의 이해

1. 문학 교육의 중요성

　문학이 지금과 같이 제도적인 교육의 대상이 되기 훨씬 이전부터 사람들은 이야기를 즐기고, 시를 짓고 외웠으며, 문학을 가르치고 배워왔다. 문학 작품은 인간의 삶을 예술적인 언어로 형상화하였기 때문에 다양한 문학 작품에는 인간에 대한 깊은 이해가 담겨있다. 그래서 문학은 동서양을 막론하고 인문학의 가장 중요한 과목으로 인정받아 온 것이다. '시를 공부하지 않고서는 말할 게 없다'[11]는 공자의 말씀은 문학이 인류의 삶 속에서 어떤 역할을 해 왔는지를 웅변하고 있는 것이다.

　이렇게 인류의 지혜와 삶의 지침이 되어왔던 문학이 제도 교육의 틀 속에 들어와 '국어'라는 교과의 하위 영역으로 자리 잡게 되고 교육과정과 교과서로 구체화되면서 문학 교육은 이전보다 더 체계적이고 효과적으로 학생들의 문학 능력의 향상에 기여하게 되었으며, 문학은 학교 교육의 영역 가운데 중요한 위치를 차지하게 되었다.

　문학이 인류의 역사에서 차지해 온 역할과 문학의 본질을 생각해 볼 때, 문학을 가르치고 배우는 근본적인 이유는 문학 작품을 통하여 삶의 지혜와 인생의 의미를 깨닫고 인류 언어의 정수인 언어 문화를 창조하고 향유하게 하는 것이라 할 수 있다. 그러므로 문학 교육의 목표는, 문학 교육을 받은 주체가 삶에 대한 통찰과 이해가 깊어지며, 언어 예술의 아름다움을 체험하여, 문학을 삶 속에서 즐길 수 있는 능력이나 성향을 길러주는 것이라고 할 수 있다. 문학 교육의 중요성과 목표를 정리하면 다음과 같다.

---

[11] 論語, 季氏篇, '不學詩 無以言'

1) 삶의 총체적 이해

문학은 우리 삶을 총체적으로 이해하게 하는 데 큰 의의가 있다. 문학 작품에는 인간 존재의 모든 양상, 즉 개인적 삶과 사회적 삶, 세속적 욕망과 성스러운 고결성, 선과 악 등이 복합적으로 표현되어 있다. 훌륭한 문학 작품은 이러한 인간의 모습을 총체적으로 이해하게 하고, 그러한 삶의 모습을 구체적으로 보고 느낄 수 있게 한다. 사회학이나 역사학, 인류학 등이 인간 존재의 어떤 국면을 예각화하여 설명하는 것과는 달리 문학 작품에 포함되어 있는 삶의 모습은 복합적이며 총체적이기 때문이다.

2) 문학적 문화의 고양

과학적 합리주의의 세계관, 과학 기술의 급격한 발달은 인간이 자연을 정복할 수 있다는 믿음을 가져왔지만, 이는 인간을 자연으로부터 유리시키는 결과를 가져왔을 뿐만 아니라 인간 소외현상을 불러오기도 하였다. 이와 같은 문제를 극복하고 인간다운 인간으로 살아가기 위해서는 도덕적 자율성, 예술적 감성 함양과 같은 정의 교육이 강조되는 바, 예술은 논리가 아니라 감성으로 인간다운 삶이 무엇인지를 깨닫게 한다. 특히 언어 예술인 문학은 인간 사회의 의사 소통 도구인 언어를 사용하여 인간의 삶에 대해 고뇌하고, 바람직한 삶의 길을 제시한다. 문학 작품을 읽고 인간 존재에 대한 이해를 깊게 하며, 삶의 교훈을 깨닫고, 감정을 순화하는 문학적 문화의 체험은 문학 교육의 중요한 목표가 된다.

3) 심미적 정서의 함양

자연이나 예술 작품에서 아름다움을 발견하고 그 기쁨을 누리는 태도는 개인의 선천적인 기질이나 성격에 기인하기도 하지만, 교육에 의해서 더 세련되고 심화될 수 있다는 것이 학자들의 보편적인 견해이다. 문학 작품은 사상과 감정을 언어로 표현한 구조물이기 때문에 작품 속에 감추어진 의미를 발견하고 자기화하는 과정에서, 또는 아름다운 문장과 문학 장치를 깨닫는 과정에서 심미적 경험이 일어나게 되는 것이다. 수용미학에서는 문학텍스트를 읽고 독자가 텍스트의 의미를 구성하였을 때, 비로소 텍스트는 '작품'(work)이 된다고 주장하고 있는데, 이는 텍스트와 독자 사이의 소통 과정, 작가와 독자 사이의 소통 과정에서 심미적 경험이 일어난다는 점을 강조하고 있는 것이다. 최근의 문학 교육은 독자의 주체적인 반응을 강조하고 있는 바, 이는 문학 텍스트가 발휘하는 심미적 반응을 전제로 하는 것이다.

4) 상상력 발달

'상상력'이라 하면 이성에 대립되는 개념으로 생각하기 쉽지만, 그것은 낭만주의 시론의 전통이라 할 수 있고, 칸트 이후 보편적으로 받아들여지는 상상력이란 정서와 지성을 모두 작동시켜서 여러 체험의 요소들을 종합적으로 조직하여 새로운 가치를 창조하는 정신 능력을 말하는 것이다. 즉, 상상력은 새로운 가치를 창조하는 능력뿐만 아니라, 인식의 과정에서도 필요한 요소이다. 특히 문학에서의 상상력은 언어적인 상상력이라 할 수 있는데, 이는 ① 작품을 심층적으로 해석하는 능력, 예컨대 시를 읽고 세계를 자아화하는 능력 ② 인간적 가치를 체험하는 능력, 예컨대 소설을 읽고 현실과 자아를 대조하면서 자아를 확장해가는 능력 ③ 작품을 읽고 현실 세계의 결핍과 불만족을 초월적으로 극복하는 대안을 제시하는 능력, 예컨대 새로운 문학 작품을 창작하는 능력 등을 포괄하는 것이다.

2. 문학 교육의 특성

문학 교육은 문학 작품을 읽고, 감상하며, 문학 작품을 창작하고, 문학 작품의 가치를 내면화하는 등의 문학 현상이 바람직하게 이루어지도록 하기 위한 계획, 실천, 평가의 과정을 뜻한다. 문학 현상이란 제도적 교육의 장에서 의도적으로 행해질 수도 있고, 일상생활 속에서 비의도적으로 이루어질 수도 있는데, 여기서는 문학 교실에서의 의도적인 행위의 과정을 다루기로 한다. 문학 교실이란 교사와 학습자가 문학을 매개로 하여 만나는 물리적 공간이며, 교수 학습의 현장이다. 따라서 문학 교육이 실천적으로 구현되는 교수—학습의 상황 전체를 가리키는 개념이다(국어교육학 사전, 1999).

문학 교육에 영향을 미치는 요인으로는 텍스트(작품), 독자(학생), 교수 학습 상황(교사)을 들 수 있는데 여기서는 초등 문학 교육에는 어떤 요인이 관여되며, 어떻게 상호작용을 하는지 살펴보기로 하자.

가. 텍스트 요인: 아동문학 작품

초등학생들이 읽는 문학 작품을 '아동 문학'이라고 말하는데, 아동문학은 성인 작가가 어린이를 독자로 하여 감동과 교훈을 주고자 창작한 모든 문학 작품이라고 정의할 수 있다(신헌재 외, 2009). 채트먼은 서사 텍스트의 내부 존재와 외부 존재를 가름으로써 실제 작가와 내포작가, 실제 독자와 내포독자를 구분한 바 있는데(조정래, 1995), 다음과 같은 기호소통모델은 아동문학 작품의 독자 범주를 설명하는 데 유용하다.

서사 텍스트

실제 작가 —　┌──┐　— 실제 독자
　　　　　　　│　내포작가 − (서술자)−(피서술자) − 내포독자　│
　　　　　　　└──┘

[그림 1] 채트먼의 '기호 소통 모델'

[그림 1]의 사각형 안은 서사 텍스트의 의사 소통 내부이다. 실제 작가와 실제 독자는 소통 과정의 외부에 속한다. 서술자는 이야기를 들려주는 이야기꾼이며, 피서술자는 그 이야기를 듣고 있는 청자를 말한다. 또 내포 작가는 유추적인 존재로 그 서술자(이야기꾼)을 조정하는 존재, 전달과정을 통제하는 누군가를 말한다. 내포 독자는 내포 작가가 조정하는 이야기를 읽는 존재이므로 예상 독자라고도 할 수 있다. 아동문학 작품의 예상 독자 즉 내포 독자는 아동이다. 물론 실제 독자도 아동인 경우가 많지만 때로는 교사나 학부모가 실제 독자가 되는 경우도 있다. 그래서 아동 문학의 작가가 작품을 창작할 때는 아동을 겨냥해야 하지만 때로는 교사나 학부모를 의식하는 경우도 발생한다. 즉, 아동문학이란 내포독자를 어린이로 상정한 문학이며, 아동문학 작품의 특성을 형식상의 특성과 내용상의 특성으로 나누어 살펴보면 다음과 같다.

(1) 아동문학의 형식상의 특성

① 어린이들은 생각하고 이해하는 바가 비교적 단순하고 호흡이 짧기 때문에 쉬운 어휘와 간결한 문장으로 이루어져 있다.

② 아동문학은 성인문학에 비해 작품의 줄거리와 플롯 구조가 단순하다. 어린이들은 사건 위주로 전개되는 이야기를 좋아하고, 단순 명쾌한 플롯을 선호한다.

③ 작가가 읽어주기를 기대하는 내포독자와 현실에서 읽게 되는 실제독자가 불일치하는 경우가 있다. 어떤 아동문학 작품은 어린이의 옆이나 뒤에 있는 어른을 무의식적으로 향하기도 하는데 이를 '양가적(兩價的) 텍스트'라고 부른다.

(2) 아동문학의 내용적 특성

① 아동문학은 지적으로나 도덕적으로 미성숙한 어린이를 독자로 하기 때문에 교육적 의도를 지니는 경우가 많다. 모든 좋은 문학은 어떤 의미로든 교육성을 지니지 않을 수 없지만, 성인 작가의 노파심으로 교육적 의도가 노골적으로 드러나면 문학성이 떨어지게 되므로 바람직하지 않다. 아동문학은 전통적으로 권선징악이나 교훈적인 주제가 많고, 죽음이나 이혼, 전쟁, 빈곤 같은 현실의

문제를 다루지 않는 경향이 있었으나 점차 이 경계를 허물어뜨리는 작품이 산출되고 있다.

② 아동문학은 성인문학에 비해 비현실적인 판타지적 요소를 많이 지니고 있다. 어린이들은 발달 단계상 물활론적이고 애니미즘적인 경향을 지니고 있으며, 상상력이 풍부하므로 환상적이고, 비현실적인 이야기를 좋아한다.

나. 독자: 어린이 독자

아동문학의 내포독자를 초등학교 학생으로 상정하더라도 그들의 인지적, 언어적, 사회적 발달 단계의 편차는 매우 크다. 저학년 어린이와 고학년 어린이 사이의 현격한 격차로 인해 텍스트의 수준과 내용도 크게 달라질 수밖에 없다(신헌재 외, 2009).

저학년 어린이들은 동물과 장난감을 의인화한 이야기를 좋아하고, 리드미컬한 문장에 몸 전체로 반응한다. 주의집중 시간이 짧아서 한 자리에서 끝나는 짧은 이야기를 좋아하며 같은 이야기를 반복해서 듣기를 즐긴다. 이 시기 어린이들은 자신만의 세계를 중심으로 모든 것을 이해하고 느끼는 자기중심적 특성을 지니고 있으며 점차, 타인의 감정을 이해하고 타인이나 동물에 대한 감정이입이 발달하기 시작한다.

중학년 어린이들은 좀더 폭넓은 언어적 능력을 지니게 되므로, 수수께끼, 꼬리따기와 같은 말놀이에 흥미를 느끼기 시작하며, 친구나 이웃, 모험에 흥미를 느끼고, 선과 악의 특성이 분명히 드러나는 인물이 나오는 이야기를 좋아한다. 이 시기 어린이들은 작품의 전체 이야기를 요약할 줄도 알게 되고, 친구와 독서 감상을 서로 이야기하고 싶어 하며, 동료들의 반응에 영향을 받기도 한다.

고학년 어린이들은 언어 사용과 추상 개념 이해에 있어 좀더 숙련된 능력을 드러내기 시작한다. 이야기의 분석적 이해가 가능하며, 이유를 들어 비판할 줄 알게 되고, 문학 작품의 세계를 실제 삶과 비교하며 이해하기 시작한다. 지적, 정서적으로 크게 발달하는 시기이므로, 좀 더 정교한 플롯과 복잡한 문학적 장치에 흥미를 보이고, 죽음이나 노화 같은 인생론적인 주제나, 빈곤, 전쟁 같은 사회문제를 다룬 작품에도 깊은 관심을 갖게 된다.

다. 교수 학습 상황

(1) 텍스트 생산과 수용 중심의 교수 학습

현행 국어 교과서는 목표 중심 단원 구성 체제로 구성되어 있다. 목표 중심의 단원 구성이라 함은 교육과정의 '성취기준(내용)'을 해석하고 상세화하여 단원의 목표로 진술하고, 목표를 중심으로 교수 학습을 위한 텍스트를 선정하며, 학습할 내용을 구성하는 방식을 말한다. 단원의 목표를 분명히 진술하면, 도달점 행동이 분명하므로, 수업의 초점이 분명하고 일관성 있는 수업을 할 수 있다.

문학 단원의 경우도 단원의 목표를 달성하기에 효과적인 작품을 제시하고, 그에 따른 학습 활동을 하도록 구성하게 되는데, 이렇게 될 경우 목표를 달성하기에는 효율적이지만 작품의 총체적인 이해와 감상이 어렵게 된다. 작품의 문학성은 언어의 아름다움, 작품의 미적 구조, 감동적인 주제 등이 복합적으로 작용하여 빚어내고 있는 것이어서, 작품을 읽고 감상할 때는 다양한 측면에서의 접근이 요구된다. 예컨대, '비유적 표현을 이해하며 시를 읽을 수 있다'라는 수업 목표를 위해 "산새알 물새알"이라는 시를 제시하고 수업을 진행한다면, '비유'를 학습하는 데에만 초점이 맞추어질 것이고, 결과적으로 이 시의 아름다움을 형성하는 시각적 이미지, 후각적 이미지, 반복적 운율, 대구법이 주는 즐거움 등은 놓치게 될 것이다.

그러므로 교과서를 개발할 때, 목표 중심 단원 편성 방식으로 단원을 구성한다고 하더라도 학습할 내용을 목표에 한정할 것이 아니라, 문학성 높은 작품을 제시하여 작품의 주제와 미적 특성, 감동을 충분히 이해, 감상할 수 있도록 구성해야 할 것이며, 수업을 할 때에도 그 작품의 문학적 아름다움과 감동을 이해하고 내면화하기에 적절한 활동을 해야 한다.

(2) 학습자 중심의 능동적 학습 지향

문학 교육은 지식 교육에 멈추지 않고, 텍스트의 감동을 마음으로 체험하고 내면화하는 데까지 나아가는 것이 더 중요하다. 성급한 어른들은 문학 텍스트에서조차 메시지에만 집중하여 어떤 유익함만을 추구하는 경향이 있는데, 쾌락적 기능은 교훈적 기능과 더불어 예로부터 문학의 중요한 기능으로 인정되어왔다. 즉, 문학 수업은 학습자가 문학의 즐거움을 체험할 수 있게 도와주는 것이 중요한 목표가 되어야 하며, 그렇게 되기 위해서는 학습자의 자발적이고 능동적인 참여가 요구된다.

따라서 문학 영역의 교수 학습은 교사 중심의 주입식 교육보다는 학습자 중심의 자기 주도 학습을 지향해야 하며, 제재를 선정할 때에도 학습자의 공감과 흥미를 유도할 수 있는 작품을 싣도록 배려해 한다. 동시 제재의 경우 아이들은 성인이 쓴 세련된 동시보다는 동료의 작품에 쉽게 공감하고 즐거움을 느끼는 경향이 있다. 그것은 아동의 작품이 학습자의 감정이나 체험과 유사하므로 더 절실하고 쉽게 공감할 수 있기 때문이다.

(3) 자기 교육성과 평생 교육 지향

최근의 인지 심리학의 연구 결과에 따르면 독서의 정의는 '의미의 재구성 과정'으로 이해되지만 전통적인 관점에서는 독서를, 모범적인 내용에 대한 감화와 인격의 함양, 정신의 도야 등으로 이해한다. 이러한 전통적인 관점은 현재에도 독서를 바라보는 중요한 관점의 하나로 인식되고 있다. 책은 인류가 문자를 발명한 이후 축적해온 지혜와 경험이 녹아 있기 때문에 옛사람들은 책을 읽는 행위 자체를 선인명현의 가르침을 수용하는 것으로 이해했던 것이다.

현대는 독서의 자료가 다양해지고 독서의 목적도 실용성을 추구하는 경향을 보이고 있지만, 시대가 바뀌었다고 해서 전통적 관점의 독서관이 틀렸다고는 할 수 없다. 자기 교육성은 독서의 중요한 목적으로 유효성을 인정받고 있으며, 특히, 인격의 함양과 교양의 습득, 자아성찰의 독서 자료로 가장 적절한 것은 역시 문학 작품이다. 그래서 초등학교에서 '독서'라 하면 거의가 '동화'를 떠올리게 되는데 이는 이야기를 좋아하는 아이들의 특성과 이야기를 통하여 인격 교육과 생활 교육을 하고자 하는 어른들의 요구가 맞아떨어진 결과라고 할 수 있다. 그 과정이야 어쨌든 아이들은 문학 작품을 읽으며, 저자와 대화를 나누기도 하고, 현실적 자아와 공감적 자아가 대화를 나누는 과정에서 자아를 성찰하고 자신의 삶을 총체적으로 조망하는 기회를 갖게 된다. 그러므로 학교에서의 문학 교육은 이와 같은 독서 자세를 격려해야 하고 문학 작품 읽기를 즐기는 태도와 바람직한 독서 습관을 형성하도록 하는 계기가 되어야 한다.

(4) 언어기능 학습과 긴밀한 관련성

문학 교육은 문학 작품을 대상으로 하는 것으로 언어 기능 영역의 학습과는 다른 예술적 성격을 가지고 있는 것이 사실이지만 문학 작품 또한 언어를 수단으로 하기 때문에 읽기와 쓰기, 말하기와 듣기 같은 언어 기능 학습과 긴밀한 관련성을 가질 수밖에 없다. 일기, 연설, 기행문, 회고록 등의 실용적인 텍스트라도 최고의 경지에 이르면 문학 작품으로 승화되는 경우가 많다. 이순신의 난중일기나 안네의 일기, 처칠 회고록 등은 뛰어난 문학 작품으로 인정 되는 바, 이렇게 실용적인 글과 문학적인 글을 뚜렷이 경계 지을 수 없는 것은 언어 기능 영역과 문학 영역의 학습이 긴밀하게 관련될 수 있음을 말해 주는 것이다.

훌륭한 문학 작품을 많이 읽게 되면 자연스럽게 독해력이 길러지게 되고, 좋은 문장을 많이 읽으면 모르는 사이에 그 어휘와 문장이 독자의 의식 속에 잠복되어 말을 할 때나, 글을 쓸 때에 저절로 문학적인 표현이 가능하다는 것이다. 문학 교육 자체가 자연스럽게 언어 기능 교육의 효과를 겸하게 되기도 하지만, 언어 기능의 교수 학습을 목적으로 문학 텍스트를 이용하는 것도 좋은 방법이다.

읽기 기능과 쓰기 기능을 지도할 때에 비문학 텍스트보다 문학 텍스트가 훨씬 효과가 높을 때도 있는데, 이는 본성적으로 이야기를 좋아하는 인간의 특성에 기인하는 것이다.

3. 문학 교육 내용

2015 개정 교육과정에 따른 문학 영역의 내용 체계 및 학년별 지도 내용은 다음과 같다.

가. [문학] 내용 체계

핵심 개념	일반화된 지식	학년(군)별 내용 요소			기능
		초등학교			
		1~2학년	3~4학년	5~6학년	
▶문학의 본질	문학은 인간의 삶을 언어로 형상화한 작품을 통해 즐거움과 깨달음을 얻고 타자와 소통하는 행위이다.			• 가치 있는 내용의 언어적 표현	• 몰입하기 • 이해 · 해석하기 • 감상 · 비평하기 • 성찰 · 향유하기 • 모방 · 창작하기 • 공유 · 소통하기 • 점검 · 조정하기
▶문학의 갈래와 역사 • 서정 • 서사 • 극 • 교술 ▶문학과 매체	문학은 서정, 서사, 극, 교술의 기본 갈래를 중심으로 하여 언어, 문자, 매체의 변화와 함께 시대에 따라 변화해 왔다.	• 그림책 • 동요, 동시 • 동화	• 동요, 동시 • 동화 • 동극	• 노래, 시 • 이야기, 소설 • 극	
▶문학의 수용과 생산 • 작품의 내용 · 형식 · 표현 • 작품의 맥락 • 작가와 독자	문학은 다양한 맥락을 바탕으로 하여 작가와 독자가 창의적으로 작품을 생산하고 수용하는 활동이다.	• 작품 낭독 · 감상 • 작품 속 인물의 상상 • 말놀이와 말의 재미 • 일상생활에서 겪은 일의 표현	• 감각적 표현 • 인물, 사건, 배경 • 이어질 내용의 상상 • 작품에 대한 생각과 느낌 표현	• 작품 속 세계와 현실 세계의 비교 • 비유적 표현의 특성과 효과 • 일상 경험의 극화 • 작품의 이해와 소통	
▶문학에 대한 태도 • 자아 성찰 • 타자의 이해와 소통 • 문학의 생활화	문학의 가치를 인식하고 인간과 세계를 성찰하며 문학을 생활화할 때 문학 능력이 효과적으로 신장된다.	• 문학에 대한 흥미	• 작품을 즐겨 감상하기	• 작품의 가치 내면화하기	

나. [문학] 학년별 지도 내용

문학 영역의 교육 내용은 문학에 대한 친밀감과 흥미를 느끼고, 학습자의 흥미와 발달 단계에 맞는 작품을 찾아 읽고 감상의 결과로 능동적으로 표현하며, 문학의 내용과 형식적 특성에 대한 이해를 바탕으로 작품을 수용하고 다양한 갈래로 표현하며 다른 독자들과 능동적으로 소통하는 데 목적이 있다.

문학 영역의 교육 내용은 몇 가지를 고려하여 성취기준을 제시하였다. 첫째, 매체 환경의 변화를 반영하였다. 달라진 문학의 수용 및 생산 방식이나 미디어 시대에 새롭게 부각된 소통 장르 등을 폭넓게 수용하여 문학 교육의 내실화를 기하고자 '매체'를 핵심 개념으로 설정하였다. 둘째, 성취기준 선정 시 국어 교과 역량을 관련지어 배정하였다. 가령, '문학에 대한 태도' 관련 성취기준은 자기 성찰·계발 역량 함양과 관련되고, '문학의 수용과 생산' 관련 성취기준은 비판적·창의적 사고 역량 및 의사소통 역량과 관련시켰다. 셋째, 학습자의 발달 수준과 현장의 요구를 반영하여 성취기준을 배정하였다. 3~4학년군 성취기준 '작품 속의 세계와 현실 세계의 공통점과 차이점을 안다.'을 학습하기에 어렵다는 현장의 의견을 반영하여 5~6학년군으로 학습의 시기를 조정하였다(김창원 외, 2015:140-149).

문학 영역의 학년별 지도 내용은 다음과 같다.

(1) 1~2학년 성취기준 및 성취기준 해설

[2국05-01] 느낌과 분위기를 살려 그림책, 시나 노래, 짧은 이야기를 들려주거나 듣는다.
[2국05-02] 인물의 모습, 행동, 마음을 상상하며 그림책, 시나 노래, 이야기를 감상한다.
[2국05-03] 여러 가지 말놀이를 통해 말의 재미를 느낀다.
[2국05-04] 자신의 생각이나 겪은 일을 시나 노래, 이야기 등으로 표현한다.
[2국05-05] 시나 노래, 이야기에 흥미를 가진다.

• [2국05-01] 이 성취기준은 작품의 내용이나 표현에서 오는 느낌과 분위기를 살려서 노래하거나 낭독 혹은 낭송함으로써 작품의 수용 능력을 향상시키기 위해 설정하였다. 따라서 시나 노래, 이야기 등 다양한 갈래의 작품을 두루 활용하여 목소리의 높낮이, 성량, 속도 등에 대한 감각을 기르도록 한다. 운율과 정서 및 운율과 분위기가 조화로운 작품, 다양한 분위기를 엿볼 수 있는 작품을 통해

내용과 표현이 서로 연관된다는 점을 이해하도록 하는 데 중점을 둔다.

- [2국05-03] 이 성취기준은 놀이 요소를 가진 말을 통해 문학의 즐거움을 느끼도록 하기 위해 설정하였다. 갈래를 시나 노래에 한정할 필요는 없으며, 여러 갈래의 작품은 물론 일상적 대화 등을 통해 언어의 놀이적 성격을 인지하고 문학을 즐겨 향유하도록 한다. 의성어와 의태어, 두운이나 각운, 율격이 두드러진 말, 언어유희, 재치 있는 문답, 수수께끼, 끝말잇기 등에서 재미를 느끼게 한다.

- [2국05-04] 이 성취기준은 일상생활의 다양한 경험을 문학적으로 표현함으로써 그 즐거움을 맛보고 문학 활동에 자신감을 갖도록 하기 위해 설정하였다. 시나 노래, 이야기의 특성이나 요건에 얽매이지 않고 자유롭게 표현하도록 하며, 이전에 배운 다른 작품을 모방하여 표현하는 것도 허용될 수 있다. 문학이 경험의 언어적 표현이라는 점을 익히도록 하는 데 중점을 둔다.

(2) 3~4학년 성취기준 및 성취기준 해설

[4국05-01] 시각이나 청각 등 감각적 표현에 주목하며 작품을 감상한다.
[4국05-02] 인물, 사건, 배경에 주목하며 작품을 이해한다.
[4국05-03] 이야기의 흐름을 파악하여 이어질 내용을 상상하고 표현한다.
[4국05-04] 작품을 듣거나 읽거나 보고 떠오른 느낌과 생각을 다양하게 표현한다.
[4국05-05] 재미나 감동을 느끼며 작품을 즐겨 감상하는 태도를 지닌다.

- [4국05-01] 이 성취기준은 언어가 인간의 오감을 자극하며, 이에 따라 구체적인 이미지를 형성하고 정서를 환기하는 기능이 있다는 점을 이해하며 문학 활동을 하도록 하기 위해 설정하였다. 문학, 특히 시에서 시각적 이미지나 청각적 이미지를 중심으로 감각을 환기하는 문학적 표현의 기능에 대해 알고 시적 언어의 용법을 이해하는 데 중점을 두었다. 의성어와 의태어, 비유적 표현을 비롯한 여러 가지 시어의 감각 환기 기능을 통해 인간의 오감을 자극하는 시적 표현의 재미를 느끼도록 한다.

- [4국05-02] 이 성취기준은 서사 갈래나 극 갈래의 작품을 수용할 때 인물, 사건, 배경이라는 핵심적인 요소를 중심으로 이야기를 이해하는 능력을 기르기 위해 설정하였다. 서사 갈래와 극 갈래가 인물, 사건, 배경으로 구성된다는 점을 바탕으로 하여 옛이야기, 창작 동화, 아동극, 애니메이션 등에서 인물과 사건의 관계, 사건과 배경의 관계 등을 파악하는 데 중점을 두도록 한다. 육하원칙을 적용하면 인물은 '누가'에, 사건은 '무엇을, 왜, 어떻게'에, 배경은 '언제, 어디서'에 해당된다는 점을 이해하도록 한다.

(3) 5~6학년 성취기준 및 성취기준 해설

[6국05-01] 문학은 가치 있는 내용을 언어로 표현하여 아름다움을 느끼게 하는 활동임을 이해하고
　　　　　 문학 활동을 한다.
[6국05-02] 작품 속 세계와 현실 세계를 비교하며 작품을 감상한다.
[6국05-03] 비유적 표현의 특성과 효과를 살려 생각과 느낌을 다양하게 표현한다.
[6국05-04] 일상생활의 경험을 이야기나 극의 형식으로 표현한다.
[6국05-05] 작품에 대한 이해와 감상을 바탕으로 하여 다른 사람과 적극적으로 소통한다.
[6국05-06] 작품에서 얻은 깨달음을 바탕으로 하여 바람직한 삶의 가치를 내면화하는 태도를 지닌다.

• [6국05-01] 이 성취기준은 문학이 가치 있는 내용을 언어로 표현하여 아름다움을 느끼게 하는 언어 활동의 일환이라는 점을 이해하고 문학 활동을 하는 자세를 기르기 위해 설정하였다. 문학 작품의 아름다움은 가치 있는 내용에서도, 언어 표현의 참신성이나 함축성에서도 생성된다는 점을 이해하는 데 중점을 둔다. 작품의 내용과 표현을 꼼꼼하게 분석하기보다는 내용과 표현의 아름다움을 느끼며 문학을 즐기는 수준의 활동이 되도록 한다.

• [6국05-02] 이 성취기준은 작품 속의 인물·정서·상황·배경·분위기 등이 현실 세계를 반영한 것이지만, 작품 속 세계는 허구적 세계여서 현실 세계와는 구별된다는 점을 인식하며 문학 활동을 하는 능력을 기르기 위해 설정하였다. 시와 이야기, 생활문 등 갈래에 따라 차이는 있지만, 문학 작품 속의 세계가 현실에 바탕을 두면서도 현실 세계를 있는 그대로 묘사한 것이 아니라 허구적으로 구성된 것이라는 점에 초점을 맞추어 문학적 상상력을 동원하여 감상하도록 하는 데 중점을 둔다.

• [6국05-04] 이 성취기준은 이야기와 극 만들기 활동을 통해 이야기와 극의 기본적인 원리를 이해하는 한편, 이를 다른 교과의 학습을 위한 도구로 활용하는 능력을 기르기 위해 설정하였다. 이야기와 극은 문학의 주요한 갈래로서 그 자체로 교수 학습의 주요한 내용이기도 하지만, 모든 교과에서 교수 학습 활동을 위한 도구로 활용될 수도 있다. 일상생활의 경험 중 즐겁거나 감동을 받았던 일, 슬프거나 속상했던 일, 부끄럽거나 후회스러웠던 일 등을 내용으로 삼아 이를 이야기나 극의 형식으로 표현하도록 한다.

4. 문학 교육 방법

문학 교육은 개별 작품에 대한 이해와 감상도 중요하고, 해당 단원의 수업 목표를 달성하는 것도 중요하지만 그보다 더 중요한 것은 문학 작품을 학습자의 삶과 관련지어서 바람직한 인생관과 세계관 형성에 도움을 주고, 주체적인 감상을 통하여 심미적 체험을 하게 하는 것이다. 따라서 문학 영역의 교육은 어떤 교수 학습 모형을 기계적으로 적용하기보다는 개별 텍스트의 내용과 교수 학습 목표 등을 종합적으로 고려하여 적절한 방법을 구안해야 할 것이다.

가. 시 교육 방법12

초등학교 단계에서의 시 교육의 목표는 시의 아름다움과 감동을 느껴 시의 즐거움을 체험하게 하는 데 있다. 리듬, 비유, 이미지와 같은 시의 구성 요소에 초점을 두는 수업도 필요하기는 하지만 이런 수업은 시의 즐거움을 깊고 풍부하게 느끼게 하는 수단이라는 점을 잊지 말아야 한다. 한 편의 시를 온전히 이해하고 감상하기 위해서는 시의 말뜻을 이해해야 하고, 리듬을 몸으로 느껴야 한다. 때로는 비유의 의미를 해석하야 하고, 시가 그려내는 그림을 떠올리며, 시 안에서 들려오는 소리와 풍겨오는 냄새를 상상해야 한다. 그리하여 한 편의 시가 자신의 삶 속으로 들어와 자신의 내면을 성찰하게 하고 풍요롭게 하는 체험이 되어야 한다.

시의 비유나 리듬 같은 부분적인 요소에 집중하여 시를 공부하고 나면 한 편의 시가 들려주는 온전한 감동을 놓치기 쉽다. 우리 교과서는 목표중심 단원편성 방식을 취하고 있기 때문에, '시에 나타난 비유적 표현의 특징과 효과를 이해한다.'와 같이 시의 어떤 요소를 단원의 학습 목표로 설정하여 학습하도록 구성되어 있다. 이런 경우에 학습 목표인 '비유의 이해'가 수업의 1차적인 목표가 되어야 하겠지만 시 제재를 학습할 때는 시를 이루는 여러 요소를 종합적으로 고려하여, 시 작품 전체를 온전히 감상하기 위한 활동을 병행해야 한다. 여기서는 시의 즐거움을 체험하게 하는 시 수업의 일반적인 방법을 소개하고자 한다.

---

12 이 부분은 신헌재 외(2015), 『초등문학교육의 방법』, 박이정. 177~190쪽을 참조하였음.

(1) 시 낭송하기

독자가 시를 만나는 가장 효과적인 방법은 '소리 내어 읽기' 이다. 사전적 의미로는 '소리 내어 읽는 것'을 '낭독(朗讀)'이라 하고, '소리 내어 읊조리거나 암송하는 것'을 '낭송(朗誦)'이라고 하는데, 이 두 가지가 명확하게 구분되지는 않지만 시를 소리 내어 읽기를 가리킬 때는 '낭송'이 더 적절하다고 할 수 있다. 현대에는 시가 활자로 기록되어 출판되고 있지만 예로부터 시는 노래로 부르거나 읊조리기 위한 대상이었다. 그러므로 시가 표현하는 말뜻과 운율과 어조와 정서를 효과적으로 느끼기 위해서는 소리 내어 읽어야만 한다. 시어를 발음할 때 울려나오는 입술의 떨림과 음색과 어조와 호흡의 멈춤은 모두 시의 의미와 정서를 효과적으로 환기한다. 특히 초등학교 단계의 어린이들은 문자 언어의 처리 능력이 자동화되지 못하였거나 읽기 능력이 낮기 때문에 시 텍스트를 읽을 때 문자 언어를 사전적 의미로 처리하는 과정 자체에만 몰입하기 쉽다. 이 때 어린이들은 시의 다양한 요소들과 상호작용하지 못하고 결국 시의 즐거움을 체험하기 어렵게 된다. 그렇기 때문에 초등학교 시 수업에서는 학습자가 시를 소리 내어 읽도록 지도하는 것이 좋다.

시 낭송을 지도할 때는 시를 여러 번 읽게 하는 것이 좋은데, 처음에는 시의 개략적 의미를 파악하게 위해 낭송하게 하고, 이어서 시의 장면을 상상하며 낭송하기, 시어가 주는 리듬을 느끼며 낭송하기, 시가 전해주는 그림이나 소리를 느끼며 낭송하기, 시와 비슷한 경험을 떠올리며 낭송하기 등 시 텍스트의 특성에 따라 낭송의 목적을 달리하면서 여러 차례 반복적으로 낭송을 하게 한다. 낭송의 목적과 낭송의 초점은 시 수업의 단계 별로 달라질 수 있다.

(2) 시 읽고 토의하기

반응중심 학습 모형은 시에 대한 학습자들의 반응을 근간으로 교수-학습 과정을 이끌어가는 수업 방식인데, 이 모형에서는 문학 작품을 읽는 독자들의 서로 다른 지식이나 경험을 수용하여 작품에 대한 이해와 감상의 폭을 넓히는 데 중점을 둔다. 따라서 학습자 개개인의 반응을 존중하며, 충분한 협의를 거치는 과정에서 자신의 반응을 검증할 기회를 제공하게 되는데, 이때 반드시 필요한 활동이 '토의하기'이다.

시 수업에서도 여러 사람이 같은 시를 읽으며 자신의 경험이나 느낌을 다양한 관점에서 공유하는 과정으로서의 토의 활동이 필요하다. 시 수업에서의 토의 활동은 두 가지 유형에 초점을 둘 수 있다. 하나는 시의 장면을 상상하게 하거나 표면적 내용을 파악하기 위해서 수행하는 토의이고, 다른 하나는 시의 전반적인 이해를 바탕으로 시가 준 감동을 나누는 활동이다.

전자는 반응 중심 학습 모형의 '반응의 형성'과 '반응의 명료화' 단계에서 주로 수행되는 활동으로 개인의 경험과 관련된 내용 이야기하기, 작품에 대한 개인적 느낌이나 해석을 나누기 등의 활동을 할 수 있다. 어린 학습자들은 시의 일부분을 중심으로 시를 이해하거나, 시의 전체적인 인상에만 초점을 두어 전체와 부분을 골고루 읽고 상상하지 못하는 경우가 있기 때문에 다른 사람의 반응을 공유하는 과정에서 시를 다른 관점에서 읽게 하는 기회가 된다.

후자는 '반응의 심화'나 '반응의 일반화' 단계에서 주로 수행되는 활동으로 시에 대한 개괄적인 이해가 이루어진 다음, 모둠별로 서로의 의견을 교환하며 자신의 감동이나 내면적 성찰의 과정을 토의한다. 이 과정에서도 개개인의 삶을 바탕으로 감동의 결이 달라질 수 있음을 지도하여 질문이나 토의가 활발하게 이루어질 수 있게 하여야 한다.

나. 동화 교육 방법13

어린이들이 문학 작품과 만나 즐거움을 경험하고, 삶에 대한 이해와 통찰의 경험을 갖도록 하기 위해서 교사는 다양한 전략을 구사할 줄 알아야 한다. 여기서는 동화를 체험하게 하는 활동을 소개한다.

(1) 책 소개하기

책 소개 또는 책에 대해 이야기를 나누는 활동은 책에 대한 흥미를 자극하여, 책을 읽도록 동기를 부여하는 좋은 방법이다. 책 소개는 작가의 문체를 분석하거나 인물, 배경, 주제, 플롯에 대해 보고하는 것이 아니라, 책을 읽고자 하는 흥미를 불러일으키는 것이 목적이다. 책 소개는 어린이들에게 장편을 읽도록 고무할 필요가 있을 때 특히 유용하다. 장편은 읽는 데 시간이 많이 걸리고 삽화가 적어서 책 읽기에 부담을 느끼게 되므로 이런 책일수록 좋은 책을 선정, 권장해 줄 필요성이 더 크다. 좋은 책을 소개하기 위해 교사가 알아두어야 할 사항은 다음과 같다.

- 책 소개를 하기 전에 교사가 반드시 책을 읽어야 한다.
- 소개할 책을 준비해 보여주어야 한다. 표지 그림, 크기, 모양 같은 외형은 책의 선정에 영향을 끼친다.
- 보통 2,3분을 넘지 않게 진행한다. 책에 관해 너무 많은 것을 말하면 어린이들이 흥미를 잃게 된다.

---

13 이 부분은 신헌재 외(2007), 『아동문학의 이해』, 박이정, 419~427쪽을 참조하였음.

- 인상적인 구절이나 대화를 짧게 인용하거나, 흥미로운 도입부나 긴장감 있는 사건의 한 대목을 낭독해 주어도 좋다.
- 비슷한 주제의 책을 소개할 때 각각의 책에 대해 간단히 언급하고, 다른 책들과 어떻게 관련되는지 언급해도 좋다.

(2) 책 읽어주기

책 읽어주기(Reading Aloud)는 아주 오래 전부터 가정과 유아교육 현장에서 활용하던 방법이다. 책 읽어주기를 어린이들 스스로 유창하게 책을 읽을 수 있게 될 때까지만 필요하다고 생각하는 교사나 부모가 많은데 이는 잘못된 것이다. 책 읽어주기는 단지 글자만을 읽는 것이 아니라 교사나 부모의 목소리로 책의 분위기나 정서, 주제 등을 만나게 되는 계기가 되기 때문에 책을 깊이 이해하고 공감할 수 있게 한다. 이 자체가 의사소통과 사회화의 과정이 되고, 교사와 어린이 사이에 정서적 유대감이 형성되며, 학급 전체가 독자 공동체가 되는 교육적 효과를 얻을 수 있다. 또 책 읽어주기는 독서에 대한 흥미를 자극하고, 이야기에 대한 감수성을 계발하며, 듣기 능력과 태도를 길러주고, 창의적 쓰기의 계기가 되기도 한다.

◆ 책 읽어주기 방법
- 이야기를 들을 어린이의 수, 연령, 성별, 생활, 집단의 특성 등을 미리 파악하고, 어떤 책을 읽어줄 것인지, 어떻게 읽어줄 것인지, 제한된 시간에 어느 부분에서 멈추는 것이 좋은지에 대해 생각한다.
- 구연자가 이미 알고 있는 책이라도 미리 소리 내어 읽어보고 등장인물의 성격을 파악하여 적절한 목소리를 설정하고, 호흡을 멈출 곳을 정해둔다.
- 책 제목, 저자, 삽화가 등에 대해 소개한다. 이것은 책이 작가나 삽화가라고 불리는 실제 사람에 의해 쓰인 것임을 가르쳐주는 계기가 된다.
- 제목이나 표지를 보여주고 어떤 이야기가 펼쳐질지 예측해보게 한다. 책에 대한 소개는 간결할수록 좋다.
- 주의를 집중시키기 위해, 어린이들을 산만하게 할 물건들을 치우고, 졸음이 올 수 있는 너무 편한 자세로 책을 읽어주지 않도록 한다.
- 너무 어려운 어휘나 개념이 나온다면 읽어주기 전에 미리 설명을 해 주는 것이 좋다.
- 실제로 책을 읽어 줄 때는 어린이의 언어적 수준과 상상력, 주의집중 시간을 고려하여 긴 문장을 축약하거나 꼭 필요하지 않은 문장은 생략한다.
- 자연스런 목소리로 천천히 읽되, 어린이의 반응을 감지하며 읽는다. 흥미가 고조되거나 극적인 장면에서는 빠르게, 슬픈 장면이나, 어린이들의 마음속에 심적 영상의 상상이 필요한 부분

에서는 천천히 읽어준다.

- 그림책을 읽어줄 때는 어린이들이 그림을 잘 볼 수 있도록 옆으로 들고 읽거나 실물화상기를 사용하며, 어린이들이 그림을 충분히 볼 수 있도록 책장을 천천히 넘긴다.
- 책을 읽어준 뒤에 내용을 이해했는지 알아보기 위해 질문을 하는 것은 좋지 않다. 마지막에 훈화를 하는 것도 좋지 않다. 개방적이고 심미적인 질문을 하여 개인적인 반응을 유도하는 것은 좋다.

(3) 서로 나누어 읽기

서로 나누어 읽기(Shared Reading, 번갈아 읽기)는 어른과 아이가 한 문장씩 또는 한 페이지씩 번갈아 읽는 방법으로, 아직 읽기 능력이 미숙한 어린이의 인지적 부담을 덜어주면서 책 읽기 활동으로 안내하는 데 효과적인 방법이다.

- 모둠별로 번갈아 읽기: 4-5명의 어린이들이 모둠을 만들어 돌아가면서 읽는 방법이다.
- 짝지어 번갈아 읽기: 교사나 부모와 같이 원숙한 독자와 어린이가 읽기를 도와가며 함께 읽는 방법을 응용한 활동으로, 서로 능력 수준에 맞도록 분량을 조절하여 번갈아 읽는다.

제 7 장

초등 국어과 교수 학습 모형

초등 국어과 교수 학습 모형은 교수 학습 과정을 명시적으로 밝혀 구조화 한 결과이다. 교수 학습 모형은 국어과 교수 학습 절차, 전략, 활동 등을 보는 사람이 알기 쉽게 단순화 하여 나타낸 얼개이다. 건물의 설계도를 보면 건물의 구조를 알 수 있듯이, 국어과 교수 학습 모형을 보면 국어과 교수 학습의 틀이나 짜임을 알 수 있다. 교사는 교수 학습 모형을 활용하여 수업을 짜임새 있고 효율적으로 운영함으로써 교수 학습의 효율성을 높일 수 있다(교육부, 2013).

교사는 교수 학습 내용, 학습자의 수준, 자신의 교수 능력, 교수 학습 환경 등의 변인을 고려하여 최적의 모형을 선택하고 적용할 수 있어야 한다. 여기에서는 국어과에 활용할 만한 모형으로 직접 교수 모형, 문제 해결 학습 모형, 창의성 계발 학습 모형, 지식 탐구 학습 모형, 반응 중심 학습 모형, 역할 수행 학습 모형, 가치 탐구 학습 모형, 전문가 협동 학습 모형, 토의·토론 학습 모형, 매체 활용 학습 모형을 소개하기로 한다.

먼저, 교수 학습 모형의 적용을 위하여 교사가 몇 가지 고려할 점이 있다. 첫째, 각 교수 학습 모형의 특성, 절차, 활용에 대한 충분한 이해와 장단점에 대한 고려가 필요하다. 교사가 교수 학습 모형에 대해 충분히 이해하고 있을 때, 여러 가지 변인을 고려하여 각 차시에 알맞은 교수 학습 모형을 선택, 적용할 수 있기 때문이다.

둘째, 각 모형에 제시된 절차는 실제 수업 운영 시 구동되는 교수 학습의 절차이므로, 교과서 구성 절차와 다를 수 있다는 고려가 필요하다. 예를 들어, 교과서 구성 시에는 한두 가지 교수 학습 절차나 주요 활동이 제외되거나 추가될 수 있고, 한두 가지 교수 학습 절차만 집중적으로 제시할 수도 있다. 다만, 모형을 재구성하여 활용할 때에는 해당 모형의 주요 특성이나 본질이 훼손되지 않는 범위 내에서 재구성하여야 한다. 해당 모형의 본질에 벗어날 정도의 재구성이라면 다른 적합한 모형을 찾는 것이 바람직할 것이다.

셋째, 수업 운영 시 각 교수 학습 모형의 특성이 잘 드러날 수 있도록 한다. 흔히 교수 학습 과정 안에는 모형을 적용하여 놓고 실제 수업 시에는 그 모형의 특성이 드러나지 않는 경우가 많다. 교수 학습 모형은 교수 학습 과정안 자체를 잘 짜기 위한 것이 아니라 수업을 짜임새 있게 운영하기 위한 것임을 잊지 말아야 한다.

넷째, 모형의 특성에 따라 국어과 교과 역량과 연계할 수도 있으며, 학생의 수준과 흥미를 고려해 적절히 변형할 수도 있어야 한다. 교수학습 모형을 적용할 때는 단일 모형만 고수하지 말고 단일 모형 2개 이상의 혼합으로 이루어지는 복합 모형도 활용할 필요가 있다. 복합 모형을 활용하기 위해서는 기본적으로 단일 모형의 취지와 단계별 주요 활동을 숙지해야 한다.

1. 직접 교수 모형

가. 특징

직접 교수 모형은 언어 수행에 필요한 특정 학습 내용이나 과제 해결을 명시적이고 단계적으로 지도하는 데 초점을 두는 교사 중심의 교수 모형이다. 이 교수 모형은 전체를 세부 요소나 과정으로 나눈 뒤, 이를 순서대로 익히면 전체에 도달할 수 있다는 가정에 기초하고 있다. 학습 내용을 세분화하여 구체적이고 명시적으로 지도하므로 학습 목표 도달에 유리한 교수 모형이다. 그리고 학습 목표 도달에 불필요한 과정이나 활동을 최대한 배제함으로써 교수 학습의 효율성을 높일 수 있다.

나. 절차

단계	주요 활동
설명하기	– 동기 유발 – 학습 문제 제시 – 학습의 필요성 또는 중요성 안내 – 학습의 방법 또는 절차 안내
시범 보이기	– 적용 사례 또는 예시 제시 – 방법 또는 절차 시범
질문하기	– 세부 단계별 질문하기 – 학습 내용 및 방법 재확인
활동하기	– 적용 – 반복 연습

설명하기 단계는 학습 내용에 대한 동기를 유발하고 학습 내용을 소개하며, 그것을 왜 학습하여야 하는지 그 필요성과 중요성을 인식시키고, 어떤 절차나 방법으로 그것을 습득할 수 있는지 세분화하여 안내하는 단계이다. 시범 보이기 단계는 학습 내용 적용의 실제 예시를 보여 주고, 그것이 습득 방법이나 절차를 세부 단계별로 나누어 직접 시범 보이거나 매체를 활용하여 시범 보이는 단계이다. 질문하기 단계는 설명하고 시범 보인 내용을 더욱 구체적으로 이해시키고, 이를 확인하기 위하여 주어진 학습 과제를 해결하는 데 필요한 지식, 전략, 과정 등에 대하여 세부 단계별로 질문하고 대답하는 단계이다. 활동하기 단계는 주어진 목표를 달성하기 위하여 이미 학습한 지식 및 전략을 사용하여 일정한 절차에 따라 언어 자료를 이해하기 위한 활동을 하는 단계이다.

다. 활용

직접 교수 모형은 과정이나 절차를 세분화할 수 있고 구체적인 시범이 가능한 학습 과제나 개별 기능 요소를 가르치는 데 적합하다. 따라서, 교사가 구체적으로 시범 보일 수 있는 문제 해결 과정이나 언어 사용 기능 영역에 잘 적용될 수 있으며, 국어 지식이나 문학 영역의 개념이나 원리 학습에도 적용할 수 있다. 학습자의 수준에 비추어 학습 내용이 새롭거나 어려운 경우, 자기 주도적 학습 능력이 부족한 학습자에게 적용하는 것이 바람직하다. 교과서의 단원이 '이해 학습 → 적용 학습'의 흐름으로 구성된다고 볼 때, 직접 교수 모형은 원리 학습 차시에 많이 활용할 수 있는 모형이다.

직접 교수 모형을 적용하는 교사는 학습자가 문제 해결 과정을 충분히 이해할 수 있도록 해야 한다. 이를 위하여 가르칠 내용이나 과정을 세분화하고, 구체적이고 명시적인 설명과 시범을 보여 줄 수 있어야 하며, 단계별로 학습을 안내하고 유도할 수 있어야 한다. 가시적으로 드러나지 않는 과정을 설명하고 시범 보일 때에는 사고 구술법(think-aloud) 등을 활용하여 볼 만하다. 직접 교수 모형은 자칫하면 교사 중심으로 흘러갈 수 있으므로, 설명과 시범 단계에서 학생들의 참여를 최대한 확대하고, 교사 유도 활동과 학생 주도 활동에서는 단순 모방에 그치지 않도록 확장된 사고와 활동을 적극 권장한다.

다음은 초등학교 3~4학년군 『교사용 지도서 국어 4-1』에 제시된 '직접 교수 모형을 적용한 예시' 자료이다.

직접 교수 모형을 적용한 국어과 교수 학습 과정안

단계 (시간)	학습 내용	교수 학습 활동	자료(▶) 및 유의점(※)
설명하기 (10분)	동기 유발하기	■ 학습에 대한 동기 유발 ○ 글의 중심 생각 찾기에 대한 역할극 보기 ·친구들이 여러분에게 보여 주고 싶은 역할극이 있다고 합니다. 다같이 봅시다. ·여러분도 이런 경험이 있나요? ·그래서 오늘 선생님은 여러분에게 글의 중심 내용을 찾을 수 있는 방법을 가르쳐 주려고 합니다.	▶ 역할극 : 글을 읽고 중심 생각 찾기가 너무 어렵다고 하소연하는 내용의 역할극을 미리 준비한다.
	학습 목표 확인하기	■ 학습 목표 확인하기 문단의 중심 내용을 바탕으로 하여 글의 중심 생각을 찾는 방법에 대하여 알아봅시다.	
	학습의 필요성 확인하기	■ 문단을 이용한 글의 중심 생각 찾기 학습의 필요성 확인하기 ○ 문단의 중심 내용을 바탕으로 하여 전체 글의 중심 생각을 찾는 방법 공부하기 – 문단의 중심 내용과 전체 글의 중심 생각은 어떤 관계가 있나요?	
	학습 순서 안내하기	■ 학습 순서 알아보기 ○ 학습 순서 알아보기 ·그럼 이 시간에 공부할 순서를 알아봅시다. ①문단의 중심 내용 찾는 방법 알기 ②문단의 중심 내용을 바탕으로 하여 전체 글의 중심 생각 찾는 방법 알기 ③문단의 중심 내용을 바탕으로 글의 중심 생각 찾기	
시범 보이기 (30분)	예시를 통한 중심 내용 파악하기	■ 문단의 중심 내용 파악하기 ○ '새'를 읽고 문단의 중심 내용 파악하기 ·'새'를 읽고 각 문단의 중심 내용을 파악하여 보시다. ·이 글은 몇 개의 문단으로 구성되어 있나요?(네 개의 문단으로 구성되어 있습니다.) ·글을 다시 읽고 "국어"114쪽에 문단의 중심 내용을 써 봅시다.	
	시범 보이기	■ 방법과 절차 시범 보이기 ○ 문단의 중심 내용 파악하기 ·이제 선생님이 문단의 중심 내용을 파악하여 보겠습니다. 〈1문단의 첫 문장은 새는 뛰어난 능력을 지니고 있다는 것입니다. 아래에 나오는 하늘을 자유롭게 날 수 있다는 문장과 뛰어난 감각 기관을 가지고 있다는 문장은 둘 다	◎문단의 중심 생각 찾기는 사고 구술법(think-aloud method)을 활용하도록 한다. 교사가 생각

단계 (시간)	학습 내용	교수 학습 활동	자료(▶) 및 유의점(※)
		새의 능력을 나타내는 뒷받침 문장입니다. 그리고 새가 날기에 알맞은 몸과 기술을 가지고 있다는 것은 새가 날 수 있다는 문장을 보충하여 주는 문장이고 새가 많은 정보를 알 수 있다는 것은 뛰어난 감각 기관을 가졌다는 문장을 보충하여 주는 문장입니다. 방금 살펴본 것과 같이 1문단은 새가 뛰어난 능력을 지니고 있다는 중심 내용을 이야기 하고 있고, 그 예로 새는 하늘을 날고 뛰어난 감각 기관을 지니고 있다는 것을 들고 있습니다. 그래서 1문단의 중심 내용은 "새는 여러 가지 뛰어난 능력을 지니고 있다."입니다.〉 – 선생님이 문단의 중심 내용을 어떻게 발견하였는지 설명한 거처럼 이제 여러분이 문단의 중심 내용을 발견한 방법을 친구들에게 설명하여 봅시다. ■ 글의 중심 생각 찾기 ○ 문단의 중심 내용을 바탕으로 하여 전체 글의 중심 생각 찾기 ・앞에서 정리한 문단의 중심 내용을 바탕으로 하여 '새'의 중심 생각을 써 봅시다. ○ 문단의 중심 내용을 바탕으로 하여 전체 글의 중심 생각 찾기 ・이제 선생님이 문단의 중심 내용을 바탕으로 하여 전체 글의 중심 생각을 찾아보겠습니다. 〈전체 글의 중심 생각은 단순히 문단의 중심 내용을 모두 모은 것과는 다릅니다. 문단의 중심 내용을 살펴보면 더 중요한 문단이 있고 그 문단을 도와주고 보충하여 주는 문단이 있습니다. 이 문단 간의 관계를 바르게 파악하는 것이 가장 중요합니다. 선생님이 전체 글의 중심 생각을 찾는 방법을 시범 보이겠습니다. 2문단의 중심 내용은 새는 하늘을 날기에 알맞은 몸을 지니고 있다는 것이고, 3문단의 중심 내용은 새는 하늘을 날기 위하여 필요한 기술을 지니고 있다는 것입니다. 이 둘은 "새는 하늘을 날 수 있는 몸과 기술을 지니고 있다."로 요약될 수 있습니다. 이를 (가)라고 하겠습니다. 4문단의 중심 내용은 새가 뛰어난 감각 기관을 가지고 있다는 것인데, 이를 〈가〉와 합하면 "새는 날 수도	하는 것을 음성화 하여 학생들이 교사의 사고 과정에서 방법을 익힐 수 있도록 한다. ▶문단 구조도 ※ 글의 중심 생각을 찾는 방법을 시범으로 보여 줄 때에 글의 내용을 구조화한 시각 자료를 함께 제시하면 효율적으로 내용을 전할 수 있다.

단계 (시간)	학습 내용	교수 학습 활동	자료(▶) 및 유의점(※)
		있고 뛰어난 감각 기관도 지니고 있다."로 요약될 수 있습니다. 이를 〈나〉라고 하겠습니다. 〈나〉를 1문단과 비교하면 둘 다 새가 뛰어나 능력을 지니고 있다는 것을 말하려고 한다는 것을 알 수 있습니다. 즉, 2, 3, 4문단은 모두 1문단의 중심 내용을 뒷받침하는 문단이라는 것을 알 수 있습니다. 그래서 문단의 중심 내용을 바탕으로 할 때 이 글의 중심 생각은 "새는 하늘을 자유롭게 날고 뛰어난 감각 기관을 가지는 등 여러 가지 뛰어난 능력을 지니고 있다."입니다.〉	
질문하기 (10분)	방법에 대한 질문하기	■ 전체 글의 중심 생각 찾기 방법에 대하여 질문하기 ○ 문단의 중심 내용을 바탕으로 하여 전체 글의 중심 생각 찾기 방법에 대한 질문하기 ·선생님은 어떤 방법을 사용하였나요?(먼저 모든 문단의 중심 내용을 파악하였습니다. / 글의 구조를 파악하여 더 중요한 문단과 보충하여 주는 문단을 찾았습니다. / 글의 구조를 바탕으로 하여 글을 요약하였습니다. / 전체 글의 중심 생각을 한 문장으로 나타내었습니다. ·이 방법에 대한 여러분의 의견이나 질문을 듣겠습니다.	※ 질문하기에는 교사가 학생에게 확인하는 질문과 학생이 교사에게 하는 질문이 있다.
활동하기 (30분)		■ 글을 읽고 내용 파악하기 ○ "국어" 115쪽 '하늘을 나는 꿈'을 읽고 내용 파악하기 ·글을 읽고 무엇에 대한 내용인지 알아봅시다. ■ 전체 글의 중심 생각 찾기 ○ 문단의 중심 내용을 바탕으로 하여 전체 글의 중심 생각 찾기 ·하늘을 나는 꿈'을 다시 읽고 문단의 중심 내용을 찾아 "국어" 120쪽에 써 봅시다. ·선생님께서 기사문의 문단 중심 내용을 찾던 방법을 활용하여 보시다. ·여러분이 작성한 문단의 중심 내용을 모둠 친구들과 함께 비교하여 봅시다. ○ 글의 구조 파악하기 ·'하늘을 나는 꿈'의 글의 구조를 파악하여 봅시다. ○ 글 간추리기 ·문단의 중심 내용을 바탕으로 하여 글을 간추려 "국어"121"쪽에 써 봅시다. ○ 중심 생각 정리하기 ·문단의 중심 내용을 간추린 것을 바탕으로 하여 '하늘을	※학생들이 교사의 사고 구술법을 상기한 뒤에 문제를 해결할 수 있도록 지도한다. 이 때 기계적인 문제 해결이 아니라 까닭을 생각하며 문제를 해결할 수 있도록 독려한다.

단계 (시간)	학습 내용	교수 학습 활동	자료(▶) 및 유의점(※)

		나는 꿈'의 중심 생각을 한 두 문장으로 나타내어 봅시다.
		• 여러분이 작성한 '하늘을 나는 꿈'의 중심 생각을 모둠의
		  친구들과 함께 비교하여 봅시다. 자신이 작성한 글과 다
		  르다면 어떤 부분이 다른지, 다르게 된 까닭은 무엇일지
		  생각하여 봅시다.	

정리하기 (10분)	학습 활동 정리하기 차시 예고하기	■ 학습 활동 정리하기 ○ 차시 학습 활동 정리하기 ■ 차시 예고하기 ○ 다음 차시 예고하기	

2. 문제 해결 학습 모형

가. 특징

문제 해결 학습 모형은 학습자 주도의 문제 해결 과정을 강조하는 학습자 중심의 학습 모형으로,
타 교과에서도 많이 활용하고 있다. 하지만 국어과의 문제 해결 학습은 엄격한 가설 검증과 일반화를
통한 결과에 초점을 두기보다는 그 결과에 도달하기까지의 과정에 초점을 둔다. 즉, 교사나 친구들과
함께 해결하여야 할 문제를 확인하고, 문제 해결 방법을 찾아 문제를 해결하며, 이를 일반화하는
활동을 강조하는 것이다. 이 모형은 최대한 학습자 스스로 문제 해결 방법을 찾아 문제를 해결하도록
유도함으로써 자발적인 학습 참여를 유도하고 학습자의 탐구력을 신장시키는 데 유리하다. 학습자는
문제 해결 과정에서 지식이나 개념을 단순 수용하는 것이 아니라, 나름대로 재구성할 수 있는 기회를
가지고 학습에 대한 책임감도 가지게 된다.

나. 절차

단계	주요 활동
문제 확인하기	– 동기 유발 – 학습 문제 확인 – 학습의 필요성 또는 중요성 확인
문제 해결 방법 찾기	– 문제 해결 방법 탐색 – 학습 계획 및 절차 확인
문제 해결하기	– 문제 해결 – 원리 습득 또는 재구성
일반화하기	– 적용 및 연습 – 점검 및 정착

문제 확인하기 단계는 해결하여야 할 문제와 관련되는 상황을 파악하고, 그중에서 해결하여야 할 문제를 추출하거나 확인하는 단계이다. 문제 해결 방법 찾기 단계는 학습 문제 해결을 위한 방법을 탐구하고, 이를 바탕으로 하여 학습 절차를 계획하거나 확인하는 단계이다. 문제 해결하기 단계는 탐구한 문제 해결 방법을 바탕으로 문제를 해결하고, 이를 통하여 새로운 원리를 터득하거나 기존의 원리를 재구성하는 단계이다. 일반화하기 단계는 터득한 원리를 다른 상황에 적용하고 연습함으로써 학습 내용을 점검하고 정착시키는 단계이다.

다. 활용

문제 해결 학습 모형은 모든 차시가 해결하여야 할 문제(학습 문제)를 포함한다는 점에서 그 적용 범위가 광범위하다. 다만, 이 모형은 문제 해결 과정을 중시하고 학습자의 탐구 능력을 강조한다는 점, 다소 시간이 걸릴 수 있다는 점에 유의하여 적절한 적용 상황을 선택하여야 한다. 따라서, 이 모형은 이미 학습한 내용을 실제 상황에 적용하는 경우, 학습자의 수준에 비하여 학습 내용이나 절차가 쉽고 간결한 경우, 기본 학습 훈련이 잘 되어 있는 학습자의 경우에 적용하는 것이 더 바람직할 것이다.

문제 해결 학습 모형을 적용하는 교사는 학습자에게 문제를 명확히 인식시키고, 학습자가 스스로 문제 해결 방법을 탐구하고 문제를 해결할 수 있도록 해야 한다. 이를 위하여 '문제 해결 방법 찾기'와 '문제 해결하기' 단계에서 교사의 직접적인 개입을 최대한 줄이고 학습자들의 자발적인 탐구 활동을 최대한 강조한다. 이는 학습자에게 '해 보라'고만 하는 방관자로서의 교사를 의미하는 것이 아니라, 학습자의 사고를 자극하고 탐구를 지원하는 적극적인 중재자로서의 교사를 의미한다. 학습 능력이 부족한 학습자나 시간이 충분하지 못할 경우에는 처음부터 일련의 문제 해결 과정을 거치게 하기보다 한두 과정(단계)에서 학습자 주도의 활동을 강조하는 것이 효과적이다. 개별적으로 문제 해결이 어려울 경우에는 모둠별로 문제 해결 방법을 찾고 문제를 해결할 수 있도록 지도한다.

문제 해결 학습 모형을 적용한 국어과 교수 학습 과정안

단계 (시간)	학습 내용	교수 학습 활동	자료(▶) 및 유의점(※)
문제 확인하기 (10분)	동기 유발 하기	■ '누구일까요?' 놀이 하기 ○ 교사가 읽어 주는 글을 듣고 누구에 대한 설명인지 알아 　맞히기 ・이 글에서 '나'는 누구일까요? (① 손오공, ② 저팔계) ・인물을 잘 설명하려면 어떻게 해야 할까요? (인물의 특징 　이 잘 드러나게 말합니다. ○ 소개하는 글의 필요성 안내하기 ・소개하는 글을 쓰면 인물에 대하여 잘 전달할 수 있습니 　다. 자신이 좋아하는 인물의 특징이 잘 들어나도록 알맞 　은 낱말을 사용하여 소개해 봅시다.	▶ '누구일까요?' 놀 이 자료-손오공과 저 팔계 그림 ※ 동기 유발 자료를 교사가 수수께끼처럼 들려주어 학생들이 흥 미를 가지도록 유도한 다.
	학습 목표 파악하기	■ 학습 목표 확인하기 알맞은 낱말을 생각하며 대상의 특징이 잘 드러나게 소개하 는 글을 써봅시다. ■ 학습 활동 안내하기 ○ 이번 시간에 학습할 내용 알아보기 ① 소개하는 글 예시 살펴보기 ② 소개할 인물 정하기 ③ 소개할 내용 정하기 ④ 인물을 소개하는 글 쓰기	
	문제 해결 방법 탐색하기	■ 소개하는 글 쓰는 방법 탐색하기 ○ 소개하는 글 쓰는 방법 확인하기 ・소개하는 글을 쓰려면 어떻게 해야 할까요? ○ 소개하는 글 쓰는 과정 생각하기 ・소개하는 글은 어떤 순서로 써야 할까요?	

단계 (시간)	학습 내용	교수 학습 활동	자료(▶) 및 유의점(※)
문제 해결 방법 찾기 (20분)	예시문 분석하기	■ 예시문 살펴보기 ○ 소개할 인물 정하기 ・"국어" 172쪽 1번을 다 함께 살펴봅시다. 도훈이네 반에서 친구들이 소개할 인물로 누구를 정하였나요? ・여러분은 누구를 소개하고 싶나요? 소개할 사람이 생각나지 않으면 이 중에서 정하여도 됩니다. ○ 소개하는 글을 읽고 글의 짜임 알기 ・"국어" 173쪽 2번에서 도훈이가 누구를 소개하였나요? ・백구에 대하여 무엇을 소개하였나요? ・이 글은 몇 부분으로 나누어져 있나요? ・각 부분에는 어떤 내용이 있나요? ○ 알맞은 낱말을 생각하며 빨간색으로 쓴 낱말 고쳐 쓰기 ・도훈이의 글에서 적절하지 않은 낱말을 고쳐 써 봅시다. 왜 적절하지 않은지도 생각하여 봅시다. | 적고 → 작고	'적다'는 양이 많지 않다는 뜻이고, '작다'는 크기가 크지 않다는 뜻이다.
잃지 → 잊지	'잃다'는 물건을 잃어버렸다는 뜻이고, '잊다'는 생각이 나지 않는다는 뜻이다.		※ 수업의 시기가 계절상 여름이 다가오는 시기여서 지윤이의 실천 방법을 냉방으로 예를 든 것이므로 이외에 다양한 환경 보호 및 저탄소 녹색 성장의 예시를 사용하여 수업을 구성할 수 있다. ※ 가능한 한 교과서에 제시된 인물 이외에 평소에 관심 있는 인물을 소개하도록 유도한다.
문제 해결하기 (40분)	계획하기	■ 소개하는 글 쓰기 계획하기 ○ 누구를 소개할 것인지 정하기 ・자신이 소개하고 싶은 인물은 누구인가요? ○ 누구에게 소개하고 싶은지와 소개하는 까닭 생각하여 보기 ・자신이 좋아하는 인물을 누구에게 소개하고 싶나요? 그 까닭은 무엇인가요?	
	내용 생성 및 조직하기	■ 소개할 내용 정하기 ○ 인물에 대하여 소개할 내용 정하기 ・자신이 좋아하는 인물에 대하여 어떤 특징들을 소개할지 "국어" 174쪽 3번의 표를 보며 생각하여 봅시다. ○ 소개할 내용 정리하여 쓰기 ・"국어" 174쪽 3번의 표에 소개할 내용을 간단하게 써 봅시다. ○ 친구에게 인물을 말로 소개하기 ・정리한 것을 보며 친구에게 인물을 소개하는 말을 해 봅시다. ・설명을 들은 친구는 소개하는 인물에 대하여 잘 이해하였는지 말하여 봅시다. 잘 이해가 안 된 부분에 대하여 질문해 봅시다.	▶ 인물 자료 ※ 무엇을 해야 할지 어려워하는 학생에게는 교사가 준비한 인물의 자료를 제시하여 준다.

단계 (시간)	학습 내용	교수 학습 활동	자료(▶) 및 유의점(※)
일반화하기 (15분)	표현하기	■ 소개하는 글 쓰기 ○ 인물에 대하여 소개할 때의 주의할 점 확인하기 · 소개할 인물의 특징을 잘 드러내는 내용을 생각하면서 씁니다. · 사용된 낱말이 적절한지 생각하면서 씁니다. ○ 친구에게 말한 것을 바탕으로 하여 설명하는 글 쓰기 · 친구가 잘 이해하지 못하였던 부분이나 더 궁금해하였던 부분을 고려하면서 써 봅시다.	※ 학생들이 가능한 한 고쳐쓰기의 부담을 가지지 않도록 한다. 고쳐 쓸 부분만 표시하고, 원하는 학생만 고칠 내용을 적게 한다.
	적용하기	■ 자기 점검하기 ○ 쓴 글을 다시 읽어 보면서 부족한 부분 확인하기 · 소개하는 글의 짜임에 맞게 썼는지 확인하여 봅시다. · 인물의 특징이 잘 드러나지 않는다면 소개할 내용이 빠져 있지는 않은지 확인하여 봅시다. · 사용한 낱말이 뜻을 잘 전달하고 있는지 살펴봅시다. 맞춤법에 어긋나지 않는지도 확인하여 봅시다.	
	점검 및 정착하기	■ 발표 및 상호 평가하기 ○ 인물 소개하는 글 발표하기	

3. 창의성 계발 학습 모형

가. 특징

창의성 계발 학습 모형은 창의적 국어 사용 능력을 계발하는 데 초점을 두는 모형이다. 즉, 언어 수행 과정에서 사고의 유창성, 독창성, 융통성, 다양성을 강조하는 모형이라고 할 수 있다. 유창성은 풍부한 사고의 양을, 독창성은 사고의 새로움을, 융통성은 사고의 유연함을, 다양성은 넓은 사고를 강조한다. 따라서 이 모형에서는 주어진 문제를 해결하기 위하여 정답을 요구하기보다 학습자의 독창적이고 다양한 아이디어나 문제 해결 방법을 존중한다.

나. 절차

단계	주요 활동
문제 발견하기	– 동기 유발 – 학습 문제 확인 – 학습의 필요성 또는 중요성 확인 – 학습 과제 분석
아이디어 생성하기	– 문제 또는 과제를 다른 각도에서 검토 – 문제 해결을 위한 다양한 아이디어 산출
아이디어 선택하기	– 아이디어 비교하기 – 최선의 아이디어 선택하기
아이디어 적용하기	– 아이디어 적용하기 – 아이디어 적용 결과 발표하기 – 아이디어 적용 결과 평가하기

문제 발견하기 단계는 학습 문제를 확인하고, 학습 문제 해결을 위하여 주어진 학습 과제를 이해하고 분석하는 단계이다. 아이디어 생성하기 단계는 아이디어를 생성할 수 있는 방법을 탐구하고 이를 바탕으로 하여 다양한 아이디어를 생성하는 단계이다. 아이디어 선택하기 단계는 다양하게 생성된 아이디어를 검토하여 가장 최선의 것을 선택하는 단계이다. 그리고 아이디어 적용하기 단계는 앞에서 선택한 아이디어를 실제 상황에 적용하여 보고 평가하면서 이를 수정, 보완, 확정하는 단계이다.

다. 활용

창의성 계발 학습 모형은 창의적인 아이디어 생성이나 적용이 많이 요구되는 표현 영역, 비판적 이해 영역, 문학 창작 및 감상 영역에 적합한 모형이라고 할 수 있다. 예를 들어, '이야기를 읽고 줄거리를 간추려 봅시다.'라는 차시와, '이야기를 읽고 이어질 이야기를 상상하여 써 봅시다.'라는 차시가 있을 경우, 전자보다는 후자에 적합한 모형으로 볼 수 있다. 그리고 창의적인 사고력이 많이 요구된다는 점에서 어느 정도 학습 능력이 갖추어진 학습자에게 적합한 모형으로 볼 수 있다.

창의성 계발 학습 모형을 적용하는 교사는 허용적인 수업 분위기를 조성할 수 있어야 하고, 학습자의 아이디어 생성과 적용 과정을 일방적으로 주도하거나 지나치게 개입하지 않아야 한다. 그리고 '아이디어 생성하기' 단계나 '아이디어 평가하기' 단계에서 모둠 활동을 적절히 활용하는 것도 좋은 방법이다. 저학년 단계에서는 풍부하고 다양한 아이디어를 생성하는 데 초점을 두고, 학년이 올라갈수록 점차적으로 그 아이디어를 검증하고 다듬어 나가는 단계에 이르도록 한다. 그리고 학생이 아이디어 생성에 어려움이 있을 경우를 대비하여 교사가 사고를 자극할 수 있는 발문이나 과제를 미리 몇 가지 준비하는 것도 좋다. 아이디어 평가하기 단계에서는 교사가 평가 관점을 명확히 제시하여 수업에서 의도한 목표에 부합되는 결과물이 정당한 평가를 받을 수 있도록 해야 한다.

창의성 계발 학습 모형을 적용한 국어과 교수 학습 과정안

단계 (시간)	학습 내용	교수 학습 활동	자료(▶) 및 유의점(※)
문제 발견 하기 (10분)	전시 학습 상기하기	■ 전시 학습 내용 떠올리기 ○ 전시 학습 상기하기 ・지난 시간에는 무엇을 공부하였나요?(이야기를 실감 나게 읽는 방법에 대하여 공부하였습니다.) ・이야기를 실감나게 읽는 방법에는 어떤 것이 있었나요?	
	동기 유발하기	■ 이야기의 한 부분을 실감 나게 읽기 베르틸은 침대 밑에서 아주 작고 신기한 것을 보았어요. 침대 밑에는 보통 사내아이와 똑같이 생긴 작은 아이가 서 있었어요. 좀 이상한 점이 있다면, 그건 그 사내아이가 엄지손가락만 하다는 것이었지요. "안녕." 작은 아이가 인사를 건넸어요. "안녕." 베르틸은 조금 당황했지만 자기도 작은 아이에게 인사를 했어요. "도대체 넌 누구니? 내 침대 밑에서 뭘 하고 있는 거야?" ■ 출처 : 아스트리드 린드그렌 글 · 김리합 옮김(2010), "엄지 소년 닐스", (주)창비. ○ 이야기의 한 부분을 실감나게 읽기 ・"도대체 넌 누구니? 내 침대 밑에서 뭘 하고 있는 거야?"라는 베르틸의 말을 어떻게 실감 나게 읽을 수 있을까요?	▶ PPT
	학습목표 파악하기	■ 학습 목표 확인하기 이야기를 실감 나게 읽어 봅시다.	※ 학습 과정을 학생들에게 충분히 안내하여 자신의 학습 과정을 스스로 점검할 수 있도록 한다.
	학습의 중요성 확인하기	■ 학습의 중요성 확인하기 ○ 이야기를 실감 나게 읽으면 좋은 점 알아보기 ・이야기를 실감 나게 읽으면 어떤 점이 좋을까요?(이야기를 깊이 있게 이해할 수 있습니다./다른 사람들에게 이야기를 생생하게 전할 수 있습니다./이야기에 대한 느낌을 함께 나눌 수 있습니다.)	

단계 (시간)	학습 내용	교수 학습 활동	자료(▶) 및 유의점(※)
		■ 학습 활동 순서 알아보기 ○ 이 시간에 공부할 내용 알아보기 ① '도깨비를 골탕 먹인 농부'를 읽고 내용 파악하기 ② '도깨비를 골탕 먹인 농부'를 실감 나게 읽는 방법 탐색하기 ③ '도깨비를 골탕 먹인 농부'를 실감 나게 읽기	
아이디어 생성하기 (25분)	이야기 읽기 내용 파악하기 아이디어 떠올리기	■ 이야기 읽기 ○ '도깨비를 골탕 먹인 농부'의 그림을 보고 이야기 예측하기 ・'도깨비를 골탕 먹인 농부'의 그림을 보고 어떤 이야기가 펼쳐 질지 예측하여 봅시다(도깨비가 농사를 지을 것 같습니다./농 부와 도깨비가 싸움을 할 것 같습니다). ○ 인물의 마음을 생각하며 '도깨비를 골탕 먹인 농부'를 읽어보기 ■ 내용 파악하기 ○ '도깨비를 골탕 먹인 농부'의 내용 파악하기 ・농부의 아내가 농부를 반갑게 맞이하여 주는 것을 본 도깨비 의 마음은 어떠하였나요? ・도깨비가 밭에 돌을 가져다 놓자 농부는 뭐라고 말하였나요? (돌을 가져다 놓아서 고맙다고 말하였습니다.) ・도깨비가 농부네 집 마당에 밤송이를 깔아 둔 까닭은 무엇인가? ■ '도깨비를 골탕 먹인 농부'를 실감 나게 읽는 방법 탐색하기 ○ 인물의 마음에 알맞은 표정과 목소리 생각하기 ・이야기의 상황에 따른 도깨비와 농부의 마음을 생각하여 봅 시다. ・인물의 마음을 생각할 때 어떤 표정과 목소리로 읽어야 할지 생각하여 봅시다. ・"국어"31쪽 3번의 (2)에 제시된 인물의 말이나 생각을 어울리 는 표정과 목소리로 읽어 봅시다. ○ 이야기의 상황에 어울리는 몸짓으로 읽기 ・이야기를 읽을 때 상황에 어울리는 몸짓을 하면 더욱 실감 나게 이야기를 전할 수 있어요. "국어"32쪽 5번에서 어떤 몸 짓으로 해당 부분을 읽으면 좋을지 생각하여 봅시다.	※ 학생들이 농사일 에 대하여 잘 알지 못할 경우, 밭에 쇠 똥이나 거름을 뿌리 는 일이 농사를 돕 는 일임을 모를 수 있다. 이러한 경우 에는 교사가 부연 설명을 해 준다.
아이디어 선택하기 (10분)	아이디어 비교하기 및 결정하기	■ 모둠별로 읽기 방법 협의하기 ○ 실감 나게 읽는 방법 협의하기 ・모둠별로 이야기를 어떻게 하면 실감 나게 읽을 수 있을지 협의하여 봅시다. ・이야기의 상호아과 인물의 마음을 고려할 때 어떤 표정과 목소리, 몸짓으로 읽으면 좋을지 친구들과 의논하여 봅시다.	※ 이야기를 읽는 방법을 정리할 때에 학생 스스로 해결 방법을 탐구하도록 하고 서로의 의견을 존중하며 협의할 수 있도록 지도한다.

단계 (시간)	학습 내용	교수 학습 활동	자료(▶) 및 유의점(※)
아이디어 적용하기 (25분)	아이디어 적용 결과 발표하기	■ '도깨비를 골탕 먹인 농부'를 실감 나게 읽기 ○ 이야기를 실감 나게 읽기 ·모둠 친구들과 이야기의 한 부분을 나누어 봅시다. 그리고 　모둠 친구들과 돌아가면서 이야기를 실감 나게 읽어 봅시다. ·자기 스스로 이야기를 실감 나게 읽었는지 평가하여 봅시다.	
	학습 내용 정리하기	■ 공부한 내용 정리하기 ○ O, X 문제 하기 ·이야기를 실감 나게 읽는 방법에 대하여 O, X 로 답하여 봅시다. ○ 자신의 경험 떠올려 보기 ·여러분도 도깨비처럼 다른 사람을 괴롭히고 싶은 마음이 든 　적이 있었나요? 그런 경우에는 어떻게 해야 할까요?	▶ 신문 만들기 자 료("국어" 331쪽)
		■ 단원 정리하기 ○ 지식 평가하기 ·1번 활동에서는 시를 암송하는 방법과 이야기를 실감 나게 　읽는 방법을 잘 알고 있는지 점검하여 봅시다. ○ 태도 점검하기 ·2번 활동에서는 이야기 읽기를 잘한 친구를 칭찬하고, 이 과 　정에서 자신의 읽기 태도를 되돌아봅시다.	※ 학생들이 긍정적 인 분위기 속에서 상 호 평가를 할 수 있 도록 안내한다.

4. 지식 탐구 학습 모형

가. 특징

지식 탐구 학습 모형은 구체적인 국어 사용 사례나 자료의 검토를 통하여 국어 생활에 일반화할
수 있는 개념이나 규칙을 발견하는 데 초점을 두는 학습자 중심의 모형이다. 교사는 학습 과제를
제시하고 학습자가 자발적으로 주어진 맥락에서 다양한 언어 자료를 탐구하고, 그 속에서 일반화할
수 있는 개념이나 규칙을 발견하도록 권장한다. 이러한 과정에서 학습자는 스스로 학습의 필요성을
느끼고 배우게 되므로 유의미한 학습을 할 수 있고 또한 오래 기억할 수 있다. 또, 발견 학습 활동을
성공적으로 마쳤을 때에 학습자는 지적인 쾌감을 맛보고 새로운 문제에 도전하려는 강한 내적 동기를
형성할 수 있게 된다.

나. 절차

단계	주요 활동
문제 확인하기	– 동기 유발 – 학습 문제 확인 – 학습의 필요성 또는 중요성 확인
자료 탐색하기	– 기본 자료 또는 사례 탐구 – 추가 자료 또는 사례 탐구
지식 발견하기	– 자료 또는 사례 비교 – 지식의 발견 및 정리
지식 적용하기	– 지식의 적용 – 지식의 일반화

문제 확인하기 단계는 학습 문제를 발견 또는 확인하고 관련 배경지식을 활성화하는 단계이다. 자료 탐색하기 단계는 문제를 해결하기 위하여 둘 이상의 사례를 검토하는 단계로, 일관성 있는 지식을 추출할 수 있도록 다양한 사례 제시와 함께 교사의 적극적인 비계(scaffolding, 飛階)가 필요한 단계이다. 지식 발견하기 단계는 둘 이상의 실제 사례로부터 공통점이나 차이점을 추출함으로써 일반화할 수 있는 개념이나 규칙을 발견하는 단계이다. 지식 적용하기 단계는 발견한 개념이나 규칙을 실제의 언어생활에 적용하는 단계이다.

다. 활용

지식 탐구 학습 모형은 국어 사용 영역의 '지식', '문법 지식', '문학 지식'을 습득하는 데 유용한 모형이다. 예를 들어, '주장하는 글의 특성', '토론할 때에 지켜야 할 점', '문장 부호의 종류와 기능', '이어질 이야기를 쓸 때의 유의점' 등을 학습할 때에 활용할 수 있다. 그리고 학습자의 학습 동기가 일정 수준을 유지하면서, 학습자가 관련된 정보를 많이 가지고 있을수록 유리하다. 다시 말하면, 학습자 내적으로 교육할 준비가 되어 있지 않다거나 학습자의 경험이 부족하다면 관련 지식을 스스로 발견하는 학습은 어려울 것이다.

지식 탐구 학습 모형을 적용하는 교사는 학생이 지식을 발견할 때까지 무작정 기다리는 것이 아니라, 적절한 자료를 제공하고 학습자가 적극적으로 학습에 참여할 수 있도록 유도하는 것이 필요하다. 즉, 절대적인 답변을 주지 않으면서 학생과 함께 탐구하는 동료로서의 역할을 하되, 필요할 경우에 추가 자료의 지원이나 단계적인 질문을 통하여 탐구 과정을 유도할 수 있어야 한다. 학습 내용의 난이도나 학습자 수준을 고려하여 모둠 활동을 적절히 활용할 수도 있을 것이다.

지식 탐구 학습 모형을 적용한 국어과 교수 학습 과정안

단계 (시간)	학습 내용	교수 학습 활동	자료(▶) 및 유의점(※)
문제 확인하기 (10분)	동기 유발 하기	■ 동기 유발 ○ 낱말에 공통적으로 들어갈 말 찾기 • 다음 그림에서 (　　) 안에 공통적으로 들어갈 말은 무엇인가요? ('색'입니다.) 　　　　　　(　　)연필　　　　　　(　　)종이 • 다음 그림에서 (　　) 안에 공통적으로 들어갈 말은 무엇인가요? ('밥'입니다.) 비빔(　　)　볶음(　　)　김(　　)　주먹(　　)	▶ 그림 자료 ※ 그림에서 연상되는 낱말을 통하여 낱말의 짜임을 다룰 단원에 대한 흥미를 유발한다.
	학습의 필요성 알기	■ 단원 도입 활동하기 ○ 그림 보고 의미 파악하기 • 『국어』 128~129쪽 그림을 살펴봅시다. 오른쪽에 있는 친구들이 자동차를 조립하지 못하는 까닭은 무엇인가요? (설명서가 어렵기 때문입니다./설명서가 어려운 낱말로 써 있기 때문입니다./어린이들이 알기 쉽도록 순서나 방법을 쓰기 않있기 때문입니다.) • 읽는 이가 이해하기 쉽게 순서나 방법을 설명하는 글을 쓰려면 어떻게 해야 할까요? (순서에 맞고 방법을 잘 알 수 있도록 써야 합니다./읽는 이가 이해하기 쉬운 낱말을 사용합니다.)	※ 단원 도입 활동이 차시 학습과 연계가 될 수 있도록 지도한다.
	학습 목표 파악하기	■ 학습 목표 확인하기 낱말의 짜임에 대하여 알아봅시다.	

단계 (시간)	학습 내용	교수 학습 활동	자료(▶) 및 유의점(※)
자료 탐색하기 (20분)	기본 자료 탐색하기	■ 그림 보고 이야기 나누기 ○ 철수와 누나의 대화를 보고 내용 파악하기 • 그림 ①에서 철수가 당황해하는 까닭은 무엇인가요? (철수 가 남겨 둔 김밥을 누나가 먹었기 때문입니다.) • '김', '밥'이 '김밥'과 다른 점은 무엇인가요? ('김'과 '밥'은 각각 하나의 음식이고, '김밥'은 김과 밥을 이용하여 새롭 게 만든 음식입니다.) • 그림 ②에서 누나의 말을 생각하여 볼 때 '햇감자'는 어떤 뜻일까요? ('올해 새로 난 감자'라는 뜻입니다.) • 사과를 '사'와 '과'로 쪼개면 '사'와 '과'에는 어떤 뜻이 있을 까요? (아무런 뜻이 없습니다.)	※ 다양한 예시 자료를 보면서 학생들이 낱 말들의 공통점이나 차이점을 함께 탐구 할 수 있도록 시간을 충분히 제공한다.
	추가 자료 탐색하기	■ 동요 자료에서 여러 가지 낱말 확인하기 ○ 추가 자료 보고 이야기 나누기 • 동요 「펄펄 눈이 옵니다」, 「꼬마 눈사람」, 「함박눈」의 노 랫말을 살펴봅시다. 그리고 '눈', '눈사람', '함박눈'의 공통 점과 차이점에 대하여 말해 봅시다. (세 낱말 모두 '눈'이 들어갔습니다./한 낱말은 '눈'만 가지고 사용되었고, 다른 낱말들은 '사람', '함박'과 결합되어 사용되고 있습니다.)	▶ 동요 「펄펄 눈이 옵니 다」, 「꼬마 눈사람」, 「함박눈」 노랫말
지식 발견하기 (30분)	자료 비교하기	■ 기본 자료와 추가 자료 비교하기 ○ 대화 자료와 동요 자료의 낱말 비교하기 • '철수와 누나의 대화'에서 파란색으로 쓴 낱말과 '눈'과 관 련된 동요에서 나온 낱말을 기준을 정하여 나누어 봅시다. ○ 낱말을 나누는 기준 찾기 • 짝이나 모둠에서 낱말을 나눈 기준을 말하여 봅시다. ('쪼 갤 수 없는 낱말'과 '쪼갤 수 있는 낱말'로 구분하였습니다./ 같은 글자가 들어가는 낱말끼리 나누었습니다.)	※ 학생들이 서로 이야 기하면서 탐구할 수 있도록 시간을 제공 한다.
	자료 정리하기	■ 비교한 내용 정리하기 ○ 낱말 구분하여 보기 • '김, 밥, 김밥, 햇김, 햇사과, 눈, 눈사람, 함박눈'은 어떻게 나눌 수 있나요? ('쪼갤 수 없는 낱말'과 '쪼갤 수 있는 낱말' 로 구분할 수 있습니다.)	
	지식 발견하기	■ 낱말의 짜임 정리하기 ○ 낱말을 두 가지로 구분하기 • 자료를 통하여 살펴본 내용을 정리하여 봅시다. **낱말의 짜임** • 쪼갤 수 없는 낱말 　　　 • 쪼갤 수 있는 낱말	

단계 (시간)	학습 내용	교수 학습 활동	자료(▶) 및 유의점(※)
지식 적용하기 (20분)	지식 적용하기	■ 낱말의 짜임에 따라 구분하기 ○ 여러 가지 낱말을 같은 짜임으로 구분하기 ・『국어』 132쪽 4번에 제시된 낱말을 같은 짜임의 낱말끼리 묶어 봅시다. ('쪼갤 수 없는 낱말'은 '김, 국, 밥, 밤, 사과'이고, '쪼갤 수 있는 낱말'은 '김밥, 국밥, 햇김, 햇사과, 햇밤'입니다.) ・『국어』 133쪽 5번의 빈칸에 알맞은 말을 써 봅시다. (①돌다리: 돌, 다리/②감나무: 감, 나무/③옷장: 옷, 장/④맨발: 맨, 발/⑤풋사과: 풋, 사과/⑥날달걀: 날, 달걀)	
	지식 일반화 하기	■ 낱말의 의미 파악하기 ○ 쪼갤 수 있는 낱말의 뜻 짐작하기 ・낱말의 짜임을 생각하며 쪼갤 수 있는 낱말의 뜻을 짐작하여 봅시다.('나팔꽃'은 나팔 모양으로 생긴 꽃, '애호박'은 아이처럼 작은 호박, '왕만두'는 보통보다 큰 만두, '한여름'은 더위가 한창인 여름, '새우잠'은 새우처럼 등을 굽히고 자는 잠이라고 생각합니다.) ■ 생활 장면 적용하기 ○ 일상생활에서 볼 수 있는 낱말 구분하기 ・주변에서 볼 수 있는 낱말을 같은 짜임의 낱말끼리 묶어 봅시다. ('쪼갤 수 없는 낱말'은 '이불, 거울, 바닥'이고, '쪼갤 수 있는 낱말'은 '잠옷, 책가방, 꽃병, 쓰레기통'입니다.)	
	학습 내용 정리하기	■ 학습 내용 정리하기 ○ 낱말의 짜임에 대하여 설명하기 ・『국어』 135쪽 8번에서 낱말의 짜임을 생각하며 알맞은 것을 선으로 잇고 친구들에게 설며하여 봅시다. ○ 학습한 내용 정리하기 ・낱말의 짜임에 대하여 말해 봅시다. (낱말은 짜임에 따라 '쪼갤 수 없는 낱말'과 '쪼갤 수 있는 낱말'로 구분됩니다.)	※ 학습한 내용을 서로 이야기함으로써 발견한 지식을 확실히 익히도록 한다.

5. 반응 중심 학습 모형

가. 특징

반응 중심 학습 모형은 수용 이론이나 반응 이론에 근거한 것으로 문학 작품을 가르칠 때에 학습자 개개인의 반응을 중시하는 모형이다. 이는 작품에 대한 해석이 독자(학습자)에 따라 다양하게 나타날 수 있다는 점을 고려한 것이다. 그리고 이 모형은 학습자 개개인의 반응을 최대한 존중하고 다양하면서 창의적인 반응을 유도함으로써 학습자의 역동적인 참여와 흥미를 유발할 수 있다는 장점이 있다. 하지만, 개별 학습자의 반응을 강조한다고 하더라도 작품(텍스트)은 여전히 감상의 대상으로서 감상의 중심에 놓일 수밖에 없다. 텍스트와 연결 고리를 가지지 못하는 반응은 무의미한 것일 수밖에 없기 때문이다. 따라서 이 모형에서는 텍스트와 독자 간 교류의 과정과 결과를 강조한다.

나. 절차

단계	주요 활동
반응 준비하기	− 동기 유발 − 학습 문제 확인 − 학습의 필요성 또는 중요성 확인 − 배경지식 활성화
반응 형성하기	− 작품 읽기 − 작품에 대한 개인 반응 정리
반응 명료화하기	− 작품에 대한 개인 반응 공유 및 상호 작용 − 자신의 반응 정교화 및 재정리
반응 심화하기	− 다른 작품과 관련짓기 − 일반화하기

반응 준비하기 단계는 학습 문제를 확인하고 작품을 이해하는 데 필요한 배경지식을 활성화하는 단계이다. 작품과 관련된 자료를 살펴보거나, 그림 등에 대하여 이야기를 나누거나, 일상의 경험을 이야기함으로써 배경지식을 활성화할 수 있다. 반응 형성하기 단계는 작품을 읽으면서 학습자가 최초의 반응을 형성하고, 작품을 읽고 난 뒤의 생각이나 느낌을 반응 일지 등에 간단히 정리하여 보는 단계이다. 반응 명료화하기 단계는 각자 정리한 반응을 상호 공유하고 이를 바탕으로 하여 자신의 반응을 정교화하거나 확장하는 단계이다. 반응 심화하기 단계는 주제, 인물, 사건, 배경 등을

바탕으로 다른 작품과 관련지어 보면서 작품에 대한 이해를 높이고, 현실 세계나 자신의 삶에 투영하여 봄으로써 반응을 심화하는 단계이다. 특정 주제에 대한 토의나 토론 활동을 통하여 반응을 심화하는 방법도 좋다.

다. 활용

반응 중심 학습 모형은 문학적인 텍스트, 특히 문학 작품에 대한 학습자의 다양한 반응이 요구되는 문학 감상 학습에 적합한 모형이다. 이 모형을 적용할 때에는 특히 작품을 읽고 난 뒤의 반응 활동에 집중한 나머지, 정작 감상의 바탕이 되는 작품 읽기와 이해 과정이 소홀히 다루어지지 않도록 주의하여야 한다. 그리고 자기중심적인 편협한 텍스트 이해나 해석의 무정부 상태에 빠지지 않도록 토의·토론을 병행하여 보다 타당하고 깊이 있고 확장된 반응을 이끌어 낼 수 있도록 해야 한다. 학습자들은 서로 다른 배경지식을 가지고 있기 때문에 문학 작품에 대하여 다양한 반응을 보인다. 이 경우에 처음에는 반응을 자유롭게 표현할 수 있도록 하는 데 초점을 두고, 점차 상호 작용 등을 통하여 반응을 명료하고 정교하게 하면서 다른 작품과 관련지어 심화하여 나갈 수 있도록 유도한다. 교사는 학습자 개개인의 반응이 최대한 존중될 수 있는 학습 분위기를 조성하고, 학습자가 단순한 반응을 제시하거나 표현하는 것에 만족하지 말고 타당하고 명료한 반응, 심화되고 확장된 반응으로 적극적으로 이끌 수 있어야 한다. 그리고 충분한 상호 작용을 거쳐 학습자가 스스로 반응을 성찰할 수 있는 학습 경험을 제공하여야 한다.

반응 중심 학습 모형을 적용한 국어과 교수 학습 과정안

단계 (시간)	학습 내용	교수 학습 활동	자료(▶) 및 유의점(※)
반응 준비하기 (15분)	동기 유발하기	■ 마음 상태 연상하기 ○ 마음 상태와 연상되는 사건 떠올려 말하기 ・이것은 마음 상자입니다. 마음 상자 안에는 인물의 마음을 나타내는 말들이 있습니다. 어떤 말들이 있을까요? ・마음 상자에서 종이 한 장을 뽑고, 그 마음과 관련된 자신의 경험을 상황이 잘 드러나도록 이야기하여 봅시다. ・'답답함'에 대한 경험이 사람마다 다릅니다. 마찬가지로 같은 이야기를 읽어도 사람마다 생각이나 느낌이 서로 다릅니다.	▶ 마음 상자(마음의 상태를 적은 상자)나 마음의 상태를 적은 카드 ※ 마음의 상태를 자신의 경험에서 떠올리도록 한다. 경험이 잘 떠오르지 않을 경우에는 자신이 읽었던 책이나 들었던 이야기 중의 하나를 떠올리게 한다.
	학습 목표 파악하기	■ 학습 목표 확인하기 작품에 대한 생각이나 느낌이 다른 까닭을 알아봅시다. ■ 학습 순서 알아보기 ○ 이 시간에 학습할 내용 알아보기 ① 갈등 파악하기 ② 기억에 남는 장면 이야기 나누기 ③ 친구들의 생각에 대한 자신의 생각 나누기	
	배경지식 활성화하기	■ 이야기 경험 나누기 ○ 책이나 영화를 본 경험 말하기 ・책이나 영화를 보고 다른 사람과 이야기를 나누었던 경험을 말하여 봅시다. ■ 이야기와 관련된 상황 떠올리기 ○ 생일을 잊었을 때의 마음 가정하기 ・자신의 생일을 가족이 잊었다고 생각하여 봅시다. 어떤 마음이 들지 말하여 봅시다.	※ 자신의 생일을 가족이 잊었다고 가정하여 보게 한다.
반응 형성하기 (25분)	제재 글 읽기	■ '우리는 한편이야' 읽기 ○ 인물에게 일어난 사건을 파악하며 '우리는 한편이야' 읽기 ○ 이야기 읽고 내용 파악하기 ・아빠가 엄마의 생신을 기억하지 못했을 때 엄마는 어떤 마음이 들었을까요? ・장미꽃을 그리면서 '나'는 어떤 마음이었을까요?	※ 글을 읽을 때에는 날개 부분에 제시된 질문을 생각하며 읽는다.

단계 (시간)	학습 내용	교수 학습 활동	자료(▶) 및 유의점(※)
	내용 파악하기	■ 세부 내용 파악하기 ○ 인물의 마음 파악하기 • 엄마는 아빠가 준 반지 그림을 본 순간 어떤 생각을 하였을까요? • 엄마가 아빠에게 서운하게 생각한 것은 무엇인가요? • '나'는 정답게 이야기를 나누지 않는 아빠와 엄마를 어떻게 생각하고 있나요? • "난 원래 지키지 못할 약속은 안 하잖아!"에서 나타나는 아 버지의 성격은 어떠한가요? • 엄마가 아빠에게 바라는 점은 무엇일까요? ○ 인물 간의 갈등 파악하기 • '우리는 한편이야'에서 인물 간의 갈등을 보이는 인물은 누 구누구인가요? • 아빠와 엄마의 갈등은 무엇이라고 생각하나요?	※ 세부 내용 파악 하기 활동에서 학생 들이 스스로 작품에 대한 질문을 만들어 주고받는 형식으로 진행하면 자기 주도 적인 학습 분위기를 만들 수 있다. ※ 내용 이해하기를 통하여 인물 간의 갈등을 파악하도록 한다.
	개인 반응 형성하기	■ 이야기에서 기억에 남는 장면 떠올리기 ○ 기억에 남는 장면을 찾아 친구들과 이야기 나누기 • '우리는 한편이야'에서 가장 기억에 남는 장면에 대하여 친 구들과 이야기하여 봅시다.	
반응 명료화하기 (30분)	반응 공유하기	■ 인물의 행동에 대한 생각 공유하기 ○ 지민이의 생각 알아보기 • 지민이가 가진 생각은 무엇인가요? • 지민이의 생각에 대한 자신의 생각을 써 봅시다. • 지민이의 생각에 대하여 친구들과 이야기를 나누어 봅시다. ○ 선규의 생각 알아보기 • 선규가 가진 생각은 무엇인가요? • 선규의 생각에 대한 자신의 생각을 써 봅시다. • 선규의 생각에 대하여 친구들과 이야기를 나누어 봅시다. ○ 엄마와 아빠의 행동에 대한 자신의 생각 나누기 • 엄마와 아빠가 일주일 넘게 이야기를 나누지 않는 까닭에 대한 자신의 생각을 써 봅시다. • 엄마와 아빠가 일주일 넘게 이야기를 나누지 않는 까닭에 내하여 친구들과 이야기를 나누어 봅시다.	※ 컴퓨터실을 이용 할 수 있는 경우에는 학급 누리집을 활용 한다. 누리집을 활 용하기 어려운 경우 에는 생각을 쓴 글을 돌려 읽으면서 댓글 을 써 준다.
	반응 재정리하기	■ 자신의 생각 쓰기 ○ 이야기에 대한 자신의 생각 정리하기 • 지금까지 이야기 나눈 내용을 바탕으로 하여 지민, 선규, 주호와 같이 '우리는 한편이야'에 대한 자신의 생각이나 궁 금한 점을 써 봅시다. • 쓴 글을 모둠별로 돌려 읽고, 친구의 글에 대한 자신의 생각 을 써 봅시다.	

단계 (시간)	학습 내용	교수 학습 활동	자료(▶) 및 유의점(※)
반응 심화하기 (10분)	일반화하기	■ 이야기에 대한 생각 나누기 ○ 자신의 생각과 친구의 생각 비교하기 · '우리는 한편이야'에 대한 자신의 생각과 친구의 생각을 비교하여 다른 점을 말하여 봅시다.	
	학습 내용 정리하기	■ 공부할 내용 정리하기 ○ 글에 대한 생각이나 느낌이 서로 다른 까닭 알기 · '우리는 한편이야'에 대한 생각이나 느낌을 친구들과 나누어 보았습니다. 같은 글이지만 생각이나 느낌이 다른 까닭은 무엇인가요?	

6. 역할 수행 학습 모형

가. 특징

역할 수행 학습 모형은 학습자가 구체적인 상황을 통하여 언어 사용을 직접 경험함으로써 학습 목표에 더 효율적으로 도달할 수 있다는 점을 강조한다. 역할 수행을 경험함으로써 학습자는 주어진 문제를 좀 더 정확하고 실감 나게 이해하고, 문제를 더 쉽게 해결해 나갈 수 있다. 즉, 학습자는 주어진 문제 상황에 대하여 생각하고, 주어진 상황 속의 인물이 되어 보며, 그 해결책을 제시하는 과정을 거쳐 자신에게 부딪힌 문제를 좀 더 효과적으로 해결하는 능력을 기를 수 있다. 그뿐만 아니라 새로운 의미의 발견, 기존의 가정에 대한 의문 제기, 고정 관념 깨기, 대안 시도하여 보기 등의 과정을 체험하게 된다. 또, 역할 수행을 통하여 다른 사람의 의견이나 행동을 존중하게 되고, 자신의 행동이 다른 사람에게 어떤 영향을 끼칠 것인지 생각함으로써 인간의 행동에 대하여 통찰력을 가지게 된다.

나. 절차

단계	주요 활동
상황 설정하기	– 동기 유발 – 학습 문제 확인 – 학습의 필요성 또는 중요성 확인 – 상황 분석 및 설정
준비 및 연습하기	– 역할 분석 및 선정 – 역할 수행 연습
실연하기	– 실연 준비하기 – 실연하기
평가하기	– 평가하기 – 정리하기

상황 설정하기 단계는 학습 내용을 확인하고, 제시된 상황을 분석하여 실연할 상황으로 설정하는 단계이다. 준비 및 연습하기 단계는 설정한 상황에 등장인물을 분석하고, 배역을 정하고 실연 연습을 하는 단계이다. 실연하기 단계는 학습자가 상황 속의 인물이 되어 직접 역할을 수행하여 보는 활동 단계로, 이를 통하여 학습자는 새로운 세계를 경험하게 하며, 그 경험은 사고의 전환을 가져오게 하여 학습자가 언어적 문제 상황을 해결하거나 문학적 상상력을 기르는 데 도움을 준다. 평가하기 단계는 학습자의 역할 수행을 통하여 얻게 된 언어 지식이나 문학적 체험을 서로 주고받음으로써 주관적인 지식을 객관화하고 일반화하여 언어생활에 활용하거나 문학적 체험을 확대하는 단계이다.

다. 활용

역할 수행 학습 모형은 역할놀이 자체가 학습 목적인 경우, 역할놀이가 학습 목표 달성에 중요 수단이 되는 경우, 통합적 언어 활동이 요구되는 경우에 적용하기 알맞은 모형이다. 예를 들면, 전화놀이, 토의나 토론, 문학 감상 활동 등에 활용할 수 있다. 역할 수행 경험이 풍부하고 표현력이 어느 정도 갖추어진 학습자라면 큰 부담 없이 흥미를 가지고 학습에 참여할 수 있는 모형이다.

역할 수행 학습 모형을 적용하는 교사는 학습자가 학습 목표를 명확히 인식하고 역할 수행에 임하도록 해야 하며, 역할 수행 이후에는 학습 목표 성취를 점검하는 것이 필요하다. 학습자가 역할 수행 활동에만 관심을 가지다 보면 정작 그것을 통하여 학습하여야 할 내용을 소홀히 하는 경우가 있기 때문이다. 역할 수행은 대부분의 수업에서 그 자체가 목적이기보다 목표에 도달하기 위한 수단이라는 점을 염두에 둘 필요가 있다. 역할 수행 학습 모형의 적용에 따른 시간 부담을 줄이기 위하여 상황 설정을 간단히 하는 방법, 사전에 표현 기능 등 기초 기능 훈련과 학습 경험을 조금씩 해 두는 것, 다른 시간과 통합하여 운영하는 방법 등이 있다. '연속 차시'로 운영하는 경우, 첫째 차시는 보통 역할 수행을 위하여 대본을 분석하거나 특정 상황을 설정하는 차시이므로 다른 모형을 적용할 수 있고, 둘째 차시만 역할을 수행하는 차시로 운영할 수 있다.

역할 수행 학습 모형을 적용한 국어과 교수 학습 과정안

단계 (시간)	학습 내용	교수 학습 활동	자료(▶) 및 유의점(※)
상황 설정하기 (15분)	동기 유발 하기	■ 동기 유발 ○ 탈 쓰기 놀이 하기 ・놀이 방법을 생각하며 탈 쓰기 놀이를 해 봅시다. ① 자기 옆에 자신이 만든 여러 가지 탈이 있다고 생각한다. ② '아빠가 퇴근하시는 길에 먹고 싶은 음식을 사 오 셨을 때'등 상황을 제시하면 옆에 있는 보이지 않는 탈을 쓰는 흉내를 내고, 다시 얼굴에서 손을 떼는 순간, 상황에 알맞은 표정을 짓게 한다. ③ 상황을 바꾸어 가며 표정 짓기를 해 본다.	※ '탈 쓰기 놀이'활동은 '탈'이 표정을 의미하는 것이기 때문에 학생들에게 탈을 만들어 쓰게 하는 활동은 하지 않도록 한다.
	학습 목표 파악하기	■ 학습 목표 확인하기 등장인물의 말투, 표정, 몸짓을 흉내 내며 거울 놀이를 해 봅시다.	
준비 및 연습하기 (25분)	내용 파악하기	■ 내용 파악하기 ○ '훈장님의 꿀단지'를 보고 내용 확인하기 ・비가 와도 훈장님께서 팔자걸음으로 천천히 걷는 까닭은 무엇인가요? ・훈장님은 제자들에게 어떤 거짓말을 하였나요? ・덕재가 꿀을 다 먹은 것을 알았을 때에 훈장님은 어떻게 하였나요? ■ 등장인물의 성격 파악하기 ・훈장님의 성격은 어떠한가요? ・덕재의 성격은 어떠한가요? ○ 인물의 성격을 생각하며 알맞은 대화 글 붙이기 ・대화 글에 알맞은 말투, 표정, 몸짓을 찾아 붙임 딱지를 붙이고 실감 나게 말하여 봅시다. ■ 역할놀이 연습하기 ・등장인물 되어 보기 ・모둠별로 '훈장님의 꿀단지'에 나오는 등장인물의 역할을 맡아 연습하여 봅시다.	※ '훈장님의 꿀단지'를 학습하면서 오늘날 선생님에 대한 부정적인 관점이 형성되지 않도록 주의한다.

단계 (시간)	학습 내용	교수 학습 활동	자료(▶) 및 유의점(※)
실연 하기 (30분)	실연 하기	■ **역할 수행하기** ○ 실감 나게 연기하기 ・등장인물이 되어 알맞은 목소리와 몸짓으로 실감 나게 연기 하여 봅시다.	
평가하기 (10분)	평가 하기	■ **역할 놀이 평가하기** ○ 인물의 성격에 어울리게 역할놀이를 하였는지 평가하지 ・누가 인물의 인상적인 말투, 표정, 몸짓을 실감 나게 흉내 내었는지 말하여 보고, 또 그렇게 생각한 까닭을 말하여 봅시 다.	※ 거울 놀이의 형태 로 역할놀이를 진행 할 경우에는 점수 얻 기에 중점을 두지 않 도록 주의한다.
	정리 하기	■ **활동 정리하기** ○ 역할놀이를 하고 난 소감을 정리하고 발표하기 ○ 등장인물의 말투, 표정, 몸짓을 공부하는 까닭 정리하기	

7. 가치 탐구 학습 모형

가. 특징

가치 탐구 학습 모형은 학습자가 언어에 내재된 가치를 탐구하고, 자신의 관점에서 분석하고 비판적으로 수용함으로써 다양한 가치에 대한 이해심과 비판적 사고 능력을 길러 주는 데 알맞은 모형이다. 언어에 내재된 가치를 발견, 분석하고, 이를 재해석하는 과정에서 학습자는 능동적으로 학습에 참여하게 되며, 자신의 가치를 명료화하여 긍정적인 자아 개념 학습을 형성할 수 있다. 학습자는 이러한 학습 체험을 통하여 합리적이고 비판적인 사고를 할 수 있는 기회를 더 많이 가지는 것은 물론이고, 학습 내용을 더 확실하게 이해할 수 있게 된다. 도덕과의 가치 탐구 학습이 바람직한 가치의 발견이나 내면화에 그 초점이 있다면, 국어과의 가치 탐구 학습은 다양한 가치의 발견과 이에 대한 비판적 수용에 그 초점이 있다고 볼 수 있다. 즉, 국어과에서 가치를 다루는 목적은 합의된 가치를 이끌어 내거나 내면화하는 데 있는 것이 아니라, 오히려 다양한 가치를 접하고 이를 입증하는 근거와 그것의 타당성을 탐구하고 평가하는 과정에 초점을 둔다.

나. 절차

단계	주요 활동
문제 분석하기	– 동기 유발 – 학습 문제 확인 – 학습의 필요성 또는 중요성 확인 – 문제 상황 분석
가치 확인하기	– 가치 발견 또는 추출 – 발견 또는 추출한 가치의 근거 확인
가치 평가하기	– 가치의 비교 및 평가 – 가치의 선택
가치 일반화	– 가치의 적용 – 가치의 재평가

문제 분석하기 단계는 가치를 추출 또는 발견하기 위한 기초 단계로서, 학습 문제를 확인하고 가치를 포함하고 있는 담화 자료를 분석하는 단계이다. 가치 확인하기 단계는 담화 자료의 분석을 토대로 내재된 가치를 발견 또는 추출하고, 그 가치의 근거를 주어진 담화 자료에서 찾는 단계이다. 가치 평가하기 단계는 확인된 가치 하나하나에 대하여 비교, 분석, 비판하고, 나름의 기준을 적용하여 가치를 평가하거나 선택하는 단계이다. 가치 일반화 단계는 발견 또는 추출한 가치를 어떻게 이해하고 표현할 것인지에 대하여 탐구하거나 적용함으로써 가치를 일반화하거나 재평가하는 단계이다.

다. 활용

가치 탐구 학습 모형은 다양한 가치가 공존하는 상황에서 다양한 가치의 탐구가 필요하거나 특정 가치를 선택하여야 하는 국어 사용 영역, 문학 영역, 국어 지식 영역의 수업에 적합한 모형이다. 예를 들면, 다양한 견해가 대립되는 글을 읽고 그것을 비교, 분석하거나, 특정 논제에 대하여 주장하는 글을 쓰거나, 문학 작품에 내재된 다양한 가치를 분석하여 자신의 기준으로 재해석하거나, 바람직한 국어 사용 태도나 문화를 탐구할 때에 이 모형을 적용할 수 있다.

가치 탐구 학습 모형을 적용하는 교사는 언어에 내재된 다양한 가치를 공평하게 다룰 수 있어야 한다. 그리고 교사는 학습자에게 한 가지 가치만을 선택하도록 강요하지 말아야 한다. 마찬가지로 학습자가 다양한 가치에 대하여 비판만 늘어놓는 것으로 그쳐서도 안 될 것이다. 교사는 학습자가 다양한 가치를 비교, 검토하고, 자신만의 가치를 새롭게 재구성할 수 있도록 보장하고 유도하여야 한다. 그리고 이 모형의 적용 과정에서 토의·토론 활동을 적절히 활용하는 것이 좋은데, 학습자는 토의·토론 활동을 통하여 다양한 가치에 대하여 더 정교하고 깊이 있게 접근할 수 있고, 자신의 가치 평가가 타당한지에 대하여 성찰할 수 있게 된다.

가치 탐구 학습 모형을 적용한 국어과 교수 학습 과정안

단계 (시간)	학습 내용	교수 학습 활동	자료(▶) 및 유의점(※)
문제 분석 하기 (10분)	전시 학습 상기하기	■ 전시 학습 내용 떠올리기 ○ 인물이 추구하는 삶 파악하기 · 지난 시간에는 무엇을 공부하였나요? (이야기를 읽고 인물이 추구하는 삶을 파악하여 보았다.) · 들려준 시에서 말하는 이가 추구하는 삶은 어떤 것인가요?(「송두리째 다 내놓았어」에서는 다른 사람과 나누며 사는 삶을 추구하였다./「흔적 남기기」에서는 상대를 배려하고 규칙을 지키는 삶을 추구하였다.) ■ 가치 빙고 놀이 하기 ○ 자신의 삶에서 소중한 것 아홉 가지를 빙고 칸에 쓰고 놀이 하기 · 소중한 것 아홉 가지를 쓰고 가장 소중하다고 생각하는 것을 차례대로 말하여 봅시다. 그 내용이 있으면 동그라미를 그립니다. 가장 먼저 동그라미가 그려진 한 줄을 만들면 이기게 됩니다.	▶ 「송두리째 다 내놓았어」(지도서 72쪽 참고 자료), 「흔적 남기기」(지도서 80쪽 참고 자료) ※ 시에서 '말하는 이'는 시적 화자에 대한 학습어이다. 시적 화자는 시 속에서 자신의 상황과 정서를 보여 주면서 시의 정서를 전달하는 역할을 한다.
	학습목표 파악하기	■ 학습 목표 확인하기 드라마를 보고 인물의 삶과 자신의 삶을 관련지어 말할 수 있다.	
	학습 계획 확인하기	■ 학습 활동 순서 알아보기 ○ 이 시간에 공부할 내용 알아보기 ① 드라마를 보고 내용 파악하기	
가치 확인하기 (30분)	가치 발견하기	■ 인물이 추구하는 삶 파악하기 ○ 허준과 유도지가 추구하는 삶 파악하기 · 허준이 추구하는 삶은 무엇인가요? (허준은 자신의 과거 시험보다 목숨이 위급한 환자의 치료를 선택하였다. 그는 다른 사람을 위하여 희생하는 삶을 추구한다.) · 유도지가 추구하는 삶은 무엇인가요? (유도지는 과거에 합격하기 위하여 아버지와 사이가 안 좋은 벼슬아치들에게 뇌물을 바쳤다. 그는 자신의 이익만을 위한 삶을 살았다.)	

단계 (시간)	학습 내용	교수 학습 활동	자료(▶) 및 유의점(※)
가치 평가하기 (30분)	가치 비교 및 선택하기	■ 인물이 추구하는 삶과 자신의 삶 비교하기 ○ 허준과 유도지가 추구하는 삶을 비교하기 ・허준과 유도지가 추구하는 삶을 비교하여 봅시다. (허준은 자신의 이익만을 추구하지 않고 다른 사람의 생명을 소중히 여긴다. 반면에 유도지는 자신의 성공을 추구하면서 뇌물을 바치는 일도 마다하지 않는다.) ○ 인물이 추구하는 삶과 자신의 삶 비교하기 ・허준과 유도지가 추구하는 삶을 자신의 삶과 비교하여 보고 각각의 삶에 대하여 평가해 봅시다. (유도지는 자신의 목표를 달성하기 위하여 뇌물을 주었다. 물론 뇌물을 주는 것은 나쁘지만 관리들이 편견을 가지고 유도지가 합격하지 못하도록 하였기 때문에 어쩔 수 없었다고 생각한다.) ■ 가상 면담하기 ○ 인물에 대하여 가상 면담하기 ・「허준」에 등장하는 인물 가운데에서 면담 대상자를 정하고, 그 인물에 대하여 궁금한 점을 쓴 뒤, 짝과 가상 면담을 해 봅시다. ・짝과 가상 면담을 한 뒤에 알게 된 점을 친구들과 이야기하여 봅시다.	※ 허준과 유도지에 대하여 좋은 인물, 나쁜 인물로 인식하지 않도록 각 인물이 추구한 삶이 무조건적으로 옳고 그른 것이 아님을 지도한다.
가치 일반화하기 (10분)	가치 적용하기	■ 자신이 추구하고 싶은 삶 생각하기 ○ 자신의 꿈 목록 쓰기 ・『국어 활동』 33쪽의 꿈 목록을 작성하면서 자신이 하고 싶은 일과 추구하고 싶은 가치가 무엇인지 생각하여 봅시다. ・「꿈 목록을 만들고 실천한 존 고더드 아저씨」를 읽고 느낀 점을 말하여 봅시다. (존 고더드 아저씨의 이야기를 읽고 정말 다양한 꿈이 있다고 생각하였다.) ・자신이 하고 싶은 여러 가지 꿈 목록을 써 봅시다. ○ 친구들과 자신의 꿈 목록 이야기하기 ・친구들에게 자신의 꿈 목록을 보여 주며, 왜 그런 꿈을 가지게 되었는지 이야기하여 봅시다. ■ 단원 정리하기 ○ 공부한 내용 평가하기	

8. 전문가 협동 학습 모형

가. 특징

전문가 협동 학습은 특정한 주제를 맡은 학습자들끼리 모여 그 주제에 대하여 깊이 있게 연구한 다음, 원래의 집단으로 돌아가 서로를 가르치는 방법이다. 예를 들어, '설명적인 글의 구조 파악하기'라는 주제가 있을 때에 이 유형을 적용하여 볼 수 있다. 설명적인 글은 비교와 대조 구조, 원인과 결과 구조, 서술식 구조 등으로 짜여 있음을 알고, 이들 각각의 구조를 가진 글을 찾고, 이들 구조가 어떤 특징을 지니고 있는지 깊이 있게 공부하여 서로를 가르칠 수 있다. 처음에는 모집단에서 이들 구조 중에서 자기가 하고 싶은 것을 택한 뒤, 각 모집단에서 같은 소주제를 맡은 학습자들끼리 모여 전문가 집단을 구성한다. 그리고 각 학습자들은 여기에서 깊이 있게 공부한 뒤, 모집단으로 돌아가 서로 배우고 가르친다.

나. 절차

단계	주요 활동
계획하기 (모집단)	– 동기 유발 – 학습 문제 및 소주제 확인 – 역할 분담
탐구하기 (전문가 집단)	– 주제 해결 방법 탐색 – 주제 해결 – 상호 교수 방법 탐구
서로 가르치기 (모집단)	– 상호 교수 – 질의 및 응답
발표 및 정리하기	– 전체 발표 – 문제점 확인 및 정리

계획하기 단계는 주제를 세분화하고 각 모둠별로 세분화한 주제를 각자 분담하는 단계이다. 탐구하기 단계는 각자 맡은 주제를 탐구하고, 각 모집단에서 동일한 주제를 탐구한 사람끼리 모여서 전문가 활동을 하는 단계이다. 이때, 상호 탐구한 내용을 공유하고 모집단으로 돌아가 가르칠 방법을 함께 의논하고 자료를 작성한다. 서로 가르치기 단계는 전문가 활동 결과를 바탕으로 하여 모집단으로 돌아와 각자 탐구한 주제를 모집단 구성원들에게 가르친다. 발표 및 정리하기 단계는 모집단별로

활동 결과를 발표하고 전문가 집단 및 모집단 활동이 잘 이루어졌는지 평가하고 점검 및 정리하는 단계이다.

다. 활용

국어과에서 이 유형은 대체로 특정한 주제에 대하여 깊이 있게 공부할 때에 적용할 수 있다. 특히, 국어 지식 영역에 해당하는 것이나, 언어 사용 기능 영역 중에서 지식이나 개념을 가르치는 데 적합하다.

이 유형을 적용할 때에 처음에는 주제를 확인하고 세분화하는 과정, 그리고 전문가 집단에서 그 소주제에 대하여 탐구하는 과정에 교사가 개입하되, 어느 정도 단계에 와 있으면 최대한 학습자 스스로 문제를 찾고 해결하도록 한다. 그리고 전문가 집단에서 소주제를 탐구할 때에 탐구 활동이 촉진될 수 있도록 분위기를 만들고 충분한 자료를 확보할 필요가 있다. 전문가 활동이 어려울 경우, 모집단 내에서 각자 주제를 분담하여 탐구하고 그 결과를 공유하고 상호 보완하여 전체 과제를 완성하는 과제 분담 탐구 뒤에 협력 방식으로 변형하여 운영할 수도 있다.

전문가 협동 학습 모형을 적용한 국어과 교수 학습 과정안

단계 (시간)	학습 내용	교수 학습 활동	자료(▶) 및 유의점(※)
계획하기- 모집단 (20분)	동기 유발 하기	■ 해외 동포나 외국인이 우리말을 서툴게 하는 장면 떠올리기 ○ 해외 동포나 외국인이 우리말이 서툰 까닭 생각하여 보기 ・어떤 점에서 어색하게 들리는지 말하여 봅시다. ■ 높임말을 써야 하는 대상 알기 ○ 높임말을 써야 하는 경우 생각하여 보기 ・누구에게 말할 때에 높임말을 사용하나요?	▶ 해외 동포나 외국인이 우리말을 서툴게 하는 장면을 떠올리게 한다. 다만, 언어 사용의 어색함을 높임말에만 한정하여 지도하지 않는다.
	학습 목표 파악하기	■ 학습 목표 확인하기 높임말을 사용하는 방법을 알아봅시다.	
	학습 순서 파악하기	■ 학습 순서 확인하기 ・〈소주제1〉 문장을 '-습니다'로 끝내는 방법 ・〈소주제2〉 '-께'나 '-께서'를 붙이는 방법 ・〈소주제3〉 '-시-'를 넣는 방법 ・〈소주제4〉 높임의 뜻이 있는 낱말을 사용하는 방법	※ 높임말을 사용하는 방법은 교사가 직접 제시하지 말고 예시를 제시하여 학생들이 찾아낼 수 있도록 한다.

단계 (시간)	학습 내용	교수 학습 활동	자료(▶) 및 유의점(※)
탐구하기 (20분)	역할 나누기 주제 해결 방법 탐색하기 주제 해결하기	■ 주제별 역할 분담 ○ 주제별 역할 정하기 ·네 개의 소주제 중에서 자신이 맡고 싶은 것을 정하여 봅시다 　(모둠에서 1~2명이 한 개의 소주제를 맡는다). ■ 주제 해결 방법 탐색하기 ○ 어떤 방법으로 문제를 해결할 수 있을지 생각하기 ·소주제를 해결하기 위하여 모둠에서 정한 방법을 말하여 봅시다. ■ 〈소주제 1~4〉 해결하기 ○ 문장을 '-습니다'로 끝내는 방법 알아보기 ·"국어" 88쪽 1번의 ①을 살펴보고, 이 방법으로 만든 다른 　문장도 찾아봅시다. ○ '-께'나 '-께서'를 붙이는 방법 알아보기 ·"국어" 88쪽 1번의 ②를 살펴보고, 이 방법으로 만든 다른 　문장도 찾아봅시다. ○ '-시'를 넣는 방법 알아보기 ·"국어" 89쪽 1번의 ③을 살펴보고, 이 방법으로 만든 다른 　문장도 찾아봅시다. ○ 높임의 뜻이 있는 낱말을 사용하는 방법 알아보기 ·"국어" 89쪽 1번의 ④를 살펴보고, 이 방법으로 만든 다른 　문장도 찾아봅시다.	※ 교과서에 제시된 대화 상황을 분석하 여 듣는 사람, 문장 의 주체, 문장의 객 체를 높인다는 것을 알게 한다. 이때 직 접적으로 '주체, 객 체'라는 용어는 사 용하지 않는다.
서로 가르치기 (20분)	높임말 찾기 높임을 나타내는 방법 익히기 질의 및 응답하기	■ 여러 낱말 중에서 높임말 찾기 ○ "국어" 90쪽 2번의 여러 낱말 중에서 높임말 찾기 ·모둠 친구들끼리 협의하여 높임말을 찾아봅시다. ■ 높임을 나타내는 방법 익히기 ○ 높임을 나타내는 여러 가지 방법을 서로 가르치기 ·전문가 친구의 도움을 받아 높임을 나타내는 여러 가지 방법 　을 익혀 봅시다. ·〈소주제1〉 문장을 '-습니다'로 끝내는 방법에 대하여 이야 　기해 봅시다. ·〈소주제2〉 '-께'나 '-께서'를 붙이는 방법에 대하여 이야기 　해 봅시다. ·〈소주제3〉 '-시-'를 넣는 방법에 대하여 이야기해 봅시다. ·〈소주제4〉 높임의 뜻이 있는 낱말을 사용하는 방법에 대하 　여 이야기해 봅시다. ■ 질문 및 대답하기 ○ 다른 사람의 소주제에 대하여 모르는 내용이 있으면 서로 　질문하여 봅시다.	※ 높임말 사용 방 법을 형태적으로 암 기하게 하는 것이 아니라 학생들끼리 스스로 발견해 낸 원리를 서로 알려주 고, 다시 원리가 적 용된 높임말을 찾아 보게 한다.

단계 (시간)	학습 내용	교수 학습 활동	자료(▶) 및 유의점(※)
발표 및 정리하기 (20분)	정리하기	■ 높임을 나타내는 방법 정리하기 · 높임을 나타내는 여러기자 방법에 대하여 정리하기	

9. 토의·토론 학습 모형

가. 특징

토의·토론 학습 모형은 교사와 학생, 또는 학생들끼리 일정한 규칙과 단계에 따라 대화를 나눔으로써 학습 문제를 해결하거나 학습 목표에 도달하고자 하는 공동 학습 모형의 한 형태이다. 토의는 공동의 관심사가 되는 특정 문제에 대하여 바람직한 해결 방안을 찾기 위하여 구성원들이 협력적으로 의견을 교환하는 대화 형태이다. 토론은 찬반의 입장이 분명한 특정 문제에 대하여 각각의 입장을 대변하는 사람들이 쟁점에 대하여 논쟁하는 대화 형태이다. 따라서, 학습 상황에 따라 토의 학습 모형과 토론 학습 모형으로 나눌 수도 있다. 토의·토론 학습 모형은 학습자의 자발적인 학습 참여를 유도할 수 있고, 학습 내용을 폭넓고 깊이 있게 이해시키는 데 효과적이다. 아울러 합리적인 상호 작용과 협력적인 의사소통 능력을 길러 줄 수 있고, 분석력, 종합력, 평가력과 같은 고등 사고 능력을 증진시키는 데도 유용한 방법이다. 학습자는 토의·토론 과정에서 자신의 견해나 가치, 신념을 성찰하고 재구성할 수 있는 기회를 가진다. 교사는 토의·토론을 관찰함으로써 학습 상황을 구체적으로 점검하고, 소집단별 지도나 개별 지도 시간을 확보할 수 있다.

나. 절차

단계	주요 활동
주제 확인하기	– 동기 유발 – 학습 문제 확인 – 토의·토론 목적 및 주제 확인
토의·토론 준비하기	– 주제에 대한 자신의 입장 정하기 – 주제에 대한 자료 수집 및 정리 – 토의·토론 방법 및 절차 확인

단계	주요 활동
토의 · 토론하기	− 각자 의견 발표 − 반대 또는 찬성 의견 제시
정리 및 평가하기	− 토의 · 토론 결과 정리 − 토의 · 토론 평가

주제 확인하기 단계는 토의나 토론의 목적을 명확히 하고, 주제를 확인하거나 선정하는 단계이다. 토의 · 토론 준비하기 단계는 주제에 대한 자신의 입장을 정하고, 관련 자료를 수집 및 정리하며, 토의 · 토론의 방법 및 절차를 확인하는 단계이다. 이때, 각종 도서나 인터넷 검색, 토의, 조사 등의 다양한 방법을 통하여 자료를 확보할 수 있다. 토의 · 토론하기 단계는 정리된 자료를 바탕으로 하여 자신의 의견을 제시하고, 다른 사람의 의견에 대하여 찬성 또는 반대 의견을 제시하는 단계인데, 이때 토의나 토론의 규칙을 준수하도록 강조한다. 정리 및 평가하기 단계는 토의 · 토론의 결과를 정리하고, 토의 · 토론 자체를 점검하고 평가하는 단계이다.

다. 활용

토의 · 토론 학습 모형은 간단한 정보나 지식의 습득보다는 고차적인 인지 능력의 함양에 적합하며, 특정 문제의 해결 방안을 모색하거나 태도 변화를 꾀하는 데 적합한 모형이다. 따라서 이 모형은 학습 문제 해결을 지향하는 차시의 특성상 대부분의 차시에 응용할 수 있다. 그중에서도 특히 듣기 · 말하기 영역의 토론 및 토의 수업에 알맞은 모형이다. 이 모형은 학습자의 자발적인 참여와 창의적인 사고를 요구한다. 또, 학습자의 의사소통 기능과 대인 관계 기능이 수업 성패의 관건이다. 따라서 교사는 학습자가 책임 의식을 가지고 적극적으로 토의 · 토론에 참여할 수 있도록 지속적으로 관심을 유도하여야 하고, 토의 · 토론에 필요한 기본 화법 지도 등 토의 · 토론의 방법과 절차를 사전에 꾸준히 지도하여야 한다. 또, 교사는 토의 · 토론 주제 선정에서부터 정리 및 평가에 이르기까지 수업 계획과 준비를 철저히 해야 한다. 특히, 교사는 토의 · 토론의 궁극적인 목적과 가치를 인식하고, 토의 · 토론 이 개개인의 의견만 제시하는 것으로 그치지 않도록 주의하여야 한다. 아울러 학습자가 토의 · 토론 자체에 집중하여 학습 목표를 소홀히 다루지 않도록 해야 한다.

토의 · 토론 학습 모형을 적용한 국어과 교수 학습 과정안

단계 (시간)	학습 내용	교수 학습 활동	자료(▶) 및 유의점(※)
주제 확인하기 (10분)	전시 학습 상기하기	■ 전시 학습 내용 떠올리기 ○ 지난 시간에 공부한 내용 떠올리기 · 지난 시간에는 무엇에 대하여 알아보았나요? (주장과 근거의 연결 관계에 대하여 알아보았다.) · 근거가 주장을 뒷받침하는 방법에는 무엇무엇이 있나요? (예를 들어가 사전 또는 다른 사람의 말 등을 인용하거나 자세히 설명하는 방법 등이 있다.)	
	동기 유발	■ 「개가 남긴 한마디」를 읽고 동물에 대한 태도 생각하기 ○ 동물에 대한 카슘의 태도 생각하기 · 카슘은 자신의 개를 어떤 존재로 여기고 있나요? (가족과 같은 존재로 생각하고 있다.) · 카슘과 같은 인물은 '개를 이용하나 과학 실험'에 대하여 어떻게 생각할까요? (동물의 생명을 가볍게 생각하는 행위라고 반대할 것 같다.)	
	학습 목표 파악하기	■ 학습 목표 확인하기 주장에 대한 자신의 생각을 말할 수 있다.	
토의 · 토론 준비하기 (30분)	학습 과제 분석하기	■ 공부할 문제 생각하기 ○ 주장에 대한 자신의 생각을 말하는 방법 생각하기 · 주장에 다한 자신의 생각을 말하려면 어떻게 해야 하나요? (주장을 뒷받침하는 근거가 타당한지 생각한다.) · '동물을 이용한 실험'에 대하여 어떤 주장에 찬성하는지 토론을 해 보겠습니다.	※ 학습 과정을 충분히 안내하여 학생들이 학습 과정을 스스로 점검할 수 있도록 한다.
	문제의 관점 파악하기	■ 글 ㉮와 글 ㉯ 읽기 ○ 내용 파악하기 · 글 ㉮와 글 ㉯의 주장은 각각 무엇인가요? (글 ㉮: 신약 개발을 위한 동물 실험은 필요하다./글 ㉯: 우주 개발을 위한 동물 실험을 반대한다.) · 글 ㉮와 글 ㉯의 글쓴이가 각각의 주장을 뒷받침하기 위한 근거를 어떻게 제시하고 있는지 알아봅시다. (예를 들어 제시하고 있다./자세히 설명하여 제시하고 있다./자료를 인용하여 제시하고 있다.)	※ 글 ㉮와 글 ㉯를 읽고 동물 실험에 대한 자신의 입장을 정할 때 글쓴이의 의견에 휘둘리지 않고 자신의 생각을 분명히 하여 토론에 임할 수 있도록 유도한다.
	상반되는 두 입장 알기	■ 동물 실험에 대한 찬성과 반대의 주장과 근거 알기 ○ 동물 실험을 찬성하는 주장과 반대하는 주장 알기 ○ 각각의 주장을 뒷받침하는 근거 알기	

단계 (시간)	학습 내용	교수 학습 활동	자료(▶) 및 유의점(※)
	자신의 주장 정하기	■ 동물 실험에 대한 자신의 주장 정하기 ○ '동물 실험은 필요한가'에 대한 생각을 정리하고 자신의 　주장 정하기	
	자료 수집 및 근거 예상하기	■ 토론에 필요한 자료 수집하기 ○ 자신의 주장을 뒷받침 할 수 있는 적절한 근거 자료를 마련 　하고 상대의 근거 예상하기	※ 자료 수집은 과제로 　제시하거나　컴퓨 　터실, 도서실 등을 　이용하도록 한다.
토의 · 토론 하기 (30분)	의견 발표하기	■ 찬성편 의견 발표하기 ○ 동물 실험에 대하여 찬성편의 의견 제시하기 ■ 반대편 의견 발표하기 ○ 동물 실험에 대하여 반대편의 의견 제시하기 ■ 판정단의 판정 겨로가 발표하기 ○ 찬성편과 반대편의 주장과 근거의 타당성을 비교하며 토론 　에 대한 판정 결과 발표하기	※ 토론할 때 주장만 　내세우는 것이 아니 　라 적절한 근거를 　들어 가며 말할 수 　있도록 지도한다.
정리 및 평가하기 (10분)	토론 결과 정리하기 토론 평가하기	■ 토론한 뒤에 자신의 생각 정리하기 ○ '동물 실험은 필요한가'에 대한 자신의 생각을 글로 쓰기 ■ 토의 · 토론 결과 평가하기 ○ 토론에 잘 참여하였는지 스스로 점검하고 평가하기	※ 평가 방법은 상황 　에 따라 자기 평 　가와 동료 평가를 　할 수 있다.

참고문헌

강길호 · 김현국(1995), 『커뮤니케이션과 인간』, 한나래.

강태완 · 김태용, 이상철, 허경호(2002), 『토론의 방법』, 커뮤니케이션북스.

경규진(1993), "반응중심 문학교육의 방법 연구", 서울대 대학원 박사학위 논문.

교육부(2011), 『2009 개정 국어과 교육과정』, 국가교육과정정보센터(NCIC).

교육부(2015), 『국어과 교육과정』, 교육부 고시 제 2015-72호 [별책 5].

교육부(2015), 『2015 개정 국어과 교육과정』, 국가교육과정정보센터(NCIC).

구인환 외 공저 (1996), 『문학교육론』, 삼지원.

구현정(1997), 『대화의 기법』, 한국문화사.

국어교육 미래 열기(2009), 『국어교육학 개론』, 삼지원.

권재일(1995), 「국어학적 관점에서 본 언어 지식 영역 지도의 내용」, 〈국어교육연구〉 2, 서울대학교국어
　　교육연구소.

권혁준(1997), 『문학이론과 시교육』, 박이정,

권혁준(2006), 목표 중심 단원 체제의 문제점과 개선 방안 : 초등학교 문학영역을 중심으로, 〈문학교육
　　학〉 21호.

김광해(2003), 『국어지식 교육론』, 서울대학교출판부.

김대행 외 공저 (2000), 『문학교육원론』, 서울대학교출판부.

김상욱(2001), 초등학교 아동문학 제재의 위계화 연구, 국어교육학연구 12, 국어교육학회.

김성장(1996), 『살아 있는 모둠토의수업 방법 10가지』, 내일을 여는 책.

김영순(2001), 『신체언어 커뮤니케이션의 기호학』, 커뮤니케이션북스.

김은성(2012), 초등 문법과 태도 교육, 〈한국초등국어교육〉 50, 한국초등국어교육학회.

김재봉(2003), 『초등 말하기 · 듣기 교육론』, 교육과학사.

김재봉 · 염창권 · 천경록 · 임성규 편저(2001), 『초등 국어과 교수 · 학습 방법』, 교육과학사.

김창원 외(2015), 2015 개정 교과 교육과정 시안 개발 연구Ⅱ-국어과 교육과정. 한국교육과정평가원
　　연구보고 CRC 2015-25-3, 교육부.

김홍규 역(1996), 『커뮤니케이션 이론』, 나남출판.

노명완 · 박영목 · 권경안(1991), 『국어과 교육론』, 갑을출판사.

류덕제(1995), "소설 텍스트의 문학교육 방법 연구-수용 이론의 적용을 중심으로", 경북대 대학원 박사
　　학위 논문.

류성기(2008), 『초등 문법 교육의 내용과 방법』, 도서출판 박이정.

박영목(2012), 『작문의 원리와 전략』, 강현출판사.

박영목 · 한철우 · 윤희원(1995), 『국어과 교수 · 학습 방법 탐구』, 교학사.

박인기(1996), 『문학교육과정의 구조와 이론』, 서울대학교출판부.

서상준 외(1998), 인성교육을 위한 중등학교 화법 교육 연구, 한국교원대 교과교육공동연구소 연구보고 RR 96-1-3.

서울대학교 국어교육연구소(1999), 『국어교육학 사전』, 대교출판, 284쪽.

손영애(1986), 「국어과 교육의 성격과 내용 체계」, 〈선청어문〉 14 · 15합집, 서울대학교 국어교육과.

신헌재 외(2009), 『아동문학의 이해』, 박이정.

신헌재 외(2009), 『초등 국어과 교수 · 학습 방법』, 박이정.

신헌재 외(2015), 『초등 국어 수업의 이해와 실제』, 박이정

신헌재 외(2015), 『초등문학교육론』, 박이정.

심영택(1987), "듣기능력 향상을 위한 실험연구", 서울대 석사학위논문.

양태식(1994), 「말하기 · 듣기 지도의 얼안」, 〈논문집〉, 서울교대.

염창권(2002), 초등학교 문학수업의 문화기술적 연구-교과서 활용 양상을 중심으로, 〈문학교육학〉 9호, 한국문학교육학회.

원진숙(1997), 「말하기 · 듣기 영역의 평가」, 서울대 국어교육연구소 학술발표회 자료집.

윤국한(2007), 「두 층위의 국어지식과 문법 교육」, 〈새국어교육〉 75, 한국국어교육학회.

윤여탁 외(2006), 『국어교육 100년사 I』. 서울대출판문화원.

윤희원(1988), 「文法敎育 講座의 模型 開發을 위한 硏究」, 〈한국국어교육연구회 논문집〉 33, 한국어교육학회.

이경화 외(2007), 『교과독서와 세상 읽기』. 서울: 박이정.

이관규(2011), 「문법 교육의 인식 변화와 문법 교재의 양상」, 〈새국어교육〉 89, 한국국어교육학회.

이도영(2002), 「음성 언어교육과 문화창조」, 〈한국초등국어교육〉 20, 한국초등국어교육학회.

이상구(1998), "학습자중심 문학교육 방안 연구", 한국교원대 대학원 박사학위 논문.

이성영(1995), 「언어 지식 영역 지도의 필요성과 방향」, 〈국어교육연구〉 2, 서울대학교 사범대학 국어교육연구소.

이익섭 · 채완(2002), 『국어문법론강의』, 학연사.

이인제 · 정구향 · 천경록 외(1997), 「제7차 국어과 교육과정 개발 연구」, 한국교육개발원 교육과정개정 연구위원회.

이재승(1997), 『국어교육의 원리와 방법』, 박이정.

이재승(2002), 『좋은 국어과 수업 어떻게 할 것인가?』, 교육과학사.

이정춘(1994), 『커뮤니케이션 과학』, 도서출판 나남.

이주섭(2001), "상황맥락을 반영한 말하기 · 듣기 교육의 내용구성에 관한 연구", 한국교원대 박사학위 논문.

이주섭(2005), 「듣기 · 말하기 교육에서의 비언어적 표현 지도 방안」, 〈청람어문교육〉 31, 청람어문교육

학회.

이창근(2007), 「초등학교 문법 교육 연구」, 한국교원대학교대학원 박사학위논문.

이창근(2012), 「문법 교육의 현황과 발전 방안」, 〈초등 국어 교육연구〉 12, 대구경북초등국어교육학회.

이창덕 · 임칠성 · 심영택 · 원진숙(2000), 『삶과 화법』, 박이정.

임칠성(1999), 「국어화법의 성격 고찰」, 〈화법연구〉 1, 한국화법학회.

임칠성 · 최승권 · 김정희 · 심윤희(2002), 『국어선생님, 듣기수업 어떻게 하십니까?』, 역락.

장윤경(2001), "초등학생의 말하기 불안에 관한 연구", 한국교원대 석사학위논문.

전은주(1999), 『말하기 듣기 교육론』, 박이정.

전은주(2002), 「화법 교육 연구의 현황과 과제」, 박영순 편, 『21세기 국어교육학의 현황과 과제』, 한국문화사.

정동화 · 이현복 · 최현섭(1991), 『국어과 교육론』, 선일문화사.

조정래(1995), 《소설과 서술》, 개문사, 36쪽.

주세형(2005), "통합적 문법 교육 내용 설계의 원리와 실제 연구", 서울대학교대학원 박사학위논문.

차배근(1995), 『화법』, 지학사.

천경록 외(2013), 『초등 국어과 교육』, 교육과학사.

천경록(2009b), 「읽기의 의미와 읽기 과정 모형에 대한 고찰」, 〈청람어문교육〉 38, 청람어문교육학회.

천경록, 이경화, 서혁(역)(2012), 『독서 교육론』, 박이정.

천경록, 조용구 역(2013), 『유 · 초등 독서 지도』, 박이정.

최규홍(2009), "문법 현상 인식 중심의 초등학교 문법 교육 연구", 한국교원대학교박사학위논문.

최미숙 · 원진숙 · 정혜승 외(2009), 『국어교육의 이해』, 사회평론.

최지현 외(2007), 『국어과 교수 · 학습 방법』, 역락.

최현섭 외 공저(2002), 『국어교육학개론』, 삼지원.

황정현(1997), 「말하기 교육에 있어 감성소통 방법 연구: 교육 연극적 방법의 활용을 중심으로,」 〈한국초등국어교육〉 13, 한국초등국어교육학회.

Austrailia curriculum corporation(1994), *English – A Curriculum Profile for Australian schools.*

Fielding, L. G.(1994). Listening Comprehension, in A.C. Purves(Eds.), *Encyclopedia of English Studies and Language Arts.* National Council of Teachers of English.

New York State Education Department(1991), *English Language Arts Syllabus K – 12,* Albany.

Scherer, K. R. & Ekman(1982), *Handbook of Methods in Nonverbal Behavior Research,* Cambridg: Cambridge University Press.

http://classroom.kice.re.kr/kice/content07/index.jsp? MENU_NO2=1

6부

초등 국어과 평가의
이해와 적용

제1장

초등 국어과 평가의 중요성

평가(評價)의 사전적 정의는 "① 물건 값을 헤아려 매김. 또는 그 값. ② 사물의 가치나 수준 따위를 평함. 또는 그 가치나 수준." 등이다. 즉, 사물의 품질이나 행위의 결과 등에 대한 가치를 판별하여 그 수준을 수치화하거나 기술하는 것을 평가라고 한다. 이를 통해서 보면, 평가를 위해서는 반드시 평가의 대상이 있어야 하고, 그 가치나 수준을 판별할 수 있는 기준이 미리 마련되어 있어야 함을 알 수 있다.

교육평가는 평가의 일반론을 교육의 장면에 적용한 것이다. 교육평가라는 용어를 처음 사용한 사람은 Tyler이다. 그는 다음과 같이 교육평가를 개념 규정한다.

교육평가의 과정이란 본질적으로 교육과정이나 수업프로그램에 의해 교육 목표가 어느 정도 실현되었는지를 결정하는 과정이다. 그런데 교육목표는 기본적으로 학습자의 행동양식을 바람직한 방향으로 변화시키고자 하는 것이므로, 평가란 결국 이러한 행동의 변화가 실제로 어느 정도 일어났는가를 결정하기 위한 과정이다(R. Tyler, 1949: 105~106; 이종승, 2009: 26에서 재인용).

위의 정의를 통해서 살펴보면, 목표 투입과 학습 경험에 따른 평가의 직접적인 대상은 "행동의 변화"이고, 간접적으로는 이를 통해서 "추론할 수 있는 교육 목표 달성의 정도"이다. 이를 그림으로 나타내면 다음과 같다.

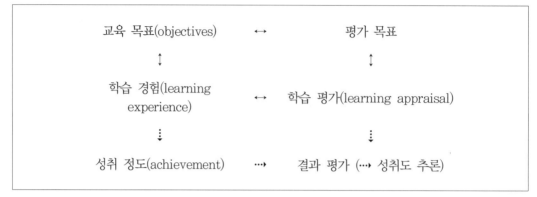

[그림 1] Tyler의 목표 중심 평가

이와는 달리, Cronbach(1963)는 교육평가를 교육과정 개발을 위한 정보를 수집하고 보고하는 절차로 재개념화 하면서 기존의 규준참조 평가를 비판하고 평가의 새로운 방향을 추구하였다. Stufflebeam(1971)은 교육평가를 의사결정에 유용한 정보를 기술, 획득, 제공하는 과정으로 보았다.

이를 정리하면, Tyler의 경우에는 교육 실행의 결과에 대한 효과를 판별하는 것과 같은 학습자의 행동 변화에 초점을 두고 있고, Stufflebeam(CIPP 모형)의 경우에는 교육 프로그램의 유용성이나 지속 가능성을 판별하는 것과 같은 교육실행자의 의사결정 과정에 초점을 두고 있음을 알 수 있다. 이 양자를 통합하여 교육평가에 대한 정의를 내리면, "(타일러의) 교육 목표와 학습자의 성취도 간의 비교·점검을 통해 산출된 평가 결과를, (스투플빔이 말하는) 의사결정 구조에 투입하여 교육 계획과 방법을 조정(adjustment)해 나가는 과정"이라고 말할 수 있다.

이밖에도 교육 용어로 '평가(評價)'라는 말을 사용할 때, 그 평가의 목적이나 절차에 따라 다른 성격을 지니는 하위 용어들이 있는데, 측정(measurement)/검사(test), 평가(evaluation), 총평(assessment) 등이 그것이다. 이들은 일정 부분 개념차를 내포한 채 상황에 따라 사용된다. 특히 이들 용어는 평가관의 변화를 함축하고 있는데, R. Tyler의 평가관(evaluation)을 중심으로 그 전과 후로 구분할 수 있다.

측정(measurement)은 일정한 규칙에 따라서 사물의 속성에 수치를 부여하는 행위이다. 검사(test)는 그 자체로 사물의 상태를 조사하여 판단하는 과정이며, 또한 측정을 위한 도구이기도 하다. 예를 들어, 지능측정은 지적능력이 어느 정도인가를 알아보기 위해 재는 것을 말하고 지능검사(intelligence test)는 지능을 측정하기 위한 도구를 말한다. 교육평가에 있어서 측정관(measurement)은 '인간 행동 특성의 불변성'에 대한 가정을 토대로, 객관적이고 신뢰성 있는 자료를 얻기 위하여 검사의 절차나 방법의 표준화를 지향한다. 이들은 환경의 영향을 극소화한 상태에서, 고정적이고 불변적으로 존재하는 인간의 행동 특성을 측정하고자 한다.

평가(evaluation)는 측정이나 검사를 통하여 얻은 자료에 가치판단을 내리는 과정이다. 교육평가에 있어서 평가관(evaluation)은 인간 행동 특성의 불변성을 부정하고, 인간의 행동 특성은 내적, 외적 요인에 따라 변화한다고 본다. '인간 행동 특성의 의도된 변화'를 평가하기 위하여 교육을 통한 변화의 목표를 중시한다. 증거 수집의 방법으로 표준화된 양적 자료뿐만 아니라, 질적 자료를 포함하여 다양한 증거를 확보하는 것을 중시한다. 환경도 변화를 초래하는 외적 변인으로 간주한다.

총평(assessment)은 평가의 타당성, 신뢰성, 객관성을 높이기 위하여 가능한 방법과 수단을 이용하여 전반적, 전인적, 총체적으로 평가하는 것이다. 그러므로 총평은 지필검사와 같은 단일한 방법에 의하여 자료를 수집하는 것이 아니라 관찰, 구술, 면접, 프로토콜, 포트폴리오 등의 다양한 방법을 동원하여 얻어진 자료를 가지고 종합적으로 평가하는 방법이다. 교육평가에 있어서 총평관(assessment)은 가장 나중에 알려진 것으로 인간 발달의 다양한 요소들을 포괄하여 평가한다는 의미가 강하다. 특히 환경을 개인과 상호작용하는 주체적 존재로 보며, 개인과 환경의 역동적인 관계에 의해 개인의 행동 특성이 변화한다고 본다. 따라서 개인에 대한 전인적 평가를 위해서는 개인과 환경의 '상호 작용'에 검사의 초점이 맞춰져야 한다고 본다.

이와 같이, 총평은 측정/검사, 평가 등을 아우르기에 포괄적이지만 총평을 하는 장면은 제한적이다. 반면에 측정과 검사의 개념은 협소하지만 무엇이든 측정하고 검사한다는 점에서 도구성이 강하고 적용 범위가 넓다. 이들 양자를 아우르는 중간지점에 평가가 위치하고 있는 것이다(이상 용어의 개념은 이종승, 2009: 43; 박도순, 2008: 35~40).

우리나라에서는, 90년대 이후에 평가의 패러다임 자체가 측정(measure) 중심, 관리 중심의 평가관에서 벗어나서 인간 중심의 평가관, 구성주의 학습 이론에 부응하는 평가관이 등장하였다. 이로써 평가는 학습자를 더 잘 이해하기 위한 정보를 수집하고 그것을 교육적으로 송환(feedback)하는 개념으로 확장되었다. "다가가고 살피고 이해하고 발견하고 확인하고 북돋워 주는 활동으로서의 개방적 평가관(assessment)"이 형성된 것이다(바인기, 2008: 13).

2. 초등 국어과 평가의 방향

현대의 교육이 드라마틱한 변화의 과정에 있다고 보는 견해는 타당하다. 21세기의 현 시점에서는 매체의 발달과 확대로 인하여 새로운 형태의 의사소통이 이루어지게 되었으며, 이러한 현상은 일상적인 의사소통의 방식에까지 영향을 주고 있다. 온라인과 오프라인을 통틀어 이전과는 매우 다른 의사소통 방식이 동원되고 있으며, 그만큼 사회적 소통의 양상도 다양해지고 있다. 이로 인하여 국어 교육의 목표와 방법, 평가 면에서 변화를 모색하지 않을 수 없게 되었다. 특히 2009 개정 국어과 교육과정 이후로, 영역 통합형 국어 교과서가 출범함으로써 과정으로서 영역별 평가와 단원학습의 결과로서 영역간의 통합 평가 운영이 절실하게 되었다.

일반적으로 평가는 두 가지 목적을 위해 수행된다. 하나는 공정성을 바탕으로 신뢰성과 타당성 있게 학생들을 선발하거나 분류하고자 하는 것이다. 다른 하나는 교수 학습의 과정을 돕고 개선하기 위한 것이다. 예를 들어, 대학에서 학생을 선발하기 위해 치르는 수학 능력 시험이 전자에 해당한다면, 교육 현장에서 교수 학습 활동을 개선하기 위해 교사의 교수 방법, 학생의 성취도나 학습 방법을 평가하는 것이 후자에 속한다고 볼 수 있다.

개정(2015) 국어과 교육과정에는 '교수 학습 및 평가의 방향과 같이 수업의 실행과 평가를 하나의 항목으로 묶어 거시적이고 포괄적인 수준에서 제시하고 있다. '교수 학습의 방향'은 교수 학습을 계획하고 운용할 때 중점을 두어야할 내용으로 국어 교과의 역량을 기르고, 학습자의 참여를 이끌며, 바람직한 인성을 함양할 수 있는 교수 학습을 지향점으로 한다. '평가의 방향'은 타당한 평가 계획을 수립하고, 학습 과정과 결과를 균형 있게 평가하며, 평가 결과를 학습자의 국어 능력에 대한 판단과 교육활동을 개선하는 데 중점을 둔다. 이에 비하여 '내용 체계 및 성취 기준'에서는 각 영역의 성취기준과 관련하여 보다 구체적으로 '교수 학습 방법 및 유의사항', '평가 방법 및 유의사항' 등이 제공되고 있다 (김창원 외, 2015: 46) 이처럼 교수 학습과 평가를 같은 항목에서 검토하는 것은 양자의 정합성을 유지하기 위한 것이며, 교수 학습과 평가가 동일한 선상에서 고려되어야 함을 강조한 것이다.

최근 국어과 평가 동향과 관련된 내용을 정리하면 다음과 같다.

첫째, 교수 학습, 평가, 교과서가 정렬(alignment)되는 경향이 나타나고 있다. 이것은 평가의 시기, 내용, 방법의 세 가지 측면에서 정리할 수 있다(이하 천경록 외, 2004: 81~83 참조).

우선 교수 학습 시기와 평가 시기가 통합되고 있다. 국어를 가르치는 상황이 동시에 국어를 평가하는 상황이 된다. 쓰기의 관찰 평가에서 교사는 쓰기를 지도하면서 동시에 학생의 쓰기 상황에 대하여 진단하게 된다. 그리고 포트폴리오법도 지도의 시기와 평가의 시기가 통합되는 예이다.

내용의 통합은 지도 내용과 평가 내용을 통합하여 타당도를 높이려는 경향을 말한다. 국어과 성취기준을 개발하고 그에 따라 교수 학습을 한 후에, 평가 기준을 적용하여 성취 정도를 판정한다. 성취 기준은 교수 학습 목표 체계이고 평가 기준은 교사에 의한 평가의 준거 체계이다. 성취 기준과 평가 기준을 일관되게 개발하는 것은 지도의 내용과 평가의 내용을 일치시켜 평가의 타당도를 높이려는 시도이다.

평가 방법의 통합 현상은 하나의 평가 방법에서 나온 결과를 그대로 반영하는 것이 아니라, 여러 평가 방법의 결과를 상호 보완적으로 활용하는 것을 말한다. 관찰 평가와 총체적 평가, 관찰 평가와 분석적 평가, 포트폴리오와 총체적 평가 및 분석적 평가가 통합되고 있다. 관찰 평가의 경우, 교사가 쓰기를 지도하면서 자연스러운 상황에서 개별적으로 학습자의 장단점을 파악한다. 포트폴리오의 경우, 개요, 초고, 수정본, 완성본 등 쓰기의 과정적인 측면에서 산출한 결과를 대상으로 총체적 평가와 분석적 평가를 적용할 수 있다.

둘째, 국어과 평가에서 직접 평가가 선호되고 있다. 직접 평가 방법은 언어 사용 능력 그 자체를 직접적으로 평가한다는 뜻이다. 이 말은 국어 사용 능력과 관련된다고 보이는 지식을 평가함으로써 국어 사용 능력을 간접적으로 평가하는 방법을 지양하고, 직접적으로 국어를 사용하게 하여 학생이 가지고 있는 언어 사용 기능과 전략의 수행 능력을 평가한다는 뜻이다. 국어 사용과 관련된 지식이 실제로 국어를 사용하는 능력과 전혀 관련이 없는 것은 아니지만, (개념적) 지식 그 자체의 많음이 효과적인 국어 사용 능력을 보장해 주는 것은 아니다. 이는 국어 사용에 관한 지식의 학습이 불필요하다는 말이 아니고, 그러한 지식을 단순히 지식의 측면에서만 평가하는 것이 아니라 그것의 활용 측면을 평가할 필요가 있다는 뜻이다.

셋째, 국어과 평가에서는 비형식 평가가 강조되고 있다. 비형식 평가란 자료 수집 계획을 사전에 수립하지 않거나 당장 수행해야 할 최소한의 관찰 계획만 구상하여 평가하는 방법을 말한다. 평가자가 국어 사용의 조건을 조작하지 않고 있는 그대로의 상태에서 평가하며, 교육 프로그램에 참여하는 학습자의 학습 활동이나 교사의 교수 행위에 제한 조건을 가능한 제시하지 않는다. 관찰 평가는 비형시저 평가이 좋은 예이다. 비형시 평가와 대비되는 형식평가는 무의고사, 일제 고사, 표준화된 검사 등을 말한다. 관찰 평가는 국어과 수업에서 교사가 국어 활동을 하는 학습자를 평가하는 것으로 자연 상태에서 진행되는 평가이다. 교사는 학습자가 국어에 흥미를 가지고 있는지, 국어 사용의 어떤 과제에서 기능의 장애를 겪고 있는지 관찰하여 평가한다.

이 밖에도 결과보다 과정을 중시하는 평가, 학생의 상위인지를 중시하는 평가 등이 평가의 주요 방향으로 채택되고 있다.

제 2 장

초등 국어과 평가의 절차와 원리

1. 평가의 목표와 내용

교육의 목표는 해당 기간에 성취해야할 단기적 목표와 생애를 통해 달성해야할 장기적 목표로 구분할 수 있다. 교육의 실행 과정에서 해당 '교과 → 학년 → 단원 → 차시' 수준으로 범주를 좁혀가며 교육 목표를 생성하는 것이 단기적 목표(objectives)에 해당하고, 교육을 통해 도달해야할 인간상은 장기적 목표에 해당한다. 장기적 목표는 궁극적으로 지향해야할 방향성을 제시하는 것으로 전자와 구분하여 교육 목적(goal)이라고 한다.

학교에서 평가의 목표는 교육의 실행 과정을 관리하는 기제가 되므로, 단기적 목표에 기반을 둘 수밖에 없다. 따라서 평가의 기본적 단계는 차시 및 단원학습의 목표와 학습자의 성취 수준의 대비를 통해서 이루어진다.

평가의 범주와 관련하여 평가 목표의 수준을 다음과 같이 3단계로 나타낼 수 있다.

> ① 차시 및 단원 학습 목표 수준　　(미시적·단기적 목표 수준)
> → ② 학년군별 목표 수준　　　　　　(중범위적 목표 수준)
> → ③ 국어과 목표 및 교육 목표 수준　(거시적·장기적 목표 수준)

[그림 1] 평가를 위한 목표 수준 설정

국어과 교육의 궁극적 목표는 학습자의 국어 능력 신장에 있다. 국어 능력은 국어과 5개 영역의 지식, 기능, 태도 등을 기반으로 인지적, 행동적, 정의적인 요소들을 균형 있게 지도함으로써 신장시킬 수 있다.

　'국어 능력'이라는 전체 목표 수준을 참조할 때, 차시학습 목표 수준에서의 평가는 영역 독립적인 과정 평가나 형성 평가의 의미를 갖게 된다. 차츰 단원 수준이나 학년군별 수준으로 진행하면서 영역 독립적 평가와 영역 간 통합 평가가 혼재하다가, 거시적 목표 수준에 도달하면 교과 수준 및 교과 통합의 수준에서 평가가 이루어지게 된다. 다만, 국어과 평가는 교과 내 평가를 의미한다는 점에서 영역별, 영역간 통합 평가의 방식으로 진행되는 것이 대부분이다(염창권, 2014: 167~168).

　교과별 평가는 교과 간의 영역 구분을 명백히 한다는 점에서 타일러(Tyler)식 목표 지향 평가를 근거로 하고 있다. 따라서 국어과 교육의 목표와 평가 목표는 교육의 실행선상에서 정렬(alinement)되어 있다고 볼 수 있다. 국어과 내용 성취 기준은 미시적·중범위의 수준에서 평가 목표로 환원될 수 있다. 즉, 영역별 내용 성취 기준이 평가의 상황에서는 평가 목표로 환원되는 것이다.

　국어교육과정(2015)에 제시된 '평가의 방향'을 인용하면 다음과 같다.

〈평가 계획〉
1) '국어' 교육과정과 연계하여, 평가 내용의 균형, 평가 방법 및 평가 도구의 타당성, 신뢰성, 적절성 등을 고려하여 평가 계획을 수립한다.
① '국어' 교육과정의 목표와 성취기준을 반영하여, 학습 목표 및 학습 내용을 평가 내용 및 평가 도구와 연계하여 평가 계획을 수립한다.
② '국어'에서 기르고자 하는 교과 역량 및 창의·인성 등 평가 내용의 특성을 고려하되, 표현 능력과 이해 능력, 인지적·행동적·정의적 요소가 균형을 이루도록 평가 계획을 수립한다.
③ '국어'에 관한 단순하고 지엽적인 지식보다는 학습자의 실제적인 국어 능력을 평가할 수 있도록 계획을 수립하되, 국어를 사회적 소통에 복합적으로 활용할 수 있는 능력을 함께 평가할 수 있도록 계획한다.
④ 평가 목적, 내용, 상황 등을 고려하여 양적 평가와 질적 평가, 형식 평가와 비형식 평가, 간접 평가와 직접 평가, 과정 평가와 결과 평가, 지필 평가와 수행 평가 등을 적절히 활용하여 평가 계획을 수립한다.
⑤ 구술 평가, 시술형 평가, 논술형 평가, 연구 보고시 평기, 포트폴리오 평기, 관찰 평기, 컴퓨터 기반 평가 등 다양한 평가 방법을 적절하게 활용하여, 평가 과정에서도 배움이 일어날 수 있도록 평가 계획을 수립한다.

〈평가 운영〉
2) 학습자의 국어 능력의 신장을 판단하고, 교수 학습 방법 및 평가 도구 개선에 기여할 수 있도록 학습 과정과 결과를 균형 있게 평가한다.

① 학습자의 수준, 관심, 흥미, 적성, 진로 등 개인차를 고려하되, 학습자의 '국어' 활동의 과정과 결과를 균형 있게 평가할 수 있도록 다양한 평가 방법을 모색한다.

② 국어 사용의 실제성이 드러나도록 평가 과제, 평가 상황을 실제 삶의 맥락에서 설정하여 평가한다.

③ 사전 지식이나 능력보다는 '국어'의 활동을 통해 얻은 배움의 내용과 과정을 중심으로 평가한다.

④ 평가 기준이나 방향을 학습자에게 미리 안내하여, 학습자가 무엇에 초점을 맞추어 학습해야 하는지를 알고 교수 학습 과정에서 평가를 준비할 수 있도록 한다. 또한 학습자가 수행한 평가 결과를 분석하여 교수 학습 내용 및 방법을 개선한다.

⑤ 평가 목적, 평가 내용, 평가 상황을 고려하여 교사 평가 이외에 자기 평가, 상호 평가를 적극적으로 활용한다.

〈평가 결과의 활용〉
3) 학습자의 국어 능력의 발달 정도를 판단하고 교육 활동을 개선하는 데 '국어' 평가 결과를 활용한다.

① 학습자의 개인차를 고려하여 평가 결과를 해석하고 활용한다.

② 평가 결과는 교수 학습 방법이나 평가 방법, 평가 도구를 개선하기 위한 자료로 활용한다.

③ 평가 결과를 누적하여 학습자의 성장과 발달을 파악하거나 학습자에게 피드백을 할 수 있는 근거로 활용한다.

④ 학습자, 학부모 및 교육 관련자가 이해하기 쉽도록 국어과가 목표로 하는 세부 능력과 성취 수준을 중심으로 평가 결과를 상세히 제공한다.

국어교육과정에서 제시하는 평가의 방향을 살펴보면, 범교과적으로 평가의 내용과 방법, 그리고 기본이 되는 원리들이 열려 있으며 공유되고 있음을 확인할 수 있다. 즉 국어과의 평가 원리는 타 교과인 도덕, 수학, 사회과와 별반 다를 바 없다. 다만 국어과적 특성이 반영되는 부분은 평가의 방법이 아니라 평가의 내용면에서 드러나게 된다. 달리 말하면, 아무리 좋은 평가 방법이라 할지라도 국어과의 목표와 내용에 부합되지 않는다면 국어과에서는 수용할 수 없게 된다.

국어과의 고유의 특징은 바로, 학년군별 '국어 자료의 예'에서 보여주는 '담화/글/문학 작품'이라는 언어텍스트성[1]에 근거한다. 즉 '언어텍스트가 소통되는 어떤 상태로서의 지식, 기능, 태도 요인'에

---

[1] 이 글에서 사용하는 '언어텍스트성'은 '담화/글/문학 작품'이 언어텍스트(독립적 개체로서의 전체성)의 상태로 일상생활에서 소통되는 성향을 뜻한다.

관한 교육 내용이 바로 국어과의 독자적 내용 항목이라고 볼 수 있다. 실상 언어텍스트는 각 교과에서 다양한 상태로 존재하고 있고, 각 교과에 맞는 방식으로 구조화되어 사용된다. 그렇지만 국어과와 다른 점은, 타 교과의 목적이 '언어텍스트성' 자체에 놓여 있는 것이 아니라, 그를 통해 운반되는 교과의 지식과 마인드, 태도 등에 관심을 둔다는 점이다(염창권, 2014: 170). 국어과의 '언어텍스트성' 이라는 명칭은 언어적 소통의 실제와 매체 자체에, 그리고 이들의 창조적이고 효과적인 소통에 관심을 두는 교과로서의 특성을 적절하게 설명할 수 있다.

2. 평가 유형

국어 능력 평가에서는 평가 목적, 평가 시기, 평가 상황 등을 종합적으로 고려하여 다양한 평가를 적절하게 사용하여야 한다. 국어교육과정에서는 평가의 방법과 관련하여, "평가 목적, 평가 시기, 평가 상황 등을 종합적으로 고려하여 양적 평가와 질적 평가, 형식 평가와 비형식 평가, 간접 평가와 직접평가, 선택형 평가와 수행평가 등"의 다양한 방식을 적절하게 활용하도록 권장하고 있다. 즉 국어 능력이라는 복잡한 정신 구조를 해명하기 위하여 다양성과 지속성의 원리에 따라 평가 자료를 수집하고 이를 통해 학습자의 성취 수준을 판별하여야 한다.

다음은 교실 현장에서 이루어질 수 있는 평가의 다양한 장면들을 상황에 따라 분류하여 놓은 것이다.

〈평가 주체〉
- 교사 평가, 자기 평가, 동료평가, 학부모 평가

〈평가 내용〉
- 인지적 영역(지식, 기능, 전략) 평가, 정의적 영역(태도) 평가

〈평가 척도의 표준성〉
- 형식적(표준 평가, 공식 평가) 평가, 비형식적 평가
- 양적 평가와 질적 평가

〈평가 방법〉
- 지필 평가(선택형, 서답형), 연구보고서법, 자료철(포트폴리오), 면접법, 구술 평가, 토론법,

직접 관찰법, 텍스트 분석법, 초인지 보고법
- 설문지·조사·보고서, 학습지, 프로젝트 등을 통해 직접 정보를 도출하기

〈평가 시기〉
- 과정 평가: 수업 중에 수행되는 전략에 대한 직접 평가, 수업 중에 이루어지는 동료 평가나 자기 평가, 그리고 교사가 주목하는 형식평가나 비형식 평가
- 결과 평가: 수업 후에 이루어지는 평가로 성취도에 대한 분석적 평가나 총체적 평가
- 발달적 평가: 학생에 대한 누가 기록을 남기는 포트폴리오 평가

〈평가 기능〉
- 진단 평가: 교수 학습이 시작되기 전에 학습자가 가지고 있는 사전 지식의 정도, 동기, 흥미 등을 측정하여 분석함. 선수 학습의 결손을 진단하여 보충하거나, 학습자의 특성에 맞게 교수 학습 계획을 수립하기 위한 평가
- 형성 평가: 교수 학습의 진행 과정에서 학습자의 학습목표 도달 정도나 교수법의 적절성 등을 측정하여, 학습자에게 송환(feedback)하거나 교수 학습을 곧바로 개선하기 위해 수시로 이루어지는 평가
- 총괄 평가: 교수 학습이 끝난 뒤에 학습자의 학습목표의 달성 정도나 교육 프로그램의 효율성 등을 다각적으로 판단하기 위해 실시하는 종합적인 평가. 단원 학습이나 교과 과정의 종료 후에 이루어지는 것으로 월말고사, 중간고사, 기말고사, 학년말고사 등

언어처리 과정에는 다양한 맥락이 개입하면서 고등 사고 기능이 작동된다. 이는 인지와 정의적인 특성이 복합된 고등 정신활동이다. 이와 같은 언어활동과 능력을 타당성 있게 평가할 수 있으려면, 위의 다양한 평가 목록들 중에서 맥락과 목표에 알맞은 평가 방법을 선택할 수 있어야 한다.

3. 평가의 절차와 원리

가. 평가의 절차

평가의 절차는 평가의 목적, 내용, 방법, 규모 등에 따라 약간의 차이는 있으나, 대체로 [그림 2]에 제시된 정보처리 모형의 절차를 따르거나 단계를 통합하여 사용한다.

교육평가의 절차 8단계는 교육 평가의 과정을 상세하게 나타낸 것이다. 이는 유사한 성격을 가진 두 단계씩 통합하여 평가 과정을 진행할 수 있으므로, 여기서는 이에 따라 설명하도록 하겠다.

먼저, 평가 계획을 수립하고 평가 목표를 진술하는 단계는 "무엇을 평가할 것인가"를 결정하여 평가 계획을 세우는 단계이다. 교육목표를 기준으로 하여, 이 목표와 일치 될 수 있도록 평가 목표를 구체적으로 진술하는 단계이다.

두 번째로 평가를 설계하고 도구를 제작하는 단계는 평가 과정에서 가장 많은 노력과 예산이 투입되는 단계이다. 평가 설계에서는 교육목표에 명시된 행동 특성이 그대로 드러날 수 있고, 실제로 그러한 행동을 할 수 있거나 할 수 있는 기회가 내포되도록 간접 평가, 직접 평가 등을 조절한다. 또 프로그램의 효과를 검증하기 위해서는 실험집단이나 통제 집단, 사전·사후 검사 등의 설계가 이루어진다. 평가 도구 제작에서는 평가 목적과 내용에 적합한 도구를 직접 제작하거나 선정하는 단계이다.

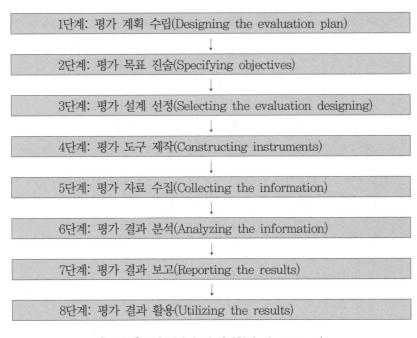

[그림 2] 교육평가의 절차(변창진 외, 1996: 76)

세 번째로 평가 자료를 수집하고 결과를 분석하는 단계에서는 흔히 우리가 시험이라고 부르는 행위의 상황이 이루어지고 이어서 채점을 통한 성취도 분석이 이루어진다. 평가 자료 수집 단계에서는 학습자가 안전하고 쾌적한 상황에서 목표 행동을 잘 드러낼 수 있도록 인력과 환경을 구성해야 한다. 결과 분석 단계에서는 수집된 자료를 채점 기준에 따라 채점을 하고, 이 정보를 특성에 따라 양적 혹은 질적으로 분석한다.

네 번째로 평가 결과를 보고하고 활용하는 단계에서는 평가의 결과를 관련 문서로 작성하여 보고한다. 또한, 평가의 결과를 토대로 학생의 학습지도나 진로 지도에 활용하며 교사의 수업 방법을 개선하는 데 활용한다.

위에서 설명한 교육평가의 절차는 학습자의 평가를 통한 수행 장면을 컴퓨터의 입력과 출력과 같은 정보처리 과정으로 설명하는 것이다. 이 절차 모형은 '결과 평가'의 일반적인 순서를 상세하게 보여준다. 그러나 교수 학습의 과정에서 어떻게 평가가 이루어지는가를 보여주지 못한다.

Glaser의 수업 모형은 수업의 전 과정에서 평가 활동이 중요하게 이루어져야 함을 보여준다.

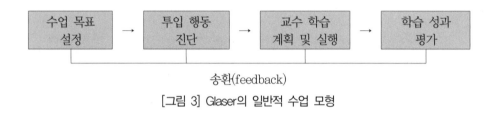

[그림 3] Glaser의 일반적 수업 모형

Glaser의 수업 모형에서는 교수 학습 계획 및 실행 단계 이전에 진단 평가가 이루어져야 하고, 교수 학습 과정 중에는 형성평가를 통하여 학습의 상황을 점검해야 한다. 그리고 학습이 끝난 뒤에는 총괄평가를 통하여 성취도를 판정하고 그 결과를 앞의 각 단계에 송환(feedback)하여 각각의 단계를 점검하고 조정한다. 이와 같은 과정은 수업을 통해 주기적으로 반복되면서 평가 활동 자체가 수업의 전 과정을 점검하고 관리하는 상위(meta) 기제의 역할을 한다.

나. 평가의 원리

국어과 교육의 목표는 학습자의 국어 능력 신장에 있다. 국어과 평가에서는 학습자의 성취 정도를 평가할 뿐만 아니라 국어과 교육 프로그램 전반에 관한 평가도 함께 이루어져야 한다. 즉, 국어과 평가는 두 가지 방향으로 이루어지는데, 첫 번째는 학습자의 성취(achievement) 수준을 판정하여 차후의 학습이 의미 있게 진행될 수 있도록 수업을 계획하고 조정(adjustment) 하는 것이다. 두 번째는 학습자의 성취도와 흥미도를 바탕으로 프로그램과 수업의 효율성을 판단하여 교육의 계획과 실천에 반영하는 것이다.

국어과 평가는 교수 학습 과정의 질을 개선하고, 개개인의 장단점을 파악하여 그에 맞는 적절한 교육적 처치를 제공함으로써 학습자의 성장을 돕는데 기여할 수 있어야 한다. 따라서, 평가의 기본 원리는 학습자에 대한 정보를 얻어 이후의 학습에서 의미 있는 경험이 이루어지도록 교수 학습의 과정과 프로그램을 조절해 나가는 데 있다. 국어 교사용 지도서(2011)을 참고로 국어과 평가 원리를 제시하면 다음과 같다.

① 실제적인 과제를 중심으로 한 맥락화된 평가

텍스트 생산 및 수용 과정에 직접적으로 개입하는 맥락은 언어 행위 주체와 주제, 목적 등을 포함하는데, 이러한 맥락을 강조하는 평가가 되기 위해서는 먼저 실제 교수 학습과 평가가 이루어지는 교실 환경을 학교 밖 실제 세계처럼 조성하여 학습자들이 실제적이면서도 다양한 자료를 중심으로 유의미한 학습 활동을 할 수 있도록 해야 한다.

② 교수 학습 과정과 통합된 평가

국어과 평가는 교수 학습 과정과 평가 과정이 분리되지 않고 교수 전반적인 체계 속에서 통합되어 이루어지는 통합성의 원리를 지향하여야 한다. 바로 '지금 여기(now and here)'의 교수 학습 과정에서 학습자가 실제로 무엇을 할 수 있는지를 일차적 평가의 대상으로 삼되, 그 수행의 결과뿐만 아니라 과정까지도 함께 평가함으로써 평가를 주요한 학습의 도구로 활용하도록 한다.

③ 발달적 평가관에 기초한 평가

발달적 평가관은 한 교실 안에 존재하는 학습자들 각각의 다양한 능력 차이, 학습 속도면의 차이, 각기 다른 흥미와 관심사 등을 최대한 고려하면서 학습자들의 상대적인 우열이 아닌 개별 학습자들의 성장과 발달에 관심을 둔다. 이러한 발달적 평가관에 기초한 국어 교육 평가는 대체적인 언어 발달 단계를 일련의 계열화된 연속체로 상정하고 개별 학습자가 학습 시발 지점으로부터 학습 종료 시점에 이르기까지 어떠한 변화가 있었는지에 대하여 파악하고 기술하는 것에 주안점을 둔다.

④ 성취 기준 달성 중심의 목표 지향 평가

국어과 교육과정의 '국어 자료의 예'에서는 성취 기준 달성을 위한 텍스트의 유형과 수준을 제시하였고, 학년군별 '내용 성취 기준'은 "지식, 기능, 태도" 범주에서 추출, 선정하여 제시하고 있다. 이러한 성취 기준 달성 중심의 목표 지향 평가는 교수 학습 과정의 질적 측면 및 학습자 개개인의 교육적 성장을 돕는 데 주안점을 둔다.

⑤ 일회적 평가가 아니라 시간을 두고 이루어지는 지속적 평가

국어과 평가는 일회적으로 이루어지기보다는 시간을 두고 지속적으로 이루어짐으로써 학습자의 발달적 수행을 평가할 수 있어야 한다. 다양한 언어 수행 상황에서 다양한 목적과 유형으로 이루어지는 언어 수행을 대상으로 한 평가야말로 학습자의 언어 능력을 타당하게 평가할 수 있을 뿐만 아니라 학습자의 성장에 기여할 수 있다. 이는 평가가 학습자의 수행 과정에 대한 교사의 지속적인 관찰을 바탕으로 교수 학습 과정에 적절한 피드백을 주는 것이 되어야 함을 의미하는 것이기도 하다.

⑥ 지식, 기능, 태도를 함께 평가하는 총합적 평가

국어과에서는 '담화/글(텍스트)/문학 작품'의 생산과 수용을 1차적 범주로 하여 실제적인 국어 활동을 중요시 하고 있다. 즉, 생산과 수용 활동의 실제를 중심으로 지식, 기능, 태도의 통합을 지향하는 교육 평가가 이루어져야 한다. 국어과 평가는 실제적인 언어 수행을 통해서 학습자의 지식과 기능뿐만 아니라 태도의 측면까지도 총합적으로 평가할 수 있어야 한다. 예컨대, 쓰기 영역의 평가라면 쓰기와 관련된 명제적 · 절차적 지식은 물론 이 지식을 실제 쓰기 상황에 적용하여 의미를 구성하여 가는 기능적인 측면과 어떤 자세와 태도로 쓰기 활동에 임하는지의 정의적 영역까지 모두 쓰기 평가의 대상으로 삼도록 한다.

⑦ 다양한 평가 주체를 인정하는 평가

국어 교육 평가 주체는 교사뿐만 아니라 동료 학생 집단 또는 학습자 자신이 될 수도 있다. 다인수 학급 등의 현실적인 교육 여건과 국어 교육 평가의 효율성에 비추어 볼 때에 학생 상호 평가나 자기 평가는, 특히 태도 평가나 언어 수행의 문제점을 분석하고 극복하기 위한 반성적 평가 차원에서 매우 적절하고 유용한 평가 방식이 될 수 있다. 교사의 학생 평가 외에 학생의 자기 평가, 학생과 학생 간의 상호 평가, 학부모 평가 등을 적극적으로 활용함으로써 평가를 유의미한 교수 학습 방법의 일환으로 활용하도록 한다.

⑧ 관련 주체간의 소통을 지향하는 평가

국어과 평가는 학습자는 물론 학부모들과의 정확하고 원활한 의사소통이 가능하도록 충분한 정보를 제공할 필요가 있다. 이를 위하여 교사는 평가 상황과 평가 기준, 평가 방법 등을 학습자에게 명확히 알 수 있도록 함은 물론, 평가 결과를 교육 학습자, 학부모, 교육 행정가에게 구체적으로 알려 줄 수 있는 체제로 기록, 유지함으로써 평가를 둘러싼 여러 주체 사이에서 원활한 소통이 이루어

질 수 있도록 해야 한다.

⑨ 평가 적합성을 고려한 평가

국어과 평가는 평가 목적, 평가 시기, 평가 상황 등을 종합적으로 고려하여 양적 평가와 질적 평가, 형식평가와 비형식 평가, 간접 평가와 직접 평가, 선택형 평가와 수행 평가 등이 적절하게 활용될 수 있도록 선택(계획)한다.

⑩ 다양한 평가 방법을 활용한 평가

국어과 평가는 영역의 특성, 평가 목표, 평가 내용, 평가 상황 등을 고려하여 선택형 평가, 서답형 평가, 연구 보고서법, 자료철(포트폴리오), 면접법, 토론법, 관찰법 등의 다양한 평가 방법을 적절하게 활용한다.

제 3 장

초등 국어과 평가 방법

이 장에서는 국어과 영역별로 다양한 평가 방법에 대해 살펴보고, 이를 국어과 평가 목적에 알맞게 실행할 수 있는 방안을 모색하고자 한다.

1. 듣기 · 말하기 능력 평가 방법

1) 포트폴리오법

포트폴리오법은 학습 과정의 변화 과정을 살필 수 있는 다양한 자료를 지속적으로 수집하여 평가하는 방법으로, 총체적인 방법이나 분석적인 방법을 통해 수집된 자료를 분석하는 것이다. 이 방법은 학습자의 전반적인 학습 과정을 분석하여 적절한 피드백을 해 줄 수 있다는 장점을 갖는다. 듣기 · 말하기 평가와 관련하여 적합한 포트폴리오로는 '듣기 · 말하기 수행 장면을 담은 오디오, 비디오테이프' 혹은 음성 파일을 들 수 있다. 음성 자료를 수집하여 학습자의 듣기 · 말하기 내용의 논리성이나 적절성을 분석할 수 있기 때문이다. 또한 듣기 · 말하기 과정에서 학습자의 태도나 불안 요인 등을 분석하여 적절한 피드백을 할 수 있기 때문이다.

예컨대, '이야기를 듣고 이어질 내용 말하기'와 관련된 수업 상황에서의 포트폴리오 평가는 들은 이야기에 이어질 내용을 그림으로 그린 후 말하기, 이어질 내용을 글로 쓴 후 말하기 등을 통해 자료를 수집할 수 있다. 이 평가에서는 말하기 과정에서의 자아 효능감이나 태도가 어떠한지를 평가하기 위해 학생의 말하기 태도를 평가지에 기록할 수 있다. 그러나 이러한 평가는 일회적이어서는 안 되고 누가적인 평가를 통해 지속적으로 학습자의 듣기 · 말하기 과정이나 변화 상황을 분석해야 한다.

포트폴리오법에 의해 듣기·말하기를 평가하고자 할 때는 음성 자료를 지속적으로 수집하고, 그것들을 학습자와 함께 분석하여 학습자 스스로 자신의 듣기·말하기 과정이나 내용을 성찰할 수 있도록 하는 것이 중요하다. 그래야 학습자는 스스로 자신의 듣기·말하기 과정이나 내용을 실질적으로 변화시키는 역동적인 역할을 할 것이다.

2) 일화 기록법

일화 기록법은 듣기·말하기를 수행하는 학습자를 관찰하면서 교사가 학습자의 수행에서 의미 있다고 여겨지는 사건이나 내용, 태도 등을 기록하는 방법이다. 이 방법은 학습자를 다른 학습자와 비교하거나 학습자의 듣기·말하기 내용에 대한 점수를 기록하는 것이 아니다. 학습자의 듣기·말하기 과정이나 내용과 관련하여 전문가인 교사의 입장에서 볼 때 의미 있는 사항들을 서술하는 것이다.

이 방법을 사용할 때 교사는 듣기·말하기와 관련하여 학습자의 태도나 발화 내용 등을 구체적이고도 사실적으로 기록한다. 그리고 기록을 할 때에는 포괄적으로 하기보다는 구체적으로 기록하여 학습자의 능력 발달을 촉진할 수 있어야 한다. 예를 들어, '발표 과정에서 자신감이 없다'라는 기록보다는 '발표를 할 때 눈을 마주치지 못하며, 어, 저, 그 등과 같은 간투사를 많이 사용한다. 또한 자신감이 없어서 목소리가 매우 작다' 등과 같이 학습자의 듣기·말하기 과정에 관한 자세한 기록이 이루어져야 한다. 일화 기록에 의해 학습자의 듣기·말하기 과정이나 내용을 평가할 때는 지속적이며 누적적으로 하는 것이 좋다.

3) 관찰 기록법

이 방법은 수업 중에 학습자의 듣기·말하기 과정이나 내용, 태도 등을 관찰하여 기록하는 것이다. 듣기와 말하기를 별도로 관찰하여 기록할 수도 있고, 듣기·말하기 과정을 통합적으로 관찰하여 기록할 수도 있다. 그러나 토의나 토론 활동과 같이 통상적으로 듣기·말하기가 통합적으로 이루어진다는 점을 고려하면 듣기와 말하기를 분리하여 평가하는 것은 그리 바람직하지 않다.

학습자의 듣기·말하기를 관찰하여 평가할 때는 즉흥적으로 하지 않아야 한다. 듣기·말하기의 과정이나 내용, 태도 등을 관찰하기 위한 관찰의 항목, 관찰의 방법, 관찰에 의한 평가 기준과 척도 등이 마련되어야 한다. 그리고 관찰의 결과는 누가적으로 기록되어 포트폴리오로 활용되어야 한다. 또한 관찰한 내용을 기록할 때는 포괄적으로 기록하기보다는 구체적으로 기록해야 한다.

4) 녹화 기록법

이 방법은 관찰 기록법의 단점을 보완하기 위한 것으로, 학습자의 듣기·말하기 과정을 다양한 매체를 활용하여 녹화한 후 녹화된 내용을 분석하면서 평가하는 것이다. 이 방법은 학습자의 실제적인 듣기·말하기 상황의 전모를 파악할 수 있을 뿐만 아니라, 녹화된 여러 번 보면서 평가할 수 있기 있기 때문에 정확하고 객관적인 평가를 할 수 있는 장점을 갖는다. 특히 토의나 토론과정에서 학습자의 듣기·말하기 과정을 평가하는 경우, 화자로서의 능력뿐만 아니라 청자로서의 자세와 태도를 구체적으로 평가할 수 있다.

또한 학습자들이 자신의 듣기·말하기 상황을 직접 관찰할 수 있으므로, 학습자 스스로 자신의 담화 상황을 객관적으로 진단하여 그에 맞는 성취 목표를 설정할 수 있다. 아울러 녹화된 자료들을 구체적인 듣기·말하기 수업에서 자료로서도 유익하다.

5) 질문지법

질문지법은 듣기·말하기 과정, 내용, 태도 등과 관련하여 미리 작성된 일련의 질문들에 답하게 하는 것이다. 이 방법은 듣기·말하기와 관련하여 관찰을 통해 얻기 어려운 학습자의 정의적 특성들인 태도나 감정, 습관 등을 평가하는 데 효과적이다.

질문지법을 활용하여 듣기·말하기를 평가할 때는 질문하고자 하는 사항에 대해 학습자가 자유롭게 반응하게 하는 자유 응답형 질문지나 일정 목록을 정해주고 해당되는 항목에 대해 체크하게 하는 체크리스트형 질문지를 사용하는 것이 좋다. 초등학생들의 경우에는 자유 응답형 질문에 답하는 것에 부담을 가질 수 있으므로, 체크리스트형 질문지를 활용하여 질문에 응답하는 것에 대한 부담을 줄여주는 것이 좋다.

6) 지필법

지필법은 듣기·말하기 활동과 관련된 지식을 선다형이나 단답형, 서술형 등을 통해 평가하는 것으로, 초등학교 수행되는 일제고사나 듣기 평가를 하는 경우가 이에 해당된다. 듣기 평가는 미리 답안지를 나눠 준 다음, 평가 문제를 직접 들려주거나 녹음 자료를 들려주면서 그에 대한 답을 답안지에 적게 하는 방법이다.

7) 구술법

이 방법은 아주 오래 전부터 실시해 오던 것으로, 학습자가 특정 주제나 내용에 대해 자신의 의견이나 생각을 자유롭게 말하게 하는 것이다. 자유롭게 말하는 과정에서 학습자는 말할 내용에 대한 이해력이나 표현력, 의사소통능력을 드러내게 된다. 따라서 구술법은 학습자의 직접적인 수행에 의해 말하기나 듣기 능력을 평가할 수 있다는 의의를 갖는다.

이 방법은 학습자에게 미리 말할 주제나 질문을 사전에 알려주는 형식을 취할 수도 있다. 그러나 특정한 내용 영역만 알려 주고 구체적인 질문 사항들이나 주제는 질문자가 즉석에서 만들고, 이에 대해 학습자가 구술하는 형식을 취할 수도 있다. 이를 통해 학습자의 듣기·말하기 능력과 관련된 생생한 자료를 수집하여 평가할 수 있다.

2. 읽기 능력 평가 방법

1) 선다형 검사법

읽기 평가와 관련하여 선다형 검사법은 가장 보편적으로 사용되고 있다. 이 방법은 표준화 검사로 많이 쓰이는 것으로, 읽기의 과정보다는 결과를 평가하는 데 초점을 둔다.

이 방법은 다수의 학생들을 대상으로 특정한 시간에 집단검사를 실시할 수 있으며, 시간과 비용이 적게 든다는 장점을 갖는다. 그러나 이 방법은 타당성 있고 신뢰성 있는 문항 구성이 쉽지 않다는 점과 읽기 지식과 관련된 문항이 다수를 이루어 학습자의 읽기 기능이나 과정을 평가하기 어렵다는 단점을 갖는다. 또한 읽기와 관련된 지식을 통합적으로 묻지 않고 분절적으로 물음으로써, 학습자의 읽기 발달이나 읽기 능력을 통합적으로 평가하기 어렵다는 단점을 갖는다.

2) 빈칸 메우기법

빈칸 메우기법(cloze test)은 긴 글 가운데 몇몇 낱말이나 구절을 빈칸으로 만들어 두고, 이 빈칸을 메우도록 하는 평가 방법이다(이경화, 2004: 334). 이 방법에 의해 평가를 받을 때 학습자는 빈칸에 들어갈 알맞은 낱말이나 구절을 추측하기 위해, 글의 앞뒤 문맥을 살피고 자신의 사전지식을 활용해 빈칸을 메우게 된다.

이 방법은 빈칸을 만드는 방식에 따라 임의 선택형, 선다형, 부분 삭제형, 배합형 등의 4가지 유형으로 나뉜다. 임의 선택형은 가장 널리 사용되는 방식으로, 규칙적으로 보통 다섯 번째를 기준으로 해서 해당되는 낱말을 삭제하여 빈칸으로 만들거나 특정한 문장 구조를 의도를 테스트하기 위해 그 부분을 삭제하는 형식이다. 이 방법은 비교적 문항 구성이 쉽고 독해 능력을 폭넓게 측정할 수 있다는 장점이 있으나, 구절을 채워 넣는 경우에는 유사정답이 많이 있을 수 있다는 단점이 있다.

선다형은 빈칸을 만든 후, 빈칸에 들어갈 낱말이나 구절을 보기에 제시하여, 해당되는 것의 기호를 빈칸에 적도록 하는 방법이다. 그리고 부분 삭제형은 일정한 문단의 낱말 중, 첫 글자만 단서로 제시하여 나머지 글자를 쓰도록 하는 방법이다. 배합형은 학습자에게 삭제되어 있는 테스트 문항을 읽게 한 후, 생략되지 않은 원문을 빠른 속도로 들려준 다음 빈칸에 해당되는 낱말이나 구절을 쓰도록 하는 방법이다.

빈칸 메우기법의 장점은 문항 구성이 쉽고, 부분적이기는 하지만 읽기의 결과보다는 과정을 평가할 수 있다는 것이다.

3) 중요도 평정법

중요도 평정법(importance rating)은 일정한 글의 의미 단위를 대상으로 중요한 정도를 판단하게 하여, 학습자의 읽기 과정을 추론하는 것이다. 글의 주제나 목적에 비추어 각 정보들이 갖는 중요도를 판정하는 과정에 따라 평가가 이루어지며, 이 평가 방법은 글에 제시된 각각의 정보들이 지닌 중요도를 판단하는 것이 읽기라는 개념을 바탕으로 하고 있다.

중요도 평정법을 실시하기 위해서는 학습자에게 한 편의 글이나 일정한 분량 이상의 글을 읽도록 한다. 그런 다음 평가자는 주어진 글을 의미 단위로 나누고, 학습자들에게 각 문장이나 구절이 글 전체의 주제나 목적에 비추어 얼마나 중요한 것인지를 판단하게 한다. 학습자가 글의 의미 단위를 중요도에 따라 평정하기 위해서는 일정한 척도가 있어야 하는데, 일반적으로 '매우 중요하다', '조금 중요하다', '덜 중요하다', '중요하지 않다' 등과 같은 4단계 평정 척도를 제시하는 것이 좋다.

4) 오독 분석법

오독 분석법(reading miscue analysis)은 학습자가 주어진 글을 읽으면서 잘못 읽는 것은 무엇인지, 몇 번이나 잘못 읽고 있는지 등을 파악하여, 오독의 원인이 무엇인지를 추론함으로써 학습자의 읽기능력을 분석하고 평가하는 것이다(이경화, 2004: 335). 이 방법은 읽기 입문기나 기초기능기에 해당하는 초등학교 저학년생들의 읽기 평가에 적합하며, 읽기 과정에서 잘못 읽는 부분을 분석하여 학습자의 읽기 상태를 평가하는 것이다. 이 방법을 통해 평가를 하면, 학습자가 무엇을 잘못 읽는지, 무엇을 삽입하거나 생략 혹은 대체하면서 읽는지 등을 파악할 수 있고, 이를 통해 학습자의 통사적 능력, 의미론적 지식, 의미 단위별로 끊어 읽는 능력, 추론능력 등을 평가할 수 있다.

그러나 이 방법을 효과적으로 활용하기 위해서는 학습자의 읽기 과정을 방해해서는 안되며, 학습자의 읽기가 순간적으로 이루어지기 때문에 평가자인 교사는 학습자의 오독 상황에 대한 메모를 하는 것이 좋다. 혹은 학습자의 읽기 과정을 녹화하여 사후에 분석함으로써 학습자의 읽기 과정 전반에 대해 객관적으로 평가하는 것이 좋다.

5) 프로토콜 분석법

프로토콜 분석법(protocol analysis)은 학습자가 글을 읽으면서 순간순간 머릿속에 떠오르는 생각들을 구술하게 하고, 그 과정을 녹화한 후 녹화된 학습자의 사고 구술 내용을 전사(傳寫)한 자료를 통해 학습자의 읽기 과정을 추론하는 것이다(이경화, 2004: 340). 프로토콜이란 학습자가 읽기 과정에서 사고 구술한 것을 모아 놓은 언어 자료이며, 평가자는 이 자료를 분석하여 글을 읽는 과정에서 학습자가 어떤 사고를 했는지, 그리고 글을 의미 있게 읽었는지 등을 판단할 수 있다.

이 방법은 의미가 형성되는 과정의 모습을 생생하게 드러내 준다는 면에서 이해 과정에 대한 연구 방법으로 좋다. 또한 읽기 과정에서의 연상이나 추론 양상을 파악하는 데도 유용하다.

그러나 이 방법을 활용하기 위해서는 학습자가 사고 구술을 하는 데 익숙하도록 일정한 안내나 훈련이 필요하다. 학습자의 사고 구술 훈련이 선행되어야 하고, 저학년에서는 실시하기 어렵다는 문제점이 있다. 또한 평가자인 교사도 사고 구술에 대한 전문적인 식견을 가지고 있어야 한다. 아울러 이 방법은 사고 구술의 어려움 때문에 평가자가 사전에 학습자의 읽기 과정에 개입을 하게 되어, 자연스러운 읽기 과정을 도출하기 어렵다는 문제점도 있다. 그리고 소수의 학습자들만을 대상으로 히어 평가할 수밖에 없다는 문제점도 있다.

6) 포트폴리오법

포트폴리오법은 학습자의 읽기 능력 성취에 관한 종합적인 수행의 기록을 파일로 정리하여, 학습자의 읽기 과정과 읽기 능력 발달의 양상을 체계적이고 지속적으로 평가하기 위한 것이다. 포트폴리오에는 읽은 책의 목록이나 책을 읽고 느낀 점, 동료의 비평, 토의 내용, 읽은 것을 그림이나 글로 표현한 것 등 학습자의 읽기 과정이나 읽기 능력 발달을 보여주는 자료들이 포함된다.

이 방법은 학습자의 읽기 발달을 지속적으로 평가하여, 적절한 피드백을 제공할 수 있다는 의의를 갖는다. 이 방법은 읽기 발달을 타당성 있게 평가할 수 있으며, 비형식적으로 평가할 수 있다는 장점을 갖는다.

포트폴리오법은 일정 기간에 걸쳐 지속적으로 읽기 자료를 수집하여 학습자의 읽기 발달을 재구조화하여 평가하는 것으로, 평가가 읽기 활동과 통합적으로 수행되게 한다. 이 방법은 학습자의 읽기 능력 발달에 대한 정보를 종합적으로 파악할 수 있고, 그에 따른 개별화된 읽기 지도를 할 수 있다는 장점을 갖는다. 아울러 평가 상황과 교수-학습 상황이 통합되어, 평가 상황 자체가 하나의 의미 있는 교수-학습 활동이 될 수 있다는 장점을 갖는다. 그리고 평가 과정에서 교사와 학습자 간에 상호작용이 풍부하게 이루어져, 결과 중심 평가가 아닌 과정 중심 평가가 이루어질 수 있다는 의의를 갖는다. 그러나 이 방법은 신뢰성이 다소 부족하고, 대단위 학생들을 위한 평가나 서열화를 위한 평가로서는 부적절하다는 단점을 갖는다.

7) 요약하기

요약하기는 학생이 읽은 글의 개요를 전체적으로 요약하는 것으로, 학생의 독서 이해와 정보 수용의 정도를 가시적으로 확인할 수 있는 방법이다. 요약하기는 독해 능력 검사의 유용한 내용이자 도구이다. 요약하기에는 기억력 및 인출력 요인의 영향은 적게 작용하지만, 생산력 변인이 개입할 수 있다. 제시된 글을 읽고 난 후에 이루어지는 요약하기는 단순히 글을 읽은 후 글의 내용을 회상하는 것과는 다른 것으로, 읽기 과정을 종합적으로 파악할 수 있는 총체적 평가 방법 중의 하나이다.

8) 자유 회상법

자유 회상법(free recall method)은 학생들이 글을 읽은 후 글의 내용을 자유롭게 회상하고, 평가자는 학생이 회상한 내용을 기억의 양, 내용 이해 정도, 내용의 조직화 양상, 기억 내용을 인출하는 전략, 추론의 과정 등에 따라 평가하는 것이다. 이 방법은 학생 개인별로 말하기나 쓰기를 통해 읽은 내용을 회상하고, 회상된 내용에 따라 학생 개인의 읽기 성향이나 읽기 능력에서 차이가 나는 양상과 그 원인을 추론하는 데 유용하다.

이 방법은 읽기 내용에 대해 학습자가 회상한 것을 기록하여 서술식으로 평가할 수도 있고, 점수화하여 평가할 수도 있다. 서술식으로 평가할 때는 학습자의 회상에 대한 질적 판단을 하는 것이며, 점수화하여 평가하는 것은 기억의 양을 수량화하는 것이다. 회상한 내용을 쓰게 한 후 채점을 하는 것은 읽기 능력뿐만 아니라 다른 변인, 예컨대 기억력 등과 같은 것들이 개입하므로, 타당성이나 신뢰성이 결여될 수도 있다.

이 방법은 자유 회상검사와 단서 회상검사로 나눌 수 있다. 자유 회상검사는 특정한 단서 없이 학습자가 읽은 내용을 최대한 많이 회상하도록 하는 방법이고, 단서 회상검사는 제목이나 첫 문장과 같은 특정한 단서를 주어 학습자가 읽은 내용을 회상하게 하는 방법이다.

3. 쓰기 능력 평가 방법

1) 사고 구술법

이 방법은 학습자가 글을 쓰는 과정에서 머릿속에서 떠오르는 것들을 모두 말하게 한 다음, 말한 것을 분석하여 학습자의 의미 구성 과정을 추론하는 것이다. 사고 구술법(think-aloud method)을 통해 초등학생들의 글쓰기 과정을 추론하고자 할 때에는 몇 가지 주의가 필요하다. 우선 초등학생들이 평가받고 있다는 생각을 갖지 않도록 해야 한다. 초등학생들이 평가받고 있다는 생각을 갖게 되면 실제로는 생각하지 않았던 것을 일부러 말하게 되어, 평가의 신뢰성이 떨어질 수 있다. 또한 허용적인 분위기 조성을 통해 초등학생들이 교사를 신뢰할 수 있는 분위기를 만들어야 한다.

한편 사고 구술을 하는 과정에서 학습자의 글쓰기 행위 또는 사고 행위가 방해를 받을 수도 있다. 이렇게 되면 자연스런 글쓰기 아닌, 인위적인 글쓰기가 되어 진정한 글쓰기 과정을 평가할 수 없게 된다. 그러므로 사고 구술법에 의해 학습자의 글쓰기를 평가할 때는 이 점을 고려할 필요가 있다. 또한 사고 구술법은 훈련하는 데 시간이 많이 걸리고, 평가하는 데도 시간과 노력을 요한다. 그리고 소수의 학생들만을 평가할 수밖에 없다는 한계를 갖기도 한다. 그러기에 사고 구술법에 의한 쓰기 평가는 그 결과를 수량화하는 데 어려움이 있다.

2) 과정상 자기 기록법

이 방법은 글을 쓰는 과정에서 말로 하지 않고 자신의 사고 과정에 대해 간단하게 쓰게 하는 것으로(이재승, 2002: 375), 글을 쓰는 과정에서 생각하는 것을 자유롭게 최대한 많이 쓰게 하는 것이 중요하다. 자유롭게 최대한 많이 씀으로써 학습자는 쓸 주제에 대해 다양한 정보를 얻을 수 있다. 그러나 막연하게 자유롭게 최대한 많이 쓰라고 하면 학습자들이 어려움을 느낄 수 있으므로, 활동을 하기 전에 단서나 초점화된 주제를 제시하여 학습자들이 글을 쓰는 데 어려움을 느끼지 않도록 하는 것이 좋다.

자유롭게 글을 쓰면서 학습자들이 주제에서 벗어나지 않도록 하기 위해서는 예상 독자나 글을 쓰는 목적, 방법, 글의 구조 등을 생각하면서 쓰도록 해야 한다. 이 방법을 적용할 때 주의해야 할 점은 학습자들이 쓴 것에 대해 평가자인 교사가 즉각적인 논평을 해서는 안 된다는 것이다. 학습자가 글을 쓰고 있는 과정에서 평가자인 교사가 즉각적인 논평을 하게 되면, 학습자는 글쓰기에 두려움을 가질 수 있기 때문이다. 한편 글을 쓰는 과정에서 자유롭게 최대한 많이 쓰는데 어려움을 겪은 학습자들을 위해서는 예상 독자나 글을 쓰는 목적, 방법, 글의 구조 등과 관련된 질문을 구성된 체크리스트를 제공하는 것이 좋다. 체크리스트에 자신이 쓴 글의 내용과 관련된 항목들에 체크를 하게 한 후, 나중에 이를 종합하여 평가할 수도 있다.

이 방법은 사고 구술법에 비해 좀 더 시간적인 여유를 갖고 학습자 스스로 자신의 글쓰기 과정이나 방법, 목적, 글의 구조 등에 대해 성찰하게 할 수 있다는 점에서 많은 의의를 갖는다. 그렇지만 학습자가 글쓰기 과정을 기록하는 데 부담을 가질 수 있고, 자유롭게 쓰는 데 많은 시간이 걸릴 수도 있다는 한계를 갖기도 한다.

3) 자기 회상법

이 방법은 학습자가 글을 다 쓴 다음에 자신의 글쓰기 과정에 대해 세밀하게 회상하도록 하는 것이다(이재승, 2002: 377). 글을 다 쓴 다음에 글쓰기 목적, 방법, 글의 구조, 예상 독자 등과 관련하여 생각했던 것들을 회상하여 말하게 할 수도 있고, 문단이나 문장을 쓸 때 무슨 생각을 했는지를 말하게 할 수도 있다.

이 방법을 활용할 때 주의할 점은 허용적인 분위기를 조성하여 학습자가 자신의 글쓰기 과정이나 목적, 내용, 방법 등에 대해 자유롭게 회상하도록 하는 것이다. 회상에 어려움을 느끼는 학습자라면, 교사가 중간 중간에 단서를 주거나 질문을 하여 회상을 촉진하는 것이 좋다. 예를 들어, "처음에 글을 쓸 때 누구를 대상으로 해서 글을 썼느냐?"라든지 "이 문장을 쓸 때 나 같으면 이런 생각을 했을 텐데?"처럼 학습자의 회상을 촉진하는 질문을 하는 것이 좋다.

이 방법은 글을 다 쓴 다음에 글을 쓰는 과정을 회상하도록 하기 때문에 학습자의 글쓰기 과정을 방해하지 않는다는 장점을 갖는다. 그러나 글을 다 쓴 다음에 하는 활동이기 때문에 실제로 글을 쓰는 과정에서 했던 생각들을 즉각적으로 파악하기 어렵다는 단점도 갖는다.

4) 오필(誤筆) 분석법

이 방법은 학습자가 글을 쓰는 과정을 면밀하게 관찰하면서, 학습자가 글을 쓰는 과정에서 잘못 쓰거나 쓴 것을 고치는 행위를 살펴보고, 이를 통해 학습자가 글을 쓰는 과정에서 어떤 사고 활동을 하고 있는지를 추론하는 것이다(이재승, 2002: 378). 읽기의 평가 방법인 오독 분석법(reading miscue method)과 유사한 방법이다.

글을 쓰는 과정에서 학습자들이 많이 범하는 오필의 유형으로는 멈춤, 엉뚱한 낱말이나 문장 쓰기, 음절의 앞뒤를 바꾸어 쓰기 등이 있다. 학습자가 글을 쓰는 과정에서 이러한 오필들을 범하는 경우, 평가자인 교사는 각각의 상황에서 왜 그러한 오필이 생겨나고 있는지를 파악하여, 그 과정에서 학습자의 사고 활동이 어떠한지를 추론해야 한다. 예컨대, 글을 쓰는 과정에서 엉뚱한 낱말이나 문장을 쓰는 경우라면, 주의를 집중하지 않아서인지 아니면 쓸 낱말이나 문장이 떠오르지 않아서인지를 판단해야 한다.

이 방법은 학습자의 글쓰기 과정을 보고 순간적으로 그 양상을 판단해야 하기 때문에, 평가자인 교사는 메모를 하는 것이 좋다. 메모를 하면서 학습자가 자연스럽게 글쓰기에 집중할 수 있는 분위기를 조성해 주어야 한다. 또한 최대한 자연스런 상황을 만든 다음에 학생의 눈동자 움직임을 살펴보면서 학습자의 글쓰기 과정을 메모할 필요가 있다.

이 방법은 학습자에게 부담을 주지 않는다는 장점이 있지만, 교사가 해석하는 데 어려움을 가질 수 있다는 단점도 있다. 학습자가 오필을 했을 때 왜 그런 상황이 발생했는지를 객관적으로 파악하기 어렵기 때문이다.

5) 분석적 평가

분석적 평가는 쓰기 영역을 하위의 성취 영역으로 나누어 평가하는 것으로, 글의 내용, 조직, 문체, 어법 등 쓰기 능력을 구성하는 범주들에 따라 쓰기 결과물을 평가하는 것이다. 분석적 평가를 위해서는 대상 글의 수집 및 정리, 하위 평가 영역 결정, 채점 및 조정하기, 평가 결과 처리 등과 같은 절차에 따를 필요가 있다. 그리고 분석적 평가의 하위 평가 영역은 일반적으로 내용, 조직, 표현 등과 같은 상위의 분석 기준에 의한다. 그러나 분석적 평가의 하위 영역은 글의 목적에 따라 평가 기준이 달라지는데, 그 예를 들면 다음과 같다(천경록 외, 2002: 87).

〈표 1〉 글의 목적에 따른 분석 평가 기준의 예

목적 분석기준	설득	설명	친교 및 정서표현
내용	· 주제(주장의 선명성) · 근거의 타당성	· 주제 · 정보의 정확성과 풍부함	· 주제 · 내용의 진실성 (또는 내용의 독창성)
조직	· 단락의 구분 및 자연스러운 연결 · 내용의 논리적 전개	· 단락의 구분 및 자연스러운 연결 · 기억을 용이하게 하는 구조	· 단락의 구분 및 자연스러운 연결
표현	· 평이성과 명확성	· 평이성과 명확성	· 단어와 문장 구조의 다양성 · 독창적 표현

분석적 평가의 장점으로는 첫째, 학생의 글쓰기에 대한 피드백에서 구체적으로 어떤 기능이 부족한지 혹은 잘하는지에 대한 진단적 정보를 제공하여 학생의 글쓰기에 대한 실제적인 지도의 토대를 제공할 수 있다. 둘째, 각각의 하위 평가 기준별로 평가 척도를 마련함으로써 평가자의 주관을 최소화하여 평가의 객관성을 확보할 수 있다. 그러나 분석적 평가 방법은 단점도 갖고 있는데, 첫째 글의 분석 기준에 대한 만족할 만한 합의에 이르지 못했다는 점, 둘째 평가 기준에만 있는 것만을 평가함으로써 평가를 총체적으로 할 수 없다는 점, 셋째 평가를 위한 시간이 많이 걸린다는 점 등이 그것이다.

6) 총체적 평가 방법

총체적 평가 방법은 종합적으로 쓰기 영역의 성취기준을 진술하여 평가하는 방법으로, 표집된 글에 대한 전체적 혹은 총체적 인상에 의존하여 평가를 한다. 이 평가 방법의 절차로는 대상 글 수집 및 정리, 평가 척도 결정, 평가 기준 개발, 평가 예시문 준비, 채점 및 조정하기, 평가 결과 처리하기 등을 들 수 있다.

총체적 평가는 쓰기 능력은 총체적이라는 가정에 근거를 둔 평가 방법으로 몇 가지 장점을 갖다. 첫째 학생들의 글쓰기 능력을 총체적으로 평가함으로서 분석적 평가 방법에서 평가하지 못하는 하위 영역들까지도 평가할 수 있다. 둘째, 학생의 글에 대한 종합적인 인상에 의해 평가를 함으로써 평가 시간을 절약할 수 있다. 그러나 단점으로는 첫째, 분석적 평가에 비해 평가 결과를 처리하고 피드백할 때 구체적이지 못하다는 점 둘째, 총체적인 인상에 의한 평가를 함으로써 평가자의 주관성이 개입할 수 있다는 점 등이다. 평가자의 주관성 개입을 최소화하기 위해서는 평가자에 대한 훈련과 정교한 평가 절차가 필요하다.

7) 루브릭 평가 방법

채점 기준, 채점 지침, 채점 루브릭 등으로 불리는 루브릭은 학생의 쓰기 수행 기준을 기술적으로 진술하는 평가 방법으로 새로운 대안적 평가 방법 중 하나이다(곽춘옥, 2014: 25). 루브릭은 학습자의 쓰기 결과물이나 성취 정도에 대한 실제적인 점수 산정이 가능하도록 하기 위해 사용하는 평가 가이드라인과 평정척도(rating scale)를 제공한다. 따라서 루브릭은 학생의 쓰기 수행의 양상을 실제적인 평가항목에 근거하여 그 수준과 장단점을 정확하게 기술할 수 있다. 루브릭은 과제서술(쓰기과제), 성취의 단계(등급형태의 성취 수준), 과제의 영역(기능의 분류, 과제에 관련된 지식), 각 활동 단계의 구성에 대한 설명(구체적인 피드백) 등을 요소로 한다.

루브릭은 학생의 쓰기 과제 수행에서 드러나는 특징과 문제점, 수준 등을 정확하게 진단하여, 학생이 학습과제에 맞추어 쓰기를 어떻게 해 나가야 하는지를 구체적으로 안내해준다. 또한 평가기준 개발에 학생을 적극적으로 참여시켜 학생을 평가주체로 만들뿐만 아니라, 특정 쓰기 과제나 프로젝트의 구체적인 평가 기준을 명확하고 객관적으로 서술함으로써 점수산출과정에 개입할 수 있는 평가자의 주관적 판단을 최대한 배제할 수 있다(곽춘옥, 2014: 28).

박지원(2013)이 개발한 논설문 쓰기 루브릭 평가 기준 예를 들면 다음과 같다.

<표 2> 논설문 쓰기 루브릭 평가 기준

구분	평가기준	우수 3	보통 2	노력 필요 1
내용	주장의 명확성	주장이 분명하고 일관성 있다.	주장이 드러나나 범위가 넓어 분명히 드러나지 않는다.	주장하고자 하는 내용이 잘 드러나지 않는다.
	근거의 타당성	근거가 주장을 잘 뒷받침하며 논리적으로 타당하다.	근거가 있으나 논리적 타당성이 부족하다.	근거가 제시되지 않는다.
조직	글의 짜임	서론 – 본론 – 결론이 분명히 드러난다.	서론 – 본론 – 결론이 나타나나 미흡한 부분이 있다. 서론:글을 쓴 동기 부실 본론:내용의 전개 빈약 결론:주장의 강조 부족	서론 – 본론 – 결론이 잘 드러나지 않는다.
	문단의 구성	중심문장+보조문장의 형식이다.	중심문장이 뚜렷이 드러나지 않거나, 보조문장이 부족하다.	중심문장을 찾을 수 없거나, 보조문장을 찾을 수 없다.
	설득을 위한 장치	문제에 해결 방안을 제시하였다. 또는 반대편 입장을 논리적으로 반박하여 자신의 주장을 견고히 한다.	해결방안이 제시되어 있으나 현실성이 부족하다. 또는 반대편 입장을 반박하였으나 논리가 부실하다.	해결방안 제시가 없다. 또는 반대편 입장에 대한 언급이 없다.
독자 고려	글쓴이의 목소리	글쓴이의 목소리가 분명하고 확신에 차, 독자가 필자의 주장에 공감한다.	글쓴이의 목소리가 드러나, 글을 읽는 독자의 공감을 이끌어 낼 수 있다.	글쓴이의 목소리가 분명하지 않아, 독자가 공감하기 어렵다.
표현	용어와 문장	용어가 정확하게 사용되었으며 문장이 간결·명료하다.	용어의 정의가 불명확하고 문장이 간결하지 못하다.	용어가 혼동되어 사용되었으며, 문장이 지나치게 길어 이해가 어렵다.
	어법	대체로 어법에 맞는 문장을 사용하였다.	어법에 맞지 않는 문장이 간혹 발견되지만 이해하는데 별 어려움이 없다.	어법에 맞지 않는 문장이 많아, 글이 매끄럽게 읽히지 않는다.

4. 문법 능력 평가 방법

1) 지필 평가

문법 지식 평가는 지필 평가의 형태를 통해 이루어질 수 있다. 지필평가에는 답지 선택형 평가, 단답형 평가, 서답형 평가 등이다. 답지 선택형 평가는 문법 자료를 읽고 그것을 이해하는 수준을 여러 개의 답지 가운데서 선택하게 하는 방식으로, 표준화 검사에서 많은 학습자의 문법적 지식을 객관성 있게 평가할 때 주로 활용된다.

단답형 평가는 문장의 형태로 이루어진 진술의 진위 여부를 묻거나 괄호 속에 알맞은 말을 채워 넣는 형태의 문항으로, 문법적 규칙에 대한 지식이나 경험을 계열성 있게 평가하고자 한다.

서답형 평가 문항은 주어진 조건에 맞게 학습자 자신의 생각이나 관점을 조리 있게 진술하는 것을 요구하는 문항으로, 무수히 많은 정답이 있을 수 있다. 그러기에 서답형 문항은 학습자 개개인의 문법적 지식 활용이나 탐구 활동의 특징을 발견하고 피드백해 주는 평가가 되어야 한다. 그리고 목표 중심 평가를 지향하여야 하며, 문두를 명확히 하여 묻고자 하는 내용을 학습자들이 충분히 이해할 수 있도록 해야 한다. 서술형 문항의 평가 처리는 학습자의 문법적 지식 수준, 문법적 탐구 정도와 성향, 그리고 문법 활용 능력이 어떠한지를 기술하는 질적인 방식으로 이루어져야 한다.

2) 수행 평가

문법 탐구 능력과 활용 능력 평가는 수행평가를 통해 이루어질 수 있다. 문법 영역의 수행평가에는 연구 보고서법, 자료철(포트폴리오), 면접법, 토론법, 관찰법 등이 있다. 문법 영역에서 수행평가는 즉흥적이고 임의성이 강한 장면 중심, 학습지 중심의 평가보다는 학습자의 문법 탐구 활동과 활용 능력의 양상을 총체적으로 파악할 수 있는 포트폴리오 형식을 취하는 것이 좋다. 또한 평가 기준과 준거를 명확히 하여 평가의 타당성과 공정성을 유지해야 한다.

5. 문학 능력 평가

1) 지필 평가

지필평가는 주로 학습자들의 문학 활동의 결과를 평가하는데 사용되며, 지식을 객관적으로 측정하고자 하는 데에 중점을 둔다. 지필평가에는 답지 선택형 평가, 단답형 평가, 서술형 평가 등이 있다. 답지 선택형 평가는 작품을 읽고 그것을 이해하는 수준을 여러 개의 답지 가운데서 선택하게 하는 방식으로, 표준화 검사에서 많은 학습자의 문학 능력을 객관성 있게 평가할 때 주로 활용된다.

단답형 평가는 문장의 형태로 이루어진 진술의 진위 여부를 묻거나 괄호 속에 알맞은 말을 채워 넣는 형태의 문항으로, 문학 작품에 대한 지식이나 경험을 계열성 있게 평가하고자 한다.

서술형 평가는 주어진 조건에 맞게 학습자 자신의 생각이나 관점을 조리 있게 진술하는 것을 요구하는 문항으로, 무수히 많은 정답이 있을 수 있다. 그러기에 서술형 평가는 학습자 개개인의 문학 감상 특징을 발견하고 피드백하는 평가가 되어야 한다. 그리고 목표 중심 평가를 지향하여야 하며, 문두를 명확히 하여 묻고자 하는 내용을 학습자들이 충분히 이해할 수 있도록 해야 한다. 서술형 문항의 평가 처리는 학습자의 문학 이해의 수준, 감상의 밀도와 성향, 그리고 내면화 능력이 어떠한지를 기술하는 질적인 방식으로 이루어져야 한다(노명완 외, 2012: 529).

서술형 문항 유형은 학생들이 스스로 답안을 작성하도록 하는 것으로 단답형이나 완성형보다 비교적 긴 서술을 요한다. 학생들은 문장들로 이루어진 문단의 형태로 답안을 작성하고, 평가자는 학생들이 서술한 내용의 질적 수준을 총체적 평가나 분석적 평가 방법으로 평가한다. 서술형 문항의 경우 문항에서 구체적으로 무엇을 요구하는지를 학생들이 파악할 수 있어야 한다. 학생들이 무엇을 서술해야 할지를 쉽게 이해하고 작성할 수 있도록 해야 한다.

2) 수행 평가

문학 영역에서의 수행평가는 문학 활동의 과정 자체를 평가하는 데 사용된다. 따라서 문학 영역에서의 수행평가는 학습자들의 문학 학습 과정에 대한 개별적 피드백을 중시한다. 수행평가에는 연구 보고서법, 자료철(포트폴리오), 면접법, 토론법, 관찰법 등이 있다.

문학 영역에서 수행평가는 즉흥적이고 임의성이 강한 장면 중심, 학습지 중심의 평가보다는 학습자의 문학 수용과 생산을 총체적으로 파악할 수 있는 포트폴리오 형식을 취하는 것이 좋다. 또한 평가 기준과 준거를 명확히 하여 평가의 타당성과 공정성을 유지해야 한다.

참고문헌

곽춘옥(2014), 초등학교 문학 수행평가의 지향점과 평가기준, 〈한국초등국어교육〉 55, 한국초등국어교육학회.

교육부(2015), 2015 개정 국어과 교육과정(교육부 고시 제2015-72호 [별책 5]), 교육부.

구본관(2010), 문법 능력과 문법 평가 문학 개발의 방향, 〈국어교육학연구〉 37, 국어교육학회.

김창원 외(2015), 2015 개정 교과교육과정 시안 개발 연구Ⅱ-국어과 교육과정(연구보고 CRC 2015-25-3), 교육부.

노명완 외(2012), 『국어교육학개론』(제4판), 삼지원.

박도순 외(2008), 『교육평가-이해와 적용』, 교육과학사.

박인기(2008), 국어과 평가의 반성과 전망, 〈국어교육학연구〉 32, 국어교육학회.

변창진 외(1996), 『교육평가』, 학지사.

서현석(2005), 생태학적 말하기 평가를 위한 시론, 〈한국초등국어교육〉 29, 한국초등국어교육학회.

선주원(2013), 『아동문학교육론』, 박이정.

성태제(2003), 『현대교육평가』, 학지사.

신헌재 외(2005), 『초등 국어과 교수·학습 방법』, 박이정.

염창권(2014), 초등 국어과 통합형 단원 학습에서 과정 평가의 방안, 〈청람어문교육〉 52, 청람어문교육학회.

이경화(2004), 『읽기교육의 원리와 방법』, 박이정.

이수진(2008), 초등 국어과 평가의 현황과 과제, 〈국어교육학연구〉 32, 국어교육학회.

이재승(2002), 『글쓰기 교육의 원리와 방법』, 교육과학사.

이종승(2009), 『현대교육평가』, 교육과학사.

임성규 외 4인(2011), 『새 초등 국어과 교육론』, 교육과학사.

임천택(2002), 『학습자 중심의 국어과 평가』, 박이정.

임천택(2005), 쓰기 지식 생성을 위한 자기 평가의 교육적 함의, 〈새국어교육〉 71호, 한국국어교육학회.

정구향(2005), 21세기 국어과 평가의 발전 방향, 〈새국어교육〉 71호, 한국국어교육학회.

정종진(2004), 『교육평가의 이해』, 양서원.

천경록 외 3인(2002), 『초등 국어과 교육론』, 교육과학사.

천경록 외(2004), 『초등 국어과 교육론』, 교육과학사.

천경록(2001), 『국어과 수행평가와 포트폴리오』, 교육과학사.